ナチス・ドイツと中間層

全体主義の社会的基盤

柳澤 治

日本経済評論社

はしがき

本書の著者はこれまで、ドイツのファシズム体制とそれを支えるドイツ資本主義との関係について、社会経済史の観点から検討を重ねて来たが、本書はそのドイツ資本主義の広範な土台を構成する中小の商工業経営・その担い手たち（営業的中間層）とナチス体制との関係の分析を試みたものである。ドイツ経済を主導する本来の資本主義的大企業の機構とヒトラー・ナチス体制との関係に関しては、著者は前著『ナチス・ドイツと資本主義――日本のモデルへ――』（日本経済評論社、二〇一三年）において未熟ではあるが、著者なりの検討を行った。本書はこの拙著と密接に関係し、それと一対になっている。

周知のようにヒトラーの権力掌握にいたるナチス党の政治運動を支え、推進した諸社会層の中でとりわけ重要な役割を果たしたのは、商工業分野の中小の自営業者層（手工業者・商人・小企業家）であった。経済活動に必要な諸手段を所有し、自身も経営に関与する営業的中間層は、ドイツ経済の広範な基盤を担っており、一方ではコンツェルン的な巨大企業・大資本から、他方では生産手段をもたない労働者階級から区別され、農民層とともに伝統的な中間層（旧中間層）として位置づけられていた。本書は、ナチス運動の有力な支持者であったこの中小商工業者層が、権力を掌握したヒトラー・ナチス党の全体主義体制（「第三帝国」）の下でいかなる状況に置かれたかを問題にし、ドイツ・ファシズムの社会的基盤の動揺と危機のダイナミズムを解明しようとするものである。

本書は、上記の書物ののちに発表された著者の論文四本（いずれも単著）を軸にして、さらに新たに執筆した論文三本を加えて成り立っている。その際既発表の旧稿は大幅に加筆修正されて収録された。それらを本書の編別構成に対応させて示すと次のようになる。

序　章　書き下ろし
第1章「ナチス期ドイツにおける『手工業』の工場制化――経営分化の中で――」明治大学『政経論叢』第83巻1・2号、二〇一四年一一月。

第2章および第3章は未発表論文。

第4章「ナチス戦時体制と『手工業』の経営閉鎖――ファシズムの社会的基盤との関連で――」明治大学『政経論叢』第83巻5・6号、二〇一五年三月。

第5章「ナチス・ドイツの戦時経済体制と『手工業』の合理化」『社会経済史学』第80巻4号、二〇一五年二月。

第6章「ナチス期ドイツの小売業と中間層の立場」明治大学『政経論叢』第85巻1・2号、二〇一六年一一月。


以上のうち第1章・第4章・第5章に組み込まれた三つの既発表論文は、日本学術振興会・科学研究費補助金・基盤研究（C）「ナチス・ドイツの戦時経済体制に関する経済史的研究」［二〇一三（平成二五）年～二〇一五（平成二七）年度］（研究代表者　柳澤治、課題番号25380433）の研究成果の一部である。また第6章の論文は、同上・基盤研究（C）「ナチス・ドイツの戦時経済体制と流通・価格システム」［二〇一六（平成二八）年度］（研究代表者　柳澤治、課題番号16K03781）の研究結果のひとつである。この書物はこれらの諸研究に基づいて作成されており、したがって本書はそれ自体全体として上記二つの基盤研究（C）の助成による研究成果ということが出来る。

目　次

序　章　ナチズムの社会的基盤をめぐって

1　ナチズムの社会的基盤としての中間層

本書は、ドイツのヒトラー・ナチス党による全体主義体制（ファシズム）[1]と営業的中間層（gewerblicher Mittelstand）と呼ばれる中小商工業者との関係を社会経済史的に分析することを目的としている。この課題は、言うまでもなく、これまで歴史家が活発に論じて来た「ファシズム」とその「社会的基盤」の問題に直接関連する。本書は商工業分野の中小営業者層が農民層とともにナチズムを支持し、推進した事実を重視している。しかしこのことはナチス党がホワイトカラーなどの新中間層とこの旧中間層とによる「中間層政党」であったと主張するものではない。

「ファシズム」の「社会的基盤」に関する研究は、近年著しく前進し、精緻な数量的分析に基づいて次々に新しい成果が生み出されている。その結果ナチス党は、新旧中間層ばかりでなく、上層社会層や、とりわけ労働者層など諸社会層から広く支持されており、あたかも「国民的政党」の形態を示していたことが明らかになった。その中で営業的中間層は重要ではあるが、党員の数の点では労働者層の次に位置づけられることが示された。たとえば一九二九年にナチス党に加入したものの社会的職業的構成を見ると、不熟練工が一六・七％、熟練工（手工業的労働者）が二〇・

〇%、労働者層は合計三六・七%であったのに対して、手工業親方は一一・六%、商人は一一・一%で、企業家層一・二%を含めても合計二二・七%に止まった（農民は一二・〇%、職員一四・六%）。ドイツ人就業人口に占める手工業親方と商人の割合は、それぞれ九・五六%と六%、合計一五・五六%であったから、労働者層（同五四・五六%）と比較した場合、営業的中間層のナチス党加入率は相対的に高いことは明らかではあるが、ナチス党の特質の解明にとって党員数の大きさは大切な要素であり、そこでの労働者層の位置は営業的中間層を上回った。(2) 広範な労働大衆が全体主義を支持し、かつ推進したという指摘は著しく重要であり、本書はこの認識を継承する。

これらの新しい研究は、ナチズムと中間層との関係を重要視する同時代の見解を「中間層テーゼ」と規定し、それへの批判と修正として深められて来たのであるが、しかしそのような「中間層仮説」の生みの親とされるTh.ガイガー(3)はじめとして、ナチス前夜の社会民主党系のドイツ人知識人の認識は決して単純なものではなかった。彼らはナチス党が中間層だけでなく、中小企業家層（「小資本家」）や労働者層の中にも支持者を獲得していた事実を見逃してはいなかった。むしろその現実を重視し、それらの事実が中間層とその生活様式や価値観といかに重なり合い、交錯するかに大きな関心を向けた。労働者層の生活様式と意識の市民化・中間層化（Verbürgerlichung）の問題は、ナチズムとの関係においてばかりでなく、労働者階級を基軸に進められる社会民主主義それ自体の問題でもあったからである。

そのひとり、社会民主主義者S・リーマー（Riemer）は、一九三〇年九月のライヒ議会選挙でナチス党が大きく躍進した事実（このときナチス党は一二議席から一〇二議席に増加）を目の当たりにして、ナチス運動に関して次のように述べる。

「実にさまざまな利害グループがこの運動［ナチス運動］に加わっているという事実、『革命的』中間層（Mitte）の戦線が一方では企業家層に、他方では労働者層のいくつかのグループの中に拠点を広げて来たという事実、これらは、次のような見方を生ませる。ナチズムはこれまでの既存の政党と同じように社会的な所与の条件という点だけからはあまり理解できないのではないか。もちろん社会運動は理念（イデー）の強力な力からのみ促進されうるという見方は当然ながら疑わなければならないが[4]」。

リーマーはナチス運動には中間層と並んで、(1)「企業家」と、(2)「労働者層」が加わっている「事実」を指摘し、そのような「党派をまたぐ」（überparteilich）運動を展開するナチス党を理解するためには、(3)単なる「社会的な所与」だけでなく「理念」をも問題としなければならないと強調する。

ナチス運動と諸社会層との関連の分析のためには、単に社会経済的な構造だけでなく、理念やイデオロギーの要素をも問題にしなければならないという観点[5]は、一方では政党の目標や理念に対して、他方では同時に、その政党を支持する社会層の意識の独自性について考察する必要性と結びついていた。そしてこのような観点に立ったリーマーのナチス分析は、同時に自身の党、社会民主党の支持者と推進者の確保と拡大のための社会層分析と不可分の関係にあった。それはTh.ガイガー（Geiger）はじめ当時の社会民主主義的知識人にも共通した[6]。

リーマーは、ナチス党は中間層だけでなく「企業家層」も支持者に加えていると指摘した。没落する小営業者だけでなく、中層、さらに上層の市民的中間層がナチス党に加わり、この中・上層が党の基幹的部分を掌握するという事例は、D・ミュールベルガーはじめ今日の歴史家が注目する所である[7]。また『ドイツの大企業とヒトラーの擡頭』の著者、H・S・ターナー（Turner）は、大企業家と区別される「中小企業家」（lesser businessmen）、「中小製造業者」（small and medium manufacturers）とナチズムの結びつきを強調していた[8]。

このような中小企業家層の動向に注目した同時代人が、E・W・エシュマン（Eschmann）であった。彼はリーマー論文が掲載された同じ雑誌『労働』（一九三一年五月号）の論文で、ナチス運動を「市民層の危機」として捉え、「中小の企業家層」（mittleres Unternehmertum）、「個人的経営を営む中小企業家層」（mittleres, individuell wirtschaftendes Unternehmertum）をも含めた「市民層」をナチズム支持者とみなした[9]。エシュマンは「中小の企業家層」

を営業的中間層の中に含め、それらを一括して「市民層」として捉えた。

　ガイガーはエッシュマンのこの指摘を重視し、その上でエッシュマンの理解を修正して、「中小の企業家層」を「小資本家的市民層」(kleinkapitalistisches Bürgertum) と規定し、それらは「反独占的」であるとしても、エッシュマンのように「非資本主義的（nichtkapitalistisch)」ではないと指摘した。[10] ガイガーは、次の年、著書『ドイツ国民の社会層』（一九三二年）を公にし、諸社会層の構成を統計的に分析し、「〝資本家〟」("Kapitalisten")、「中小の企業家」(Mittlere und kleinere Unternehmer)、「毎日働く自営業者」(Tagewerker für eigene Rechnung)、「高い資格・能力を備えた賃金・給与取得者」(Lohn-und Gehaltbezieher mit höherer Qualifikation)、「低い資格・能力の賃金・給与所得者」(Lohn-und Gehaltbezieher mit minderer Qualifikation) の五階層に分類するのであるが、そこでも「中小の企業家」は独自に位置づけられた。彼は「小資本家的」とした「中小企業家層」を「いわゆる資本家 Kapitalisten」から区別した上で、「資本家陣営」(Kapitalistische Lage)["Kapitalisten"] ではなく、「自営業者」や「高い資格・能力ある賃金・給与所得者」と同じ「中間的陣営」(Mittlere Lage) の最上層部に位置づけた。彼は、具体的な分析を通じて労働力一一人以上五〇人以下の経営を「[小] 資本家的」という大枠で捉え、中でも二〇人以上、あるいは二〇馬力以上のモーターを使用している「企業家層」をそのような「小資本家的」な中小企業家層とみなし、その数を雇用者一一～五〇人の経営八万六〇〇〇のうち四万九〇〇〇と算定した。[11]

　ガイガーは以上のように「中小の企業家層」を「資本主義的」と規定した上で、それを大資本家から区別して「小資本家的」とし、中小営業者・ホワイトカラー・熟練工とともに「中間的陣営」・「市民層」に帰属させた。小規模な資本主義的経営者は、「個人的に経営を営む中小企業家層」（エッシェマン）として、「非資本主義的」な「中小市民層」の上層部分と区別し難く重なり、またその中から不断につくり出されていた。『高度資本主義』（一九二七年）の著者W・ゾムバルトは、「手工業者層」の中に近代的な簿記や会計による合理的な経営方式を採用する「近代的」・「前進的」な手工業者の展開の事実を認め、六～一〇人を雇う経営を「小資本家的企業家」（kleinkapitalistischer Unternehmer）と呼び、その数は一九〇七年にすでに七万一七〇〇人を数え、それはさらに拡大傾向にあると指摘していた。[12]

労働力五〇～一一人、あるいは六～一〇人を雇用するそのような中小の資本家的経営は、加工業や組立業の分野で広く形成され、ドイツ経済の基軸的な担い手として重要な位置を占めていた。それらの経営のうちすでに機械制を全面的に採用していた企業は、「工業」経営（Industrie）とされ、他方手工業的マニュファクチュア的要素を強く残す経営は、「手工業」（Handwerk）として区分されていた。しかし両者の区分は流動的であり、「小資本家」は中小経営の中から不断に生み出されていた。こうして中小資本家的経営は中小経営の上層と重なり合い、交錯し、生活様式や社会的意識の点で「中小市民的」・「中間層的」な特徴を共有した。彼らもまたナチス党の支持者となった。同時代の知識人は、今日の歴史家以上に具体的に、この事実を認識していたのである。ナチス体制の下で商工会議所や手工業会議所などの経済機構の指導部を掌握するのは、このような中小企業家や上層手工業者たちであった。[13]

さて営業的中間層と並んでナチスのもうひとつの「社会的基盤」となったのが「労働者層」であった。「中間層テーゼ」批判の最大の論拠がここにあった。だがリーマーだけでなく、同時代の知識人はこの「事実」を決して見逃さなかった。W・シュテファン（Stephan）は、ライヒ議会におけるナチ党議員一〇七人のうち、勤労者（Arbeitnehmer）が二九人（ホワイトカラー一七人、農業労働者を含む労働者一二人）も占めていたことを示し、またH・ナイサー（Neisser）は、ナチス党員の一五～二〇％が工業労働者層の出自ではないかと推測していた。

共産党系の知識人H・イエーガー（Jäger）は、ナチス党の「社会的構成」における労働者の状況について次のように記している：ナチス党に対する「プロレタリアの支持者について語らないとしたら全く不十分であろう」。労働者層へのナチスの「進入」は一九二八年以来一層強まっており、「とくにザクセンやテューリンゲン（エルツゲビルゲ、フォークトラント）、つまり中小経営、家内工業、問屋制工業の地域において、しかし同時に激しく窮迫し、恐ろしく貧困化し、賃金が最低で、失業率も深刻な地域においてそうである」。ナチス党の労働者層への食い込みは、一九三〇年頃には止まっていたが、「しかし一九三二年以降、恐慌が激しさを増加させてから、新たな進入が残念ながら否定できない事実」となった。「ナチスは主としてブルジョア政党の犠牲の上に拡大したという事実をそもそも誤解してはいけない。ナチスがそこで獲得したのはプロレタリアートでもあり、そしてそれが第一であったからである」。とりわけ「プロレタリアの若い世代はナチスの支持者の中で極端に高い割合を示しており、恐ろしい危険はまさにここに存在するのである」(14)。

中間層と並んで、労働者層がナチス党の重要な基盤となったことは、上述したように現代の歴史研究が緻密な分析を通じてとくに強調している点であり、その成果によって私達はホワイトカラーなど事務分野の「賃金・給与所得者」ばかりでなく、工場や作業場で働く「工業労働者」、とりわけ「熟練労働者」たちが多数ナチス党に投票したり、党員になっている事実を数量的に知ることが出来るようになった(15)。

ところがそのような分析をいわゆる「中間層テーゼ」・「中間層仮説」への批判にあまりにも強く結びつけようとした結果であろうか、これらの最近の研究成果は、「仮説」の主張者とされるガイガーら同時代知識人のすぐれた社会科学的認識の重要な部分を捨象してしまった。

ホワイトカラーなど事務分野の勤労者をはじめ、広義の労働者層とナチズムとの結びつきの問題は、ガイガーらにとっては、社会民主主義の本来的な担い手であり、推進力であるべき労働者(プロレタリアート)の社会的意識・行動様式の変質に関わる最も基本的な問題であった。ガイガーは一九三一年の論文で、一九世紀的な「貧困化」論の現代への適用を排除し、労働者の経済生活の向上と、事務的労働力[職員・ホワイトカラー層]=「新労働者」(Neu-proletariat)の増大に注目し、彼らの行動様式が必ずしも社会主義的でないことに注意を喚起しつつ、それらを含めた労働者(「非所有者」・「プロレタリアート」)の変質、とくに労働者層の上層部分の「生活形態」の「小市民化」を指摘した(16)。「彼らは、周知の世界観的社会主義が労働者層の特質でなくなるその分、ますます［市民層への］イデオロギー的な歩み寄りを進めることになるだろう(17)」。つまり労働者のナチス党支持は、労働者のマルクス主義離れと表裏一体の関係にあり、それは労働者層自体の生活様式と意識の「市民化」、従って中産層化と不可分にあった。このようにガイガーは労働者の変質を動かし難い事実として重視し、それを中間層の意識や行動様式に関連させたのである。

ガイガーは、この論文に先立って、労働者（「プロレタリア」）の「小市民化」に関して詳細な分析を試みていた(18)。「市民的同化（Verbürgerlichung）に対する批判」と題する彼の論文は、直前に公にされたH・シュパイア（Speier）の論文「労働者《プロレタリア》の市民的同化（Verbürgerlichung）とは何か(19)」の分析を積極的に受け止めて書かれており、シュパイアと同様、労働者層の間における生活様式と意識の市民的同化、労働者階級と中間層の重なりと交錯を、資本主義社会に多かれ少なかれ共通する現象として捉えていた(20)。

ガイガーは、経済的階層（生産手段を有さない賃労働者階級）としての「労働者（プロレタリア）」の生活様式・意識の市民層・中間層への接近と同化の現代的現象を、(a)「市民化」（Verbürgerung）、すなわち労働者が経済的諸条件を有する上層階層（中間層）の一員に転化する場合［経済的階層間の移動］と、(b)経済的階層としては同じだが、市民的な生活・意識・理念を積極的に評価して受容し、またそのような同化を示す労働者に転化する「市民的同化」（Verbürgerlichung）とを区別し、それを労働者の社会的経済的「上昇」（Aufstieg）の可能性と関連づけた。

(a)の「市民化」は、階層的上昇＝自営業者化を意味するが、それは制度的可能性（たとえば徒弟→職人→親方）としてはもはや一般的な現実ではなく、限られた「個人的」な形でしか見られない。しかしガイガーは個別的な形態であれ「市民化」（＝自営業者化）の可能性を排除しなかった。手工業分野における熟練工（職人）の親方資格取得による自営業者化、労働者の零細小売業者への転化などの可能性が存在したからである。だがガイガーがとくに重視したのは、労働者の次世代（子供）での「資格・能力を備えた労働者」への「上昇」、とくに労働者のホワイトカラーへの「上昇」であった。それらは労働者階層内での「上昇」であるが、生活様式・意識の転換、市民層への接近をもたらす条件となった。個々の労働者にとっては、そのような社会的な「上昇」の可能性が存在する限り、それに対する願望がマルクス主義・社会民主主義からの離脱に結びつき、さらには階級対立の否定と中間層の保護を主張するナチズムへと接近させる可能性を与えたと考えることも出来るのである。

ガイガーがとりわけ注目した(b)の「市民的同化」は階級上の変化ではなく、社会的姿勢と意識（Gesinnung）、さらに政治的・社会的なイデオロギー上での変質であり、具体的には市民的中間層的な生活観・生活形態への接近を意味した。それはプロレタリア的な生活観等の低下、運動観念の硬直化として現れる。ガイガーは、その広がりが労働者の個人の問題をこえて、階層（階級）全体の後退となる可能性を指摘する。

ガイガーは、市民層への「同化」の中で、「小市民的な伝統」に結びつく「新プロレタリア化（ホワイトカラー化）した人口」によって労働者階層が水増しされ、「労働者層《プロレタリア》の市民的な異文化化（Überfremdung）」が生ずる方向を危惧した。「われわれはいわゆる労働者《プロレタリア》的文化の将来と危機の問題の只中にいる」と述べてその深刻な状況への注意を喚起した。[21]

以上のようにガイガーらは、労働者（層）の行動を単に社会経済的な規定性（経済的階級）においてばかりでなく、その意識や理念・イデオロギーの状況との関係で認識する必要性を強調し、第一次大戦以降における労働者の生活様式・意識・イデオロギーの「小市民的」・「市民的」同化の現実を鋭く指摘していた。[22]ガイガーらはナチスの支持へ向う労働者の動向をイデオロギーを含めたその存在形態の面から、「市民」、すなわち「中間層」の生活・意識に関連づけて理解していたのである。経済的には「賃金・給与所得者」、すなわち「労働者階層」とされた、職員・ホワイトカラー（事務的営業的スタッフ・職工長・技術者等）などの「新労働者《ノイプロレタリアート》」に対して、旧中間層（営業的中

評論
No.204
2016. 7

日本経済評論社

柳澤悠氏を悼む

水島　司

二〇一五年四月、柳澤悠氏が逝去された。享年七〇。この数年間、矢継ぎ早に重要な業績を出され、まさに脂ののりきった時点での惜しんでも惜しみ足りない死であった。

東京大学経済学部・同大学院を修了された頃の氏は、インド綿業・日印会商問題などを中心に、アジアの経済問題に取り組まれていた。インド省文書館での資料調査を基に、植民地支配下のインドの手織業のしたたかな生き残りに注目され、「インド在来織物業の再編成とその諸形態」（『アジア経済』一九七一年、第七二号）を発表された。

氏の研究が大きな転機を迎えたのは、七〇年代末から故原忠彦アジア・アフリカ言語文化研究所教授が組織された「南アジアの大河流域における農村社会の研究」プロジェクトへの参加だった。南インドで実施された調査で、氏はアッパドゥライ村という灌漑米作村に住み込み、同村の長期的変化について、数か月を超える聞き取りと資料調査を実施された。この調査を起点として、『南インド社会経済史研究　下層民の自立化と農村社会変動』（東京大学出版会、一九九一年）をはじめ、*A Century of Change: Caste and Irrigated Lands in Tamilnadu, 1860s to 1970s* (Manohar 1996)、最後の大著で二〇一四年度「国際開発研究大来賞」受賞の『現代インド経済　発展の淵源・軌跡・展望』（名古屋大学出版会、二〇一四年）などの著書や論文を発表された。

これらの研究で、繰り返し氏が取り上げたのは、下層民の自立過程であった。植民地支配期に、「不可触」という語で象徴される差別を受けた不可触民は、氏が調査した村とその周辺で二〇世紀初めから注目すべき社会運動を起こし、さらにはわずかずつではあるが農地を獲得してきた。不可触民の台頭を裏付けようと、私と共に一〇〇村以上の土地台帳の電算機処理に取り組んだ氏は、出始めたばかりのパソコンに自らソフトを組んで処理を進め、多くの村で不可触民が土地を獲得していった事実を明らかにした。氏はその後四半世紀を経てこの村落を再調査され、不可触民の動きだけではなく、村内の各階層の教育、農外雇用、消費、都市との連関などについての情報を集め、近年のインドの動向に関する理解について確信を深められたように思う。

こうした研究のひとつの集大成が、先に紹介した『現代インド経済』であった。そこでは、インドの近年の経済発展が一九九一年に始まる経済開放政策を起点とするという通説に対して、離陸への動きは八〇年代から既に顕著であり、さらには、一九世紀末からの農業生産の発展までその起源を遡りうるとして、より長期的な変化の中に現在を位置づけることを求めた。さまざまな議論が同書で展開されているが、真骨頂は、現在の発展の基盤を、農村部、とりわけ農村下層の人々の経済的台頭と農村部での消費の増大に求めている点である。近年消費の担い手として注目される都市中間層に農村大衆を対置し、後者の消費こそがインド経済の発展を支えているという氏の主張は、氏の村落研究の実感に根ざす。また、「農村‐都市インフォーマル部門経済生活圏」という概念を提示し、農村部の低教育・低賃金・不定期移民労働者が都市部の低技術・低賃金・低コストのインフォーマル部分の労働者として雇用され、そこで生産される見栄えだけの低品質の製品――これを偽ブランド製品と名付けている――が消費される循環が成立する空間こそが近年のインド経済の発展を左右していると説く。

この大著の執筆に前後して、氏と私は大型の科研費「インド農村の長期変動」プロジェクトに取り組み、『激動のインド　第四巻　農業と農村』（日本経済評論社、二〇一四年）および『現代インド　第二巻　溶融する都市・農村』（東京大学出版会、二〇一五年）を共に編纂した。それらにおいて、氏は、インドの経済発展に関して、結論として悲観的な議論を展開する。インドの経済格差は中国と較べても大きい。さらに大きな問題は、階層間の格差が非流動的であり、農村での地主と農業労働者、あるいは上位カーストと下位カーストというような格差が、そのまま都市就業での格差構造へと移行し、大企業・中小企業、フォーマル・インフォーマル部門、同じ職場での上級職・下級職と固定的に分別されることにある。残念ながら、この格差は経済発展を経ても基本的には維持されてきた。

大きな格差を抱えながらも経済発展が継続するのであれば、生活の底上げも実現されるであろう。であれば、格差自体の存続は資本主義社会の業として仕方がないことかもしれない。しかし、氏は、そうではないと言う。インドの経済発展が前述の「疑似ブランド品」、つまり低品質で価格のみ安い商品が、低賃金で雇用の不安定な労働者の消費需要を満たす形で経済発展を率いてきたという事実そのものが、今後の経済発展の大きな制約要因になるからである。

かつてのインドは、極端な保護の下での輸入代替政策を推し進め、そのことが高コストで低品質の、国際的な競争力の無い産業を育ててしまった。それに対し、近年のインド経済は、上述の「農村‐都市インフォーマル部門経済生活圏」での消費に支えられて発展を遂げてきた。しかし、そのことが、技術水準や商品の品質の向上、産業構造の高度化の速度を極めて遅いままで推移させる。

八〇年代からの輸出拡大を牽引してきたアパレル部門についても、その主体となった小規模・零細工業の担い手は、安価で流動的で熟練度の低い低学歴の労働者である。そして、かれらの技術向上を図る制度はない。安価な労働力を酷使して低価格市場を席巻したとしても、長期雇用労働者を企業内での技術形成システムで技術向上をさせシェアを拡大させている中国に対抗しうる力はない。管理層と労働者層の大きな格差と断絶は、労働者の仕事へのコミットメントを大きく弱めている。全体として、インドの経済発展に大きな展望はない。

これが氏の展望である。その背後に、下層の人々の経済的向上こそが、経済全体を活性化させ、人々の幸福と社会の繁栄を導くのだという氏の確信がある。

五〇年近い歳月をインド研究に、とりわけ下層の人々に捧げた柳澤氏の死去は、インド研究者にとってだけではなく、インドにとって大きな損失である。氏から、『現代インド経済』の英訳とケンブリッジ大学出版会からの出版を託された私は、その実現によって氏の期待とインドの期待に応えるつもりである。

［みずしま つかさ／東京大学教授］

定年技術者が経済史研究

――『中島飛行機の技術と経営』を上梓して

佐藤達男

文系学問には縁のなかった技術者が還暦を過ぎて始めた経済史研究が、古希を過ぎて博士論文となり、加筆・改稿して上梓することができた。先輩、友人の多くからはチャレンジ精神を評価され、自身も第二の人生の目標を達成した感慨はある。定年後になぜ経済史研究を始めたか。特に深い考えがあったわけではない。富士重工業で四〇年近くを技術者として航空機開発に従事し、やれる所まではやったというやり尽くし感があった。残りの人生は理系から離れて文系の勉強に取り組んでみたかったのである。それが徐々に研究の面白さという深みにはまって、博士論文を執筆するところにまで至ったというのが実態である。結果的には航空技術者としての知見、知識を生かして戦時期航空機産業史を研究することになったのであるから、全く理系から離れられたわけではなかったが。

研究対象に対するいわゆる土地勘、興味のありようから、戦時経済→航空機産業→中島飛行機と研究テーマを絞り込んでいった。富士重工業の前身である中島飛行機にシンパシーを感じていたことが、中島飛行機を研究テーマとした最大の理由であった。研究テーマを絞る過程は容易なものではなく、研究期間も半ば以上を過ぎてからやっとたどり着いたものである。技術者が経済史研究を志して困ったのは、経済史研究の基礎的知識がないことであった。博士論文の論点は専門的でかつ新規性、独創性が必要とされることは当然で、論文執筆と併行して研究史を辿り、従来の中島飛行機研究に新たな知見を加えるよう努力した。第一は中島飛行機単独ではなく三菱重工業をベンチマークとして企業間比較の視点を取り入れたこと、第二は機体およびエンジンの技術的側面、性能、生産能力、生産性、価格、財務諸表等をできるだけ数値的に評価することであった。企業間比較では、数値による公平性の担保は必須のものであるという考えからである。第三には、アメリカ航空機産業およびアメリカ軍機との比較も行い、世界における中島飛行機の技術的位置付けを行うことであった。

歴史資料のデジタル化、インターネットによる公開が進み、アクセス、検索が容易になったことは幸いであった。ネット社会以前であれば、資料の検索、収集に、より長期間を要したであろう。美濃部洋次文書、大本営「密大日記」、持株会社整理委員会資料、米軍の公開資料などから、従来の中島飛行機研究では触れられなかった記述、データを新規に発掘することができた。占領軍がまとめたアメリカ戦略爆撃調査団報告書は戦時経済に関する資料の宝庫で、この報告書に記載されたデータの精査、処理、分析により従来の研究レベルを超える知見を提示することができた。理系の出身である利点が生かせた部分である。

　企業の創業理念はどのようにして引き継がれ、社会に受け入れられる企業風土はどのようにして醸成されていくのであろうか。最近の、日本の伝統企業の企業統治能力の劣化と不祥事の続発をみるに、これらを達成するのは大変困難なことであると考えられる。年々歳々人は変わる、世の中も変わる、企業環境も変わる。企業理念は変わらなくても、具体的な日常業務に落とし込む方策は環境変化への適応が必要で、それを経営者、従業員のすべてが共有し実行する企業風土が醸成されていることが大切であろう。

　幾度もの提携失敗、経営危機を乗り越えて、富士重工業の業績が今日好調である理由は何か。中島飛行機から富士重工業の現在に至るまで、企業理念の第一におかれた「顧客目線で品質第一」が企業行動に現れ、顧客に支持されたものと筆者は理解している。企業理念と組織そして人との関わりの中で、中島飛行機の伝統、風土が生き続けているのか否か、本書では詰め切れなかった課題である。

　富士重工業は来る二〇一七年の中島飛行機創立一〇〇周年を期して、社名を「株式会社ＳＵＢＡＲＵ」に変更すると決定した。グローバルに展開する企業戦略としては正しいのであろうが、六〇年以上続いた富士重工業という社名が消えることで、中島飛行機はさらに歴史の彼方へ消えていく。本書は中島飛行機への鎮魂歌ともなった。

［さとう　たつお／立教大学博士（経済学）］

佐藤達男著
装幀：渡辺美知子
A5判　本体6500円

「引揚げ」を国際関係と地域から問うこと

今泉裕美子

二五年ほど前にアイヌの知人が話してくれた。「私の親はカラフト生まれで、第二次世界大戦後に北海道に『渡って』きて、私は北海道で生まれた。日本がカラフトを占領してからやってきた日本人は、北海道に『引揚げ』たと言うけれど、私たちは強制的に移住させられたのです。その後も、食べてゆくために北海道を転々としなくてはならなかった」。（彼女の歩みは、北原きよ子『わが心のカツラの木――滅びゆくアイヌといわれて』岩波書店、二〇一三年として刊行）。第二次世界大戦後の「引揚げ」が「強制的な移住」であり、更なる移住が強いられたこと。彼女のようなアイヌの戦後は、カラフトから引揚げた日本人、北海道に戦前から暮らしていたアイヌとも異なり、何よりも日本の植民地支配の結果である、と深く認識したのはこの話がきっかけであった。

『日本帝国崩壊期「引揚げ」の比較研究』は、「移民史の比較研究」を掲げた共同研究の成果である（経緯や経過は同書「あとがき」を参照）。

執筆者は「移民」を研究してきたものの専門を異にし、対象とする地域や主体も多様であった。しかし専門を統一したり、対象を網羅的に設定しなかったのは、日本をめぐる「引揚げ」の個別具体的な事例を、それぞれの専門や視点を突き合わせ、次に述べる関心から深く掘り下げることを重視したからである。第一は、戦前・戦時期の日本をめぐる人の移動は、移動先がどこであっても、日本の勢力圏拡大・崩壊を照らし出すものであること。第二は、その地域にいつ、いかなる経緯で移動、定着し、地域社会を形成したかを、移動する前の地域社会との関係からみることで、東アジア、太平洋などの「地域」がどのように形成されたのか、また「地域」相互の関係としての「国際関係」が分析できること。第三は、移民を権力関係のなかで一方的に規定される存在としてのみ捉える研究、または「主体的選択」、「生存戦略」を重視してそれを生んだ権力関係の分析が後景に退きがちな研究、に対して移民像をどう提示できるのか。第四は、冷戦後のグローバリゼーションが日本にもたらしたとされる問題を、日本の敗戦六〇周年（共同研究開始年）までの間に放置、積み残してきた問題、特に大日本帝国の形成と崩壊をめぐる問題から考察する必要性、であった。そこで、第二次世界大戦時の動員と「引揚げ」に、移民の戦前、戦後の移動や定着と国際関係の変容が特徴づけられると考えた。本書のサブタイトル「国際関係と地域の視点から」は以上の関心から生まれた。

共同研究では、「引揚げ」をめぐる個別の地域・「移民」の特徴が明確になり、相互の関連もみえてきた。これは、自らの方法論を問い直す過程でもあった。

国際関係学を専門とする一執筆者として、本書の特徴を二点指摘したい。第一は、「ヒトの移動」と表現されるようになった「移民」の研究の問い直しである。近年はライフヒストリー、オーラルヒストリー研究も盛んだが、移動する人間の「人なるがゆえの部分」の解明はどう深められたのか。かつて吉澤南は、近現代の移民研究には、人間が奴隷貿易で物として扱われ、所有されたことからどう「解放」されようとしたか、つまり奴隷の問題がその後どのような新しい形で現れ、人間がそこからいかに「解放」されようとしたか、の解明が必要だとした。本書では、大日本帝国と米国の「移民」の問題の地域ごとの特徴、「解放」を求める動きを、権力政治との関係、集団内と外の共同、あるいは「解放」を妨げあう実態から明らかにした。執筆者が聞取りの経験を豊富にもっていたことは、「無名の人々」と一括りしない分析を可能とした。

第二は、近代国際関係を大きく変容させた二つの世界大戦における日本の立場と経験が、移民の生活、意識、移動、社会形成に与えた特徴の解明である。第二次世界大戦の「引揚げ」の分析には、日本が第一次世界大戦で漁夫の利を得、移民の進出や定着が進んだことに着目すべきと考えた。戦間期の移民が、大日本帝国の形成を促しつつ第二次世界大戦と敗戦をどのように準備し、戦後日本の人の移動と定着をどう方向づけたのか。

刊行直前の一年は「戦後七〇年」、シリア難民の深刻化と受入れをめぐるEU動揺の中にあった。「引揚げ」を国際関係と地域から問うことは、同時代史研究としての意義を未だ失わない。

［いまいずみ　ゆみこ／法政大学教授］

今泉裕美子・柳沢遊・木村健二編著
日本帝国崩壊期「引揚げ」の比較研究
―国際関係と地域の視点から
A５判　本体六五〇〇円

『現代資本主義の経済理論』の刊行によせて

飯田和人

本書は、大学生向けの経済学の教科書として書かれた。その狙いは、資本主義経済の基本的な仕組みを理解し、現代経済の歴史的な方向性を読みとるための手助けをするところにある。

ここで対象としている現代経済とは、実は二〇一一年に刊行された旧著『グローバル資本主義論　日本経済の発展と衰退』（日本経済評論社）で筆者が分析したグローバル資本主義の時代の経済である。旧著では、第二次世界大戦後の資本主義を現代資本主義と規定し、これを二つの時代に区分した。福祉国家体制とグローバル資本主義の時代である。本書の基本的内容は、このグローバル資本主義を理解するために必要な経済理論を基礎から応用へと段階的に提示することで構成されている。共著者の高橋輝好、高橋聡両氏には、この筆者の意図を十分に理解してもらい、全面的な協力をしていただいた。

本書の構成を見て、マルクス学派ならすぐに気付くことは、それが資本主義経済のより抽象的で単純な構成要素から、より具体的で複雑なそれへと理論を総合化していく、いわゆる「上向」的な論理展開になっているということである。とりわけ本書の第一章（市場の基本構造とその特質）と第二章（近代的企業システムとしての資本）は、商品・貨幣・資本という、資本主義経済の基本的な構成契機の概念内容を開示することを通して、資本主義経済が拠って立つ理論的基盤（いわばその土台）を明らかにしたものである。

続く第三章（剰余価値の生産）、第四章（再生産と産業連関）、第五章（諸資本間の競争と利潤）では、この土台の上に構築された、資本主義経済という特殊歴史的な経済システムの基本的な構造と動態を論じている。

以上が、いわば本書の基礎理論篇である。これに対して本書の応用理論篇を構成するのが第六章から第一〇章であり、ここではとりわけ第六章（資本主義経済と失業）と第七章（資本主義経済と消費）とが、第一〇章で主題的に取り上げられる現代資本主義を理解するためにも重要な章となっている。

というのも、本書においては、資本主義の歴史段階区分が、資本・賃労働関係（より具体的レヴェルでは利潤と賃金との分配関係）の調整メカニズムという独自の理論的基準によってなされ、第六章では現代資本主義さらにはその前半期（＝福祉国家体制）と後半期（＝グローバル資本主義）とがこの基準に拠って他の時代と区分されているからである。それにより、現代経済がいかなる歴史的段階にあるのかが明確にされる。

　また、第七章では、資本主義経済を駆動するエンジンとも言うべき資本の再生産・蓄積運動にとって消費がどのような意味付けをもつかが分析・提示されている。これによって、現代経済を主導するグローバル資本の再生産・蓄積運動が、かつての福祉国家体制の時代のように国内の労働者（大衆）の消費に依存しなくなったこと、そこからまたグローバル資本主義の時代の先進諸国に特有の格差構造が出てきていること、等々が明らかにされることになる。

　さらに言えば、現代資本主義の前半期と後半期では、正統派経済学の主流がケインズ経済学から新古典派経済学に変わったことを踏まえ、応用理論篇ではこの二つの学派の理論内容についてそれぞれ批判的な検討が加えられている。つまり、ここではこうした「経済学批判」を通して「現代資本主義の経済理論」を論じている、ということである。

　そのさい、現代の主流派である新古典派経済学への対抗軸として本書が依拠したのは、古典派・マルクス経済学系譜の基軸的概念というべき「再生産」分析視角であるが、それに加えてポスト・ケインズ学派、現代制度学派、さらにはレギュラシオン学派等々、要するに現代における非主流の経済学の諸理論を援用して新古典派批判を提示している。

　こうした本書の展開は、経済学の教科書としてはかなり独特のものと言える。それにより、読者としての大学生が資本主義経済に対する多様な分析視点を身につけ、自由で柔軟なものの見方や捉え方を手にしてほしい、というのが筆者らの願いである。

［いいだ かずと／明治大学］

飯田和人・高橋聡・
高橋輝好著
装幀：渡辺美知子
A5判　本体3400円

「長野原学研究会」の始動

老川慶喜

昨年三月に北陸新幹線が金沢まで延伸し、富山・石川・福井の北陸三県に空前の観光ブームをもたらした。また、この三月には北海道新幹線新青森～新函館北斗間が開通した。訪日外国人観光客数も、昨年度は一九〇〇万人を突破し、大阪で万国博覧会が開催された一九七〇年以来、四五年ぶりに日本人海外渡航者の数を上回った

しかし、年明けとともに株価は続落し、この数年来政府や財界が声高に叫んでいる地方創生もそれほどうまくはいっていない。観光ブームが到来している中で、多くの地域社会はむしろ疲弊しているかのような印象を受ける。バブル経済崩壊後、日本は「失われた一〇年」を経験したが、それが二〇年、三〇年と引き伸ばされているかのようである。

その要因はさまざまで、とても一言では表現できないが、もっとも重要なのは高度成長期以来の半世紀以上にわたる国づくり、地域づくりへの真摯な反省がなされていないという点にあるように思われる。過疎も東京への一極集中も、「無縁社会」（共同体の破壊）も、いまいま始まったことではなく、ひたすら「大規模・集中化」による「成長」を求めてきた、高度成長期以来の国づくり、地域づくりがもたらしたものといえる。

そこで私が勤務する跡見学園女子大学では、観光コミュニティ学部の教員が中心となって「長野原学研究会」を始動させ、長野原学研究所を設立させた。この学部は昨年四月に開設された生まれたばかりの学部であるが、群馬県吾妻郡長野原町において、日本の地域社会が直面している大きな課題の解明に、同町と協同して取り組もうと考えたのである。

長野原町は、群馬県の北西部に位置し、地域のほとんどが標高五〇〇メートル以上の高地で、総面積は一三三・八五平方キロメートルほどである。そして、北部は吾妻川流域、南部は浅間高原地帯に属し、主要産業は高原野菜の栽培や酪農などの農業で、とくにトウモロコシ、トマト、レタス、白菜、ブルーベリー、花豆などが特産として知られている。

民主党政権のときに建設工事を止め

られた八ッ場《やんば》ダムは、自民党政権のもとで復活し、周辺工事はほぼ終了し、本体工事に取りかかろうとしている。八ッ場ダムの建設で湖底に沈むことになった川原湯温泉は、すでに山の上に移転し、新たな温泉街を形成しつつある。ただし、この過程でいくつかの温泉旅館が廃業している。

南部の北軽井沢地区には、戦前期からの「大学村」「一匡邑《いっきょうむら》」という特色ある別荘地があり、戦後には草軽電鉄が通ったこともあって、「音楽村」「王領地の森」など、さまざまな別荘地がつくられてきた。実は跡見学園も、長野原町の北軽井沢地区に一九五七年に研修所、六二年に自然観察園を開設しており、長野原町とは浅からぬ縁があった。

長野原町は、一八八九年の町村制施行により一町九村が合併して誕生したのであるが、そのときの人口は三〇二一人であった。以来、同町の人口は増加し続け、第一回国勢調査が行われた一九二〇年には五〇五七人、高度経済成長が始まる五五年には八三四九人となった。しかし、その後は減少に転じ、二〇一六年一月現在の人口は五八四四人である。一九二五年の人口が五八七七人であったから、九〇年以上も前の大正期の水準に戻ったことになる。

やや個人的な事情で恐縮であるが、私は二〇年ほど前に北軽井沢音楽村という別荘地に小さな山荘を建てた。以来、長野原町で時間を過ごすことが多くなったが、この間長野原町が日に日に衰微していくのを実感してきた。一九九五年の人口は、七〇一五人であったから、この二〇年の間に一〇〇〇人以上もの人口減がおこったことになる。山荘の近くにあった「ミルク村」という観光施設もかつての勢いはない。「マウンテン牧場」などといった観光牧場も姿を消した。地元の大型スーパーも倒産して人手に渡り、今では五月の連休や夏季のみの開店となり、品揃えも著しく悪くなった。

地域創生のかけ声とともに、大学が自治体と協力して観光地としての再生の道を探る取り組みがさかんである。跡見学園女子大学も、多くの自治体と共同してそうした取り組みを行っている。それも大切であるが、やはり大学としては、地域の衰退がなぜ生じたのかを、あらゆる手法を用いて学問的に解明する必要がある。ささやかではあるが、跡見学園女子大学はそうした試みに一歩踏み出したのである。

［おいかわ よしのぶ／跡見学園女子大学観光コミュニティ学部教授］

三行半研究余滴⑱

復縁にあたって先渡し離縁状

高木　侃

かつて婿養子の三くだり半を余滴⑬で紹介した。そのときは婿が家出したらどうするかというもので、あらかじめ離縁状を受理しておくか、婿の親族等が離縁状をしたため、かりに婿が帰参しても異議を申させないと引き受けたことにふれた。

今回紹介するものは、夫の家出より数多くあったに違いない夫の「不埒《ふらち》」の事例で、酒乱・悪所通い（浮気）・博奕《ばくち》などの取り扱いである。このように夫に主たる離婚原因があるとき、妻方からの離婚請求を受けて離婚になることもあったろうが、仲裁人があり、夫も改心して復縁（当時「帰縁」といった）することもみられた。このときには、夫が再び不埒を働いたならば離婚と、妻方の請求を受けて、あらかじめ夫に離縁状を書かせて受理しておく場合があった。そうしておけば、妻は夫の行為が改まらず、不埒であったら、実家に戻って来るだけで、それで離婚成立である。わたしはこの種の妻方に離婚権を留保して渡された離縁状を「先渡し離縁状」という。これを受理しておけば、後のゴタゴタした離縁紛争を避けることができた。つぎのものは復縁にあたって、兄の代理で、差出された先渡し離縁状である。

離縁状の写真と解読文を左に掲げる。用紙はタテ二四・〇、ヨコ三四・三センチで、一一行に書かれているが、購入文書で残念ながら用いられた地域は不明である（／は行末である）。

入置申一札之事

一貴殿娘みね義、我等弟娵ニ貰ひ／請罷在処、弟郡次郎不埒之義／仕出シ、素より同人不実之仕成方／ニ付、離縁之御掛合ニ預り、一言之申訳無之、／離縁ニ相成候得とも、此度左之世話人衆／立入、再縁ニ相成、依之已来不相応之節／は貴殿之思召ニ随ひ離縁可致候、／右ニ付別段去り状不及、此書付ヲ以当人／御引取被成、離縁之事ニ御執計可被成候、／其節郡次郎方ニて一言之義申間敷候、／為後証入置申一札如件

文久三癸亥　当人兄

二月　国　太　郎㊞

証人

半右衛門㊞

同伊左衛門㊞

延右衛門殿

本文の大意はおおよそこうである。

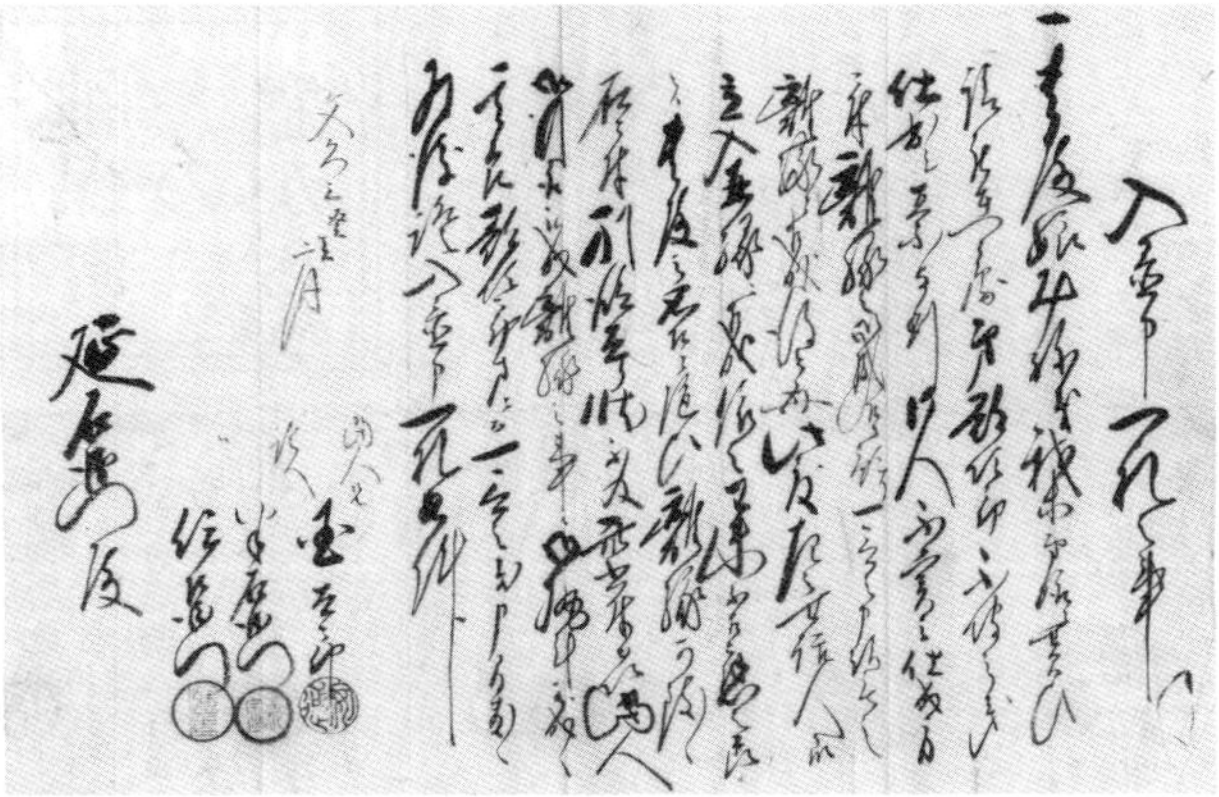

郡次郎は延右衛門娘「みね」を嫁に貰い請けたが、郡次郎が「不埒」を仕出かした。不埒の具体的内容はわからないが、平素からの不実な行為は妻方から離縁の申出をうけ、申し訳なく離縁になっても仕方のないことであった。しかし、二人の世話人が仲介して復縁することになった。これからは夫婦仲がうまくゆかないときは、妻方の思いのまま離縁することとし、別に去状がなくとも、みねを引取りさえすれば、この書付をもって離縁の取り扱いとする。そのとき夫方では一言も異議を唱えないとしたもので、郡次郎兄が代理して仲介人両名とともに差出した「帰縁証文兼先渡し離縁状」である。

ここでの先渡し離縁状は、復縁にあたって出されたものだが、なかには結婚に際してあらかじめ差出した事例もある。上野国緑野郡三本木村（現群馬県鬼石町）喜作と武州秩父郡太田部村（現埼玉県秩父市）重太夫娘「たひ」との縁組の場合で、喜作は結婚後借家住まいで商いを始めるという。喜作の将来に不安を抱いた妻父は、娘たひが生活に困窮するときは、離婚でもかまわないかと糺した上で、夫から「離別一札」同様としたためた先渡し離縁状を受け取った。したがって、暮らしに難渋するときは妻の実家でたひを引き取り、誰と再婚させても夫は決して異議を唱えないと約束させた。

当時はこのように事前に予想される紛争をあらかじめ回避する手段を講じたもので、予防法学的観念がすこぶるすぐれた側面も持ち合わせていたのである。

［たかぎ ただし／専修大学史編集主幹・
太田市立縁切寺満徳寺資料館名誉館長］

神保町の窓から

▼【吟ごあいさつ】あんときゃ希望もあったし、夢もあったなどと云えばいかにも意識的に生きていた青年のように聞こえるかも知れない。
　ところが、中学生のときはA子に気があり、高校ではN子やF子を思って勉強も手につかず、東京の大学に来てからは、村の娘のことなどすっかり忘れ、安保闘争の中で人民だの革命だのと世界史がわかったようなことを口走るようになっていた。二十歳になったころ、己の凡たるを思い知らされ、一人きり《おれだけ》(個)で快楽を獲得することの無謀さに気がついた。だが、連帯とか協同、同志とか兄弟、ましてや絆《ボンド》・目合い《ジョイント》などという言語にまでは至っていなかった。人と繋がってしか生きられないことがうすうすわかりかけた段階だったろう。

　そんな中で、いずれは教師になろうと思いつめた。教師ほど人間くさい仕事はないと確信したのだ。人間という生き物とともに育つ、そのことに心休まる魅力を憶えたのだ。大学卒業を迎えた春、郷里の教員試験を受けた。採用通知は四月に入っても来なかった。少しイラついたわたしは大学の恩師に心中を訴えた。「教師もいいが、出版も人との関係で成り立つ仕事だ。考えてみるか」と問われ、モジモジするわたしに、ある老舗出版社を紹介してくれたのだった。その出版社に勤め始め、教師の口を断念しかけた頃、田舎の教育委員会から採用通知がきた。どうする。わたしは一か月も働き月給も受けとってしまった出版社を選びとった。出版を通して人の心を耕そう、そう自分に言いきかせ、「出版ほど人間くさい仕事はない」と思いこみを変換した。人との攻防の中で己を昇華する、これが出版に足を踏み入れた頃のわたしの心情であった。「出版を通して世界に平和を!」なんて、社会変革を志し、歯をくいしばってこの道に足を踏み入れたわけではなかった。

　一九七〇年、先輩の野望に同調し日本経済評論社を創業した。出発から何年かは社業は軌道に乗らず、持ち帰る給料もわずかであった。新妻は悲しい顔はしたが、洋々と《ほがらかに》出社するわたしの背に微笑みを投げかけてくれた。生まれた子たちは何も知らずにオモチャを強請った。

　快い人間関係、という観点からすれば、一九七四年ころ、経営史の大家明治大学の山口和雄先生に遭遇したことだ。研究者、学者という職業を選んだ人に対する見方が変わったように思う。一見何の役に立っているか判らないが、学問する人々を畏敬の念をもって見るようになった。山口先生の後継の数々は今でも深い関係が続き、その指導に断絶はない。その後出会った柴田敬や杉原四郎、杉山忠平の各先生に先立つわたしの中の巨峰である。

▼先生方に親しく接し、話を聞き、ともに喫茶したとて拵えた本が売れたのか。一九八一年、在庫の山に押し潰されそうになり、会社は危機に見舞われた。いろいろなことが生起したが、わたしは人として鍛えられるいい機会を得た。冷酷な銀行、棄てる業者、非情な著者、誰も寄りつかない。わたしは、どこまで続くかあてもない泥濘の中で社長職を抱擁した。今も在職するTとS、そしてIさんだけが残ってわたしの末路を見届けようとしてくれた。骨拾いというな、この三人はこの社の復活に青春を賭けてくれたのだ。

その後、わたしは恵まれた。よくできた社員と売れる本を書く著者の参加を得た。わたしたちの努力に金融機関も業者も機嫌を直し、惜しみない支援をしてくれた。会社は持続し四十五年目の朝を迎えた。

▼去る六月、決算総会を開き、来し方の営業成績を展覧し、株主様の意見を聞いた。会社は拡大・成長したとは言えないが、持続し、その存在を小さな世間に認知されたことを評価していただいた。続いて議題となった人事改選で（吟）爺は代表を退くことになった。

肉体の摩耗の所為ばかりではない。歳がもたらす耄碌的発想や使用言語の通訳不能性などが、しばしば指摘された。「人物叢書」を作ろうと発議されたとき、かつてあった「日本偉人伝物語」のようなことを主張するのだ。例の新島襄、野口英世、キュリー夫人……と続くイメージ。マルクスを語るのに「正反合」とか「螺旋」とか云っても誰にも通じなくなっていた。まして今追い込みにかかっている「服部之総伝」など馴染みは極薄になっている。こんな日常のなかでさえ「あんた、なに云ってんの」と問われることが出過ぎていた。取り返しはつかない。新しい時代の舵取りは新しい知性やフィーリングでしか出来まい。わたしは観念した。

商売よりも人との交歓を価値としたわたしの所業の始末だ。お世話を掛けっぱなしで何等お応えできませんでしたが、この儀、ご理解いただきたくお報らせ申しあげます。後継は気鋭の営業部長が選任されました。別途ご挨拶の機会をいただきたいと存じますが、変わらぬお導きをお願い申しあげます。（吟）

憂きことの　なおこのうえに　つもれかし
限りある身の　力ためさん　（蕃山）

新刊案内

価格は税別

装幀:奥定泰之

新版 入門 日本金融史

落合功著　日本の金融の基本的な考え方と特徴について、歴史の流れとその時代の仕組みを明らかにし、簡潔にまとめた入門書。新版では、構成を新たにした。

Ａ５判　二〇〇〇円

日本鉄道業の形成—一八六九～一八九四年

中村尚史著　官営・民営鉄道の経営と技術者集団の分析を通して、鉄道政策と鉄道業の関係を解明し、企業と地域の関わりをふまえながら日本の鉄道業の形成過程を再検討する。〈オンデマンド版〉

Ａ５判　五七〇〇円

日本帝国崩壊期「引揚げ」の比較研究

—国際関係と地域の視点から

今泉裕美子・柳沢遊・木村健二編著　帰還、強制移動、残留。敗戦前後、社会の断層を生きた人々の「引揚げ」と苦悩を規定した国際関係の変動。

Ａ５判　六五〇〇円

現代資本主義の経済理論

飯田和人・高橋聡・高橋輝好著　マルクス経済学の立場から、資本主義経済の基本的な仕組みを理解し、現代経済の方向性を読み取る視座を提供する基本テキスト。

Ａ５判　三四〇〇円

装幀:渡辺美知子

色川大吉対談集 あの人ともういちど

色川大吉編著　五日市憲法の発掘、水俣病の学術調査、市民運動の領袖、歴博を創る闘い……。多彩な半生の中で、その時どきを真剣に語り合ったあの人との交歓。

四六判　三〇〇〇円

家族酪農経営と飼料作外部化

—グループ・ファーミング展開の論理

岡田直樹著　日本農業の安定に必要なのは、家族経営の展開促進だ。分業化がいち早く進んだ北海道の土地利用型酪農を分析、家族専業経営の道を探る。

Ａ５判　七二〇〇円

日本経済思想史研究　第16号

日本経済思想史学会編

Ｂ５判　一五〇〇円

中島飛行機の技術と経営

佐藤達男著　中島知久平が設立した日本初の民営航空機製造会社の中島飛行機は創業精神にある良い品を造るという技術優先の会社であった。同社の沿革と経営面および技術的な面から分析。

Ａ５判　六五〇〇円

装幀:渡辺美知子

評論　第204号 2016年7月30日発行　　発行所　日本経済評論社
〒101-0051 東京都千代田区神田神保町3-2　　電話 03(3230)1661
E-mail:info8188@nikkeihyo.co.jp　　FAX 03(3265)2993
http://www.nikkeihyo.co.jp　　〔送料82円〕

間層・農民）とは基本的に異なる「新らしい中間層」として独自な規定性を与えたのもこのような観点と密接に結びついていた。しかもガイガーらは、「市民的同化」への傾向を労働者層の上層をなす職員層や工場内手工業親方などだけでなく、一般の工業労働者それ自体の中に看取していた。中間層への接近・同化・交錯の現実との関連を無視して労働者のナチス化を考えることは出来なかったのである。

労働者層の生活観・価値観の中間層への接近・同化の現象は、実は「中間層テーゼ」を批判する現代の歴史家が指摘する現実の状況と無関係ではなかった。すなわちファルターは、一九三三年において工業生産分野の労働者は全労働者の三分の二（農林業とサービス業のそれは各一七％）で、そのうち四〇％は手工業経営に、一五％は一〇～五〇人の中小企業［ガイガーのいう「小資本家的」企業］に所属し、残りの四五％以下が大企業で働く労働者であったと述べている[23]。つまりワイマール期の工業的労働者の半分以上が、小資本家的企業を含めて、「中間層」に属する経営で労働していたのである。「手工業的」な熟練を備えたこれらの労働者が、雇用主として日常的に接する「中間層的」な経営者の行動と生活から何らかの影響を受けないはずはなかった。チルダースは「手工業と小規模な製造業のブルーカラー」の変数が「ナチスへの投票者の最も強力な予測変数」になったと叙述しているが、それもこの現実と関係するのであろう[24]（後述第2章ミッテルフランケンの事実参照）。

それだけではなかった。大工業で働く中軸的な労働者＝熟練工の多くも、手工業分野の出自で、そこで育成された職人や、親方（資格を保持するが開業できない親方）であった。その中には自身の営業を閉じて労働者に転化した者もいた。工業分野の労働者の再生産は、熟練工を育成する手工業経営自体の再生産とその経営分化とを前提にして成り立っていた。私たちは手工業や大工業で働く労働者の意識や価値観、イデオロギーが、雇用者たる手工業経営者（親方）から、また徒弟修業以来、熟練工（職人）になるまでその下で技術的職業的な指導を受けた手工業親方から、少なからぬ影響を受けていたものと推測出来るのである[25]。ガイガーらが重視した労働者の生活様式・意識・イデオロギーの「市民的同化」の現象は、このような背景を無視しては考えられないだろう。ナチス党を「中間層」の政党とみなしたとする「仮説」を批判し、「労働者」を含めた諸社会層によって支持された「国民的政党」として理解しようとする最近の研究の分析結果は、むしろ「中間層」をナチス党の社会的基盤により広い視点から関連づける必要性を示しているように思われる。

本書は、ガイガーらの見方をむしろ積極的に評価し、受容しつつ、営業的中間層の存在を次のような観点から考察する。(1) ナチズム・ナチス体制と中間層に関するこれまでの歴史研究は、おしなべて中間層を資本主義的関係(資本家・労働者)から区別し、それとはあたかも異質の社会層としてその外側におき、しばしばそれと対立的な関係にある存在として取扱ってきた。本書はこれに対して中小の商工業者層とその経済活動を独占段階にあるドイツの資本主義経済の全体的な構造を構成する本質的な要素として、すなわちドイツ経済の生産・流通過程を基礎において支える不可欠の存在として位置づける。(2) この営業的中間層はその中・上層部に資本主義的な経営を不断に生み出しており、ドイツ資本主義を構成する広範な中小規模の資本主義的企業を補充し、それらと重なっている。(3) 同時に中小商工業者層は、その経営活動を通じて大企業のための労働力(とりわけ熟練工・ホワイトカラー)を育成し、また自ら労働者層を補充する存在でもある。ドイツ資本主義の労働力の再生産にとって営業的中間層は欠かすことが出来ない要素とみなすことができる。本書は営業的中間層をこのような観点から取扱う予定である。

2　本書の課題と先行研究

さて、本書の課題はこの営業的中間層が、一九三三年に権力を掌握したヒトラー・ナチス党の全体主義的体制の下でどのような状況に置かれたか、中小商工業者とナチス権力との関係はいかなるものであったかを検討することにあるが、この問題に関してもこれまでたくさんの研究が公にされ、論争が繰り返されて来た。先行研究の動向に関しては、すでに鎗田英三氏が要約を試みられているので(26)、屋上屋を重ねる形になるが、本書の論旨に関連する限りで、いくつかの研究を簡単に振り返っておくことにしよう。

この問題に関して戦後最も早く本格的に取り組んだのはA・シュワイツァー（Schweitzer）であった(27)。シュワイツァーは、中小営業者層とナチズムとを結びつけるイデオロギー思想の特質を「中間層社会主義」（middle class socialism）として理解し、それを主張するナチス急進派の動向を解明するとともに、その潮流が政権を掌握したナチス党の支配体制の第一期（一九三三～一九三六年）において後退し、一九三五年頃までに終焉したと主張した。中間層社会主義の挫折と終焉に至る経過は、中間層の急進イデオロギーに対立した大企業（big business）の勝利のプロセスでもあり、ナチス体制第一期は、ナチス党主導部と大企業（および軍首脳）との連携体制の形成過程に他ならない、とみなされた。

中間層的急進派は、労働運動への敵対、ワイマール共和制・民主的思想への反発、前工業的生活様式への共鳴の立場に立ちつつ、百貨店やチェーンストアなどの大型商業企業や消費組合の廉価商品販売を批判し、その規制を求めるとともに、手工業経営の存続のために、営業統制、徒弟・職人制度と職業教育の改善、イヌング強制組織化、さらには職業身分制的な経済秩序などの実現を目標に掲げていた(28)。それらの要求は、ナチス政権掌握直後におけるチェーンストアやユダヤ人商店への暴力的行為や、一九三三年三月のデパート・チェーンストアに対する課税引上げ、デパート等の手工業的業務領域の禁止や新規開業禁止、ユダヤ人支配人の解任、ユダヤ人所有店の売却強制、消費組合への介入、等々の形をとって現実化したが、しかし、それらの全面的ないし徹底した実行は阻止され、この分野での「反資本主義」的な運動は挫折した(29)。シュワイツァーは以上のように認識した。

『ヒトラーの社会革命』（一九六七年）の著者、D・シェーンバウム（Schoenbaum）は、ナチス体制が当初から一九四一／四二年にいたるまでは、一定の政治目標を堅持し、国家的な「規制」と「プロパガンダ」をそれに結びつけたと考えた。そのような政治目標に、ナチスの政治的支持者たる「経営者的［entrepreneurial］な中間層の救済」が含まれていた。(30) シェーンバウムも、シュワイツァーと同じように、中間層の求める要求は、当初は政治的にバックアップされて部分的に実現したが、両者の友好的関係は短期に終わった、と理解した。(31) シェーンバウムは、とくに小売業・卸業の要求に対するナチス体制の対応に注目し、百貨店や消費組合に関する政策過程を詳しく分析し、それが「中間層に不利」に働いたことを示した。ナチス体制を戦争体制として捉えるシェーンバウムは、前工業的な中間層政策が工業的発展を条件とする戦争経済の観点から排除されることは不可避だったと判断した。

シェーンバウムの著書刊行二年後に公にされた『ドイツ独裁』の著者K・D・ブラッハー（Bracher）は、独裁権力への経済の従属を強調するシェーンバウムとはやや異なり、経済界のナチス体制への参画、そこでの利害の確保、さらには影響力の増大を重視し、その上でそれらが全体主義体制へ組み込まれて統御され、政治的軍事的対外膨張路線に編成されたと考え、そこに政治的目標の優位を見ようとした。そのような中で中間層の利害は現実化せず、戦争経済の下で「大企業の利益同盟」が利潤に恵まれたのに対して、「中小の企業（mittlere und kleine Unternehmen）」は不利な地位に置かれたと判断した。(32)

中間層のイデオロギーを含めてナチスのイデオロギーを単なる「宣伝」として位置づけるのではなく、それらがさまざまな形で作用し続けたことに注目するのはA・バルカイ（Barkai）である。しかし、バルカイも中間層イデオロギーが再軍備政策や工業国家の構造と対立する面を重視し、その中で中間層保護の実施はせいぜい部分的に止まり、一九三六年末にはその転換点が訪れたとみなした。その際ナチスの中間層イデオロギーについてバルカイが重視したのは、身分階層制的な理念で、営業中間層闘争連盟の指導者レンテルン（Theodor Adrian von Renteln）の思想と行動に焦点を合わせて分析を行った。(33)

以上のようにシュワイツァー、ブラッハー、シェーンバウム、バルカイなど主要な歴史家は、営業的中間層とナチス体制との関係が結合的だったのは、せいぜい政権掌握後一、二年、長くて一九三六年頃までと考えた。したがって、これらの見解に従えば、四カ年計画（一九三六年）以降、一九四五年レジーム崩壊にいたる大半の時期においては、営業的中間層は全体主義体制の下で冷遇され、その利害は大きく抑制されたということになる。このような見方をより整備した形で展開したがH・ヴィンクラー（Winkler）であった。

H・U・ヴェーラー（Wehler）やJ・コッカ（Kocka）らとともにドイツ社会史・構造史研究の第一人者であるヴィンクラーは、著書『ワイマール期における中間層・民主主義・ナチズム』でナチス体制下の中間層政策の特徴を次のように要約している。(34)

(1)　第一期　ナチス権力掌握（一九三三年一月）から同年七月にいたる時期：ナチス的中間層イデオロギーとその闘争組織とが影響力を示し、その要求実現の一歩手前まで近づいた時期。

(2)　第二期　一九三三年八月〜一九三六年：営業的中間層は保護された空間を有したが、自らの秩序思想を社会的に拡延することは出来なかった。

(3)　第三期　一九三七年〜第三帝国終焉（一九四五年）まで：小営業者は戦争経済の要請に対していよいよ二義的となった。

第一期には、百貨店やユダヤ系商店に対するボイコットやテロ行為にみられるように、ナチス権力掌握後における中間層の昂揚した運動が展開した。O・W・ヴァゲナー（Otto Wilhelm Wagener）やT・A・レンテルンなどナチ党中間層急進グループが職能身分制的な経済組織化をめざして活動を広げた。彼らの目標は、指導者原理に立った共同的経済（kooperative Wirtschaft）の実現にあった。企業家・職員・労働者の代表による各階層別自治的編成を計画するこの運動は、大工業や官僚の抵抗によって阻止され、「手工業」・「商業」・「工業」の各「ライヒ身分」

（Reichsstände）の形成は、ヴァゲナーらの構想とは大きくかけ離れていた。一九三三年七月にヴァゲナーは経済監理官とナチス党ライヒ指導部経済政策部門の指導者の身分を失うが、それは中間層政策の外見的な優位の終焉を示していた。百貨店排撃行動の抑制、失業問題への対応の優先、身分階層制構想に関する論議の抑制、営業的中間層闘争連盟の解散とナチス営業者組織（NS-Hago, Nationalsozialistische Handwerks- u. Gewerbeorganisation）の形成などの事実もそのような動向を表現していた。しかし小売商保護法（一九三三年五月）がその後も事実上存続したように、上記のことから中間層の利害が全面的に排除されたと考えてはならない。

第二期には、まず一九三四年に加入義務制によるイヌング制、一九三五年には手工業経営を親方資格保持者に限定する「大資格証明制」が立法化され、中間層運動の永年の要求が実現した。しかし四カ年計画以降の第三期には最早積極的な手工業政策は行われず、原料配給制が強化されると、小経営者の活動に対する制約は強まった。大資格証明制に基づく能力原理は空洞化し、また徒弟期間は短縮され、手工業的労働力はますます軍需工業に動員された。手工業の「整理」（Bereinigung）措置が実施され、戦争経済に不要な経営が閉鎖された。手工業会議所は合理的な経営を維持する方針をとったが、総力戦体制に移行すると商工会議所とともに廃止され、大管区（ガウ）経済会議所制に移行した。

ヴィンクラーは、続いて論文「不要な階層――第三帝国における中間層政策」を公にし、自説をさらに展開した(35)。その中で戦時期に実施された手工業経営の整理と閉鎖（Auskämmerung, Betriebsschließung, Stillegung）の措置を重視し、「手工業者層」は「不要」な階層でしかなかったという自説の重要な根拠とした。

ナチス権力と中間層との関係を消極的ないし対立的とみなすヴィンクラーらの見方に対して、重大な疑問を提示したのはA・v・ザルダーン（Saldern）であった。彼女は、政権掌握後四カ年計画期にいたるナチス政権の中間層政策を詳細に分析し、手工業者のための大資格証明制（一九三五年）をはじめ、もぐり営業の抑圧や公営企業の規制などの競争抑制、少額補助金・輸出奨励などの営業促進措置、また簿記導入・商標制などの経営改善政策、雇用政策・公的発注による間接的な利益付与などの諸政策が中間層の利害に対応するものであったと判断した(36)。

ザルダーンは、一九八六年に『歴史と社会』に発表した論文において、ヴィンクラーの見解に対して次のような疑問を投げかけた(37)。

①ヴィンクラーは中間層の社会的保護主義を重視している。手工業者の場合それは営業活動を親方資格保有者に限定する大資格証明制に象徴されるが、この制度は、ワイマール期ではなく、ナチス期になって実現した。したがってナチス体制こそが手工業者の社会的保護主義の決定的な転換点と考えるべきではないか。

②それはヴィンクラーのいう通り、旧中間層が自力で実現したわけではない。しかしナチ・レジームが、体制の社会的安定のために、その「社会的基盤」の維持を重視した事実を、ヴィンクラーは理解していないのではないか。

③ヴィンクラーは、手工業が資本主義ではなく、前資本主義的な秩序を求めていると指摘する。しかし手工業組織の代表者は前近代的システムを取り戻すことが出来るとは考えていなかった。むしろ工業的社会の内部で手工業生産は十分存続可能とみなし、そのために国家の役割を重視したと見るべきではないか。

ナチス体制の下で中間層は「不要な階層」であったとするヴィンクラーの見方に対してザルダーンは、手工業の中にそのような状況に置かれた業者（零細経営）が存在したことは認めた。しかし、彼女は手工業者の中に活動能力ある部分が存在したこと、それらがレジームによって役割を与えられたことを重視する。ザルダーンは、ヴィンクラーが注目した手工業経営の閉鎖措置を、過剰な零細手工業の排除と能力ある経営の向上を目的とするものであって、手工業組織の首脳部の方針と合致していたとみなした。

両者はナチス期に軍需工業の大工業が優先された事実をともに認める。しかしその中で中間層が利益を享受したか否かについては見解が分かれた。ヴィンクラーはそれを最小とするのに対してザルダーンはその関係を積極的に評価した。しかも彼女は、地域の手工業者とナチス党内の勢力との結びつきにも注目し、そこに「ドイツ・ファシズムの社会的基盤」を看て取った。

ザルダーンの批判に対してヴィンクラーは反論する。[38] ヴィンクラーは、大資格証明制度の実施の具体的状況（例外や骨抜き）、軍需工業の専門労働力不足の問題の決定的重要性を指摘し、手工業経営閉鎖措置については、この措置が軍事的に重要でない経営から軍需工業への労働力の移動政策と結びつき、ザルダーンが強調した手工業政策の積極的な側面は一部の少数派の立場を優遇するだけに止まり、手工業者の大多数は自身の立場が「不要な」身分として扱われていると受け止めた、と反論した。

ザルダーンはその後、ナチス期における手工業と工業との結合的関係、ナチス政府の業績向上政策と手工業のそれへの対応について論文を発表するが、[39] 具体的な分析は十分には行われず、今後の課題として残された。結局ヴィンクラーもザルダーンも、論争の焦点になっている手工業経営の閉鎖措置、「能力」ある経営と手工業の「合理化」が具体的にどのような経過をたどり、いかなる結果を示したかについては十分内容のある説明を行うことが出来なかった。この問題は戦時体制、とくに総力戦期の経済体制に密接に関連するのであるが、このような全体的な状況に関しても両者は立入った検討を行うことがなかった。

ザルダーンが取扱うことが出来なかった総力戦期の手工業に注目したのは、ザルダーンの見解を積極的に評価するF・L・マクキトリク（Mckitrick）である。[40] マクキトリクは、ザルダーンと同じように、工業優先のナチス的政策と合理化政策が全体としては手工業を強化し、長期的には利益をもたらしたと考え、合理化政策が手工業の前進的な指導部によっても支持されたと主張した。マクキトリクは、一九四〇年以降にライヒ経済省の手工業政策が手工業のもつ生産能力を戦時経済に編成する方向に転換するとともに、手工業組織内にもそれに積極的に対応する動きがあったことに注目した。戦時体制の下で修理業をはじめほとんどすべての手工業が軍事用に組込まれた事実を考慮しつつ、マクキトリクは、トット・シュペア体制によって手工業は大幅に削減されたという見方に対して、むしろ逆に手工業の「現代的工業経済」への編成替が実施されたと主張し、そこに戦後の繁栄と安定の土台の形成を看てとる。彼は、シュペアが工業だけでなく手工業をも合理化し、大工業との協力関係を作り出そうとしたとし、手工業と「工業的資本主義の主流」との結合関係を導き出そうとした。(41)

総力戦とそこでの合理化を強調するマクキトリクの見方は、R・ツィテルマン（Zitelmann）やM・プリンツ（Prinz）らによって代表される、ナチズムと現代化との密接な結合関係を主張する見方の手工業研究への適用ということが出来る。(42) 彼の論文は、ザルダーンが十分に検討出来なかった戦時期、とりわけ総力戦体制期の手工業政策を分析した点に大きな特徴があるが、しかし彼の主張する手工業の「合理化」がそもそもどのような内容を持っていたのかは具体的には示されず、実証研究としては不十分な成果に終わった。

シュワイツァーからヴィンクラーにいたる先行研究は、ナチスの戦争準備体制・戦時体制と大工業重点化政策が手工業的経営に対して全体として抑圧的に作用したことを重視した。しかしそれはナチス体制が立脚する自身の社会的基盤（＝営業的中間層）の解体に導く可能性があった。『総力戦と経済秩序』の著者ヘルプスト(43)は、ナチス・レジームの合理化政策に関するザルダーンの見解を部分的に受容しつつ、ナチス中間層政策が能力ある健全な中間層的経営を重視し、小経営を排除する方向性を有していたことを認めるとともに、そのような現実の集中過程と中間層保護のナチス的イデオロギーとの間のジレンマを問題とする。彼はナチスによる経営閉鎖措置に際して閉鎖経営に対する経済援助金政策が実施されたことに注目し、そこにシステム安定化を求める現実的利害とイデオロギー的立場に対するレジームの調停的な立場を見た。

ヘルプストは、総力戦遂行のための労働力創出政策の中核をなす中小経営閉鎖政策（一九四三年）に関して、経営閉鎖を回避しようとするF・ザウケル（Sauckel）、M・ボールマン（Bormann）と、閉鎖措置を実施しようとするシユペア、ゲッベルス、フンクらの立場の相違を指摘するとともに、この措置をめぐる住民の間の不安や苦情の広がりと、それに対するO・オーレンドルフ（Otto Ohlendorf）らの対応などに注目し、この措置が数か月後に中止される過程を重視した。[44]

ヘルプストの認識は、ザルダーンの見解を土台にしつつ、それを乗り越える重要な指摘を含んでいた。ナチス党内の見解の相違についてはザルダーンも言及していたが、ヘルプストの研究はそれをより具体的に解明した点に意義があるといってよいだろう。しかしヘルプストも商工業経営の閉鎖や手工業のいわゆる合理化に関しては、立入った分析を行っておらず、ナチス期のそれらの具体的な状況は明らかにされないままに終わった。

以上本書の叙述に関係する先行研究の動向を見たが、ナチス期の中間層政策に関する研究は上記以外にもいくつも存在する。[45] ナチス体制を国家独占資本主義とみなす旧東ドイツの歴史家は、中小・零細経営に対する関心は全体として希薄であるが、一九三三／三四年における「身分階層制」的な構想に対する中間層の動向と大企業家の対抗に関するM・オールセン（Ohlsen）やL・ツンペ（Zumpe）の歴史叙述は貴重であり、その際、両者が手工業者や小売商人など中間層と並んで、独占企業とは区別される、「非独占的な中小の企業家（das kleine und mittlere Unternehmertum）」――「工業」の中小資本家――の独自な行動と、中間層の運動との共通面に着目したことは重要であった。[46] オールセンらは、身分階層制構想に反対する独占資本に対して、ザクセンはじめ中小資本家層は商工会議所を拠点にして対抗しようとするが、結局は独占資本の影響力が貫かれたこと、一九三四年二月のドイツ経済有機的構成準備法はそれを示しているとみなした。

営業的中間層に関する日本の歴史家の関心は、概してナチス擡頭期におけるナチズムの「社会的基盤」の問題に向けられており、上述の注で引用したように大野英二、中村幹雄、鎗田英三、雨宮昭彦各氏ほかによる充実した研究成果が存在するが、権力掌握後のナチスと中間層との関係に焦点を合わせた研究としては、製パン親方に関する鎗田英三氏の著書がほとんど唯一の成果といってよいだろう(47)。氏はナチス政権下における製パン業とその経営主（マイスター）、また同業組合の具体的状況を詳細に分析し、中間層がヴィンクラーの言うような「不要な身分」ではなかったことを明らかにした。しかし氏の研究は製パン業に限定されており、ナチス期の手工業やその政策の全体的な状況の分析は対象から外されている。

本書は、以上のような研究成果を吸収しながら、権力掌握から第二次大戦末期にいたるナチスの全体主義体制下における営業的中間層の動向とそれに対する国家的政策を取り上げ、とくに戦争準備体制（四カ年計画）・戦時経済体制との関連を考慮しつつ、全体主義の社会的基盤の動揺と危機にいたるその具体的な経過を実証的に検討することを課題としている。その際本書は先行研究が提示して来た重要な諸論点を受け止め、それらとの関連を視野に入れながら、とくに以下のような観点に立って論述を行う予定である。

⑴シュワイツァーからヴィンクラーにいたる歴史家たちは、ほとんど共通して、四カ年計画（一九三六年開始）以降戦時体制に至るナチス・レジームの国家的政策が中間層の利害に抑圧的に作用したと判断した。著者はナチス体制が示すこの側面を重視し、そのような政策としてヴィンクラーが注目した中小商工業経営の閉鎖措置に焦点を合わせ、その具体的な経過を跡づけ、その歴史的特徴を明らかにしようと考えている。なぜならば営業的中間層に対するナチス権力の諸政策の中で、経済生活の土台である経営そのものの解体をめざすこの措置こそ、中小商工業者層の利害に根底から対立するものであったからである。ナチス・レジームと営業的中間層との対立的側面はまさにこの措置に集約的に表現されていた。

⑵他方、ザルダーンとマクキトリクは、これまで中間層にとって抑圧的とされた四カ年計画以降総力戦期にいたる時期において、中小工業者（手工業者）の中の経済力のある部分が体制に順応し、戦争準備・戦時経済の担い手とな

り、政府の合理化政策の一環に組み込まれたと論じた。本書は、ザルダーンらが重視するこの側面を、単に能力ある優良経営に関してばかりでなく、ナチス・レジームの戦争経済体制と営業的中間層の経済活動との関連という全体的な観点に立って、より具体的に検討するとともに、その中で上記(1)の論点との関係を考察するものである。

(3)上述した(1)と(2)において中心的な問題となったのは、ナチス・レジームの国家的な政策過程であった。しかし、経営閉鎖措置のみならず、中小商工業経営の合理化措置も、中小商工業者にとっては、自身の経済生活の存続に関わる深刻な問題であった。著者が重視するのは政策過程の側面だけではなく、政策の対象となった中小営業者の対応の問題であった。そのため本書は、経営閉鎖措置・合理化措置に対する各地の住民の不安やそれに対するナチス党内の動向を重視するヘルプストの研究を積極的に評価し、その成果を土台にしてさらに中小経営者たちの反発や抵抗の現実に立入り、その具体的な状況を可能な限り史料にもとづいて跡づけようとした。

(4)以上のように本書は、第三帝国成立の「社会的基盤」であった営業的中間層が、戦争準備・戦時体制へと移行する中で、どのような状況に置かれ、その中で体制に対してどこまで協働的となり、また反撥的・抵抗的となったかという問題を解明しようとしている。それは「中間層の創出と維持」を原則に掲げるヒトラー・ナチス党の全体主義体制が内包する矛盾とその発現、ファシズムの社会的基盤そのものの危機を考察することでもある。そのためには、営業的中間層が、権力掌握時のグライヒシャルトゥングにいかに関係したか、またさらに戦時体制に向うナチス権力の経済体制の中で、中小商工業者がどのような組織機構に組込まれ、またその中でどこまで独自性を確保し、政策過程に対していかに対応したかを検討する必要があった。

以上の(1)~(4)の論点ないし問題を本書の編別構成に対応させると、本書の第2章と第3章は(4)の課題に、また第4・第5・第6章の叙述は(1)~(4)の論点に関連し、第1章はそれらの叙述のための前提的な分析を試みたものとなっている。

注

（1）　本書では「ファシズム」の用語に代えて「全体主義」の概念を多く用いている。その理由は、今日の日本歴史研究者の一部が、戦前・戦時の日本の全体主義的な体制に対してファシズム概念の適用を否定し、日本がヒトラー・ドイツと基本的に異なると主張していること、そしてそのことに影響されてか、ヒトラー・ナチス体制と日本の比較、共通性と相違点の全体的な解明が停滞していることを考慮したからである。本書は、反民主主義・反マルクス主義・軍国主義・対外拡張主義など多くの共通面を示した戦前・戦時日本とナチス・ドイツとの比較を重視する観点に立って、あえて「ファシズム」の用語を使わず、同時代の日本人が自らの体制をナチス・ドイツに関連づけて規定した概念、「全体主義」を採用することにした。日本は、当時、ドイツ・イタリアとともに、一方では民主主義体制（英・米）と、他方では社会主義的体制（ソ連）と区別され、それらとは異なる体制、全体主義として認識された（したがって、この場合「全体主義」は、戦後に主張されたソ連をも含めた概念ではないことに注意）。その上で当時の指導者はドイツとの違いをも明確に把握していた。彼らは日本にはヒトラーのような独裁者ならびにそれを支えるナチス党のような強力な政党が存在しないこと、しかしそれに代って伝統的な天皇制的・家族主義的観念の存在がそれを補完できるものと考えた。政治学者矢部貞治は『日本国家科学大系』第4巻（実業之日本社、一九四三年）の中で、日本の政治体制を「全体主義の最も純粋な模範」とさえ指摘していた。「萬世一系の天皇統治、祭政一致の国体」という認識、「天皇」と「国民（臣民）」との関係を「家族的」「共同体的」とみなす観念がそれと結びつけられた。我々はそのようなイデオロギーの推進者とその「社会的基盤」が何であったかを、ドイツと比較しながら分析を深める必要があるように思われる。そのためには日独の当時の体制の共通性を最も良く示す「全体主義」の概念にひとまず立戻ることが意味のあることと考えた。また現代の多くの識者も、今日私たちが直面している日本の状況を戦前の「全体主義」に比較させて理解している。それを推進する権力主義的・国家主義的な政党のリーダーたちは、意識的にナチスによるワイマール共和制解体・権力掌握過程から多くを吸収しているように思われる。ナチス体制に関する社会科学的分析は、戦前・戦時日本の全体主義の解明のためばかりでなく、現代の反動的な政治状況の理解のためにも不可欠となっている。

（2）　Michael H. Kater, *The Nazi Party. A social profile of members and leaders, 1919–1945*, Cambridge, Mass., 1983, p. 245; Detlef Mühlberger（ed.）, *The Social Basis of European Fascist Movements*, London/New York/Sydney, 1987, Germany (Mühlberger), p. 76f. Jürgen W. Falter, *Hitlers Wähler*, München 1991はじめ最近の研究動向に関しては、Detlef Mühlberger, *The Social Basis of Nazism, 1919–1933*, Cambridge, 2003, chapter 2. 日本の歴史家もこの成果に注目している。中村幹雄著『ナチ党の思想と運動』名古屋大学出版会、一九九〇年、終章、雨宮昭彦著『帝政期ドイツの新中間層——資本主義と階層形成——』東京大学出版会、二〇〇〇年、とくに序章、原田昌博著『ナチズムと労働者——ワイマル共和国時代のナチス経営細胞組織——』勁草書房、二〇〇四年、第1章、ほか。

（3）「中間層仮説」（Mittelschichthypothese）の生みの親として同時代の社会民主主義者、Th.ガイガー（Theodor Geiger）があげられるのが普通である（Falter, *a. a. O.*, S. 195）。その場合「仮説」の典拠として引用されるガイガーの主論文は、"Panik im Mittelstand" (*Die Arbeit*, Jg. 7, Heft 10, Oktober 1930) であって、次の年にこの論文を一部修正して発表した、Die Mittelschichten und die Sozialdemokratie (in: *Die Arbeit*, Jg. 8, Heft 8, August 1931) や、一九三二年の著書、*Die soziale Schichtung des deutschen Volkes*, Stuttgart が取り上げられることは稀であった。これに対してガイガーの学説に関する日本人研究者の分析はより包括的で、著者はそれらから多くを学んだ。八林秀一「ドイツ中産層の歴史的把握をめぐって——『中産層』概念についての覚書——」『専修経済論集』第13巻2号、一九七九年三月、鍋田英三著『ドイツ手工業者とナチズム』九州大学出版会、一九九〇年、雨宮、前掲書、序章。また Arthur Schweitzer, *Big Business in the Third Reich*, Bloomington, 1964, p. 61ff. の叙述。ガイガーを含めた同時代の社会民主主義系学者の取組みについては、Donna Harsch, *German Social Democracy and the Rise of Nazism*, Chapel Hill/London, 1993, p. 105ff.; Friedrich Lenger, Mittelstand und Nationalsozialismus? Zur politischen Orientierung von Handwerkern und Angestellten in der Endphase der Weimarer Republik, in: *Archiv für Sozialgeschichte*, Bd. 29, 1989, S. 176–180（但しガイガーに関するレンガーの扱いは至って簡単で、期待はずれである。雨宮、前掲書、四五頁での批判も参照）、原田、前掲書、第1章1。「中間層仮説」批判との関連で、Falter, *a. a. O.*, chapter 7, 1.

（4）Svend Riemer, Zur Soziologie des Nationalsozialismus, in: *Die Arbeit*, Jg. 7, H. 2, Feb. 1932, S. 103.

（5）A. a. O., S. 101f. この観点は、社会経済的な規定性に対して、理念やイデオロギーの独自的な役割を重視するもので、ガイガーやシュパイア（後出注（19））らに共通する。その背景にはマルクス主義における新しい潮流やM・ヴェーバーの社会学の方法に関する認識がある。ファルターは、リーマーを引用しているが、このような観点には全く触れずに、あたかも中間層論の単純な主張者のように説明するだけに終っている。Falter, *a. a. O.*, S. 195. 中間層に対する社会民主党の対応のあり方に関するリーマーの見解に関しては、雨宮、前掲書、四二頁以下、参照。

(6) S. Riemer, Mittelstand und sozialistische Politik, in: *Die Arbeit*, Jg. 9, H. 5, Mai 1932. 社会民主主義者のナチズム分析はドイツ社会民主党の中間層に対する働きかけの問題と関連していた。鎗田、前掲書、第6章、参照。なお、Heinrich August Winkler, *Mittelstand, Demokratie und Nationalsozialismus. Die politische Entwicklung von Handwerk und Kleinhandel in der Weimarer Republik*, Köln 1972, S. 126; Harsch, *op. cit.*, とくに chapt. 4. その中でリーマーは、営業的中間層を社会民主党に取り込もうとする社会民主党内の見解に反対して、ホワイトカラーを含めた労働者層への働きかけを重視する。雨宮、前掲書、四二頁以下。

(7) ミュールベルガーは、下層階層（lower class）と上層階層（upper class）に対して中間層（middle class）を、下層（lower）、中層（middle）、上層（upper）に分けて分析を行い、党基幹部における中間層の比重の高さと、大管区レベル以上の機関における上層中間層と上層階級の役割を重視している。Mühlberger（ed.）, *The Social Basis of European Fascist Movements*, p. 96f. また Ronald Rogowski, The *Gauleiter* and the social origins of fascism, in: *Comparative Studies in Society and History*, vol. 19, 1977, また Mathilde Jamin, *Zwischen den Klassen. Zur Sozialstruktur der SA-Führerschaft*, Wuppertal 1984, S. 35.

(8) Henry Ashby Turner, Jr., *German Big Business and the Rise of Hitler*, New York/Oxford, 1985, IV, 4.

(9) Ernst Wilhelm Eschmann, Zur „Krise" des Bürgertums, in: *Die Arbeit*, Jg. 8, H. 5, Mai 1931, S. 362ff. エシュマンはこれらの社会層をも包摂できるような社会民主主義（反独占で結集）を提案し、ガイガーに批判される。鎗田『ドイツ手工業とナチズム』一八七頁以下、も参照。

(10) Geiger, Die Mittelschichten und die Sozialdemokratie, とくにⅢ、鎗田、前掲書、一八五頁。

(11) Theodor Geiger, *Die soziale Schichtung des deutschen Volkes: Soziographischer Versuch auf statistischer Grundlage*, Stuttgart 1932, S. 24, S. 36ff. ナチス党の社会的基盤として中小企業家層は、ターナーらの指摘通り、党内で重要な地位を占めるのであるが、この層に関するナチス研究者の分析は全体として手薄である。たとえば、Kater, *op. cit.*, p. 5. cf. Winkler, *a. a. O.*, S. 35f.

(12) Werner Sombart, *Das Wirtschaftsleben im Zeitalter des Hochkapitalismus.*（*Der moderne Kapitalismus*, Bd. 3）, 2. Halbband, München/Leipzig 1927, Kap. 56, S. 966; Goetz Briefs, Der Übergang des Handwerks zum Kleinkapitalismus, in: *Maga-*

zin der Wirtschaft, Jg. 6, Nr. 25, 20. Juni 1930, S. 1163ff. 拙著『ドイツ中小ブルジョアジーの史的分析――三月革命からナチズムへ――』岩波書店、一九八九年、も参照。

（13）拙著『ナチス・ドイツと資本主義――日本のモデルへ――』日本経済評論社、二〇一三年、第一部第3章をも参照。

（14）Werner Stephan, Zur Soziologie der Nationalsozialistischen Deutschen Arbeiterpartei, in: *Zeitschrift für Politik*, Bd. 20, S. 799; Hans Neisser, Sozialstatistische Analyse des Wahlergebnisse, in: *Die Arbeit*, Jg. 7, H. 10, 1930, S. 659（ガイガーは、ナイサーの示すこの数字をナチスへの投票者と誤解し、それを多すぎるように見えるとコメントしている。Geiger, Panik im Mittelstand, S. 647）; Hans Jäger, Die Nationalsozialistische Deutsche Arbeiterpartei, V (Die soziale Zusammensetzung), in: *Internationale Presse-Korrespondenz*, Deutsche Ausgabe, Jg. 12, Nr. 46, 3. Juni 1932, とくにS. 1430. また Geiger, *Die soziale Schichtung*, S. 110ff.; Theodor Heuß, *Hitlers Weg. Eine historisch-politische Studie über den Nationalsozialismus*, Stuttgart/Berlin/Leipzig 1932, S 163f. も参照。なお、Harsch, *op. cit.*, p. 107; Mühlberger, *op. cit.*, p. 10f. 原田、前掲書、二九頁。

（15）注（2）のほか、Thomas Childers, *The Nazi Voter. The social foundations of fascism in Germany, 1919–1933*, Chapel Hill/London, 1983.

（16）Geiger, Die Mittelschichten und die Sozialdemokratie, S. 620. この問題意識は、中間層の現実の意識形態を「真の意識」に対して「虚偽の意識」(falsches Bewusstsein) として捉えた自身の論文"Panik im Mittelstand"への反省を背景にもっている。ガイガーの「虚偽の意識」分析とその問題性に関しては、八林、前掲論文、七九頁以下、またこの"Panik"論文に関する雨宮氏の前掲書での論述、参照。なお、この論文が採用した「虚偽の意識」に関しては、Georg Lukács, *Geschichte und Klassenbewußtsein. Studien über marxische Dialektik*, (Sammlung Luchterhand), Neuwied/Berlin 1968, Klassenbewußtsein, とくにS. 124f. 城塚登・古田光訳『ルカーチ著作集9・歴史と階級意識』白水社、一九六八年、第3章、一〇七頁以下。この問題は社会層とその構成員の社会的経済的存在とその意識、また理念との関連、後者の独自な役割に関するマルクス主義の論争と関連している。ルカーチの見解自体が存在は意識を規定するという旧式のマルクス主義的理解に対して「意識」それ自体をも重視する立場に立っているが、ガイガーは中間層・労働者の意識の「虚偽」とされる部分を含めて、現実のその姿をより具体的に捉えようとしたといえよう。そこから「労働者」の市民的観念への接近と同化（Verbürgerlichung）の分析が出てくる。

(17) Geiger, Die Mittelschichten und die Sozialdemokratie, S. 623.

(18) Ders., Zur Kritik der Verbürgerlichung, in: *Die Arbeit*, Jg. 8, H. 7, Juli 1931.

(19) Hans Speier, Verbürgerlichung des Proletariats? in: *Magazin der Wirtschaft*, Jg. 7, Nr. 13, 14, 1931. シュパイアは、「労働者《プロレタリア》の市民的同化」（Verbürgerlichung des Proletariats）を、①市民的インテリ層の労働者党支持（＝労働者党の民主主義的政策への取組み）、②労働者のイデオロギー的市民同化、および③社会的上昇による市民的同化（労働者層内部での上昇）とに分類し、後二者についてそれを、資本主義の技術的・文明化的発展、人間の一般的な自己顕示的志向性、労働者の生活状態から生じる意識の市民化、労働者階級のアトム化に関連づけた。彼は、労働者のイデオロギー的市民同化（②）が社会的向上（③）によって可能になっていると考え、最上階級への上昇、近接社会層への上昇と、労働者層内部での上昇を問題とし、そこでのホワイトカラーの重要性、それへの労働者の次世代での上昇に注目した。彼はこのような転換の最大の受益者はナチスであると述べる。そこで問題となる「労働者」の中心に職員・ホワイトカラー層がいた。シュパイアは、その社会層の分析を Soziologie der deutschen Angestelltenschaft として刊行する予定になっていたが、ナチス権力発足とともに亡命を余儀なくされ、出版作業をガイガーほかに託した。しかし出版はガイガーの骨折りにもかかわらず、ナチス党の圧力により挫折し、戦後になって *Die Angestellten vor dem Nationalsozialismus*, Göttingen 1977 としてほとんど原形のまま公にされた。その経緯については、同書の Vorwort と同書に掲載されているガイガーのシュパイア宛書簡を参照されたい。

(20) 「中間層の価値観」の社会的浸透という現実は、もちろんドイツだけに見られたわけではなく、各国資本主義にほとんど共通する現象であった。Maurice Dobb, *Studies in the Development of Capitalism*, Revised ed., London, 1963, p. 265f., 京大近代史研究会訳『資本主義発展の研究』（Ⅰ・Ⅱ）岩波書店、Ⅱ（一九七〇年、第17刷）、六九頁。スウェーデンにおいては、この現象は労働運動の側から積極的に受け止められ、社会民主主義と自由主義の「交錯」として展開することになった。石原俊時著『市民社会と労働者文化』木鐸社、一九九六年、とくに第1章の叙述参照。

(21) Geiger, a. a. O., S. 544.「労働者文化」の市民的同化に関する現代歴史家の論議に関しては、相馬保夫「ヴァイマル共和国の労働者文化」『大原社会問題研究所雑誌』三九一号、一九九一年六月。

(22) 労働者の多様性についてファルターも留意しているが、ガイガーやシュパイアーが注目していたこのような市民的同化に関しては言及していない。Falter, *a. a. O.*, S. 198f.

（23） Falter, *a. a. O.*, S. 199f. 原田、前掲書、四五頁も参照。また Mühlberger, *op. cit.*, p. 27. このことは、社会民主党・共産党と「中間層」との関係をもつくり出す。*Ibid.*, p. 28.

（24） Childers, *op. cit.*, p. 187f.

（25） 職員・ホワイトカラーなどの「新中間層」の再生産も営業的中間層のそれと密接に関連する。シュパイアーによれば彼らの社会的出自（一九二九年）の七一・七％が中間層であったという（労働者層出身は二五％）。Speier, *Die Angestellten vor dem Nationalsozialismus*, S. 44. ここで問題となるのが広義の労働者の「社会的上昇」ないし「企業内上昇（昇進）」の現実である。このことに関しては、Svend Riemer, Sozialer Aufstieg und Klassenschichtung, in: *Archiv für Sozialwissenschaft und Sozialpolitik*, 67, 1932. リーマーの興味深い指摘については拙著『ドイツ中小ブルジョアジーの史的分析』Ⅲの2・四も参照。また「新中間層」をめぐる全体的な論議と実態に関する歴史的分析としては、とりわけ雨宮、前掲書、が重要である。

（26） 鎗田、前掲書、序章。

（27） Schweitzer, *op. cit.*

（28） *Ibid.*, p. 75ff., p. 114ff.

（29） *Ibid.*, p. 122. シュワイツァーの見解は、日本においてはとくに大野英二氏によって受容された。大野英二著『現代ドイツ社会史研究序説』岩波書店、一九八二年、第1章、七九頁以下、ほか。

（30） David Schoenbaum, *Hitler's Social Revolution. Class and status in Nazi Germany, 1933–1939*, London, 1967, chapter IV, 大島通義・大島かおり訳『ヒットラーの社会革命――一九三三‐三九年のナチ・ドイツにおける階級とステイタス――』而立書房、一九七八年、第4章。

（31） *Ibid.*, p. 136ff., 訳一六二頁以下。

（32） Karl Dietrich Bracher, *Die deutsche Diktatur. Entstehung, Struktur, Folgen des Nationalsozialismus*, Köln/Berlin 1969（2. Aufl.）, とくに Kap. Ⅶ, S. 362, 山口定／高橋進訳『ドイツの独裁――ナチズムの生成・構造・帰結――』岩波書店、一九七五年、とくに第7章、六〇七頁。

（33） Avraham Barkai, *Das Wirtschaftssystem des Nationalsozialismus. Ideologie, Theorie, Politik 1933–1945*, Frankfurt a. M. 1988（Neuausgabe）, S. 25.

(34) Winkler, *a. a. O.*, Kap. 9.

(35) Ders., Der entbehrliche Stand. Zur Mittelstandspolitik im „Dritten Reich", in: *Archiv für Sozialgeschichte*, Bd. 17, 1977, auch in: ders., *Zwischen Marx und Monopolen. Der deutsche Mittelstand von Kaiserreich zur Bundesrepublik Deutschland*, Göttingen 1979, Kap. Ⅲ, 後藤俊明/杉原達/奥田隆男/山中浩司訳『ドイツ中間層の政治社会史１８７１－１９９０年』同文舘、一九九四年、第３章。

(36) Adelheid von Saldern, *Mittelstand im "Dritten Reich". Handwerker, Einzelhändler, Bauern*, Frankfurt a.M./New York 1979.

(37) Dies., „Alter Mittelstand im Dritten Reich". Anmerkungen zu einer Kontroverse, in: *Geschichte und Gesellschaft*, Jg. 12, 1986, Heft 2.

(38) H. A. Winkler, Ein neuer Mythos vom alten Mittelstand. Antwort auf eine Antikritik, in: *Geschichte und Gesellschaft*, Jg. 12, 1986, Heft 4.

(39) A. V. Saldern, Leistungsdruck im Handwerk während NS-Zeit, in:Thomas Großböltung/Rüdiger Schmidt (Hrsg.), *Unternehmerwirtschaft zwischen Markt und Lenkung. Organisationsformen, politischer Einfluß und ökonomisches Verhalten 1930-1960*, München 2002.

(40) Frederick L. Mckitrick, An unexpected path to modernisation: the case of German artisans during the Second World War, in: *Contemporary European History*, Vol. 5, Part 3, Nov. 1996.

(41) Ibid., pp. 411, 415.

(42) Michael Prinz/Rainer Zitelmann (Hrsg.), *Nationalsozialismus und Modernisierung*, Darmstadt 1991.

(43) Ludolf Herbst, *Der totale Krieg und die Ordnung der Wirtschaft. Die Kriegswirtschaft im Spannungsfeld von Politik, Ideologie und Propaganda 1939-1945*, Stuttgart 1982.

(44) *A. a. O.*, S. 153ff., 218ff., 224ff. ナチス党内の中間層的立場に関しては、ほかに親衛隊の有力者O・オーレンドルフの行動に注目する研究が重要である。Dietrich Eichholtz, *Geschichte der deutschen Kriegswirtschaft 1939-1945*, München 2003, Bd. II, Teil 1, S. 99, S. 165f., Bd. Ⅲ, Teil 1, S. 74, Teil 2, S. 582. また大野英二著『ナチ親衛隊知識人の肖像』未來社、二〇〇

一年、とくに第四章［5］。

（45）たとえば Friedrich Lenger, *Sozialgeschichte der deutschen Handwerker seit 1800*, Frankfurt a.M. 1988, とくに Kap. VI; Christoph Boyer, *Zwischen Zwangswirtschaft und Gewerbefreiheit. Handwerk in Bayern 1945–1949*, München 1992.

（46）Manfred Ohlsen, "Ständischer Aufbau" und Monopole 1933/34, in: *Zeitschrift für Geschichtswissenschaft*, Jg. 22, Heft 1, 1974; Lotte Zumpe, *Wirtschaft und Staat in Deutschland 1933 bis 1945*, Vaduz/Liechtenstein 1980, とくに S. 124-129.

（47）鎗田英三著『製パンマイスターとナチス――ドイツ現代社会経済史の一側面――』五弦舎、二〇一一年。

第1章　ドイツ「手工業」の経営分化と機械化——ワイマール期からナチス期へ——

はじめに

第二帝政期（一八七一年ドイツ帝国成立）から、第一次大戦、ワイマール共和制を経て、ナチス期にいたるドイツの工業的発展を特徴づけるのは、機械制・工場制に基づく各分野での資本主義的企業の展開と、その中から重化学工業を中心に登場してくる巨大企業とその独占である。だがそのような大工業の機械制的発展と並んで、加工業の広汎な分野においては、電動モーターや機械装置を採用しつつ、しかも手工業的技術を土台にした厖大な数の中小・零細経営が展開していたこともこの時期を特徴づける現象であった。親方・職人・徒弟の伝統的な関係をなお残存させたそれらの中小経営は、ドイツにおいては機械制が優勢な工場制的企業（「工業」）から区別されて、「手工業」（Handwerk）として位置づけられ、その担い手たちは「手工業者」（Handwerker）と呼称され、また「工業」・「商業」の団体である商工会議所とは異なる独自な法的な団体、「手工業会議所」や同業組合（イヌング）の組織を有していた。

かれらは加工業・組立業のさまざまな分野で活発な営業活動をおこなったばかりでなかった。「手工業者」たちは、同時に、自分たちの共通の利害を背景にして社会的に独自な運動を展開した。そのような活動を通じて彼らは、第二帝政期以降のドイツの社会史の中で重要な役割を演じ、とくにヒトラー率いるナチス党の成長と政権掌握（一九三三年）に際して、これらの「手工業」の担い手をはじめとする営業的中間層たちが大きな支柱となったことは多くの研究が明らかにするところである。(1)

それではナチス体制の成立に推進的な役割を果たした「手工業者」たちは、全体主義的なナチ・レジームの下でいかなる状況におかれたか。ナチス期の「手工業」に関する先行研究は、ナチス体制の下で多くの小・零細経営が整理され、閉鎖される一方で、経営的に発展した「手工業者」の中・上層部分が戦時経済の担い手として活動したことを指摘している。(2) したがって「手工業者」とナチス体制との関連を適切に理解するには、「手工業者」なるものがいかなる存在であったか、手工業経営のこのような分化はいかなる状況にあったかを分析することが最も重要な課題となる。

手工業的経営の一方での小・零細経営化・賃労働者化と、他方での経営的発展・工場制化の現象については、すでに一九世紀末に行われたドイツ社会政策学会の「手工業調査」の厖大な成果の中に示されていたが、(3) 第一次大戦後の状況に関しては、ドイツ経済の全般的な状態について大々的な調査を実施した「アンケート委員会」の調査報告が重要な分析を行っていた。(4)「手工業」・「手工業者」をひとつの社会層として一括するのではなく、その中で上層と下層とへの分化が進行している事実は、ナチス体制と中間層の関係をめぐる歴史家の論争の中で、とりわけv・ザルダーンらによって強調されたが、(5) しかし、その経営内容に関わる具体的な状況は十分に分析されるまでには至らなかった。本章は、まずナチス期に先行する第一次大戦後のドイツにおいて、「手工業」が均質の存在ではなく、内部において経営的に分化し、一方では底辺部に広範な小・零細経営を展開させ、他方上層部に資本主義的ないし半資本主義的な「町工場」的経営を分出し、(6)「手工業」と「工業」（機械制が優勢な経営）との間が流動化しつつあった事実に注目し、「アンケート委員会」の調査結果の分析を通じてその状況を明らかにする。ついでナチス政権成立後、ライヒ経済裁判所において扱われた中・上層「手工業者」の「工業」への帰属をめぐる係争とその判決を取り上げ、それらの中・上層「手工業者」たちが戦時経済体制へ移行する直前の時期にいかなる状態にあり、ナチス的な「手工業」組織化の中で自らをどのように位置付けていたかを解明するものである。

1　産業革命後のヨーロッパの手工業的経営とその工場制化

ドイツにおいては、上述のように、「手工業」は法制的にも独自な位置を認められ、その担い手たる「手工業者」の運動は、ナチス体制成立にいたるドイツ特有の社会史的展開と密接な関連をもった。それではそのような「手工業」や「手工業者」を特徴づける手工業的技術や熟練、手工業的な中小経営それ自体は、ドイツにのみ見られる現象であったのだろうか。

中世以来ヨーロッパの工業生産の主要な経営様式であった手工業的小経営は、イギリスを先頭にして、一八世紀後半から一九世紀中頃にかけて、各地で展開する産業革命を通じて、重要分野で解体し、消滅する。しかし、この変革を特徴づける生産手段の機械化と工場経営の形成は、工業生産のすべてにおいて展開したわけではなく、繊維工業や鉄鋼業を中心とする原料や半製品の生産分野が中心であった。それらの諸分野では、機械制大工業によって手工業的な小経営は解体し、資本・賃労働関係が確立した。しかし工場制による大工業で生産された布地を洋服や帽子に加工したり、製鉄・鉄鋼業の半製品を各種の鉄製品に完成する加工業のほとんど多くは、旧来通りの手工業的な技術を土台にしてなされていた。「産業革命」の祖国であるイギリスに関して『産業革命――1760～1830年――』の著者、T・S・アシュトン（Ashton）は、次のように述べている。(7)

「技術《イノヴェーション》的変革のおこなわれた分野が、国民経済のほんの一部に過ぎなかったということは、心にとどめておかなければならない。それは、資本財の分野に含まれるような機械・装置と糸・布のような中間生産物（intermediate products）に関係のある産業の域を出ていないのである。財貨を最終消費者のために提供するさまざまな営業は、（製陶業を除いて）殆んど直接の影響を受けていない。一八三〇年になっても農村的なイギリスは広大な面積を持ち、多くの都市が農村的であった。そこでは生活は百年あるいはそれ以上も前と殆んど同じように営まれていた。そしてロンドンやマンチェスター、またバーミンガムでさえ、その周辺地域においては、科学や発明が工場や鋳造所や鉱山で働く仲間にもたらしたような補助手段を使用せずに、身を粉にして作業する男や女の姿が見られたのである」。

機械制は、原料や半製品などの「中間生産物」や大型の機械・装置などを製造する分野には導入されたが、中間的生産物を材料や部品として使用し、その組立てや接合などにより完成された製品につくり上げる作業は、まだ機械技術の及ぶ所ではなく、旧来の手工業的な技術によってなされるほかはなかった。

マルクスも『資本論』第一巻第13章「機械と大工業」でマニュファクチュア・手工業および家内工業の大工業による変革過程（Revolutionierung）を問題にし、それらの諸形態の変革、本来的工業経営への転化の「傾向」を同時代の「過渡的諸形態」の多様性と混沌の中に見た。しかし、同時にかれは、この「傾向」が「過渡的諸形態」の混沌の内でのみ貫かれ、しかもこの多様な「過渡的諸形態」が決して簡単には消滅しないことを指摘するのを忘れなかった。「このような姿態変換は、製品のマニュファクチュア的生産が順次的な発展諸過程（Strufenfolge von Entwicklungsprozessen）でなく、多数の異質的（disparat）諸過程を含む場合には最も困難であり続けた(8)」。

こうして日常的な消費財の生産はじめ、経済活動の広い範囲で手工業的に営まれる小経営が存続した。機械制的に製造された糸・布地の洋服などへの加工（仕立業）、製材工場で製材された板など半製品の家具や建具、各種要具への加工（家具工、建具工、樽工、車大工）、鉄・鋼半製品による日用品・器具・容器の製作（錠前工・鍛冶工・ブリキ工、機械工）、鞣皮企業の生産物である皮革を裁断、縫製して靴やカバン、各種皮革品に完成する靴工・カバン工・皮革工・馬具工、採石場・製材工場・レンガ工場などの生産物を用いて、家屋や屋根・階段をつくる大工・左官・石工、さらには製粉業の生産物を原料とするパン工・菓子工などである。日常生活で用いられる最終消費財だけでなく、各種の「資本財」も手工業的に製造された。金属製工具・器具・容器・建物、さらには特製の機械類の製作・組立においてである。生産過程ばかりではなかった。食品など直接消費する財を除いて、ほとんどすべての生産物は修理や修繕によってその質を維持され、再生産された。そのような修理を担当したのが、手工業的な中小経営であった[9]。

　これらの伝統的な手工業の分野に小型の機械が導入され、さまざまな形で資本主義的な企業が登場してくるのは漸く一九世紀後半、特にその末葉から二〇世紀にかけてであった。それらの業種の多くで労働者や下請生産者を雇って規格化された製品を大量的に生産する企業経営が発展してくるからである。既製服や小型家具、各種日用品はじめ、多くの分野で、簡単な機械装置を導入した中小の資本家的経営が形成され、手工業経営の重大な競争相手となる。イギリスの状況について歴史家E・マッソン（Musson）は指摘する。

　「そのような手工業的職人はなお非常に多く存在したが、しかし、［第一次世界大戦の始まる］一九一四年までに産業革命が、不断の人口増加と実質所得の上昇に刺激されて、これらの消費財の営業にまで拡延し、そこに機械化した工場制生産を伴った重大な転換を惹き起こしていた[10]」。

　「産業革命」の祖国であるイギリスにおいてこのような事情であった。イギリスに比して工業化が遅れたヨーロッパ大陸においては、手工業的な中小経営の存在は一層顕著であった。機械化された本格的な工場経営から区別される手工業的経営の産業革命後における展開は、イギリスを含めたヨーロッパ経済史に共通する現象であったのである[11]。

　ドイツにおいてはこれらの経営は、上述したように「手工業」という特別の呼称を与えられ、とくに生産過程における手工業的技術の基本的役割、徒弟修業と職人育成にもとづく技術的養成、そのための手工業経営における親方資格と親方・職人・徒弟の関係が重要視され、他国にはない特性を与えられた。地域には同業者によるイヌング組合や手工業会議所が組織された。「手工業」はやがて手工業会議所の「手工業登録簿」に登録されることになる。手工業経営者たちは徒弟養成のための資格や営業権の規制を求めて独自な運動を展開した。このことも他国には見られない現象であった(12)。

このような技術的特質をもった「手工業」に対して、手工業的熟練を必要としながらも、基本的過程において機械制が優勢となった工場制的な経営は、「工業」(Industrie) として「手工業」から区別された。一九世紀末後半、とくに末葉になると、イギリスと同様ドイツにおいても、「手工業」とされた生産分野に各種の小型機械が導入され、その中から機械制的ないし工場制的な経営が成長して来る。それはしばしば手工業経営それ自体の経営的発展の中から行われた。かつての「手工業」分野に、手工業的経営を土台にして、中小の資本主義的経営、つまり「工業」経営が次々に誕生し、旧来の「手工業者」の競争者となった。手工業経営の中・上層部は、そのような「工業」経営を生み出す培養土となり、手工業経営と「工業」との境界はいよいよあいまいになっていった。他方で、そのような経営的改良を行えない零細な経営が多数展開し、その中から他企業に雇われる従属的な親方が増加していった。手工業的な技術を習得した職人たちも「手工業」の分野で親方として自立することをあきらめ、「工業」で働く道を選ぶものが増えた。自営的な経営の発展のために必要な最低の資金額が上昇し、新規開業が困難になったからである。小型機械や電動モーターの導入によって、手工業技術を基本的な条件とする手工業の広範な分野における生産力は大きく向上し、町工場のような企業、事実上の資本家的経営が数を増やしていった。その中の一部は全面的に機械化し、「工業」経営に組み込まれた。ドイツ経済の基礎的部分におけるこの変化は、第一次大戦前後に進展し、ワイマール期、ついでナチス体制に一層加速されることになった。

2　ワイマール期における「手工業」の経営分化

「手工業」の分化は、すでに一九世紀末葉には明白な形をとって進行していたが、第一次大戦を経てその傾向は一層顕著となった。本節では、ナチス期に先行するワイマール期におけるそのような事実について見ることにしよう。

ワイマール共和国は、当時の第一線の学者や専門家の協力を得て、ドイツ経済の現状に関する調査委員会（アンケート委員会）を編成し、大規模な調査を実施して、その成果を次々に公にした。その一環を形づくる「手工業」の調査結果は、四巻にまとめられ、一九三〇年に刊行された(13)。統計の基準は一九二六年であり、一九二八年に聴き取り調査が実施された。

委員会は「手工業」の経営を、数年の定められた手工業的養成にもとづいて営まれる、自営の工業活動として規定した。手工業的技術とその養成が決定的な基準となった。

一九二六年（一〇月）にこのような自営の手工業経営は、約一三二万経営、就業者数約三七一万人を数え、全工業経営数（但し一九二五年）一八五万余、従業者数一二七〇万人のうち、経営数で七一％、就業者数で二九％を占めていた(14)。経営数の多い業種を順に五つあげると、次のようになる。被服・クリーニング（四四・五万）、食品加工（二二・七万）、建築（一九・二万）、金属加工（一九・一万）、木工（一七・一万）。就業者数では、建築（九六・六万人）、被服等（八六・五万人）、金属加工（六〇・八万人）、食品加工（五四・一万人）、木工（四五・四万人）、となる。

（1）手工業的経営の合理化＝機械化

これらの業種は先にも述べたように、機械が技術的に適用されにくい生産分野であって、産業革命後も手工業的技術が不可欠であった。しかし一九世紀末葉以降、それらの業種にも小型の機械が用いられるようになり、とくに第一次大戦以降、ドイツの手工業的分野は大きな転換点を迎えていた。アンケート委員会はその現実を的確に分析した。委員会が注目したのは多くの業種における、経営上・技術上の合理化・専門化と商業的機能兼営である。技術面での合理化の中心は、工作機械を中心とする各種補助機械の導入と動力機としての電動モーターの採用であった。委員会は、手工業分野のこのような機械化を「合理化」として規定した。しかもその「合理化」が手工業経営それ自体の発展の中から生じたことを重視する。そのような「手工業それ自体の中から成長してくる変化」[15]を通じて、「手工業」の内部から次々に工場制的な企業あるいはそれに類した経営が成長してくる。たとえば、ブリキ工場は手工業経営から成長して来た。それに重なるような形で手工業経営の商業兼営が拡大した。統計作業に当ってアンケート委員会は「とりわけ発展した経営形態の手工業は、今日、工業（Industrie）と商業（Handel）から厳密に区別することが今まで以上にできにくくなっている」[16]ことを指摘しなければならなかった。その理由はまさにこのような「手工業」の補助的機械の導入と「合理化」、すなわち工場制化・商業資本化にあったといえよう。

加工業や組立業の「合理化」において重要な役割を果たすのは、小型の工作機械・作業機である。小型の電動モーターは、それらの動力として欠かすことができない生産手段であった。だがモーターと小型機械の利用は一定の経営規模を必要とする。それが可能になる経営は、数名以上の労働力、とりわけ六〜一〇人以上を雇用する「手工業的」経営であった。精肉・製パンなどの食品加工、金属加工業（錠前・鍛冶）、木工・車大工などでは、六〜一〇人を雇用する規模の経営の三分の二がモーターを使用していた[17]。木工や金属加工では、工場経営で用いる同じスタンダード型が採用され、製パン工のこね機もパン工場のそれとは本質的に何ら異ならず、また家具工の帯鋸も家具工場と基本的に同じであったという[18]。

たとえば木材加工業の事例。

①中部ドイツ大都市の大家具手工業経営[19]

一九〇二年開業。一九二七年の労働力構成：徒弟四人、職人一七人、不熟練工四人、計二五人。機械設備：一九一三年時、帯鋸一台（フライス盤と連結）、モーター（三馬力）。一九二七年現在、自動一面平削り機、丸鋸、フライス盤、帯鋸、鎖フライス盤、各一台、モーター（合計二〇馬力）。戦前の主力製品であった家具の加工は、工場制の均一家具の競争により大幅に減少。現在は、高級家具・建具加工、印刷機用木製縁飾り、社用ネームプレートの製作。一部小家具親方に下請。

②西部ドイツ工業都市の中堅家具・建具業者[20]

一八七二年親方開業。一八八三年家具販売兼業、やがて主要業務へ。工場製家具の競争に圧迫され、一九二一年に作業場の七五％を建築家具に転換。商業用の家具も製造。一九二七年現在の労働力：徒弟三人、職人五人、販売・事務労働二人、計九人。親方は営業に専任。機械設備：丸鋸、帯鋸、往復回転鋸、仕上げ平削り盤、自動一面平削盤、鎖フライス盤、円錐切断機、各一。収益は、作業場収益二五〇〇（RM）、商業収益四〇〇〇（RM）。

③職人三人を雇って仕事をする小経営（中部ドイツ大都市所在）でも機械が採用された。この経営は第一次大戦前は、扉・窓・家具・台所用品を作っていたが、大戦後は、工場製品に押され、現在は窓の製作を専門的に行い、一部店舗販売用の家具を加工している。顧客は、役所や建築企業である。一九二七年時の使用機械は、帯鋸や平削盤はじめ七種類（各一台）あった[21]。

機械導入にともなって経営方法も変化した。顧客の注文に合わせたこれまでの個別的な生産と併行して、在庫向けの大量品の製造が進展した。アンケート委員会は述べる。「近代的手工業経営は数一〇年前とは全く異なった形態をとっている」[22]。在庫向生産・大量的生産への移行は、特定品目への経営の専門化と密接に関連していた。

「いろいろな業種の手工業経営は、経済的な利益がそこにあることが分かって、特定の製品の生産に専門化していった。すなわち特定の品目だけを在庫向けにつくるか、本来の顧客向け労働のかたわら、特定製品を在庫生産として行うかするようになったのである。専門化は、仕事がない労働の合間を埋め合わせるために、あるいは機械やその他の経営生産施設を活用するために始められた。……専門化はしばしば労働分野を限定するような技術的な影響に対処する逃げ道でもある」(23)。

それでは顧客向と併行して行われた在庫向品にはどのようなものがあったか。そのいくつかをあげる次の通りである。

菓子製造：チョコレート製品・マジパン・バウムクーヘン。靴工：登山靴・防水長靴・乗馬靴・整形用履物。馬具工：ブリーフケース・ポケット紙入れ・オートバイ座席・学生かばん・きゃはん・リュックサック。製本工：製図用品・塑性金張り・取り替え額縁・複写用ノート・地図表装品・発送用紙箱。鍛冶工：犁・馬鍬・農具・機械工場用型部品・トレーラー。ブリキ工：ブリキ製品・ミルク容れ・装飾・風見。家具工：店舗用設備・ネームプレート・台所家具・バラ売り家具等々。

他方、自動車の使用や電気の利用、機械の一般化に伴って、自動車・機械の修理業やメッキ等の関連業、電気工事などの分野で手工業的な経営が発達した。自動車修理業・メッキ業はかつての鍛冶工・錠前工や車大工の転業によって促進された。これらの分野でも手工業的な経営が同時に店舗を備え、自らの商品や工場制の関連部品を販売することも盛んとなった。

自動車等修理業の事例(24)

①西部ドイツ大都市の旧鍛冶経営（開業一九〇四年）

労働力：一九一三年九人（徒弟四人、職人五人）、一九二七年一四人（徒弟五人、職人八人、不熟練工一人）。第一次大戦前は、運送企業・商店・建築業・工場を取引先として、蹄鉄・荷馬車組立および修理業を行っていたが、大戦後は、鍛冶業販売減少のため自動車の修理と燃料・脂・ゴムの委託販売を開始、ガソリンタンクも兼業。増加した人員は修理業のためであり、不熟練工は燃料販売・補助作業に従事。作業機：旋盤・裁断機・押抜き機・自動ハンマー(Krafthammer)。二一馬力のモーター使用（一九一三年時は六馬力）。生活費を控除した売上収益一二六四ＲＭ。

②中部ドイツ農村鍛冶経営

労働力：一九一三年四人（徒弟二人、職人二人）、一九二七年四人（徒弟一人、職人三人）。一七五〇年設立の経営を三三年前に入手。農業の機械化に伴い農業機械販売を兼営。機械修理業を営業、他の鍛冶工に対しても機械や部品の仲介取引を営む。顧客の中心は農業経営者。馬蹄・荷車組立と農業機械組立は第一次大戦前から行っており、戦後は、耕作機械、肉挽機の製作、さらに電気関係の作業や各種修理作業を営業。証言「私たちは現在は以前よりずっと多くの修理作業を行っています。機械は大変消耗します。修理によっても維持することが難しいほどです。毎日の修理代は、機械摩損を考えなくともほとんど労賃に匹敵するので、農業の重い負担となります。しかし人手不足のため多忙期や労働不足の時には、農業機械は欠かせないのです」。機械は戦前にはなく、一九二七年現在、六馬力のモーターと、四つの分離モーター、砥石車二台、中ぐり機二台、通風機一台。売上高は蹄鉄作業二五〇〇、荷車製作ほか二二三一、修理四〇〇〇、商業二五〇〇、各ＲＭ、計一万一二三一ＲＭ。但し一九二七年度経営収益は赤字。

（2）手工業的経営の分化と「非自立的手工業者」（専門工）の増加

各種機械の採用と電動モーターの利用によって経営の生産力は増大した。調査報告は次のように記している。

「機械がある程度まで活用されるようになると、手工業的経営の経済性はそれによって引き上げられる。機械の使用はさし当ってかならずといってよいほど時間の短縮をもたらす。労働力は機械経営によって直接的に節約されることにはならない。しかし機械の助けで、八時間労働制の導入に際して生じた時間の不足分を、再び埋め合わせ

第１表　工業・手工業の熟練・不熟練労働者構成（1933年）

（単位：%）

経営規模	徒弟修業終了専門工	半熟練工	不熟練工
雇用労働力２～３人経営	84.7	7.1	8.2
同　４～５人	80.6	8.1	11.3
同　６～10人	72.5	10.9	16.6
同　11～20人	58.8	15.4	25.8

典拠：G. Biskap/W. Stothfang, *Handwerk und Arbeitseinsatz*, Berlin 1939, S. 20.

ることが可能となった。機械はまた疑いもなく手工業経営の労働集約度を向上させた。しかし手工業での機械経営は、工業とは異なり殆どの場合、熟練労働者の使用を不可欠とする。手工業で使われる機械は、むしろ正規の修業の中で育成された労働力によってのみ操作されうるとさえいえるのである[25]」。手工業的に育成された職人の方もまた、機械設備がなく体力が求められる経営よりも、機械を採用した経営で働くことを求めた。たとえば家具の製作や鍛冶業では「職人は機械をもたない経営では働かない[26]」という状況も出現した。機械の採用によって熟練工（職人・親方）は決して不要にはならず、むしろその意義は拡大しさえした。しかし、同時に不熟練工や半熟練工の役割も増大した。第1表にみられるように、それは経営規模が大きくなるにつれて顕著となった。

しかし機械・モーターの採用は、それに相応した資力と設備・労働力、それらを備えた一定の経営規模を必要とした。アンケート委員会の推計によれば、生産の機械化は、数名以上の労働力を雇用する経営、とりわけ就業者六～一〇人以上の経営において顕著であった。たとえば、鍛冶工の場合五人以下の経営五・八万のうち、モーター使用は一・四万（二四%）であるのに対して、六～一〇人経営一二〇〇の場合九九〇（七八・八%）が、錠前工では五人以下一・五万のうち〇・五万（三四・二%）であるのに対して、六～一〇人三五〇〇のうち二七〇〇（七六・七%）が、さらに木工の場合、五人以下八・六万のうち二・七万（三一・二%）であるのに対して、六～一〇人九七〇〇のうち七八〇〇（八〇・四%）となっていた。これに対して食品加工業では製パン工の五人以下経営は四〇%が、そして六～一〇人は七七・八%がモーター経営であった[27]。

こうした経営的技術的な展開の中で手工業経営は大きく分化した。アンケート委員会は就業人員の経営間分化に注目した。すなわち手工業経営は、就業者三人以下の小経営、四〜一〇人の小規模中経営、一一〜二〇人の比較的大きな中経営、五〇人以上の大経営とに区分された。このうち就業者一一人以上の経営は、親方・職人・徒弟の関係を形式的には残しながらも、不熟練工・半熟練工および事実上労働者化した職人を何人も雇用することにより、「工業」として区分される中小規模の工場制的経営の特質を多く共有するにいたった。「手工業」に分類されてはいるが、しかし経済学的には事実上資本制的と規定できるこのような経営の数は約一万九〇〇〇に及んだ。この最上層の「手工業」に接続するのが、大多数が機械・モーターを備える四〜一〇人経営で、その数は、実に五万九〇〇〇に達していた。

これらの上・中層の経営に対して、三人以下雇用の経営は、一二二・九万を数え、とりわけ職人ゼロか一人が一一〇万経営あり、「手工業」全体の八四%を占めていた[28]。その圧倒的部分は、資金の不足から機械やモーターを十分には導入できず、そのため職人からも敬遠される小・零細な経営であった。

たとえば仕立業の場合、一九二七年に職人一人、不熟練工一人を使って仕事をする仕立工は、戦前は徒弟一、職人二人、不熟練工一人を雇用していた。その売上（修繕工賃も含む）は一万〇一〇〇ＲＭ、収益は二八〇〇ＲＭに止まった（職人七人、徒弟三人の同業経営者は、それぞれ四万一〇〇〇ＲＭ、五二〇〇ＲＭ）。彼は「一九二七年の売上げは、経営開始以来およそなかった最少の額である」と証言している。彼によればかつて誂え仕立を注文した顧客の二五%が既製服に流れてしまったという[29]。

徒弟一〜二人を使って中部ドイツの大都市で鍛冶業を営む小経営の事例を紹介しよう：一八七六年に開業したこの経営は第一次大戦前は運送業者を顧客として馬蹄加工、荷車組立、修理を営業して来たが、戦後は営業用の車の修理と注文生産が主体となった。蹄鉄は一九一三年より七〇%も減少した。仕事のない時は、荷車を在庫向に製作するが、コストをカバーできない。蹄鉄激減の埋め合わせとして、鍛冶工程がない機械工場のために機械部品を作る仕事をしている。この経営は第一次大戦前は手動式の中ぐり盤・圧縮機（各一台）と自動秤量機一台を使用していたが、戦後に特殊機械を設置した。だが一九二七年現在の売上げは戦前以下に減少し、売上げ収入二八二一ＲＭ（売上総額一八・七％）から生活費二五五〇ＲＭを控除すると資産収益は二七一ＲＭに止まった。(30)

市場経済の中で状況の変化に対応し、経営を維持していくためには、小・零細経営も最低限の機械化を迫られていた。その結果、新規の開業のためにはこれまで以上の資金的条件が必要になった。だが資金の調達は決して容易ではなかった。そのため親方資格を取得しながら自立できず、事実上熟練工として他企業に雇われて生活するものや自立化に必要な親方試験を受けずに熟練労働者としての地位を選択する職人の数は増加した。彼らの多くは、「手工業」を離れ、他の職業に仕事を見出そうとした。「手工業で育成された人々の大きな部分は、修得したあと他の職業に仕事を見つけなければならなかった」と委員会は指摘する。(31)

こうして「手工業」の領域以外で働く職人や親方が数を増やしていった。すなわち工場経営（「工業」）や商業経営（「商業」）で働く「非自立的な手工業者」（unselbstständiger Handwerker）がそれである。「工場手工業者」（Fabrik-handwerker）や「経営手工業者」（Betriebshandwerker）と呼ばれる手工業的熟練を身につけた「手工業」外の雇用労働者は、実に二四六万人余を数え、そのうち「工業」での「工場手工業者」は一二四万人に及んだ。自営的手工業者一三二万人（それらが雇用する職人・徒弟は二三九万人）と対比した時、その数の大きさが注目される。(32) たとえば鉄・金属加工業では、手工業職の七六・三％が「手工業」の外で雇用され、「手工業習熟者［錠前工・機械工・鍛冶工］の工業への激しい流出」が見られた。(33)

経営内手工業者は、当該企業の本来的な生産活動のための付随的な作業を担当する手工業的な労働者（専門工／熟練工）であって、次のような仕事に携わった。

①機械・建物・暖房・照明施設、エレベーター、什器、ボイラー施設、各種装置の点検・修理、また転置や新設置。
②機械・装置・搬出設備・照明・電線などの企業内組立、設置。

たとえば化学工業では、張り巡らされた配管暗渠、タンク、汽缶、貯水タンク、輸送施設を監視し、稼働させるために専門的な職人が不可欠であった。また醸造業では樽のメンテナンスや新設のために一定数の樽工が雇われており、搬入・搬出作業場では、車大工・自動車工・馬具工が自動車・荷馬車・用具の修理のために働いていた。その他鉱山業はじめ各企業で高層建造物や地下施設での機械化に伴って修理・メンテナンスの手工業的労働が必要とされた。(34)

自営業開業のために最低限必要な資本額の上昇に伴って、親方資格取得者も自身の経営を持つことが出来ず、大企業や大規模な「手工業」経営に熟練工として雇用される地位に転落しつつあった。こうして親方・職人・徒弟の伝統的な関係は大きく解体しつつあった。「親方」は必ずしも独立した営業者の地位を示すものではなく、自立の可能性を残してはいるが、むしろより多く、技術育成上の単なる最上級の習熟者として、また「職人」はやがて自営業者となるべき途上の中間的な技術習得者としてではなく、「親方」になる可能性を有してはいるが、多くの場合その地位に永続的に止まる熟練的な労働者として位置付けられるようになっていった。

したがって同じことは「徒弟」に関しても該当する。「徒弟」は「職人」となり、将来は「親方」として自立しうる途を決して閉ざされてはいなかったが、しかし現実的にはより多く企業で雇用される「職人」、すなわち熟練工の職に就くための技術習得途上の身分への変質していた。熟練工の地位を得るために徒弟修業は必要な条件となり、「徒弟」は「手工業者」の子弟だけではなく、「労働者」や「職員」、さらに「農民」などのさまざまな社会層の家族の中から補充された。第2表は、ナチス期（一九三八年末）のシュトゥットガルト手工業会議所管区の主要業種の「徒弟」の出身者階層を示すものであるが、このような事情はワイマール期にすでに見られていたといってよいだろう。

以上のような親方資格保持者や徒弟修業習得者・職人たちの熟練労働者化と並んで自営の零細経営者の営業閉鎖と

第2表　シュトゥットガルト手工業会議所管区の主要職種徒弟出身階層（1938年）

職　種	徒弟数（うち女子）	同業親方の子弟	自営手工業者	その他自営業者	農民	自由業・医師・役人・職員	その他労働者	その他
製パン業	752（0）	73	257	38	115	107	120	106
精肉業	322（0）	57	124	19	75	17	46	41
電気技術工	536（0）	15	111	6	30	130	184	75
ブリキ業・工事業	481（0）	—	132	4	53	67	152	73
機械工	803（0）	15	203	12	82	152	254	100
錠前業	605（0）	9	139	4	62	121	189	90
自動車業	491（0）	15	97	20	38	93	173	70
家具工	682（0）	75	210	6	84	94	190	98
皮革・壁紙工	294（0）	17	90	—	28	33	94	49
理髪業	389（123）	20	120	16	24	72	103	54
紳士服仕立	159（0）	—	53	—	19	18	36	33
婦人服仕立	503（503）	9	92	11	29	140	136	95

典拠：Handwerkskammer Stuttgart, *Geschäftsbericht 1938/39*, S. 134-141から作成。

「工業」での労働者化がこれまで以上に進行した。

ナチス政権成立以前のドイツにおける「手工業」は、上述したように一方では一一〇万の圧倒的多数の小・零細経営と、労働力一一人以上の事実上資本制的な一万九〇〇〇余りの経営を含む七万八〇〇〇の比較的大きな経営とに分化していた。手工業経営のこの分化は「手工業」と区別される「工業」との関連の中で、とくに旧手工業分野の生産物を機械制的に加工する中小の資本主義的工場の競争圧力の中で進展した。だがその本質的な要因は「手工業」それ自体の中にあった。すなわち手工業分野における機械化と専門化の進展であった。

委員会が指摘したように、技術的発展に対応した生産手段の整備、専門化による生産量増大に対応した経営的条件や店舗設置などにより、投下資本の増加、とくに固定コストの上昇は、この時代の「手工業」における基本的な特徴であった。機械・モーターを備え、労働力を多数雇った中・大の経営は、いよいよ資本集約的となり、かつてのように「親方と補助者との労働能力」に頼る度合が少なくなった。他方で、投下資本の増加、固定設備の拡大に対応できない小経営は、経営的に劣悪化する。委員会の調査報告は指摘する。「資本総額の拡大は、手工業の広範な層の貧困化」に対応すると。[35] つまり「手工業」の中の一部の経営の発展・経営規模の拡大と、圧倒的部分の零細化や経営劣悪化は表裏一体の関係にあった。それはそれぞれの業種における市場での相互の競争的関係においてつくり出された現象であった。もちろん手工業的経営の規模別分化は業種や職種によって決して均一ではなかった。

建築関係手工業は全体として拡大しつつあったが、そこではとりわけ顕著な分化が生じていた。[36] この業種は、大工・左官・ガラス職・ペンキ業・塗装業・しっくい業・室内装飾・経師工・屋根葺き業・床張り業・石積み工・噴水製作・暖炉取付業・煙突組立・掃除、などからなっていた。経営数は一九万二八〇〇、就業者（経営主含む）は九六万六〇〇〇人で、経営規模は次のように分化していた。小経営一六万一六〇〇（八三・八％）、小規模中経営二万一一〇〇（一一・〇％）、大規模中経営五五〇〇（二・九％）、大経営四五〇〇（二・三％）。

鍛冶業は全体として衰退しつつあり、経営の分化は次のような状態であった。[37] 経営数は六万強で、うち雇用者ゼロの経営が二八％、一～三人雇用が五九％を占め、四～五人が一〇・六％、六～一〇人が二・一％、一一人以上は二〇〇経営（〇・三％）に過ぎなかった。しかし、それらの内から七〇〇〇以上の四人以上の雇用経営を中心に、上述したような自動車や機械の修理業に重点を移した、経済力のある経営が出現したことも重要である。また、同じ金属加工関係の手工業職においても、錠前業は三万二八〇〇経営の内一一人以上雇用経営は、七〇〇を超えており、ブリキ業・工事業（三万一〇〇〇）は四四〇、電気技術職（一万三四〇〇）は三九〇、機械工（一万九〇〇〇）は、三五〇となっていた。三業種だけで一八〇〇の事実上の資本家企業が形成されていたことになる。

経営の分化は、製パン業においても進行した。[38] アンケート委員会は、製パン業組織「ゲルマニア」の調査結果として、一九二九年の状況を紹介している。それによれば、雇用者なしの経営（ワンマン経営）一万七五六一（一九・五％）、五人以下雇用経営七万〇五五七（七八・一％）、六～一〇人雇用一七三四（二・〇％）、一一～二〇人雇用二五四（〇・三％）、二一人以上四〇（〇・一％）。製パン業では、一一人以上雇用経営の数は少なく、全体として分化の度合は低かった。

このように市場関係を通じて分化しつつあったワイマール期ドイツの中小経営層は、さまざまな問題に直面していた。アンケート委員会の調査報告における経営当事者の証言で指摘された問題のいくつかを紹介しよう。[39]

①公営事業・民間大企業における修理・営繕部門の付設・兼営による外部中小経営への注文の停止。各種の公的機関と企業は、その事業や経営に必要な補完的なサービスや生産物を外部の独立した専門的営業から調達していたが、今やそれらを自らの活動の中に取り込み、外部の企業への依存を縮小した。たとえば建造物・工場の建物・施設・機械等の維持・管理・補修・内装・加工、輸送手段の修理、電気・水道工事などである。公的機関によるこの種の公的事業（いわゆるレギー経営 Regiebetrieb）や大企業によるサービス等の内生化・自営化は、これまでそれらを顧客としていた鍛冶・蹄鉄・ブリキ業、ガス・水道・電気等工事業、建築業などの中小経営にとって市場の喪失、しばしば競争相手の出現を意味した。たとえば独占権や優遇措置を享受する電気・ガス・水道等の事業体が利用者相手に修理工事を行ったり、展示・宣伝によって関連器具を低廉な価格で販売するような場合である。

②公的発注と入札制度の問題。公的機関の活動が拡大するに伴って、それが必要とする製品・サービスの民間企業への発注は増大した。だが価格計算や商品量、納期などの条件に対応できない中小経営者は大企業に比べて不利な立場に置かれていた。しかもその際、競争原則の拡大と不正取引の排除をめざす手段として第一次大戦前から採用されていた入札制度は、限られた注文を確保するための中小経営者間の競争を激化し、商品・サービスの価格の低下を惹き起こす原因ともなっていた。「捨て値」での落札は、受注した経営のその後の活動にも影響を与えていた。中小経営者にとって公的発注の割当の拡大と同時に入札制度における過当競争そのものの改善が大きな課題となった。

③以上のような国家的ないし公的な関係において顕在化した問題と並んで、通常の市場関係の中で中小経営者にとってマイナスの要因となったのが、(a)専門的技術を習得していない者による「もぐり仕事」や零細経営者による原価以下的な安売りであり、(b)大中規模商業資本（デパート、均一価格店、チェーンストア）などによる大量・均一商品

の低廉価格販売、および(c)消費組合による価格割引であった。(b)(c)は、労働者はじめ手工業製品のこれまでの消費者を手工業から奪い取り、後者の市場的基盤を根本から掘り崩すものとして第一次大戦前から深刻な問題として受け止められて来た。

④手工業的な中小経営者たちは、このように自らの製品の販売に当って激しい競争関係に直面していたが、他方でその製品の加工に必要な原材料・半製品、燃料、機械・装置の購入に際して、それらを生産する大製造企業やそれらを取り扱う商業資本のカルテル的価格に圧迫されていた。一方での過度な競争と、他方でのカルテル的協定による独占、それがワイマール期における手工業者の最大の問題であったといえる。

3　ナチス期「手工業」における上層経営者の動向——「工業」への接近——

(1)「手工業」の経営分化の進展

一九三三年一月権力の座に就いたヒトラー・ナチス党は、一九三四・三五年に四つの手工業立法によって手工業経営を新たな形で組織化した。経営者は、業種や職種別の同業組合（イヌング）に加入することが義務づけられ（義務的イヌング制）、また各イヌングを全体として統括する地域の手工業会議所に組み入れられた。手工業会議所とイヌングは、ラントごとにまとめられ、さらにライヒ全体を指導するドイツ手工業ライヒ身分（ライヒ手工業親方）・ライヒ手工業集団の下に編成され、ライヒ経済省（および同労働省）の監督下に置かれた（後出第3章参照）。

イヌング加入義務制と、営業活動を原則として親方資格保有者に限定するいわゆる大資格証明制とによって、もぐり業や捨値販売を営む零細業者が抑制され、また手工業経営の選別を通じ競争条件が改善された。百貨店や消費組合

第３表　「手工業」就業者規模別分布状況（1939年）

手工業経営就業者数（経営主含む）	経営数		就業者数	
	数	%	数	%
1	620,262	40.5	620,262	11.8
2～3	552,908	36.1	1,311,009	25.0
4～5	188,944	12.3	824,814	15.7
6～10	109,716	7.2	800,921	15.2
11～20	37,519	2.4	530,684	10.1
21～50	17,133	1.1	522,661	9.9
51～100	4,239	0.3	290,837	5.5
101～200	1,447	0.1	194,796	3.7
200以上	485	0.0	158,549	3.1
合　計	1,532,653	100.0	5,254,533	100.0

典拠：Statistisches Reichsamt (Bearb.), *Wirtschaft und Statistik*, 22, 1942, S. 361; *Deutsches Handwerk*, Nr. 49/50, Dezember 1942, 11. Jg.; A. v. Saldern, *Mittelstand im „Dritten Reich"*, Frankfurt a. M./New York 1979, S. 98.

の営業・開業規制、ユダヤ人商店の抑圧、公的機関の兼営事業（レギー経営）規制に加え、公共事業等により経済状況が全体として向上する中、中小経営の経営状況も改良されていった。[40]

第二次大戦前の手工業経営の経営規模別分布状況を見てみよう。一九三九年（五月）の職業・経営統計によれば、手工業の就業者数別経営数の実態は第３表のようになっていた。

雇用労働者ゼロのワンマン経営が全体の四割を占め、家族労働に他人労働一人を雇うか雇わない零細経営を含めると、合計一一七万経営で、全経営数の四分の三以上を占めた。続いて家族協業に加えて、他人労働力二～八人の中堅的な手工業経営は約三〇万（約二〇％）、雇用者約一〇〇万強で、雇用労働力の約三分の一強を示した。これに対して雇用労働力九人以上の半資本主義的ないし資本主義的経営は、約六万経営で全経営数の約四％に過ぎないが、雇用労働力は一五八万余で、全雇用数の五六％強を占めた。

このようにナチス期の手工業分野の経営は、下層に約一一七万の零細経営を広く折出させ、他方約六万の半資本主義的・資本主義的経営を上層部に生み出していた。

この上層の手工業経営は、「工業」をも含めた就業者一一～二〇人規模の経営全体の中でほとんど六〇％（五八％）を占め、二一～五〇人経営では三八％、五一～一〇〇人経営では約四分の一の大きさを示していた。つまり手工業部門の半資本主義的ないし資本主義的経営は、ドイツ経済を特徴づける中小資本主義的企業の全体的な構成においてその下層部分の基幹を担っていたのである。

(2) 零細経営者の労働者化

他方、ドイツ経済の広範な下層部分を形づくる約一一七万の零細経営者は、修理業や工事業あるいは工場制製品の店舗販売などにより辛うじて自営業者としての位置を保っていたが、一九三六年から始まる四カ年計画に伴う大企業での労働需要拡大と賃金上昇に吸引されて、労働者化ないし再労働者化する者も少なくなかった。一九三五年手工業立法(第三次令)による大資格証明制の導入が親方資格のない零細営業者の経営閉鎖と大企業への流出を促進した。

その現象は全体として衰退しつつある業種においてとりわけ顕著だった。たとえば機械制の製靴業によって大きな圧迫を受けている靴手工業では次のような事情が見られた。一九三六年の靴加工業イヌングの調査[41]によれば、靴加工手工業の全経営数は一六万一三九五であったが、そのうち実際に経営を続けているものは一三万五〇〇〇に止まり(一九三八年四月約一三万経営)、約二万六〇〇〇の経営がかなり前から営業を停止していた。その理由として調査報告は三点記している。

(1)営業力を欠く経営の親方は自営業をあきらめ、技術を修得し直して他の職業に移ったり、あるいは専門工として靴工業に雇用されるかした。さらにかつての親方の一定数は陸軍や労働徴用局の被服部門に雇われた。

(2)親方試験の義務化によって靴工の一定数が試験に失敗して自営業を放棄しなければならなかった。

(3)高齢の親方(七〇～八〇歳)の退職。

上記一三万五〇〇〇経営のうち、調査に応じた靴工は一二万一〇〇〇余りであったが、そのうち親方一人の経営は九万七六〇〇を占め、徒弟一人のみ雇う経営七八〇〇、職人一人か親方一人を雇う経営九八〇〇を加えると、その数は一一万五〇〇〇を超え、全体の実に九五%に達した。それらの零細経営の多くは修理業が中心で、併せて出来上った靴や関連品目（靴墨、靴紐）の店舗販売を営んでいた。しかし修理業の分野にも大型チェーン店（サラマンダー、バータ他）が進出して零細修理業を圧倒しつつあった。

（3）「手工業者」の「工業」志向

上述のように「手工業」に属する経営のなかから、機械設備を有する「企業家」がつぎつぎに成長してきた。それらの一部は「工業」の仲間入りをした。工場制的な「手工業」経営者は、今や自らを「手工業者」としてではなく、「工業」的経営者と考えるようになった。「手工業」に属するそのような経営が、「手工業者」たることを不満とし、「工業」への加入を求めて行った訴えの事例を次に紹介し、その意味を考えることとしたい。

「手工業」への経営の所属は、一九二九年の法律で定められた手工業登録簿（Handwerksrolle）への登録によって決定される。ところがナチス期に入って、その登録を拒否したり、登録抹消によるそれからの除籍を求める経営者の訴えが相次いで出された。手工業会議所はそれを認めず、両者は係争関係に入った。その最終的判断は一九三八年に発足したライヒ経済裁判所（Reichswirtschaftsgericht）が行った。同裁判所は一九四一年にライヒ行政裁判所に統合されるが、ここではこの間ライヒ経済裁判所が行った判決を取り上げ、同裁判所判決集第1巻（ベルリン、一九四〇年）に記載された九事例を紹介し、ナチス期の「手工業者」上層の「手工業」離脱の動向を分析することにしよう。[42]

①靴加工業者の訴え（一九三八年五月二四日判決[43]）

靴製造業者Aの属する地域の手工業会議所がAを手工業登録簿に記載しようとしたところ、当該企業はそれに応ぜず、異議を管区委員会に申し立てた。委員会は一九三四年一〇月それを却下したため、Aは地域の行政裁判所に行政訴訟の手続をとった。これが事例である。

〔企業側の理由〕：同企業は靴の修理を行っておらず、熟練靴工も雇用していない。大がかりな機械設備を用いて工場制的に靴を作っており、「工業的」な経営である。雇用労働力は一五～二〇人で、技術的な設備を用いて週六〇〇～七〇〇足の靴を加工することができる。現在は経営規模は大きくないが、過去には最大一六人の労働者、二人の出張店員、二人の営業担当を雇っていた。

〔経過〕

当地の手工業会議所は、上記裁判所に対してこの訴えを却下するように求めた。その理由としては、同営業がその業種・規模・範囲からして、手工業経営の枠をこえない靴工でしかないこと、経営は経営主の息子が担当し、さらに家族二人が補助者として働き、また職人三人が雇われていること、機械の数は、純粋に手工業的な性格の経営のそれと変わることがなく、また靴修理も行っていることを指摘した。しかしＡの行政裁判所への上申は当地の商工業会議所によって支持されていた。営業監督局（Gewerbeaufsichtsamt）は経営が手工業的であると鑑定したが、管区行政裁判所は、一九三五年一一月一二日の判決により、企業側の主張を認め、企業の手工業登録簿への記載は停止された。この決定に対して手工業会議所はライヒ経済裁判所に上訴した。以上が経緯である。

〔ライヒ経済裁判所の決定〕

管区行政裁判所の決定の根拠は、Ａが誂え仕事（注文仕事）ではなく、在庫向の加工を行っており、特定の注文と注文主の希望に合わせて商品をつくるという手工業の本質的な特徴を備えていない、という点になる。しかしこの見解には重大な疑義がある。

多くの手工業経営はすでに在庫向の規格品の加工を行っており、在庫向加工の理由によって上記のように判断するのは適当でない。近年の経済発展は手工業にも新しい経営形態を要請し、企業の経営的性格を決める上で、在庫向大量生産か個別的生産かが決定的な意義を最早もちえなくなっている。したがって靴加工手工業の企業の所属いかんは、第一に企業の内部構造、すなわち技術的な経営活動の種類と方法による。当該企業はこの観点から機械の数によって工業的性格の論拠とするが、しかしこの種の機械は靴加工手工業のほかの経営にも導入されており、他方で靴工場で使用されているいくつもの機械が当企業には存在しない。また他の手工業にもある機械が当企業においては、手工業的活動を完全にか、ほとんど全く不要にしているとするならば、工業的性格を結論づけられるが、専門家が指摘するように企業Ａにはそれは該当しない。それらの機械は労働補助的で、労働過程のいくつかの部分では人力と熟練をさらに必要とするものであって、手工業的技術を機械が代替するものではないからである。工場制的な分業では、労働者が特定機械につきそって規則的に労働を行うが、本経営ではそれは見られず、何人かの労働者はむしろ異なった機械に携わり、生産する商品とともに機械から機械へと移動している。工場の場合は各労働者は一定の部分工程で働き、部分的な知識で用が足りるが、本経営では三人の雇用労働者は、靴の全体的な製作過程を知っており、それが靴生産をカバーしている。必要な手工業的知見が、徒弟・職人として手工業教育の中で取得されたか否かは問題ではない。習得熟練工も手工業者とみることができる。

また本経営の経営主の父親は、習得靴工として経営を設立し、経営主も実際に工程に関与し、原料への知見だけでなく、靴加工に不可欠な活動を行っている。また経営の規範や範囲、労働者の数の点でも手工業的状態をこえていない。売上げ高の一万四〇〇〇ＲＭも同様である。

以上からわかる事実。

(1)本事例の当事者である靴加工業者は、ライヒ経済裁判所の判決で「手工業的」とされたのであるが、いずれにしても当該業者を含め、靴加工分野の中・上層手工業的経営の中に機械が採用され、不熟練工や半熟練工が雇われて労働過程を担うようになっている現実が本係争を通じて明らかとなった。商工会議所も地区の行政裁判所もこれを「工業」と判断するほど「手工業」中・上層経営と「工業」とは接近していた。

(2)最終的には「手工業的」と判定されはしたが、この経営主は、手工業会議所の手工業登録簿への登録を拒否し、異議を地域の裁判所に申し出るまでに自身の経営を工場制として自覚していた。このことは手工業分野の中・上層経営における親方・職人・徒弟の伝統的関係の希薄化をも示すものといえよう。

(3)手工業会議所がこの経営の「手工業」への登録に重大な関心をもち、他方、商工会議所がこの種の経営を自らの組織に組み入れようとしたことも注意しなければならない。両者はその限り競合的な関係におかれていたことになる。

②建設業経営者の手工業登録簿記載抹消の訴え（一九三八年五月二四日判決(44)）

土木・地下工事・コンクリート建造物建設を営む企業Bは、一九三三年、手工業会議所の手工業登録簿に記載された。Bはその後登録抹消を求めたが、同会議所によって拒否されたため、管区の郡長に不服を申し立てたが成果がなかった。当地の商工会議所はBの名前で直ちに地区行政裁判所（Bezirksverwaltungsgericht）に申立てを行い、Bの上記登録の削除を手工業会議所に対して指示するよう求めた。その理由：Bは、とくにライン・ヴェストファーレンの重工業のために、土木工事・コンクリート建設を行っている。作業は大規模で、設計事務所を有し、広範囲な器具・機械装備および多数の労働者の雇用を必要として来た。一九三六年、技術・営業担当員を除く人員は約二五〇人であった。一九三六年度の売上げは一二〇万ＲＭであった。以上からＢは手工業的でなく、工業的である、と。

手工業会議所はこれに対して同裁判所に上記訴えの却下を求めた。その理由：土木工事やコンクリート建設は近年、近代的手工業によっても実施されている。さらに企業の範囲も商工会議所が示す諸特質も決定的な基準とはいえない。

地区裁判所は、手工業会議所の訴えを却下し、郡長決定が変更されて、Ｂは上記登録簿から除かれることになった。

その理由：手工業の概念は確定されておらず、それぞれのケースの具体的な状況によって判断さるべきである。訴え人Bの申告事項は、経営の性格を判定する際に十分な資料となる。Bの事業は手工業的経営を超えており、工業的経営として性格づけることができる。経営主の修業歴・地位・活動、企業監督への専業、企業管理の組織化、労働の種類と広がり、器具・機械装置の範囲、投資額、労働者の数と構成、年売上げ高・賃金総額の大きさ、支店の配置などから、Bが工業的建設業であることがわかる。手工業にも同様の特質があることを主張するが、しかし企業を全体としてみたとき、工業的構造は見まがうべきもない。

地区行政裁判所の上記判断に対して、当手工業会議所は直ちにライヒ経済裁判所に提訴し異議を申し立てた。ライヒ経済裁判所はその訴えを根拠なしとして却下し、地区行政裁判所の上記決定を妥当と判定した。だがこの種の経営の場合――ライヒ経済裁判所は述べる――「工業経営と手工業経営との間の境界は流動的」であり、「企業側が工業的性格の根拠とした基準のいくつもが、大きな手工業経営にもみられる」という点は認めねばならない。しかし大型鉄筋コンクリート建造物、大規模な橋梁、広範囲な土木建設、くい打ち作業、護岸工事等の仕事は、手工業的経営には実行がむずかしい。大規模な機械設備、ジーゼル機関、敷設レールが必要であるからである。七人の技術者や職員、建設事務所、営業事務所などの特徴もそのことを示している。企業の包括的な活動範囲、支店の存在、地域をこえた工業地域での営業も注目される。

以上のライヒ経済裁判所の記録から、次のことがわかる。

(1)手工業分野に属する建築・建設業においても、機械化が進み、経営規模も拡大している状況がよくわかる。労働力二五〇人を雇用する本企業は、明らかに中堅的な資本主義的経営に属するが、なお手工業的技術を必要としており、手工業会議所がこの経営を「手工業」であると主張する側面が残っていた。「手工業」と「工業」との間の境界は「流動的」であるとライヒ経済裁判所も認める通り、「手工業者」とされる経営の上層部は、事実上本事例と共通する要素を多く有していたと考えられる。

(2)「工業」企業と多くの共通面を有する上層・中層の手工業的経営は、「工業」企業と同様、不熟練工と同時に、基幹労働力として、手工業的に育成された職人や資格を持った親方を熟練工として雇用していた。注目すべき点は、当事者の手工業会議所も、また裁判所ももっぱら経営の技術的な側面を重視するに止まり、手工業特有の親方・職人・徒弟関係には言及していないことである。このことは、このような伝統的な関係が中・上層の手工業経営ではすでに大幅に解体していたことを示すものと思われる。この種の経営主が自らを、もはや「手工業」ではなく、「工業」の一員とみなす理由のひとつは、この点にあるといえよう。中小資本家層の拠点である商工会議所がそれをバックアップしている点も注目される。

(3)それでは「手工業」における建築業は経営規模別に見た場合その労働力の種類や数はどのような状態にあったのだろうか。ライヒ統計局がドイツ手工業ライヒ身分やイヌング連盟、手工業会議所の協力を得て実施した手工業経営調査（一九三七年実施。基準年一九三六年）によると、第4表のような結果が見られた。

③金属メッキ経営者の手工業登録簿登記抹消の訴え（一九三八年六月二一日判決[45]）

金属研磨・ガルヴァン式メッキ業主Cは、手工業会議所による自経営の手工業登録簿記載に対して、自企業が工場制的経営であると主張して、異議を申し立てた。当人は自らは労働に携わっておらず、ただそれを指導するだけであるから、と。当市の市長はCの異議を認めたが、手工業会議所はそれを不服として地区行政裁判所に上訴した。その理由：他の手工業地区ではかなり以前からガルヴァン業者が会員になっており、ガルヴァン式イヌングも存在し、本企業よりも大きな企業がそれに含まれている。

地区行政裁判所は当地の営業監督局の専門家に監査を要請し、労働過程についての陳述と決定基準の検討とにより

第4表　建築関係手工業経営状況（1937年）

業種	売上げ別経営規模（RM）	経営内就業者数（人）							売上げ高
		経営主・補助的家族（無報酬）	手工業職人	手工業徒弟	技術分野職員・徒弟	営業分野職員・徒弟	不熟練工・半熟練工・その他	就業者合計	
石工・左官	5,000未満	1.0	0.7	0.3	—	—	0.2	2.2	3,181
	5,000～10,000	1.1	1.5	0.5	—	—	0.5	3.6	6,895
	10,000～20,000	1.1	3.0	0.8	—	—	1.1	6.0	15,453
	20,000～50,000	1.2	4.8	1.7	—	0.1	2.2	10.0	31,774
	50,000～100,000	1.3	10.2	2.7	0.2	0.3	4.8	19.5	74,825
	100,000～500,000	1.3	22.3	5.1	0.8	0.9	15.0	45.4	207,599
	500,000～1,000,000	1.0	41.0	6.3	1.7	2.3	35.0	87.3	604,758
左官・大工（建築業）	10,000～20,000	1.3	2.1	0.4	—	—	1.4	5.2	14,487
	20,000～50,000	1.3	5.6	1.5	—	—	2.5	10.9	36,288
	50,000～100,000	1.4	10.5	2.8	0.1	0.3	6.3	21.4	74,383
	100,000～500,000	1.4	26.7	5.9	1.9	1.4	18.1	54.4	238,649
	500,000～1,000,000	1.4	61.1	8.7	2.3	3.5	44.2	121.2	704,988
	1,000,000～5,000,000	1.5	99.8	15.2	8.2	6.0	108.3	239.0	1,347,851
大工	5,000未満	1.3	0.8	40.5	—	—	—	2.6	3,442
	5,000～10,000	1.3	1.8	0.3	—	—	0.1	3.5	8,126
	10,000～20,000	1.4	2.0	0.9	—	—	0.1	4.4	15,696
	20,000～50,000	1.3	5.8	1.3	—	—	0.2	8.6	36,770
	50,000～100,000	1.3	7.8	1.9	0.1	0.1	2.1	13.3	68,695
	100,000～500,000	1.4	17.5	3.1	0.4	0.8	4.9	28.1	184,908
	500,000～1,000,000	1.0	54.6	3.7	3.7	2.0	17.7	82.7	632,161

典拠：Statistisches Reichsamt（Bearb.）, *a. a. O.*, S. 34f.

次のように判定した。

1．工場制的な商品の大量生産が、もっぱら部分的労働によってなされている。

2．消費者との関係は見られない。

3．経営内の労働は大幅に分業的である。

4．一四人の不熟練工の労働と、熟練工一人に該当する指導的な労働者とによって生産が担われている。

以上の理由により地区行政裁判所は一九三七年一二月一五日の判決により手工業会議所の異議を却下した。

手工業会議所はこれを不服としてライヒ経済裁判所に提訴した。理由：上記判決は経営の本質を誤認している。そもそも上記判決が決定的とみる本業種の研磨・みがきの工程は、ガルヴァン・メッキ工程に先行する作業であり、それはいずれの経営でも似たような仕方でなされている。しかし本業種の最重要工程は、後者のガルヴァン工程であり、そこで何人かの補助者・労働者が働いていたとしても、本工程こそが手工業的な特質をもった生産過程なのである。またCの企業規模も売上げ高も手工業的な境界をこえていない。

ライヒ経済裁判所は手工業会議所の異議を認め、Cの経営を手工業的と判断し、同登録簿の登録を承認した。その理由：Cの経営の労働は二つの分離した工程において行われている。ひとつは加工さるべき対象物を研削台で磨いて滑らかにし、もうひとつはそれをガルヴァン・メッキ装置の中で、注文主の指示する金属薄膜をほどこすことである。そのうち前者の作業は手工業的経験や知識は必要とせず、Cの場合、もっぱら半熟練工によって担われていた。それはガルヴァン工程の準備的な労働でしかなく、経営全体の本来的性格を規定するものではない。むしろ決定的なことは経営内のガルヴァン労働の判定である。これらは化学・電気の知識と十分な経験を前提としており、それらはこの分野での長期的な経験を土台として獲得される。しかしガルヴァン装置で働く労働者のすべてがこのような知識を必要としているわけではない。加工対象物の電解槽内での固定、浸潜、引上げなどがそれであり、それらは半熟練工によって行われる。それらは全工程に関する知識をもったガルヴァン工程の実際上の遂行者の責任のもとにおかれている。C企業では上の機械的操作が一四人の半熟練工によって遂行され、専門的な修業を経た所有者が工程の責任者となっている。地区行政裁判所が上の機械的操作の事実から工場制的と結論したとしたら、企業の特殊な性格について誤認しているといえる。企業Cが商標としている特質は、このような機械的操作ではなく、手工業的な部分的労働であるからである。

さらに作業場の大きさと売上げの高さについてもCの経営は手工業的状況をこえていない。そこには研磨とメッキのための大きな作業場は二つしかなく、他の二つの空間は労働する人員のためのものである。電解槽はわずかに七つで、そのひとつは限定された生産のために機械的に作動している。営業部門はなく、通常の営業は所有者自身が個人的に行い、それを娘が助けている。

以上を判断してCの経営は手工業的経営とみなされ、手工業登録簿への登記が必要となる。Cは大量生産等について、今後の計画を作成しているが、それが実現された後、経営について別の判断が下されるべきかどうかは本判決の外にあることに属する。

(1)以上は、金属加工業に属するメッキ工業の企業Cに関する係争である。ライヒ経済裁判所の判決は、当該企業における本質的な生産過程をメッキ工程とみなし、その手工業的特質を重視して、この企業を手工業会議所の登録簿への登録が必要な手工業経営とした。しかし、その過程で明らかになったことは、準備工程やメッキ工程にはすでに多数の半熟練工が雇われており、地区行政裁判所が判定したようにCが実質上町工場の形をとっていたことも事実である。熟練工一人、不熟練工一四人のこの経営では、親方・職人・徒弟の伝統的関係は完全に解体しているものと思われる。労働者一五人を雇用するこの企業は、資本主義的経営と規定してよいだろう。

(2)靴製造業や建築業の先のふたつの事例と同様、金属加工業のこの経営者も自らを「手工業者」とは考えずに、工業経営者として自覚していた。しかし手工業会議所はそのような経営をも手工業の枠に繰り込もうとした。

④皮革製品加工経営者の手工業登録抹消の訴え（一九三八年六月二一日判決[46]）。

企業Dは、リュックサック、背みの、手さげカバン、馬具、同部品、軍用装備品などを加工し、販売する皮革加工経営を営んでいる。一九三四年に当地の手工会議所に対して、手工業登録簿からの自経営の抹消について審査を申し出た後、正式の申請を行った。経営空間の大きさ、機械の数、労働者の多さ、販売高、分業の点で工業経営になっているという理由によってである。手工業会議所はこれを認めなかったが、市長がDの求めた通りの判断を下したため、会議所は地区裁判所に異議を申し立てた。同裁判所の審議に際して、Dは以下のことを陳述した。労働者は現在七四人、うち一七人は不熟練工または女子労働力である。売上げ高（一九三五年）は約七〇万〜八〇万ＲＭで、その五％は自営の店舗における商品の販売か修理仕事によるもので、手工業的な仕事である。残りの九五％のうち三五％は陸軍の発注で、また六〇％は工業企業の注文で占められた。これらは主として当該工業用の半製品である。

地区裁判所は、一九三六年一月一二日に上記会議所の異議を認め、手工業会議所におけるＤの登録の持続を適当とした。この決定に対して企業Ｄはライヒ経済裁判所に不服を訴え出た。同裁判所では手工業的商品の生産と顧客の注文または店舗での在庫販売との関係、仕上げ加工の有無、それらと統一的な手工業経営との関連、あるいは工場経営としての全体的構造の可能性を問題とした。とくに留意すべき点は、手工業的経営からの企業の発展において、工業経営への転化が完了しているか否かの審査であった。前判定は、経営所有者が手工業的に育成されたこと、親方と徒弟とが多数の専門工と並んで雇用されている点、また機械の数は大手工業経営の規模を超えていないこと等々を考慮している。とくに決定的な基準として、生産された商品が自営の店舗で販売され、さらに個別的生産と修理とが営まれていることを挙げている。

ライヒ経済裁判所は自らの審査にもとづき、上記の判定とは異なった判断を下した。まず上の判決において決定的な基準の一つとされた商品の自営店舗での販売は、工業的経営にも見られるから（たとえば電機製品、靴、鉄鋼品、食品などの製造業）、それを基準とすることは適切ではない。重要なのは労働過程の確定である。機械は手工業的労働をただ容易にするだけか、それとも本質的にそれに代替しているか。労働過程において雇用労働力の専門的習熟性が不可欠かどうか。それとも労働者の多数が不熟練的補助労働として特定の機械（群）、補助具を用いてもっぱら規則的に同種の部分労働を行っているかどうか。これらの査定のために現場視察などの事実の審査が必要であり、そのために上記決定はひとまず廃止されなければならない。

(1)この事例は、皮革製品加工業における労働者七〇人以上を雇う経営に関するものであって、ライヒ経済裁判所の慎重な判断にみられるように、皮革製品の加工業における「手工業」と「工業」との区分は決して容易ではなかった。しかしこのことは、本企業に見られるような、機械を用いて工場制的に経営を行う資本主義的ないし半資本主義的な経営が、「手工業」の中に広く形成されていたことを示していた。「手工業経営」の「発展」と「工業経営」への「転化」はそのような流動的状況の中で進行していたのである。

(2)靴加工業、金属加工業と同じように、皮革加工業でもこのような経営者は、手工業登録簿からの除外を求めていた。

⑤機械製作業者（錠前工）の手工業登録簿抹消の訴え（一九三八年一二月判決(47)）

企業Eは一九三〇年に手工業会議所の手工業登録簿に錠前業として登録されたが、一九三五年以来、自社特製品として特製機械を、また伝動機・潤滑リング・電動モーターを製造するにいたった。そのためEは、同年、手工業登録簿からの自企業の登録抹消を求めた。しかし手工業会議所はこの申請を拒否し、さらにEが行った異議は管区本部長により却下された（一九三五年六月）。この決定を不服としてEはドレスデンの経済労働省に異議を申し立てたが、それに対してザクセン経済労働大臣は、一九三六年七月二九日、この異議を却下した。その理由：同経営は規模において手工業的な枠を超えておらず、本格的な分業も成立していない。他の手工業的機械組立業に比して著しく機械化されているとはいえない。手工業的経営は特定種類の機械の製造か修理を営むのがふつうだが、Eの場合も、経営主自ら考案した専門的機械の製作が中心で、電動モーター等の製造はそれと併行してなされているだけだからである。

本判定に対してEはライヒ経済裁判所に異議を訴えた。理由：特殊機械の生産は特定の需要のために行われており、そこではこれ以上の分業や機械化は不要なのである。上記判決は経営のこの本質を誤って判断している。本企業は地域外の各種の企業に機械を提供し、外国にも輸出をおこなっているが、上記判定はこの事実を全く無視した。

地元の商工会議所もEのこの異議申立を支持した。その理由：特定の製品に特化した経営は手工業的経営ではもはやなくなる。また申立者が全生産の四分の一から五分の一を輸出していることも無視できない。本経営は、ドイツ各地の六代理店、外国の一二代理店と継続的に取引を行っているが、そのような広がりのある販売組織を手工業経営はとうていもちえない。修理労働も二義的であり、伝導機の製作も特殊機械加工の追加的労働でしかない。

ライヒ経済裁判所はEの異議申立を却下した。まず、経営がひとつの製品に特化していることをもって工業的性格の基準とする見解には同意できない。手工業的機械組立業でもそのような専門化がみられるからである。本裁判所は工業と手工業の区分を、商品の種類ではなく、経営総体の内的構造から判断してきた。それは製造過程の有機的編成と方法によって判別される。前判決が工業に特有の本質的な分業を備えていないと指摘したことは正しい。労働者の数が少ないこともこのことに合致している。二人の補助者と徒弟とは各種の工作機械で必要に応じて交互に使われている。彼らがこの工程を熟知し、手工業的見識を備えていることを示している。外国への製品の輸出は経営の組織機構にとって重要ではない。手工業もかなり以前から外国に販売するようになっているからである。また営業的職員も雇われていないし、取引文書は共同所有者と、もうひとりの所有者の妻が担当している。以上から本経営は手工業的境界を超えていないと判断する。ザクセン経済労働大臣の判定に法的な誤りは存在しない。

(1)本事例は、錠前業に属する機械製作業の経営に関わる係争である。他人労働力は三人で、家族的協業によって支えられた経営が、各種の工作機械を用いて専門的な機械を製作し、外国貿易を含めて活発な注文生産を行っている状況が示されている。

第5表　錠前工経営状況（1937年）

売上げ別経営規模（RM）	経営内就業者数（人）							売上げ高
	経営主・補助的家族（無報酬）	手工業職人	手工業徒弟	技術分野職員・徒弟	営業分野職員・徒弟	その他半熟練工・不熟練工・	就業者合計	
5,000未満	1.1	—	1.5	0.2	—	—	2.8	3,323
5,000～10,000	1.2	0.3	2.2	—	—	—	3.7	7,461
10,000～20,000	1.2	1.3	2.8	0.1	—	0.1	5.5	14,666
20,000～50,000	1.3	3.1	4.3	0.1	0.1	0.1	9.0	32,698
50,000～100,000	1.5	6.2	6.2	0.4	0.7	0.8	15.8	73,406
100,000～500,000	1.5	14.2	9.1	0.8	1.0	2.4	29.0	167,453

典拠：Statistisches Reichsamt（Bearb.), *a. a. O.*, S. 30f.

(2)ライヒ経済裁判所の基準は「経営総体の内的構造」に置かれていた。その際とりわけ生産過程における技術上の特質は重視されたが、伝統的な手工業を特徴づける親方・職人・徒弟の関係には注目していない。

(3)「手工業」と判定されたそのような小経営者が、自らを「手工業」ではなく、「工業」に所属するものと認識していたことは重要である。経営者のその観念は、ラントの経済労働大臣の判定に異議をとなえ、ライヒの最終的な裁判所に訴え出るほど強固なものであったばかりでなく、その立場が商工会議所によっても支持されたことは注目に値する。雇用者三人の小経営は、「手工業」を構成する経営規模としては、雇用者ゼロないし一、二名規模の零細経営の最底辺経営の上位に位置して、基本的な諸条件を備えた最小の平均的な経営に属し、その数も決して少なくない。つまり「手工業」の基軸的な部分を構成するものと考えることができる（第5表参照）。本件の事例が示す事実は、「手工業」のごく平均的な「手工業者」も、もはや旧来のような「手工業」身分への編入に満足せず、「工業」との共通性を自覚しはじめていたということである。ナチス期における「手工業」や「手工業者」の歴史的性格を理解する上で本事例は著しく重要である。

⑥電機製品製造業者の訴え（一九三八年一二月一二日判決[48]）

企業Fは、電気洗濯機と水流モーターを中心に製造業を営んで来たが、一九三〇年四月一日以来手工業登録簿に登録された。Ｆは一九三六年三月、自らが商工会議所に所属したことを理由として、手工業会議所に対して上記の登録の抹消を申請した。Ｆの訴えに対して手工業会議所と商工会議所の間で協議が行われ、Ｆは一九三六年九月一日から商工会議所に対して七五％、手工業会議所に二五％の会費を納入することが決定された。

Ｆはこれについて市長に苦情を申し立て、自身の経営が純粋に工業経営であり、手工業会議所への加入は誤りであると主張した。その際の根拠として次のようなＦの経営状況が示された。

1．経営の空間面積は二一〇平方ｍ（作業場）
2．水圧機関の生産は年一五〇〇台。併せて機械ギアーの継続的製造（年約七五）。
3．付置機械：旋盤三、立フライス盤一、歯車付フライス機一、研磨機（複数）、チャッピング機、電動鋸機、電動中ぐり機各一
4．製品は大量販売用在庫生産、規格生産
5．雇用：労働者七人（親方資格者を含む）、いずれも手工業的労働ではなく機械的作業に従事
6．Ｆの仕事：営業活動
7．徒弟三人。工場徒弟と同じく機械による原材料の機械的加工を修業

市長はＦの訴えを認め、手工業登録簿からのＦの抹消を指示した。手工業会議所はこの決定に対して管区行政裁判所に苦情を提出し、同裁判所はそれを認め、市長の決定を廃して、Ｆを再び手工業登録することを決めた。Ｆはこれを不服としてライヒ経済裁判所に上訴したが、同裁判所は根拠なしとしてこれを却下した。その理由は以下の通りである。

在庫・大量生産を工業経営の根拠とするＦの主張は根拠がない。現代の経済的発展は、手工業に対して新しい経営形態への移行を促したのであり、在庫生産等は手工業にも該当する。「手工業」か「工業」かの区分は、企業の全体

的構造、とくに生産工程、技術面によって行われなければならない。機械の継続的生産、労働工程への作業分割、労働者の労働と設備の同一性などはいずれの経営にも該当する自明のことがらである。典型的な工場制的分業の特質は、生産工程で働く労働者が機械設備によって閉じられた機械的労働を行い、加工対象を他の労働者に引き渡すことができる点にある。本ケースの場合、労働者が少なく、それが行われていない。各種の工作機械により部品がつくられ、組み立てられているが、工作機械の種類からみて手工業的能力が不可欠である。数少ない労働者が異なった目的で機械を操作しているとすれば、各人は機械に熟練し、一定の手工業的資質をもっているものと考えられ、これを工業的工程と同視することはできない。また売上げ高三万ＲＭは平均的手工業のそれを超えていない。以上からＦの経営は全体として手工業的であり、手工業登録簿記載に値する。

(1)電機製品加工の分野に属する、労働者七人、徒弟三人の本経営は、ライヒ経済裁判所によって手工業的と規定された。ここでも「企業の全体的構造」、とくに「生産工程」と「技術」の特質が基準とされた。親方・職人・徒弟の関係はすでに「手工業」においても希薄化していたものと思われる。この経営の売上げ高（三万ＲＭ）は、平均的手工業のそれに該当するという指摘は、平均的な手工業経営が、この事例にみられるような活発な営業活動を展開していたことを示している（第６表参照）。

(2)そして「平均的」とされる「手工業」経営者が、自らを「工業」経営者と考え、「手工業」からの離脱のために最終裁判所に上告する手続を行った点も注意が必要である。先の事例⑤と同じく、「平均的」な「手工業者」の意識がもはや「手工業的」ではなくなりつつあることがわかる。

⑦溶接・ボイラー等製造業者の訴え（一九三八年一二月一二日判決[49]）

第6表　機械工経営状況（1937年）

売上げ別経営規模（RM）	経営内就業者数（人）							売上げ高
	経営主・補助的家族（無報酬）	手工業職人	手工業徒弟	技術分野職員・徒弟	営業分野職員・徒弟	その他半熟練工・不熟練工・	就業者合計	
5,000未満	1.0	—	1.7	—	—	—	2.7	3,206
5,000～10,000	1.2	1.3	0.5	—	—	—	3.0	7,915
10,000～20,000	1.3	0.8	2.1	—	0.1	0.2	4.5	15,133
20,000～50,000	1.4	2.4	2.3	0.1	0.1	0.7	7.0	30,322
50,000～100,000	2.0	3.3	3.7	0.6	0.6	3.4	13.6	78,523
100,000～500,000	1.3	13.6	6.6	0.2	2.4	8.8	32.9	222,429

典拠：Statistisches Reichsamt（Bearb.）, *a. a. O.*, S. 32f.

企業Gは大規模な溶接場を有し、ボイラー等を製造する経営であるが、一九三四年一〇月一日にミュンヘンにあるオーバーバイエルン手工業会議所に対して、手工業登録簿からの自企業の抹消を申し出たところ、同会議所は同月一一日それを根拠なしとして却下した。Gは、市長に対して、経営様式、生産方法、従業員の数・種類から見て自経営が工場経営であること、経済集団「鉄鋼・鉄建造」の専門集団・ボイラー・配管製造もそれを認めていることを主張して、異議を訴え出た。ミュンヘン商工会議所はこれを支持した。市長は一九三六年四月二三日これを根拠なしとして却下したが、Gはこの決定を不服として、行政裁判所に異議を申し立て、オーバーバイエルン第Ⅱ行政裁判部は市長の決定を廃し、Gの手工業登録の抹消を認めた。この決定に対して手工業会議所がライヒ経済裁判所に上告したが、同裁判所は前審判決を支持し、Gの手工業登録抹消が確定した。

Gの経営は次のような状況にあった（市長決定時の現場検証）。Gは各種の特別な溶接を行い、またボイラー・容器・配管を製造、併せて蒸気機関・機関車・掘削機の修理を必要な兼業として営んでいた。企業の設備：事務所（2）、溶接場・機械室（各1）、電気室、カーバイド・酸素貯蔵室、アセチレンガス設備室、自動噴水設備室、ボイラー製造用建物、ホール（食堂・貯蔵所付）、各1。鉄道引き込み線あり。機械設備：大型電動溶接固定設備（五〇PSモーター）、同（一五PSモーター）、電気伝導式溶接機（各1）、稼働用電動溶接機（4）、クレーン（揚力一〇〇〇kg）。労働力：一五人。時間決めで学卒技士（1）・技術者（1）が作業。売上げ高：一九三五年約六万〇三〇〇RM、うち輸出四万四三〇〇RM。

Gの経営は行政裁判所審査の時期に従業員が一八人（うち六人が熟練溶接工、六人が徒弟）、経営の技術指導は契約職員の学卒技士と所有者の息子が担当した。

ライヒ裁判所は、行政裁判所が溶接労働を中心に労働過程や機械など経営全体像を重視したことを評価した。最終審は労働過程の支配的部分をなす溶接工程が手工業的基準をこえていること、それ以外の工程に手工業的な部分があるとしても、その工程が溶接と密接に結びついていることを重視した。Gの資本・一〇万RMは、手工業的溶接経営の基準をこえており、また機械や設備の規模も工業的といえる。全体的に判断して手工業会議所の訴えには根拠が欠けている、と。

(1)溶接工程を中心にボイラーや配管を製造するこの企業は、関連工程に手工業的過程を残しているが、「工業」と判定された。労働力は一七～一八人であるから小規模な資本主義的経営といえる。その経営の実態が示されている点で興味深い。

(2)それが一九三四年までは「手工業」とされ、また手工業会議所もそのように確信していたことも注意が必要である。この企業と同じような経営が、多数、手工業登録簿に登録されていたことが推測される（前出第6表をも参照）。Gのように裁判で争うところまではいかないとしても、それらの「手工業者」の意識は、Gの場合と同じように、多かれ少なかれ「工業的」なものに転化していたとみることもできよう。

(3)商工会議所や経済集団がこれらの企業を自らの組織に編入しようとしたこと、手工業会議所がそれに抵抗したことも、前事例と同様注目すべきことである。

⑧ボタン加工業者の訴え（一九三八年一二月一二日判決[50]）

Ｈは一九二五年以来鹿の角を素材とするボタンの加工を行っていたが、一九三一年五月、経営視察により手工業として登録された。それから三年、Ｇは一九三四年に商業登録簿に登録され、一九三六年三月、手工業登録の抹消を願い出たが、市長はこれを却下した。これに対して商工会議所はその取消しを求めてライヒ経済裁判所に対して上告したが、同裁判所はこれを根拠なしとして却下した。

経営主Ｈは手工業的修業の経歴がなく、ボタン加工のために機械を設置し労働を監督している。労働力は不熟練工のみで、彼らは数日で作業に習熟し、工作機械を操作できるようになる。ライヒ経済裁判所はＨの生産物ボタンは純粋に機械的につくることはできないこと、原材料の厚さなどから機械処理が困難で手作業が必要であること、技術習得のために徒弟経験は「手工業」判定のための不可欠の条件ではないとみなし、Ｈの経営を「手工業」と判定した。

(1)本係争の当事者Ｈは、不熟練工を雇い、部分的に機械を導入して、半工芸的な製品をつくっている経営者である。ライヒ経済裁判所は、生産過程における手労働の必要性を重視し、その経営を「手工業」と判定した。Ｈが親方資格を有していないこと、労働者が「徒弟経験」を持たなくても、そのように判定した点が興味深い。この経営をめぐって手工業会議所と商工会議所とが自組織に編入させようとして対立している状況が注目される。手工業登録された手工業的経営者が「手工業」への所属を必ずしも歓迎しなかった事例の一つである。

⑨他企業でもパートで働く理容師が手工業登録抹消を不服として上告した訴え（一九三八年五月三日[51]）

理容師Ｉは一九二八年、理容経営の届けを警察に出し、手工業会議所にも登録された。同会議所は、一九三六年八月、書簡により上記登録の抹消をIに通知した。その理由は、Iが製材業の企業で労働者として、毎日二時半まで（冬期は午後四時半まで）仕事をしていることによるものであった。これに対してIは、その他の時間は自営の仕事を行っていることを主張し、異議を申し立てた。地元の郡長はIの訴えを却下したため、Iはこれを不服として管区行政裁判所に提訴し、同裁判所は先の決定を廃棄し、Iの言い分を認めた。手工業会議所はライヒ経済裁判所に異議を申し立てたが、同裁判所はその上告を却下し、管区行政裁判所の立場を支持した。

管区行政裁判所の判断：理容師の職業は顧客が存在することが必要で、農村では村民の仕事が終わる午後と日曜日だけに仕事をする。Iの場合もそれに該当する。手工業会議所は、労働時間として午前八時から午後七時の仕事を必要と考えているが、Iは上記の事情に相応し、他企業において拘束のない時間の仕事をし、その後自営の職業に従事している。この場合規則的な営業に復帰することは十分可能であり、手工業登録は抹消さるべきではない。

⑴この事例は、上述した①～⑧のケースとは逆に、手工業登録の存続を求める係争である。そこには手工業会議所が、自営の経営活動を縮小し、他企業でパート労働を行う零細な経営者を、手工業登録から抹消しようとした事実が示されている。手工業会議所は、午前八時から午後七時までの継続的営業を求めており、顧客が減り、他企業で一定時間働くことを余儀なくされた零細経営者が「手工業」登録から排除されつつあった現実が示されている。本事例は、経営者が現状維持への強い願望を背景に、ライヒ経済裁判所に上告するまでにいたったケースであるが、その状況は係争のための費用負担に耐えられず裁判所への上告を断念せざるをえない多くの零細経営者に共通していたと考えられる。ワイマール期のアンケート委員会の報告書に記されているように、「工業」で雇われる「手工業者」は厖大な数に及んだ。その中には自営の「手工業者」からの転入も少なからず存在した。そのような転化の過渡的な段階として、自営業者が他企業でパート労働力として働くケースが少なくなかったはずである。この事例はそれらにも該当す

る一般性を備えていたといえる。手工業会議所は、一方では「工業的」な要素を備えた上層ないし「平均的」な経営者の「手工業」離脱に抵抗し、それらを「手工業」の中に留めおこうとした。しかし手工業会議所は他方で、半分労働者化しつつある零細経営を「手工業」から排除しようとした。そのような現実が推測される事例といえる。

おわりに

ワイマール期ドイツの「手工業」経営は上下に分化をとげていた。機械化・モーター化の最小条件を備えた中堅的経営（職人三・四人〜七・八人）を軸にして、一方では労働力一〇人以上の事実上の資本主義的経営が数万を数え、他方では機械やモーターを導入する資力を欠く厖大な数の零細経営が形成され、さらにその下に手工業的技術を習得しながら自営の経営を開業できず、資本主義的企業に労働者として雇われる「手工業的」労働者の広範な層がつくり出されていた。

ヒトラー・ナチス党の権力掌握とそれにいたる運動を支えた重要な基盤のひとつがこのような「手工業者」たちであった。ナチス政権はこの社会層を組織化した。業種・専門ごとの同業組合＝イヌングと、各種の手工業を統合した手工業会議所の地域的組織、それらを土台とするライヒ手工業親方・ライヒ手工業集団がそれである。営業を親方資格保持者に限定する手工業経営のための大資格証明制も導入された。

だがそのような手工業的政策・組織化の中で、ナチス・レジームが理念としていた「手工業者」の身分階層制的・統合的な社会関係は大幅に解体していた。本論で検討したライヒ経済裁判所の判決が示す係争は、「手工業」経営の中・上層部分が「手工業者」たることに反発し、「手工業」からの離脱と「工業」への編入を求めた現実を示していた。要約すると次のようになるだろう。

(1)上記九係争のうち八つの事例は、いずれも手工業登録簿に「手工業」経営として記載された営業者がその登録の抹消を求める行動に端を発していた。登録抹消を願い出た「手工業者」の半数以上は、労働者を四～五人以上雇用し、各種の機械や設備を備えた平均的ないしそれ以上の経営の所有者たちであった。彼らは自身の経営を工場制的な企業の区分である「工業」への編入を求めた。

(2)ライヒ経済裁判所の判決は、上記八事例のうち靴製造業者①、金属メッキ業者③、機械製造業者⑤、電機製品製造業者⑥、ボタン加工業者⑧をいずれも「手工業的」とみなし、手工業会議所の手工業登録を必要と認めた。他方、建設業者②と溶接・ボイラー製造業者⑦については、訴え人の主張を認め、「工業的」と判定し、手工業登録簿からの抹消を決定し、また皮革製品加工業者④の場合は、再審査のためにひとまず登録抹消を命じた。その過程で明らかになった事実は、いずれの経営も多かれ少なかれ機械やモーターを採用し、何人もの労働者を雇用し、在庫生産や輸出向け生産をおこなっていたことである。旧手工業分野の経営のそれ自体の工場制化が広く進展していた状況がここに示されている。それは訴人やそれを支持した商工会議所が明らかにする経営実態から、さらにそれに対抗するために、「手工業」の機械化の現実を強調して当該経営を「手工業」にとり込もうとする手工業会議所の認識に示されていた。「手工業」と「工業」の境界は文字通り流動的であった。

その中でライヒ経済裁判所が両者を区分する基準として採用したのが生産過程を中心とする経営の全体構造、とくにそこでの労働過程の本質的部分における手工業的技術の役割であった。それが機械や機械的作業工程によって代替されているかいないかということが重要であった。したがってそのような基準から判断して「手工業的」とされた経営も、関連する他の工程における機械化を前提としており、全体としてみれば両工程は経営内において有機的に結合され、実質上マニュファクチュア的な要素を残した工場制経営と規定することが出来た。

不熟練工・半熟練工の増加に伴って手工業経営を特徴づけて来た親方・職人・徒弟の伝統的関係は解体に向かった。

これらの経営に雇用されて働く「親方」や「職人」も「工業」の大企業で仕事をする「非自立的手工業者」（「親方・「職人」）と同様、自営業を開業する展望を閉ざされた、事実上「熟練労働者」の地位に置かれていた。上記事例のそれぞれにおいて、商工会議所〔①、②、⑤、⑥、⑧〕、営業監督局の専門家（③）、市長（④）、経済集団（⑦）が、当該経営をいずれも「工業的」と判断したのは、そのような事実が存在したからである。

(3)最終審で「手工業的」とされた事例のうち、雇用労働力は①は一五～二〇人、③は一五人（うち不熟練工一四人）、未定の④は七四人（同一七人）、⑤は少数、⑥は一〇人（うち徒弟三人）、⑧は数人であって、⑤と⑧以外の①・③・④・⑥はもともと「手工業」経営の上層部分をなし、事実上小規模な資本主義的経営と規定することができる。それらの「手工業的」企業が、「工業」と判定された②（建設業）と⑦（溶接・ボイラー製造）と同様、自らを「工業的」として手工業登録簿からの登録抹消を求めるにいたった理由は、上に記したような機械・モーターの活用、一定の分業的関係という共通性にもとづいていた。「手工業」として登録され、手工業会議所に組織された雇用者一〇人前後ないしそれ以上の経営者の少なからぬ部分が、彼らと同じように、自らを「工業的」とみなしていたことが想像できる。

しかしより注目されるのは、僅か数名の労働力を使用するだけの⑤と⑧の経営である。これらの経営は、手工業経営の全体的な構成の中で、雇用者ゼロないし一・二名の零細経営とは異なり、機械化・モーター化に対応できる最低限の資力を備えた、基準的ないし平均的な経営に属していた。「手工業」の基軸を担うこの部分から手工業登録の抹消を求め、自らを裁判で争うまでに「工業的」と考える経営者が出て来たことは注目に値する。伝統的・身分制的な立場と結びついた「手工業」観念は、上層の経営だけでなく、平均的部分においてもかなり解体しているものと推察することができる。

(4)「手工業」から「工業」への移動を希望する①から⑧の中堅・上層経営者の係争に対して、⑨は逆に「手工業」

からの排除に抵抗し、手工業登録簿の登記存続を求める零細営業者の訴えの事例である。当該営業者の理髪業という職業はサービス業的な手労働が中心で、本来的な「手工業者」とはやや異なるが、しかし手工業会議所が登録抹消の理由とした、自営の業務時間の縮小と他企業でのパート労働という条件は、他の業種の零細経営にも通用されうる一般的な基準であった。したがって僅かひとつの一見例外的な係争である⑨は、資力の点であえて訴訟の手段をとることができない、同じような境遇にある多数の底辺的零細経営者の立場をも代表する貴重な事例といってよいだろう。われわれは、「手工業」からの離脱を求める中・上層「手工業者」とは対照的に、親方一人の経営や雇用者一・二名の厖大な数の零細「手工業者」たちこそが「手工業」への帰属を求め、身分階層制的観念を支えていたのではないかと推測することができる。

以上ナチス政権成立期から一九三八年にいたる手工業登録抹消をめぐる営業者と手工業会議所との間の係争過程の分析を通じて、中小経営者たちの「手工業」に対する見方や対応の仕方に大きな変化が生じていたことが示された。このような変化は本章前半で考察したワイマール期における手工業分野の経営分化の過程と密接な関係を有していた。ヒトラー・ナチス党の権力掌握を推進した営業的中間層の現実はまさにこのような分解過程の只中に置かれていた。「中間層の創出と維持」を標榜し、百貨店やチェーンストアなどの大商業資本の規制など具体的な要求を掲げるナチス党に対して、経営的な危機に直面する零細・小経営者の広範な社会層が強い関心を抱き、それを支持するにいたったことは疑うことができない。

零細・小経営者から労働者に転化したもの、あるいはその過程にある「半プロ」的な営業者の中にも、可能ならば堅実な自営業への復帰に期待を抱いた者も少なくなかったはずである。工場経営で働く「親方」や、手工業的に育成されて大企業で雇用されている「職人」たちの一部にも、従属的な「労働者」としての地位から脱し、「手工業者」として自立化する可能性に関心を向ける者が存在したはずである。彼らは「労働者」から自らを区別しようとする事務的労働者、「職員」（ホワイトカラー）に共通する側面を有していた。アンケート委員会の「手工業調査」が、職人・徒弟を親方とともに「手工業者」（Handwerker）に含めたのはこのような現実が存在したからであろう。

最新の研究が明らかにしているようにナチス党は「労働者」からも広く支持されていた。[52] だがその「労働者」の中心は「不熟練工」ではなく、「手工業的（handicraft）」な労働者であったことが、同時に指摘されている。彼らの中には、上述したように、階級として固定化された「労働者」の地位ではなく、職能的な身分としての「手工業者」としての位置づけを求め、そのような意味での「市民化」（Verbürgerlichung）に関心を強めるものも少なくなかった。「階級関係」を排除し、「中間層」の「維持」と同時に「創出」を掲げるナチス党がこのような「手工業的」労働者によって支持されることは決して不思議なことではなかった。「手工業的」労働者と「手工業者」とは、その限りで同じ枠組の中で重なり合う側面を有しており、ナチス党と「労働者」との関係を重視する最新の研究は、ナチス党と中間層との関係を相対化するというよりは、むしろ両者の接合的関係を補強していることにもなるのである。

零細経営者や「手工業的」な労働者たちの多くは「中間層の創出と維持」を標榜するナチス党の支持者となった。それでは「工業」への接近を求める、半ば資本主義的な中・上層の「手工業者」はヒトラー・ナチス党の社会的基盤とはならなかったのだろうか。周知のように一九二六年頃のドイツの工業企業のうち労働力一一人以上の経営の圧倒的部分（九四・二％）は、二〇〇人以下の中小資本主義的経営によって占められ、中でも一一～五〇人規模の経営は、そのうちの約四分の三を占めていた。[53] 中小規模の資本制企業は、金属加工、木材加工、食料加工、衣料品加工、建築業などの加工業、組立業に多く、その多くは手工業経営の中から成長して来たもので、それらの企業の下層部は、「手工業」分野の中・上層部分と重なり合い、いわゆる「中産的企業家」（mittelständische Unternehmer）を形成していた。

これらの中小資本主義的企業者層もまた――ターナーが明らかにしているように[54]――ナチス党の強力な推進者であ

った。一方ではコンツェルン的企業の独占と、他方では労働組合の組織力に反発する中小資本家層は、ナチス党を支える基盤となっていた。一九三三年のグライヒシャルトゥングに際して、彼らが「手工業者」とともに重要な働きを示したことはすでに研究史が明らかにしており、中小企業の拠点としての地域の商工会議所は、彼らナチス党員・支持者によって掌握されていた。

「手工業」の中・上層経営者は、このような「中産的企業家」の形成の培養土となり、ターナーの言う「中小の企業家」(lesser businessmen) の重要な部分を構成した。彼らもまたナチス党による権力掌握をバックアップし、推進する役割を果すことになる。(55) グライヒシャルトゥングによってナチス化した手工業会議所やイヌングの指導者たちは、自身の経営を雇用労働力に頼ることができるそのような中・上層の「手工業者」の中から登場してくるのである。しかし同時にかれらはその手工業会議所の組織に対して離脱を求めて抵抗する存在でもあった。ナチス体制下の手工業者は多様な方向性をそのうちに潜ませていた。

注

(1) 序章でも述べたように最新の研究は、ナチス党が中間層だけでなく、労働者層からも広く支持されていたことを重視している。しかしこのことは手工業者層はじめとする営業的中間層がナチズムの重要な支持者であったという事実を否定するものではない。また最新の研究が注目した「労働者」の主要な部分が手工業的に養成された skilled (craft) workers であったことも重要である。そこには手工業経営で働く「職人」や、工場経営に在籍する多数の「親方」や「職人」が含まれていた。勿論熟練工は社会民主党の最も重要な担い手となり (Richard N. Hunt, *German Social Democracy 1918–1933*, New Haven/London, 1964, p. 103)、さらに一九二七年のドイツ共産党の党員の主力「工業労働者」(六八%) の中心は、熟練工によって占められていた (三九・九%)。Siegfried Bahne, Die Kommunistische Partei Deutschlands, in: Erich Matthias/Rudolf Morsey (Hrsg.), *Das Ende der Parteien 1933*, Düsseldorf 1977, S. 660. しかし同時に、修理業や工事業などで自営業者化の可能性を多少でも残す彼らの中には、「労働者」階級からの離脱と自立化を求め、多分に「手工業者的」な意識を担う者も少なくなかった。本文で述べるように当時の人々がこれらの労働者層をも「手工業者」（「非自立的手工業者」）のカテゴリーに含めたのもそのような理由によるものと言えよう。cf. Detlef Mühlberger, *The Social Basis of Nazism, 1919-1933*, Cambridge, 2003, pp. 27-29.

（2）このことはナチス体制と中間層との関係に関わる問題で、ナチス体制の本質理解にも関連して来る。この問題をめぐるH・A・ヴィンクラーとA・v・ザルダーンとの間の論争については本書序章参照。

（3）*Untersuchungen über die Lage des Handwerks*, Bd. 1-9, in: *Schriften des Vereins für Socialpolitik*, Bd. 62-70, Leipzig 1895-1897. 拙著『ドイツ中小ブルジョアジーの史的分析』岩波書店、一九八九年、Ⅱ　一、二、参照。

（4）Ausschuß zur Untersuchung der Erzeugungs- und Absatzbedingungen der deutschen Wirtschaft, Ⅲ. Unterausschuss, 8. Arbeitsgruppe（Handwerk）, *Das deutsche Handwerk*, Bd. 1-4, Berlin 1930.（以下、Ausschuß, *Das deutsche Handwerk* と略す）、前掲拙著、Ⅳ、参照。K・レスレ（Karl Rößle）を中心とする同時代の手工業論については、森本隆男著『西ドイツ手工業論』森山書店、一九七九年（初版）、一九八〇年（再版）、第一部。

（5）Adelheid von Saldern, *Mittelstand im "Dritten Reich"*, Frankfurt a. M. /New York, 1979. 同じく手工業経営の分化を重視するのは、Bernd Holtwick, *Der zerstrittene Berufsstand. Handwerker und ihre Organisation in Ostwestfalen-Lippe*（*1929-1953*）, Paderborn/München/Wien/Zürich 2000. このような分化に関連して日本での研究成果として注目されるのが、鎗田英三著『ドイツ手工業者とナチズム』九州大学出版会、一九九〇年、同著『製パンマイスターとナチス――ドイツ近現代社会経済史の一側面――』五弦舎、二〇一一年、である。ただし氏は、そのような分化を経営規模の分化としてではなく、時代に順応する発展的な型（適応型）と、変化に適応できなかった「不適応型」とに分類する。本章は、経営分化を「型」の違いとしてではなく、市場における競争関係によって生じる経営内容の分化、とりわけ経営規模の違いに象徴される資本的条件の分化と捉える。後出の注（35）も参照。

（6）本書では、雇用労働力ほぼ一〇人以上の経営を資本・賃労働関係に基づく資本主義的経営、あるいは事実上資本主義的な経営とみなしている。すでに職人、さらに親方の賃労働者化がみられる「手工業」の分野についても実質上このような規定を適用させることが出来ると考える。したがって「手工業」の経営は、小商品生産ないしその拡大形態と、このような資本主義的ないし事実上資本主義的経営とから成り立つ。ヴィンクラーやザルダーン、その他ほとんどすべての研究は、「手工業」を単純に「工業」や「大工業」・「大企業」と区別し、後者を「資本主義的」と規定することによって「手工業」をはじめから「資本主義」の枠外に排除しているように見える。このことがドイツの「手工業」を英米や日本の中小経営と比較することを困難にして来た理由のひとつである。この点についての筆者の説明は、前掲拙著参照。なお、大塚久雄「マニュファクチャーの検出――いかにして史実のうちからマニュファクチャーを検出するか――」『大塚久雄著作集』第５巻、岩波書店、一九六九年、一八一頁以下、特に一八四頁。

（7） Thomas Southcliffe Ashton, *The Industrial Revolution, 1760-1830*, London/New York/Toronto, 1948, 1950 (Reprint), pp. 92f., 中川敬一郎訳『産業革命』岩波書店、一九五三年、一〇〇頁。

（8） Karl Marx, *Das Kapital. Kritik der politischen Ökonomie*, Berlin 1965, Bd. 1, S. 484, 大内兵衛・細川嘉六監訳『資本論』第一巻、七三八頁。また *A. a. O.*, S. 494（同訳、七五二頁）、S. 363, Anm. 32（同訳、五七三頁）。

（9） 詳しくは拙著『資本主義史の連続と断絶――西欧的発展とドイツ――』日本経済評論社、二〇〇六年、第1章。G・クロシックは述べる。「小生産者」は「広範な消費者向け営業（consumer trade）のほとんどすべてで残存していた。衣服・皮革・靴・食品・飲料・建築・印刷・刃物類・家庭用金属・靴下・編物類・レース類・その他においてである」Geoffrey Crossick, "The petite bourgeoisie in nineteenth-century Britain: the urban and liberal case", in: G. Crossick/Heinz-Gerhard Haupt (ed.), *Shopkeepers and Master Artisans in Nineteenth Century Europe*, London/New York, 1984, p. 66.

（10） Albert Edward Musson, *The Growth of British Industry*, London, 1978, part III, p. 228.

（11） Handwerk と呼ばれるドイツの手工業的経営については、たくさんの研究があるが、ドイツ経済史の多くの専門研究者は、この経営様式が基本的にヨーロッパ的現象であることにあまり注意を払わず、Handwerk をもっぱらドイツ的特殊性の枠組の中でのみ捉えている。ナチス体制との関連で「手工業」を問題にするヴィンクラーやザルダーンの理解にも該当するように思われる。

（12） 日本での分析として、高木健次郎「ドイツ手工業概説（一）～（四）」『経済学季報』（立正大学）（一）第13巻3・4合併号（一九六三年）、（二）第14巻1・2合併号（一九六四年八月）、（三）第14巻3・4合併号（一九六五年三月）、（四）第15巻3・4合併号（一九六六年三月）、八林秀一「１８７０年代ドイツにおける徒弟制度の再編」岡田与好編『十九世紀の諸改革』

木鐸社、一九七九年、同「ドイツ帝政期における手工業者『保護』とイヌング『復活』について」岡田与好編『現代国家の歴史的源流』東京大学出版会、一九八二年、同「ドイツ手工業組織の展開（上）、（中）、（下）」『専修経済学論集』第21巻1号（一九八六年九月）、第21巻2号（一九八七年三月）、第22巻2号（一九八八年三月）、同「相対的安定期ドイツ手工業の経済的状況（上）、（中）」同上、第23巻2号（一九八九年二月）、第24巻1号（一九八九年一〇月）、ほか。

(13) 注（4）参照。高木、前掲論文（四）、八林、前掲「相対的安定期ドイツ手工業の経済的状況（上）・（中）」をも参照。

(14) *Das deutsche Handwerk*, Bd. 1 (Generalbericht), S. VIII. 八林、前掲論文（上）、前掲拙著『ドイツ中小ブルジョアジーの史的分析』IVも参照。

(15) *Ibid*., S. X.

(16) *Ibid*., S. VII.

(17) *Ibid*., S. 192f.

(18) *Ibid*., S. 194. 製パン業における機械化については、鎗田『製パンマイスターとナチス』第3章、とくに3。

(19) *Ibid*., Bd. 4, S. 185, 193f., 258. 前掲拙著、IV、イの2。

(20) *Ibid*., S. 184, 190, 257. 前掲拙著、同。

(21) *Ibid*., S. 185, 195, 258. 前掲拙著、同。

(22) *Ibid*., Bd. 1. S. 194.

(23) *Ibid*., S. 201. 専門化が技術的発展や商業における専門店の発達と結びついていることについては、*A. a. O*., S. 210. 高木、前掲論文（三）、とくに一〇一頁以下。

(24) *Ibid*., Bd. 4, S. 91, 93, 97, 100f. 前掲拙著、同。

(25) *Ibid*., Bd. 1, S. 197f. 鎗田、前掲書、一一二頁も参照。

(26) *Ibid*., S. 196.

(27) *Ibid*., S. 190.

(28) *Ibid*., S. 44f.

(29) *Ibid*., Bd. 3, S. 383, 387, 393.

(30) *Ibid.*, Bd. 4, S. 90, 92.
(31) *Ibid.*, S. 206.
(32) *Ibid.*, S. 24f., S. 223.「工場手工業者」と区別される「経営手工業者」は、建物・機械などの保守、道具・容器・建物の製作など、また繊維工業に雇われている錠前工や、醸造業での樽工など、職ちがいの熟練工をさす。その数は一二二万人。*Ibid.*, S. 25.
(33) *Ibid.*, S. 29f., Bd. 4, S. 73f., S. 132.
(34) *Soziale Praxis*, Jg. 45, 1936, S. 19f.
(35) *Das deutsche Handwerk*, Bd. 1, S. 29f., 211, 222, 224. 詳細はD. Ⅲ. Abschnitt. 八林、前掲論文（上）、一四一、一四五各頁ほか。但し八林氏はこの現象を「両極分解型」とはいえないと述べている。その際氏は、その概念を中間的経営規模に対して、「例えば職人数0人経営と21人以上の経営が相対的に多数」になる場合として著しく限定的に理解しているが、筆者はこの概念をこのように狭く捉える必要はないと考える。経営間の競争関係を通じて、一方では自立的経営者たりえず、熟練工となる職人・従弟を多数分出しつつ、職人ゼロの辛うじて自立性を維持する厖大な数の零細経営が最下層を形成し、他方で職人四～五人以上の機械制化しつつある経営が七万八〇〇〇余、一一人以上が一万九〇〇〇以上を数えるこの経営分化の状態を重視するとき、これを広い意味で手工業者の両極への分解として捉えてよいと思う。あまりにも厳密な定義によって、このような経営分化の事実の認識が背景に退くことは避けなければならないと筆者は考える。他方、注（4）で述べたように、鎗田英三氏は「手工業」を発展的な型（適応型）と変化に対応できなかった「不適応型」とに分類する。この理解は中・上層の手工業的経営の合理化とそれに対応できない零細経営との分化を重く視る本書の認識と重なる。しかし氏は、そのような経営の分化を「型」として固定化して捉え、型の形成を、「手工業」の「業種」と、「手工業者」の経営状態という二つの要素から説明している。だが同時に氏は、型の相違を決定づけたのは「『合理化』導入の成否」であると指摘し、「合理化」を行いえない「不適応型」について「資金不足、商工業の圧力」を原因にあげている。逆にいえば「合理化」を進めることが出来た「適応型」の経営は「資金」を有していたからであり、「資金」の有無こそが「型」の相違を決定付けていると氏も考えているのではないか。そうだとすると決定的に重要なのは、経営的発展を可能にする資本であって、「型」ではないということになる。筆者が危惧するのは「型」を設定することによって、経営の優劣が固定化され、両者の競争関係とその中での相互的移動の可能性が排除されかねない点である。筆者は、アンケート委員会が就業者数の経営分化を重視し、それを技術的発展のあり方に対応させたことに注目し、両者の違いを「型」として把握するのではなく、市場関係の中で生じる一般的な経営間の優劣として、両者は相互に移動し合う流動的な存在として理解する。

（36）*Ibid.*, S. 166ff.

（37）*Ibid.*, Bd. 4, S. 70ff.

（38）*Ibid.*, Bd. 3, S. 6. 鎗田前掲『製パンマイスターとナチス』第2章、第3章。

（39）詳しくは、前掲拙著、Ⅳ2、鎗田『ドイツ手工業とナチズム』第7章、参照。

（40）Saldern, *a. a. O.*, Ⅱ, 1. 1.

（41）Bericht über den Lederverbrauch des Handwerks, 1936. Überwachungsstelle für Lederwirtschaft がイヌングに依頼して行った調査。Bundesarchiv Berlin, R/8/VI, 52.

（42）*Entscheidungen des Reichswirtschaftsgerichts.* Amtliche Ausgabe, Bd. 1, Berlin 1940（*Entscheidungen* と略す）。次の文献も参照。Wilhelm Schlitzer, *Die organisatorische Abgrenzung von Handwerk und Industrie*, Stuttgart 1941. ライヒ経済裁判所は、一九三八年二月二五日に発足し、外国為替、カルテル、流通規制、手工業登録等に関する係争を取り扱った。カルテル裁判所は、本裁判所の発足と同時に廃止され、その権限は本裁判所に委譲された。ライヒ経済裁判所は、一九四一年にライヒ行政裁判所に統合された。*Entscheidungen*, Bd. 1, Vorwort, Bd. 2, Vorwort を参照。なお高木、前掲論文（二）、とくに一四〇頁以下。

（43）*Entscheidungen*, S. 61–63.

（44）*Ibid.*, S. 63–66.

（45）*Ibid.*, S. 72–74.

（46）*Ibid.*, S. 74–78.

（47）*Ibid.*, S. 120–123.

（48）*Ibid.*, S. 123–124.

（49）*Ibid.*, S. 126–130.

（50）*Ibid.*, S. 130–131.

（51）*Ibid.*, S. 49–50.

（52）注（1）参照。また中村幹雄著『ナチ党の思想と運動』名古屋大学出版会、一九九〇年、第3章、終章、原田昌博著『ナチズムと労働者』勁草書房、二〇〇四年、第1章。

（53）前掲拙著、Ⅳ、また拙著『ナチス・ドイツと資本主義』日本経済評論社、二〇一三年、第一部第3章も参照。

（54）Henry Ashby Turner, Jr., *German Big Business and the Rise of Hitler*, Oxford, 1985, pp. 191–203.

（55）Turner が op. cit., p. 192でナチズムの担い手として重視している「小製造業者」のザクセンの大管区指導者 Martin Mutschmann は、ヒルシュベルク（ザール）の刺繍工親方であった。またヴュルテンベルクのシュトゥットガルト手工業会議所の会頭に就任したナチス党員のブリキ業・設備取付業親方の Dempel は、「工業」企業を買収するほどの資力を有していた（第2章参照）。cf. Detlef Mühlberger（ed.）, *The Social Basis of European Fascist Movements*, London/New York/Sydney, 1987, Germany（Mühlberger）, p. 96f.;Mathilde Jamin, *Zwischen den Klassen*, Wuppertal 1984, S. 34f.

第2章　中小工業経営（「手工業」）の組織のナチス化——いわゆるグライヒシャルトゥング——

はじめに

ナチス体制を特徴づけるのはいうまでもなくナチズムの思想であり、それは何よりもナチス党員やナチス支持者（「政治的に信頼できるもの」[politisch Zuverlässigen]）によって担われていた。ナチス思想と結合した政治・経済体制の実現のためには、体制を支え、ナチス的思想の具体化、ナチス的政策を推進する諸機構がそのようなナチズムの信奉者や賛同者によって運営され、指導されることが必要であった。ナチスはそのことを的確に認識していた。国家権力を掌握したヒトラー・ナチス党が最初に行ったことは、ワイマール体制を支えてきた既存の権力機構や諸組織を改造し、その担い手たちをナチス党員ないしナチス支持者に転換することであった。権力と威力（Gewalt）を背景にしつつ強行されたそのような改造が、ナチス特有の用語であるグライヒシャルトゥング（Gleichschaltung. 強制的同質化・均制化・一元化などと訳される）である[1]。それは政治・行政機構においてのみでなく、経済分野でも強行された。

経済分野のグライヒシャルトゥングの推進者、ナチス党営業的中間層闘争連盟で活動し、ドイツ経済集団の最高組織「ドイツ経済会議所」の商工会議所部の指導者となったP・ヒラント（Hilland）は、『ナチス経済年報』一九三五年版において、次のように述べている。(2)「ナチス国家は経済の指導権を掌握したことによって、経済組織を根本的な新原則の下におくことをもなおざりにすることは出来なかった。「指導者原理」と「私益に対する公益優先」というナチズムの二つの原則は、経済政策のための装置をもその目標に方向づけることによってはじめて現実化することになるのである。権力掌握後数日の間に、まだ変革の革命的高揚が満ち溢れているその時に、人々がまず着手したことは、会議所と団体という二つの最重要経済組織体から、ナチス国家のために耐えられそうもない人物を遠ざけ、新しい民族協同体の土台の上にしっかりと立てる人々によっておきかえることであった。このいわゆるグライヒシャルトゥングは比較的急速かつスムーズに進展し、早くも数か月後にはいたる所で新しいナチ指導者が商工会議所・手工業会議所・専門団体の首脳部に立って、すすんでナチス政治の指導に従い、アドルフ・ヒトラーの再建事業に協力しようとしたのである」。

経済機構のナチス化＝グライヒシャルトゥングは、このようにまずヒトラーの政権掌握直後の一九三三年春、各地における既存の経済組織の人的改造として始まった。すなわち資本主義的工業や商業企業の地域的組織である商工会議所（Industrie- und Handelskammer）や、手工業技術を残した中小・零細工業経営の地元機関である手工業会議所（Handwerkskammer）と同業組合＝イヌング（Innung）において、旧首脳部が退陣を強要され、ナチス党員ないしナチス支持者が執行部を掌握した。それはナチス党内に結成された、職能的身分階層制的な理念と結びつく、営業的中間層闘争連盟（Kampfbund für den gewerblichen Mittelstand）によって指導され遂行された。その後ヒトラーによってこの職能身分制的理念は抑制され、また上記連盟も解組されるが、一九三三年春のグライヒシャルトゥングは一九三三年一一月のドイツ手工業暫定構成法、一九三四年の商工会議所令や第一次・第二次手工業暫定構成法、さらにドイツ経済有機的構成準備法と施行令などにより、指導者原理や公益優先原則にもとづいて、旧組織が解組・統合・編成替されて、地方・ライヒ全体についてナチス特有の経済機構が構築される過程で、その結果が再確認され、また補足された。こうしてナチス党員・支持者による経済組織支配体制が確立した。一九三三年のグライヒシャルトゥングは、このように地域経済を土台とするドイツの経済機構のナチス的体制を決定する著しく重要な出発点となった(3)。

ドイツの経済体制は、独占的な巨大企業だけではなく、圧倒的な数の中小資本主義的企業と小・零細経営によって支えられていた。それらの経済活動は、それぞれの地域を基盤にしており、商工会議所や手工業会議所・イヌング組合は、そのような活動をバックアップし、それらの利害と密接に結びつきながら、全ドイツ（ライヒ）レベルでの経済関係の土台を形づくっていた。その地域的組織がナチス党員・支持者である中小の企業者・営業者によって掌握されたのである。民族主義・人種主義（反ユダヤ主義）・反マルクス主義・反民主主義（指導者原理）、また労働重視と反暴利・公益優先の原則を特徴とするナチズムは、こうして地域的な経済機構の中に重要な拠点をもつことになった。これらの観念は、中小・零細な企業家・経営者の切実な利害と結びつく、中間層の創出・維持のナチス的原則と一体となり、それに支えられて地方的な経済組織の中にしっかりと根をおろし、地元の企業家・中小経営者の各層を取り込みながら、ナチス体制の最終局面にいたるまで作用し続けることになる。グライヒシャルトゥングは、中央ないしライヒレベルの上部機関でも実施されるが、地域のそれは独自な意味を持ち続けた。総力戦体制への移行に伴って不可避的となった中小経営の閉鎖政策に対して、強力な抵抗力を発揮したのは、まさにこのナチス的な地方組織であったのである（後章参照）。

本章はそのようなグライヒシャルトゥングが、手工業分野の組織機構においていかに展開したかについて検討する。商工業の中間層のナチス化に関しては、反大型商店・反消費組合・反ユダヤ商店、さらには職能身分制的イデオロギーと結びついた、急進的な中間層運動との関連でたくさんの言及があるが、しかしグライヒシャルトゥングそのもの具体的な状況については、下部組織と上部組織とに分けて簡潔ながら重要な説明を行ったV・シェッジー（Chesi）[4]の研究以外には、全体的な分析は存在しないようである。ナチズムと中間層に関するすぐれた社会史的研究を行ったヴィンクラーは、一九三三年ナチス権力掌握以前における各地域の中間層組織のナチス化を重視し、それを先行的グライヒシャルトゥングとして位置づけているが、しかし一九三三年以降に関しては、ナチスが新設したドイツ手工業全国身分（団）(Reichsstand des deutschen Handwerks）の議長に営業的中間層闘争同盟の指導者レンテルン（Renteln）が任命されたことを指摘するに止まっている。[5]また『第三帝国における中間層』（一九七九年）の著者ザルダーンは、「ファシストイデオロギー」の現実化の問題を取り上げているが、それに密接に関係するナチス思想の担い手による地方組織の把握に関しては言及がない。[6]また鎗田英三氏は製パン業におけるグライヒシャルトゥングについて興味深い分析を行っているが、ほかの分野も含めた手工業組織の全体的なナチス化に関しては説明を欠いている。[7]他方、会議所史の研究分野においては、シュトレンメル『第三帝国の会議所』（二〇〇五年）が注目されるが、しかし分析はヴェストファーレンに限定されており、全体的な状況は示されていない。[8]

グライヒシャルトゥングは、シェッジーらの研究が示すように各地での地域的組織とともに、中央の手工業上部機構でも展開する。F・シュラーの回顧的叙述は、[9]このライヒレベルでの手工業組織の改造に注目しているが、それに先立って、またその前提として、地域でのナチス化が強行されたことが重要である。何故なら中小工業経営の基盤は何よりも地域にあり、その拠点のナチス化は、上述したように、ライヒとは別に独自な意味をもち続けるからである。本章は、その地域レベルでの手工業的経営者の同業組合（イヌング）組織と、それを編成し、手工業を地域的に統括する手工業会議所のナチス化に焦点を合わせ、まず西南ドイツのヴュルテンベルクやバイエルンのミッテルフランケン（ニュルンベルク）の手工業会議所組織のナチス化の事例を検討した後、ドイツ全体の手工業会議所の状況について、さらにイヌング・専門組合のグライヒシャルトゥングについて分析することにしている。

1　ナチス中間層思想と営業的中間層闘争連盟の運動

ヒトラー率いるナチス党が単なる暴力的団体ではなく、テロ・脅迫の手段とともに、選挙などの民主主義のルールをも利用しつつ、大衆の支持を獲得して成長して来たことは周知のことである。[10]とりわけ中間層の創出と維持を党綱領で掲げるこのナチス党が、広範な中小企業家層や中小・零細経営者層によって支えられて来たことは、古くから指摘されてきた。近年の研究は、ヒトラー率いるこの党が中間層だけではなく、労働者をはじめとして、国民各層に共鳴者を見出したことを明らかにしている。しかし、そのことはナチス党と営業的中間層の結びつきの事実を決して否定するものではなく、党の構成（党員・リーダー）において中間層出身者の位置は相対的に見て間違いなく大きかった。ミュールベルガーによれば、[11]たとえば一九二五年から一九三二年の間の六地方でのナチス党員（五万二五七九人）の社会的構成は、労働者が四一・九％、下層・中層中間層四五・九％、上層中間層・上層四・六％、不明七・六％となっており、中間層（但し職員層を含める）の割合が最も高かった。いわゆる手工業者や小売業者など中小営業者は、職業人口での割合は労働者に比して相対的低かったから（一九三三年手工業者九・五六％、自営商人六％）、かれらのナチ党に占める比重は、相対的に大きくなるばかりでなく、さらに労働者の中には、手工業部門で働く職人や、手工業的に育成されて大工業に移った熟練工など、親方資格を取得できるものも多数含まれており、それらを含めた広義の「手工業者」の大きさは数字以上のものであった。

営業的中間層の比重の高さは地域の大管区（ガウ）における中核となる党幹部においてはとりわけ顕著であった。バーデン大管区では一九二〇年末には地方幹部の八〇％が中間層出身（職員層を含む）で、中部・北部フランケンでは一七人の地方リーダーのうち労働者はわずかに一人で、一四人が中間層（そして二人が上層）に属した。カッセルやベルリンでも似たような事情がみられ、労働者が優勢な地域はルール地方だけであった。営業的中間層の中で手工業者は自営商人と並んで重要な位置を占めていた。カーターによれば[12]、一九三〇～三二年におけるナチ党加入のうち、手工業親方は一〇・五％、熟練（手工業的）労働者は一八・一％を占めた（自営商一一・九％）。

ナチス党に対する営業的中間層の期待は、いうまでもなくこの党の標榜する方針が彼らの利害に対応していたからであった。ナチス党は、党綱領において、利子隷属制廃棄、労働重視と巨大資本の抑制など中間層の利害に沿った主張を行っていたが、中間層にとってとりわけ決定的だったのは、中間層の創出・維持のイデオロギーで、それは綱領一六項と二五項に示されていた。すなわち一六項は、①「健全な中産階層を創出して、維持する」ことを標榜し、②大百貨店の公有化・小経営者への廉価貸与、③公的発注における小営業者配慮を提起していた。そして第二五項では④各ラントにおける身分階層制的会議と職業的会議所の構成を表明していた[13]。

以上のように党綱領における中間層イデオロギーは、大きく分けて、①の一般的な原則と、②、③および④の具体的な要求との二つに区分された。このうち①は、中小営業者の経営的存続にとって最も基本的な原則となるもので、ナチス体制を通じて中小経営者の利害と結びつけられた。とりわけ戦時体制への移行に伴って諸条件が変化し、中小経営の閉鎖措置が不可避となると、中小経営の存立そのものが重大な問題となった。中小営業者とイヌングなどの組織はそのような動向に対して激しく抵抗するのであるが、その根拠となったのが、この基本原則であった。これに対して、②、③および④は、より具体的な手段ないし政策であり、そのうち②は、反均一価格店・チェーン店、反消費組合、反ユダヤ商店などのスローガンと一体となり、また④は職能身分制的な経済・国家編成の急進的なイデオロギーと結合して、ナチス権力成立直前・直後において急進的中間層運動の推進的な理念となった[14]。

中小・零細営業者のナチス党との関係は、世界恐慌の中で強まった。ヴィンクラーは指摘する。「ナチス党員の影響はとりわけ地方や地域のレベルで有力であった。彼らは中間層のパニックを煽り立て、既存の利害代表者、さらに政治的『体制』全体に対する闘いへとそれを転換させ、着々と成果をあげていった。」ヴィンクラーはそれをグライヒシャルトゥングの第一歩、先行的グライヒシャルトゥングとして重視した。[15]

中間層の利害に立ったナチス的急進的組織は、一九三三年以前から結成されていた。そこで目標となったのは、とくに上記の②〜④であった。一九三〇年一一月ベルリンに結成された「ナチス手工業者・営業者協同体」や一九三一年ミュンヘンで活動を始めた「反百貨店・消費組合闘争協同体」などがそれである。しかしナチス党と中間層との結合関係は、一九三二年末に結成されたナチス党内組織、営業的中間層闘争連盟(der Kampfbund des gewerblichen Mittelstandes)に象徴的に示された。[16]設立者は職能身分制的イデオロギーの代表者で、ナチス党経済政策部長を経験した、W・ヴァーゲナー(Wagener)で、連盟の指導者にはヴァーゲナーの協力者、レンテルン(Renteln, 1897–1946. 一九二八年ナチス党加入、突撃隊員。一九三一年ヒトラー・ユーゲント・ライヒ指導者。のちにドイツ工業・商工業会議会長[一九三五年])が就任し、また『ドイツ手工業』(*Das deutsche Handwerk*)の編集者K・ツェレニー(Karl Zeleny, 一八九八年生まれ。突撃隊ののちナチス党ライヒ指導部手工業・営業担当)が副会長としてレンテルンを補佐した。中小資本家層も吸収したこの組織の会員は、一九三三年二月には一万人以上、同五月には一一万五〇〇〇人をこえる拡大を示した。この組織は、ナチス経営細胞(NSBO)や突撃隊(SA)とも連携しつつ、百貨店・チェーンストア・均一価格店、ユダヤ人商店および消費組合と対抗する運動を展開した。

一九三三年二月二一日、ヒトラー内閣はライヒ経済省に「営業的中間層ライヒ監理官(コミサール)」の設置を決定し、ハノーファー手工業会議所法律顧問のE・ヴィーンベク(Wienbeck)をライヒ監理官(Reichskommissar)に任命すると、各種の経済分野でそれに沿って中間層監理官がつくられた。営業的中間層闘争連盟は「ドイツ小売業中央協同体(Hauptgemeinschaft des deutschen Einzelhandels)」の執行部の過半数を確保するとともに、ドイツ手工業ライヒ連盟(Reichsverband des deutschen Handwerks)の事務局長に連盟の指導者のひとり、H・シルト(Schild)

を就任させた。レンテルンは四月には「ドイツ手工業ライヒ身分」と「ドイツ商業ライヒ身分」の指導者となり、さらに商工会議所会議の会長に就任した。

上記闘争連盟の最大の目標は、ドイツ社会の職能身分制的構成の実現にあったが、しかしヒトラーはそれを抑制し、ヴァゲナーは七月には失脚し、闘争連盟は解組されて、NSHago（ナチス手工業・商業・営業組織、Nationalsozialistische Handwerks-, Handels-und Gewerbeorganisation）に統合された。その中で一九三四年五月に会員数は三四万人をこえ、一九三六年一月の改組にいたるまでナチス党内の政治組織としての位置を保つことになる。各地の手工業組合のグライヒシャルトゥングは、職能身分制的構成の実現をめざすこの営業的中間層闘争連盟を中心的な担い手として遂行された。

2　手工業会議所のグライヒシャルトゥング

地域経済の拠点としての商工会議所や手工業会議所・同業組合（イヌング）におけるナチス化の第一歩は、すでに触れたようにナチス政権出現以前に始まっていた。そのような先行的なグライヒシャルトゥングについてヴィンクラーは述べる。「ナチス党員は手工業や小売業においても自律的な利害代表団体を無力化した。彼らはまず地方や地域の組織に入り込み、成員たちを団体首脳部に対立するように仕向けた。内部と外部の圧力とを組み合わせながら、彼らは大衆への影響力拡大にとって最も重要な団体を圧力下に置いて確保し、宣伝用として利用する方法をとった」(17)。

地域組織のこのような先行的なナチス化を背景にして本格的なグライヒシャルトゥングが始まるのは、一九三三年一月ヒトラー・ナチス党が政権を掌握してからであった。手工業分野のそれは同年三月一八日／一九日の営業的中間層闘争連盟の全国会議（会長レンテルン）において、これまでの民主的選出原理ではなく上位機関による権威的な指名方式で指導者を決定するという方針が決議されたことがその画期となった。アルンスベルク（Arnsberg）、ダルムシュタット（Darmstadt）、ヒルデスハイム（Hildesheim）、ニュルンベルク等々各地の手工業組織において、旧執行部の退陣とナチス党員による代替が始まった[18]。

中小・零細工業経営は業種や専門ごとに同業組合・専門組合（イヌング）を組織しており、手工業会議所は、それらのイヌングを全体として統括し、また中小・零細経営を「手工業」として認定し、登録させる地域の手工業の最重要機関であった。本節ではこの手工業会議所のナチス化を取り上げる。

（1）ヴュルテンベルクの場合

ヴュルテンベルクでは、シュトゥットガルト、ロイトリンゲン、ハイルブロン、ウルムの各手工業会議所でグライヒシャルトゥングが展開した。ドイツ手工業・営業会議所会議の機関誌『ドイツ手工業誌』*Das Deutsche Handwerksblatt*（四月一五日、五月一日号）によれば[19]、シュトゥットガルト手工業会議所では、営業的中間層闘争連盟が進出し、それとの協議にもとづき、会頭レープマン（Rebmann）がその地位から退任を余儀なくさせられた。代わって大管区闘争連盟の指導者で、ラント議会議員（ナチス党）のブリキ工親方デンペル（Dempel、シュトゥットガルト）が会議所会頭職を委任された。デンペルは七月初めに会議所総会を開き、「目覚めた新しいドイツ」と「偉大なナチス運動の指導者、現在の首相アドルフ・ヒトラー」への忠誠について演説した。彼は旧会員に代わる追加の会員を認可することを求め、「ナチス運動で長年活動してきた」、デンペル当人、靴工手工業者ホフマンおよび仕立工イヌング（同業組合）会長親方（Obermeister：以下会長親方と訳す）のクルツが正規の会員となり、総会に呼ばれることになった。その席上でデンペルが改めて会頭に選ばれた[20]。

上記機関誌の記事によれば、ロイトリンゲン手工業会議所では、永年会頭の地位にあったブリキ工親方へネ

（Henne：テュービンゲン）が、同じく営業的中間層闘争連盟の要求によって、会頭職を自主的に退任することを余儀なくされた。会議所運営には、監理官（コミサール）の家具工親方、ラント議会議員（ナチス党）のベッツナー（Bätzner：ナゴールド）が任ぜられた。ウルム手工業会議所でも、会頭の錠前工名誉会長親方のマイア（Maier）が退任したのち、シュトゥットガルトの会頭となったデンペルの指示で理髪親方ヴァルツ（Walz）が会頭に就任した。ハイルブロン手工業会議所では、一九三三年三月三〇日に、ヴュルテンベルク経済省の指令により会頭職が左官親方ランク（Rank）に移譲された。ランクも、後述するように、ナチス党員であった。

こうして主要な手工業会議所で、営業的中間層闘争連盟の圧力の下、これまでの会頭が退任させられ、ナチス党員の手工業親方が会頭職を把握した。その結果ヴュルテンベルク全体の上部手工業組織もナチス化されることになった。

ヴュルテンベルクの手工業会議所会議および同手工業会議所の機関誌『ヴュルテンベルク手工業』（*Das Württ. Handwerk*）[21]は、一九三三年五月一日号で「手工業会議所のグライヒシャルトゥング」の記事を掲げ、ヴュルテンベルクの各手工業会議所を統括するヴュルテンベルク手工業会議所の旧執行部の退陣と新執行部の就任を報じている。

新会頭の地位についたのは、シュトゥットガルトの手工業会議所の長に就任したデンペル（上記）であった。三七歳のこの人物は――同誌によれば――ブリキ業・設備取付業親方であった。デンペルは古くからのナチス党員（党員番号一八一〇）で、ヴュルテンベルクにおける突撃隊（SA）と親衛隊（SS）の結成者（一九二五年）でもあった。「12年前からヒトラーの思想に身をおいてきた」というナチス古参党員のブリキ業・設備取付業親方が、シュトゥットガルト手工業会議所の新しい会頭の地位につき、ヴュルテンベルク全体の手工業会議所の指導者となったのである。そのデンペルを支える新執行部もナチス党員で固められた。すなわち上記のハイルブロンの新会頭になったランク、ロイトリンゲンのグライヒシャルトゥングを指導した党員ベッツナー、それにウルムの会議所の長になったヴァルツであった。ランクは、四八歳の石膏細工会長親方で、彼もナチス党員であった。彼は、一九二九年からハイルブロン手工業会議所のメンバーで、上記のようにグライヒシャルトゥングにより会頭となり、上部組織であるヴュルテンベルク手工業会議所の執行部を兼任することになった。同人はまたヴュルテンベルクのイヌング組織であるラント石膏・しっくい細工連盟長にも任命されていた。

ベッツナーは、三七歳の家具工で、先のデンペルと同様、ナチス党の古参党員（Altes Mitglied）で、何年も前からナチ運動の推進者であった。彼もナチス党営業的中間層闘争連盟の大管区闘争指導者として活動し、グライヒシャルトゥングによってロイトリンゲンの手工業会議所の会頭となり、こうして同時にヴュルテンベルク手工業会議所の指導者の一人となった。同人はヴュルテンベルク営業協会・手工業組合連盟の議長を兼任した。

最後のひとりヴァルツはナチ党員の理髪親方（四四歳）であった。彼は一九二四年から一九三三年一月までウルムの理髪イヌングの書記を勤め、前述のようにグライヒシャルトゥングによりウルムの手工業会議所の会頭の地位についていた。

『ヴュルテンベルク手工業』誌は、四人のナチ党員新執行部を写真入りで紹介するとともに、四人連名による就任挨拶を掲載している。彼らは強調する。「何年も前からわれわれは手工業と中間層のために、またわがドイツ国家・経済生活の健全化のために、全力をもって闘って来た。われわれはわれわれの新しい部局においても決して闘いの手をゆるめることなくこう確信する。力強いナチス運動によってはじめて営業的中間層は再びドイツ経済・ドイツ国民の中にふさわしい地位を獲得することに成功するのだと(22)」。

新執行部を代表するデンペルは「革命！」のタイトルを付した記事で自らの見解を公にした。彼は一九一八年以降のドイツの状況を批判しつつ述べる。「1933年3月5日は、ドイツに根本的な転換をもたらした。国民革命の推進者たちが数週間の間に瓦礫の山の中からドイツを再建した。それは実に測り知れない出来事である」。「あらゆる分野においてグライヒシャルトゥングが行われており」、手工業と経済においても信頼できる指導者が登場して来ている。

「14年間の厳しい戦いの後、ヒトラーはドイツを救うために必要な権力を掌握した。この権力をもって彼はわれわれの悲惨をつくり出す悪を根っこからつかみ出すであろう。手工業者諸君、国家は獲得された。われわれ民族社会主義者は守りをもっと堅め、革命を完成させるつもりだ……。われわれのいう革命とは精神刷新、途を間違えたわが同胞の精神と心の革命化である」。「公益は私益に優先する」のナチズムの標語を強調しつつデンペルは革命の目標として「民族の宰相ヒトラーの下での職能身分制的国家」を標榜する。(23)

以上のように経済組織のナチス化は「あらゆる分野」で進行した。一九三三年三月はその画期であった。「革命」の強行によって獲得された新しい執行部は、その後、一九三四年のドイツ経済有機的構成準備法や手工業立法によるナチス的な手工業組織再編、指導者原理に基づく「上から」の人事などが実施される中で確定された。

シュトゥットガルトの手工業会議所においては上記のデンペルは一九三九年に退任するが、その理由は彼が「工業経営」を買収しその所有者になったため、もはや「手工業者」とはみなされなくなったためであった。(24)デンペルに代わってシュトゥットガルトの手工業会議所の会頭になったのは、ロイトリンゲンの手工業会議所会頭ベッツナーであった。

ナチス党員による手工業会議所執行部掌握は、このように一九三三年春のグライヒシャルトゥングによって強行されたのであるが、それに先立ってナチス党はさまざまな分野で勢力を拡大していた。ヴュルテンベルクのラント議会は一九三二年春の選挙で、ナチス党（ヒトラー運動）が二三名の議員をもって第一党の地位を占め、中央党（一七名）、社会民主党（一四名）、ヴュルテンベルク農民連合・市民党（一二名）、共産党（七名）、ドイツ民主党（四名）、キリスト教国民党（Christ. Volksdienst）（三名）を上回った。ナチス党（ヒトラー運動）の議員の職業は、教員・役人・技師などのホワイトカラーが一〇人以上で、商人・農民は各三人、手工業者は二人であったが、それが上記のデンペルとベッツナーであった。(25)

両人の背後にはヴュルテンベルクの手工業者の広範な支持層が存在したものと推定されるが、しかし手工業者の誰もがナチス党に投票したわけではなかった。手工業所属と思われる議員は他に五人おり、その内四人（白鞣し職、家具工、金属職人、機械工）は共産党、一人（電機工）は社会民主党に属していた。手工業者層はこのように多くの反ナチ的要素を包摂しており、それを圧倒するためにはグライヒシャルトゥングが強行され、さらにナチス的「革命」の続行が必要とされたのである。

ヴュルテンベルク全体の中でシュトゥットガルト手工業会議所は最も重要な位置をしめていた。一九三八年には、手工業経営数九五〇〇以上のシュトゥットガルト市（域）をはじめ、経営数二二〇〇以上のゲッピンゲン、一九〇〇以上の経営数のエスリンゲンやルードウィスブルクなど一二市、総人口数九三万人、総手工業経営二万六〇〇〇強を有した(26)。この有力手工業会議所が古参のナチス党員デンペルによって指導されるにいたり、さらにデンペル退任後は同じく党員のベッツナーがその地位を継承した。ベッツナーは一九三四年に手工業分野のラントの責任者、ラント手工業長（Landeshandwerksmeister）の地位に就任し、シュトゥットガルト商工会議所会頭の同じくナチス党員F・キーン（Kiehn）とともにラント最上部組織のヴュルテンベルク経済会議所の執行部を構成した。彼はナチス党手工業・商業大管区本部（Gauhauptstelle für Handwerk und Handel der NSDAP）部長にも任命されていた（一九三五年にはデンペルが副局長）。

グライヒシャルトゥングは商工会議所でも併行して実行された(27)。ロイトリンゲンでは、一九三三年五月に会頭が会議所執行部を政府目標に適合させること、ナチス党員の会員追加によってライヒの選挙結果を配慮する必要性を説いた。グライヒシャルトゥングが最も強力に実施されたのはハイルブロンで、そこではナチス党地方組織の圧力により五月一九日会議所執行部全員が退任を余儀なくされ、ナチス政府を認める新しい会頭の選出が強要され、一九三三年六月初めには党と政府に順応できる会員五人が役員に選ばれた。ロットヴァイル、ラーフェンスブルクでも執行部が交代した。

ラントの首都シュトゥットガルトの商工会議所では、一九三三年四月に総会が開かれ、グライヒシャルトゥングに沿った会員の加入認定が実施された。この年会員となったナチス党員F・キーン（一八八五年生まれ）は、一九三四年四月に会頭に就任する。キーンは、ハノーファー商業学校で学んだのち、紙加工企業の営業担当員を経て、一九〇八年にトロシンゲン（Trossingen）に移り、段ボール会社に勤務、一九一二年に独立し、製本・箱製造を兼営する紙取引企業を買収し、拡張した。一九一九年にはタバコ巻紙加工・印刷企業に移った。一九三〇年にナチス党に加わり、地元トロシンゲンで地方組織をつくりそれを指導した。三一年に市参事会員・同市党支部長、三二年にライヒ議会議員となった。彼は一九三五年にヴュルテンベルク経済会議所の指導者に就任した。(28)

(2) ニュルンベルクの場合

ナチス党の党大会の開催地、南ドイツの古都ニュルンベルクでは、一九三三年一月三〇日、ヒトラー政権が成立すると、ナチス突撃隊や鉄兜隊がマルクト市場に集まり、松明行列を繰り広げた。二月になると、選挙戦が激しく戦われ、三月五日、ライヒ議会選挙でナチス党が勝利すると、数日後には警察本部と市庁舎にハーケンクロイツ旗が掲げられた。金属労働者組合はじめ左派組織が突撃隊によって襲撃され、また政治上の反対者やユダヤ人へのテロ行為が強行された。三月には手工業会議所、続いて商工会議所のグライヒシャルトゥングが行われた。(29)

ニュルンベルクに本拠地をおくミッテルフランケン手工業会議所のグライヒシャルトゥングは、ヴュルテンベルクとはやや異なった形で進んだ。『ドイツ手工業誌』の一九三三年四月一五日号によれば、ニュルンベルクでは、一九三三年三月二四日、営業的中間層闘争連盟が手工業会議所に現われ、大管区指導者レーア（Lehr）が会議所理事会で演説し、「国民的革命」の中で展開した整理・革新行動を手工業・工業・商業の法的職業代表の前でも止めるわけにいかないと強調、手工業会議所にも新しい精神が必要であり、手工業と営業的中間層の利害により大きな強さとより良い成果をもたらす最良の保証はそこにあると主張した。

レーアは、彼に与えられた全権を根拠にして、二人の会議所代表ヴァインベルガー（Weinberger：ラント営業顧問官）とグレゴリウス（Gregorius：商業顧問官）、また事務局法律顧問グラムプ（Grampp）を退任させ、会議所新編成までの期間、手工業会議所監理官（コミサール）に執行部を指導させることにした（同誌一九三三年四月一五日号）。これに対してバイエルン労働・経済省が介入し、手工業会議所ミッテルフランケン（ニュルンベルク）の旧執行部の営業指導には瑕疵がないことが調査で判明したことを伝え、ヴァインベルガーとグレゴリウスおよびグランプの復帰が認められた。大管区闘争連盟指導者のレーアは、特別全権委員として同会議所で活動を続け、その代理として、会長親方の家内建築工F・ヴィルト（Wirth）が指名された（同誌一九三三年五月一五日号）。

そして一九三三年八月の総会において、ヴァインベルガーは退任し（名誉会頭となる）、会頭には代わって建築工親方ヴィルトが就任し、また副会頭はグレゴリウスに代わって屋根葺き工バウア（Bauer）が、「ナチス党の政治指導部の協力」の下、選出された。しかしグレゴリウスは理事として残留し、さらに、ナチス政権以前の一九三二年に執行部を構成していた会計理事（一人）と五人の理事も再度選出された。新しい会頭に就いたヴィルトは演説の中で「新しいドイツ史の転機として一月三〇日［ヒトラー内閣成立］、三月五日［ライヒ議会選挙］および三月二一日［反政府陰謀攻撃防禦令］」を示し、「国家の構成要素としての手工業」の意義と「競争戦」を闘うために「機械と電気」の活用を強調した。彼は「民族宰相アドルフ・ヒトラーの偉業」について語り、最後にヒトラーとヒンデンブルクに万歳を唱えて演説を終えた(30)（同誌同年九月一五日号）。

こうしてニュルンベルクでは、会頭は交代したものの、旧執行部は理事として残留することになった。だが、その後、一九三五年一月の第二次ドイツ手工業暫定構成法により指導者原理が「手工業」分野に導入されて、旧執行部はすべて排除された。ミッテルフランケン手工業会議所のグライヒシャルトゥングはこうして一九三五年になって完了した。同会議所の業務報告書（一九三四〜一九三五）は記している。(31)「これまで執行部（Vorstand）と総会にあった決定・執行権は、会頭（Vorsitzende）に移った。会議所の会頭と、またその代行者は、もはや選挙によることなく、ライヒ経済大臣によって任命され、また解任されることになった。」会頭は手工業会議所を代表し、理事会と顧問会（Beirat）ないし彼がつくる委員会の構成メンバーを任命する権限を与えられた。理事会とこれまでの総会に代わる顧問会は、諮問機関の性格をもつことになった。

新たに再編された執行部は、先のヴィルトとバウアの二人のほか七人の新メンバーによって構成された。一九三二年時に在任し、一九三三年八月に再任された旧理事の名はすべて消え、代わって会議所支部のNürnberg, Fürth, Erlangen, Schwabach, Ansbach, Weißenburg, Rothenburgを代表する七人が理事に任ぜられた。彼らは一人を除いていずれも手工業管区親方の地位にあった。(32)一九三六年秋にはヴィルトが健康上の理由で退任し、後任に上記理事のひとり、ガラス工親方ロイヒナー（Leuchner）が会頭となり、それ以外の理事は再任された。(33)

ヴィルト退任ののち一九三六年に会頭となったロイヒナーはナチス党員であることが示されているが、副会頭と理事がすべてナチス党に所属していたかどうかは不明である。しかしこれまでの経過から見て、少なくとも彼らが「ナチス党の政治指導部」の認める親ナチ的人物であったことは間違いないだろう。むしろその多くはナチス党員であったと考えることも出来る。何故ならば新しい会議所会員の候補となるナチス党所属の手工業者は決して少なくなかったからである。

ミッテルフランケン地域の手工業者とナチス党との関係について上記業務報告書（一九三六／三七年）は、ドイツ手工業ライヒ身分の要請により実施した調査の結果として次のような数字を公にしている。(34)調査はイヌングを対象にして実施され、三二二五イヌングのうち、約二六九イヌングが回答したが、その大半は中小イヌングであったという。

ナチス党所属の手工業者　二五〇五人
黄金党記章保持者（古参党員）　一〇三人
手工業従業員のナチス党所属　一五七六人
イヌング組合の会長親方（Obermeister）のナチス党所属　一七七人
手工業者出身の政治指導者　一〇一人
SA（突撃隊）、SS（親衛隊）、NSKK（ナチス自動車隊）所属手工業者一七七五人、従業員一五九三人
手工業家族員のSA、SS、NSKKのStürmfühler（突撃隊長）以上　六一人
従業員でHJ（ヒトラー・ユーゲント）とBDM（女子ヒトラー・ユーゲント＝ドイツ女子連盟）所属　二六八四人

ミッテルフランケン手工業会議所は、一九三四／一九三五年に全域で三万二〇〇〇近い手工業経営者を有していた。その内調査が行われた中小イヌング二六七に含まれる経営数は不明であるが、仮に半数の一万六〇〇〇とすると、一〇人に一人が党員ということになる。これに対してイヌングの責任者である手工業長（会長親方）でナチス党員である一七七人は、対象イヌング数二六九の約三分の二に該当し、イヌングの指導者のかなり多くがナチス党員によって占められていたことがわかる。党員ではないがSAやSS所属のものを含めれば、ナチス党関係者の数はさらに増加するだろう。

ニュルンベルクの手工業会議所のグライヒシャルトゥングは、以上のように第二次手工業暫定構成法による指導者原理の最終的な導入によって、一九三五年になって、旧執行部の排除が完了した。ここでは商工会議所のナチス化も遅れ、ナチス党員で大管区指導者・大管区経済顧問のシュトロブル（O. Strobl）が会頭に就任し、執行部の改造を実施したのは一九三七年になってからであった。(35)

シュトロブルは、一八八七年レーゲンスブルクに生まれ、ミュンヘン兵学校を卒業、軍で活躍し、その後ミュンヘン大学と技術大学ほかで学んだのち、電気暖房機製造会社支配人を経て、ベルクマン電機会社部長（一九二八～三二年）、一九三二年からＡＥＧ電気暖房工場（ニュルンベルク）工場支配人、経営指導者に就任した人物であった。(36)

（3）ドイツ各地のグライヒシャルトゥング

手工業会議所のナチス化は各地で展開した。ドイツ手工業・営業会議所の機関誌『ドイツ手工業誌』は一九三三年四月一五日号（Jg. 27, Heft 8）で、三月から四月初めにかけて実行された各地の手工業会議所のグライヒシャルトゥングの状況を、次のように報じている（ヴュルテンベルクとミッテルフランケンの上記会議所は除く。以下同じ）。

［アルンスベルク手工業会議所］（ライン・ヴェストファーレン地方）

手工業会議所代表退任ののち、同市精肉業親方Ｂが特別全権をもつ監理官（コミサール）に任命された。コミサール執行部は、彫刻工親方Ｒ、靴工親方Ｄおよび錠前工親方Ｇによって構成され、さらに二人が指名される予定。

［ダルムシュタット手工業会議所］（ヘッセン）

ヘッセン手工業会議所総会は、一九三三年三月三〇日の特別会合で精肉業親方Ｍ（マインツ市）を会議所会頭に選出。執行部（氏名は省略）は、電気工親方、車大工親方、製パン組合会長親方、大工親方、彫刻工、大工親方、靴工組合会長親方。

［ヒルデスハイム手工業会議所］（ニーダーザクセン）

グライヒシャルトゥングのためにこれまでの会議所執行部が交代、替ってラント議会議員の精肉工組合会長親方Ｓが会頭、電気工事組合会長親方Ｋが副会頭となる。執行部はさらに家具工親方、建築工親方、左官親方が構成。

［ヴィースバーデン手工業会議所］（フランクフルト・ａ・Ｍ）

これまでの会頭の煙突掃除親方・都市長老マイアの退任ののち、会議所は、古参ナチス党員のブリキ工親方W・G・シュミット（ラント議会議員）を会頭に選出（同人は、のちに「ライヒ手工業指導者」になる）。退任した事務局長、ペンキ工親方Rの後任に、精肉業親方Lが選ばれた。

四月に入ってグライヒシャルトウングは勢いを増した。上記機関誌一九三三年五月一日号（Jg. 27, Heft 9）は、さらに多くの手工業会議所のナチス的改造の状況を紹介している。

［ベルリン手工業会議所］

特別執行部会において会頭Lが高齢を理由に退任、さらに副会頭の錠前工組合会長親方V、ブリキ工組合会長Kおよび煙突掃除工組合名誉会長親方Kが退任した。執行部員ペンキ業組合会長親方ローマン（Lohmann）が会頭職を継続。同人はその後四月二六日の総会で会議所代表（Präsidenten）に選ばれ、副代表として製パン工Gが選出された。第一法律顧問にはイヌング委員会（大ベルリン）のS、第二顧問にはJが任命された（この点については、同誌、Jg. 27, H. 10, 一九三三年五月一五日号による）。

［ブラウンシュヴァイク手工業会議所］（北西ドイツ）

親方Bが手工業会議所会頭に選出された。

［ブレスラウ手工業会議所］（シュレージエン）

「自由意思」にもとづく話し合いに沿って、陶工組合会長親方・市顧問官Uは、会頭職を営業的中間層ミッテルシュレージエン大管区闘争連盟指導者であるペンキ工親方Sに委ねた。Uは手工業会議所の第一副会頭の地位をそのまま保持した。第二副会頭には理髪業組合会長親方Fが就任。

［デッサウ手工業会議所］（中部ドイツ）

時計工Gが会議所の監理官代表に任命された。これまでの法律顧問Sは引き続き休職とされ、同Lが監理官事務長を委託された。

[デトモルト手工業会議所]（北西ドイツ／ヴェストファーレン）

退任会頭に代わって国家監理官大工親方Dが指名された。

[エアフルト手工業会議所]（中部ドイツ）

会頭の製パン工親方Dは退任し、土木工事企業家Sが監理官代表として業務を担当している。

[フレンスブルク手工業会議所]（北海沿岸・北ドイツ）

ナチス党フレスブルク管区指導者と手工業会議所事務局との間で協議が行われ、総会の次回選挙までの間、執行部交代による会議所グライヒシャルトゥングが決定された。旧会頭に替ってシュレスウィヒ・ホルシュタイン県知事K（ラント議会議員）が、会議所監理官となり、建築工親方Hに事務指導を委任した。

[フライブルク手工業会議所]（西南ドイツ）

会頭・市顧問官Aは退任し、国家監理官には、煙突掃除親方Wが指名され、法律顧問Eに対してSが補佐となった。

[ハンブルク営業会議所]（北海沿岸地方）

監理官代表として錠前工親方Kが会議所の指導を掌握している。法律顧問Sは即時休養させられた。

[ハルブルク手工業会議所]（ニーダーザクセン）

ナチス党の大管区指導者と営業的中間層闘争連盟の了解をえて、理髪業会長親方Hが会頭に選ばれた。これまでの会頭、建築親方Bは自発的に退任した。

[カイザースラウテルン手工業会議所]（西南ドイツ）

三月二七日付内閣決定にもとづき、製粉業主Ｌが、特別監理官として、プファルツ政府の提案に沿って、プファルツ手工業会議所会頭の補佐役に就任した。その後執行部と会頭は、一致して退任を決定した。電気工事親方Ｗが監理官・会議所代表となり、Ｍが副代表に任命された（Jg. 27, Heft 10, 15. Mai 1933による）。

［カールスルーエ手工業会議所］（西南ドイツ）

会頭Ｂは、会議所を監理官として引き続き運営する。事務局長Ｅを工学士Ｄが補佐することになった。

［ケルン手工業会議所］（ライン地方）

ライン手工業監理官は旧執行部に替わる代表部として時計工親方Ｃ、ペンキ工親方Ｈ、屋根葺き職Ｚを指名した。旧事務局長の後任には、ジャーナリストのＦ・シュリーブッシュ（Schliebusch）が選ばれた。会議所指導の第一議長として時計工親方Ｃが任に就いた。

［ケーニヒスベルク手工業会議所］（バルト海沿岸地方）

ラント議会議員Ｍ（ナチス党）が、東プロイセンの手工業会議所監理官指導者となった。

［コンスタンツ手工業会議所］（西南ドイツ）

これまでの会頭Ｆ退任ののち、鍛冶工親方Ｉが会議所の監理官コミサール議長に就いた。法律顧問Ｈは休職となった。博士Ｓが監理官事務局長を委任された。

［マグデブルク手工業会議所］（北西ドイツ）

執行部は一致して会議所の指導を金細工組合会長親方ハイネケ（Heinecke）に委ねることを決定した。副会頭にはこれまでの会頭Ｐがなり、第二副会頭に経師工会長親方Ｆが就任した。

［マンハイム手工業会議所］（西南ドイツ）

退任会頭Ｋの替わりに、これまで就任していた監理官代表鍛冶工組合会長親方が追認された。

［レーゲンスブルク手工業会議所］（バイエルン）

農業・労働のための三月二七日付対外省の決定にもとづき、錠前工親方Hがニーダーバイエルン・オーバープファルツ政府の提案に沿って監理官となり、即時、会議所執行部を補佐することになった。

［シュテッティン・ケスリン手工業会議所］（バルト海地方）

会頭Bは会頭職を退任した。会頭兼監理官代表には、営業的中間層闘争連盟の提案により、時計工親方Zが任命された。副会頭には、これまでの執行部メンバー製粉工親方Sが選ばれた。

［ヴュルツブルク手工業会議所］（南ドイツ）

営業的中間層闘争連盟大管区指導者の染色業主Sが、会議所特別監理官に指名された。その代理として家具業主Tが任命された。

［中部ドイツ手工業連盟］

会員への通信（回状）：ナチス党ライヒ議員にして煙突掃除親方カッツマン（Katzmann）は、連盟執行部に会長として加わり、四月一日、就任した。

同じ『ドイツ手工業誌』は、次の五月一五日号（Jg. 27, Heft 10）でもグライヒシャルトゥングの展開について次のように報じている。

［アルトナ手工業会議所］（ハンブルク）

同会議所の執行部は、四月二七日の会議で、機械工・技師のF・シュラム（Schramm）（ライヒ議会議員［ナチス党］）を一致して会頭に選出し、同時に次の総会での認証にいたるまでの会議議長（Präsidenten）に任命した（F・シュラムは、このあとライヒ手工業組織の指導的機関ドイツ手工業ライヒ身分の責任者、ライヒ親方に任命される）。

［ケムニッツ営業会議所］（ザクセン）

これまでの代表・パン工組合名誉会長親方Bが退任し、製菓工親方Kが、会議所代表に選ばれた。

［デュッセルドルフ手工業会議所］（ライン・ヴェストファーレン地方）

四月二一日の執行部会議において、営業的中間層闘争連盟の了解にもとづき、また執行部の次回総会による承認を前提にして、改造が行われた。代表には錠前工のHが選ばれ、副代表には、車大工のHがなった。

［ミュンスター手工業会議所］（ヴェストファーレン）

四月二一日の特別会議で、ペンキ工Wが会議所代表に選出された。これまでの代表者は、新執行部のメンバーに送り込まれた。

［オペルン手工業会議所］（シュレージエン）

副代表の鍛冶工会長親方Sと、仕立工会長親方Kが彼らの執行部局を設置した。営業的中間層闘争連盟（オーバーシュレージエン大管区）の提案により新しいメンバーとして大工親方N、ペンキ工親方Tと時計工親方Rが執行部に入った。事務局の法律顧問Gは休職にさせられ、高齢のために退任することになった。事務局の仕事はこれまでの副顧問Pに委任された。

また同誌は、六月一日号（Jg. 27, Heft 11）でテューリンゲン経済地域のエアフルト・ゲラ・マイニンゲンおよびワイマール各手工業会議所が、アドルフ・ヒトラーをテューリンゲン手工業の名誉親方に指名したこと、またダルムシュタット手工業会議所においては、ヘッセン手工業会議所会頭がドイツ手工業ライヒ身分の指導者v・レンテルン（営業的中間層闘争連盟）［ベルリン］と副指導者K・ツェレニー（同上）［ミュンヘン］をヘッセン手工業の名誉親方に任じたと報じている。また、レーゲンスブルク手工業会議所に関して、バイエルン経済省特別全権委員の錠前工親方H［レーゲンスブルク］がオーバープファルツ・レーゲンスブルク手工業会議所会頭に任命された旨、同省決定（一九三三年五月一〇日付）として紹介している。副会頭には大工親方、会計担当には理容師親方が就任した。

その後の状況について。ザクセンの首都ドレスデンの営業会議所では、営業会議所改造令（一九三三年六月三日）にもとづいて、結成会議が開かれ、国家監理官の工場主・エンダー（Ender：ライヒ国会議員）が挨拶し、「会議所に召集されたのはナチス党員だけではあるが、その事実はそれによってナチス党の機関をつくり出そうというわけではない」、むしろ「国民的革命を経済生活の根のすみずみまでもたらそう」という意思の現われなのであり、召集の仕方が「異状」であるように、「新しい会議所メンバーの役割も異常」なのである、と演説した。こうしてエンダーは会議所会頭に植民地物産商L、第一副会頭に毛織商P、第二副会頭に桶工で市参事会員Hを任命した。会頭になったLは「総統の意思」の下、「営業的中間層の繁栄」のために運営する旨の誓約をした。ヒトラー万歳三唱をもって会議は終了した（同誌 Jg. 27, Heft 14：一九三三年七月一五日）。

ドレスデンでは、同年一〇月二日にザクセン手工業ラント委員会の会員総会が開催され、旧執行部の退任が決定された。会議の議長は、ドイツ手工業ライヒ身分の副会長に就任していた営業的中間層闘争連盟のツェレーニーであった。この会議も総統であり首相であるヒトラーへの万歳三唱をもって閉じられた。

またマグデブルクの手工業会議所の総会は、九月一〇日、ヴュルニゲローデで開かれ、すでに会頭となっていたハイネケは、新政府の意義を讃え、指導者原理の重要性を強調した。副会頭Pは「政治的展開」によって執行部と会頭のグライヒシャルトゥングが必要な旨を指摘し、ハイネケの会頭再任が決定された。同人は執行部と会頭の新編成が、「ナチス的原理」に従ってなされたと報告した（同誌、Jg. 27, Heft 20：一九三三年一〇月一五日、S. 393f.）。

ヴェストファーレン地方のドルトムントでは、六月九日に手工業会議所の総会が「政治的転換によって不可避となった手工業会議所執行部の人事改造」を行うために開催された。「多数のイヌング旗とナチス運動」の「シンボル」とで飾られた特別な会場には、ツェレニーらドイツ手工業ライヒ身分の面々が招かれていた。その中で営業的中間層闘争連盟と提携して決められていた新メンバーの執行部が承認された。鍛冶工親方S、精肉工親方P、製パン工親方S、仕立工親方R、建築工親方R、錠前工親方Oである。

続いてツェレニーが「手工業組織のグライヒシャルトゥング」について演説し、「手工業が同時にナチス党員とともにあること」の必要性を主張し、しかし「手工業の中にナチズムから生まれた生活力がまだ十分には効果を示していないこと、そのために暴力を用いてでもさまざまな形でグライヒシャルトゥングをおこなわなければならなかった」と強調した。その責めは「過去の自由主義的思想」にとらわれている古いリーダーたちにある。営業的中間層闘争連盟の活動なしには「ナチズムの指導者原理」の中で強化された指導部に人々を就かせることは出来なかったのだ、と説いた（同誌、Jg. 27, Heft 14：一九三三年七月一五日）。

以上『ドイツ手工業誌』が報じる手工業会議所の改造について紹介して来た。手工業会議所は全ドイツの主要都市六五（一九三四年）に存在し、上記の事例の数はその半数となる。だがそのことは残余の地域でグライヒシャルトゥングが強行されなかったことを意味しない。

たとえばミュンヘン。ナチス党運動発祥の地、ミュンヘンでは、営業的中間層所属のナチ党員が多く、一九三五年までに職を得た四八人の市参事会員のうち、二一人が手工業や商業に属していた。彼らの多くが運動の初期からの党員で、黄金党記章の持ち主であった。だが彼らはこのように古参党員でありながら能力や実力の点で劣り、党員としては重要な地位を得ることがなかったといわれている。(37) しかし、ミュンヘンの手工業会議所の会頭の地位を掌握したのは、まさにそのような党員のプロトタイプとされる時計工のマウリツェ（Emil Maurice）であった。彼は同時にバイエルンの手工業を全体として指導するラント親方（Landmeister）、またバイエルン経済会議の副会頭として活動することになる[38]。

逆にヴェストファーレンのビーレフェルトの会議所のようにグライヒシャルトゥングがあまり行われなかったケースもあった。ナチス期におけるこの地域の会議所を分析したシュトレンメルによれば、ビーレフェルトは、会議所会頭も執行部も一九三三年には現状が維持されたヴェストファーレン唯一の会議所だった。ナチス党や監理官と会議所事務局長の人的関係がその理由ではないか、とシュトンメルは推定している[39]。

3　ライヒ専門連盟と同業組合（イヌング）のグライヒシャルトゥング

①ライヒ専門連盟

手工業会議所に登録された手工業的経営は、業種ごとに同業組合（イヌング）・専門組合を構成した。同業組合・専門組合は、手工業経営の最も基礎的な団体であった。イヌングは加入が自由な自由イヌングと強制加入制による強制イヌング（Zawngsinnung）とが併存していたが、ナチス政権の下で全員の強制加入方式によるイヌング制に編成替えされた。それは一九三三年一一月二九日のドイツ手工業暫定構成法を経て、一九三四年六月一五日に布告されたドイツ手工業暫定構成に関する第一次令にとって確定された。

地域ごとに結成されたイヌング・専門組織はより広域のラント、そしてさらにライヒ全体の組織を有していた。すなわちライヒ専門連盟（Reichsfachverbände）で、五三業種に存在した。各業種のライヒ専門連盟は、ライヒ専門連盟集団（グルッペ）を構成した。

イヌングごとのグライヒシャルトゥングは一九三三年春、手工業の全国組織・ドイツ手工業ライヒ連盟（Reichsverband des deutschen Handwerks）内のこのライヒ専門連盟集団（グルッペ）において、グライヒシャルトゥングのための実行委員＝監理官（Kommissare）が組織されたことが決定的な画期になった。実行委員は、二人のナチス党員、すなわちナチス営業的中間層闘争連盟の手工業グループに属し、機関誌『ドイツ手工業』（Deutsches Handwerk）の編集者であるツエレニー（Carl Zeleny）と、ドイツ靴手工業ライヒ連盟のナチス党員法律顧問シルト（Heinrich Schild：一八九五年生まれ。一九三三／一九三四年ドイツ手工業ライヒ連盟事務総長。一九三四年解任）の二人であった。両名はその経緯を回状によって周知させ、各イヌングに対してグライヒシャルトゥングの実行を求めた。回状によれば上記ライヒ専門連盟集団の首脳部は、総会の同意の下でライヒ専門連盟のグライヒシャルトゥングの実施に向けて事務局を提供することに同意していた。両名はその実行委員として承認されたことを受けて、ライヒ専門連盟の執行部のグライヒシャルトゥングを実施するため、次のような指針を作成した[40]。

1．一九三三年一月以降、ライヒ専門連盟の執行部の最低五一％は、ナチス党員によって占められなければならない。

2．事務局執行部はナチ党員同僚による交替の実施について協議し、本監理官（コミサール）に対して文書により提案を行うこととする。ライヒ専門連盟執行部が新執行部のすべてをナチス党員とするよう配慮することを監理官は期待している。

3．上記グライヒシャルトゥング案は新執行部の名前とアドレス、留任・新任の区別を記さなければならない。

4．本監理官は、上記提案にもとづき各ライヒ専門連盟と協議し、新規則を公式に決定し、認定した執行首脳部の長を補佐することとする。事情によっては執行部メンバーの数に関しても補充することとする。

5．上記規定は、さし当って執行首脳部にのみ適用される。

6．ライヒ専門連盟は本文書受領後、本監理官に対して、所属のラント専門団体と非所属の専門団体のアドレスのリストを送ることとする。新首脳部に関する提案に併せて旧執行部の成員のアドレスをも送られたい。

7. 各ライヒ専門連盟は、下部組織のラント専門連盟とイヌングないし地域団体に連絡し、それらが上記指針の趣旨にもとづき執行部の交替を実施し、政治的関係に見合ったグライヒシャルトゥングをすすめるようにしてほしい。ラント連盟とイヌングはその際その目的のためにナチ党の商工関係地区闘争団か大管区（ガウ）闘争連盟と協議する旨指示するよう求める。ラント専門連盟はこの交替に関して本監理官に報告を行うこととする。

以上のように業種ごとの専門団体・同業組合（イヌング）は、ツェレニーとシルトの監理官の指示に従いグライヒシャルトゥングを実行することを強要された。それは手工業会議所の場合と異なり、ツェレニーら監理官→ライヒ専門連盟→地域イヌングの指令として実施され、地域のナチ党組織がそれに関与した。ナチ党員が過半数となるような執行部の交替は、旧執行部からの提案の形をとって行われることになっていたが、監理官の指令はそれ以外の選択や反論の余地を残さず、いわば有無を言わせぬ命令に他ならなかった。

②イヌング改造の原則

一九三三年四月一九日の監理官（コミサール）指令は、イヌングのグライヒシャルトゥングに関する特別の指針を含んでいた。(41)

1. グライヒシャルトゥングは、ドイツ手工業の最高組織・地区組織におけると同様、地域組織・イヌング・イヌング委員会においても実施される。グライヒシャルトゥングとは、イヌングの執行部の過半数がナチス党員であることを意味する。したがって新人事を上記の意味において実施することが求められる。

2. イヌングの長である会長親方（Obermeister）と執行部メンバーが、一九三三年一月一日ののちになってナチス党員となった場合は、営業的中間層闘争連盟指導者か管区闘争指導者が上記人物がグライヒシャルトゥングに適当か否かを決定する。その目的はいわゆる日和見政治家を排除することにある。われわれはまさに最近非常に多くの手工業者がナチス党員資格を得たり、得つつあること、それがしっかりした確信によっていることを知っており、それを歓迎している。
3. 会長親方の事務局は可能な限りナチス党員が務めるべきである。
4. ナチス党中間層闘争連盟には党員でなくても加入できるので、日の浅い闘争連盟メンバーはグライヒシャルトゥングの点で十分な資格を有するとは限らない。
5. 上記闘争連盟は、ナチス全体運動の枠の中にある組織であって、中間層をナチス的に捉え、各組織にナチス精神を浸透させることを目的としている。手工業者が出来るだけ多くそのメンバーになることが必要である。
6. イヌング首脳部がこれまでの構成によって、あるいはこの間のナチ党員加入によって、グライヒシャルトゥングが事実上実施されていることもありうる。ただしそれは当該人物がナチス的な考えの人間であると問題なく言える場合である。
7. 新イヌング執行部の構成に当って注意すべき基準は職能身分制的行動である。

執行部の改造に関して監理官は次のような指示を与えている。
1. 最も適切なグライヒシャルトゥングの仕方：これまでの執行部が自由意思で退任すること。退任については執行部メンバー全員署名の会議記録によって確定する。新執行部は、闘争連盟地域グループ指導者あるいは管区闘争連盟指導者の承認をえることとする。イヌング会員総会による新編成の承認・認可までは、ナチス党員のイヌング成員か、イヌングの監理官コミサール指導者に委託する。

以上のように、監理官指令はイヌングのグライヒシャルトゥングの実施を命ずるとともに、それが旧執行部の自主的退任の形をとることを推奨したり、イヌング総会によって形式的に承認されることを求めることによって、イヌングのグライヒシャルトゥングが権力的に強行された事実の印象を表面的に弱めようとしていた。しかしナチス党員の執行部把握の現実、ナチス党闘争連盟による承認という方式は、実質上それへの反対や逸脱を認めない断固たる命令に等しかった。

以上のような指針を背景にして各イヌングやライヒ専門連盟のグライヒシャルトゥングが展開する。たとえば電気工事業の場合、一九三三年六月にライヒ連盟の年次総会が開かれ、ナチス党員による執行部改造が決定された。『ドイツ手工業誌』(Jg. 27, H. 14：一九三三年七月一五日号）はその状況をつぎのように報じている。

同連盟（フランクフルト・a・M）は六月二五日に年次中央総会を開催した。ドイツ手工業ライヒ身分の副会長・党員ツェレニーがナチズムの意義と本質、手工業専門団体のグライヒシャルトゥングの必要性、職能身分的構成における専門団体の今後の役割について感銘深い演説を行った。出席した代表の大部分がナチス党員であり、彼の演説は豊かな賛同の土壌を見出した。中央総会においてライヒ連盟は一〇〇％のナチス執行部の選出によってグライヒシャルトゥングされた。連盟の新しい指導者はガーマー（Gamer, ヴォルムス）で、同人は同時にミッテルライン・ヘッセン・ヘッセンナッサウ・フランクフルト（a・M）地区協会の首席会頭でもある。さらにガーマーは、ダルムシュタット手工業会議所副会頭であり、彼の故郷（ヴォルムス）の電気工事イヌングの会長親方でもある。

上の記事は、電気工事ライヒ連盟年次総会の出席者の大部分がナチ党員であったと報じている。このことは総会に代表を送るこの営業分野の大半のイヌングですでに改造が行われ、イヌング会長に就任したナチス党員が総会に派遣されたことをうかがわせるものである。こうして連盟新執行部は「一〇〇％」ナチス化された。新指導者も間違いなくナチス党員であったといえよう。その彼は、まさに地元ヴォルムスの同業種のイヌング会長親方であり、フランクフルトを含むミッテルライン・ヘッセン地域全体の組織をも指導する地位に就いていた。

機械工ライヒ連盟のグライヒシャルトゥング。カイザースラウテルンにおいてドイツ各地三五のラント・プロヴィンツの連盟支部の代表を集めて会議が開催された。会長は、執行部メンバーと事務局員に対して、「首相アドルフ・ヒトラーの指導者原理」への忠実な実行を義務づけた。その上で決議が異議なく決定された。決議は、デパートや均一価格店、公営的経営、購入組合の解体をもとめるのであるが、その冒頭の文言は次の通りであった。「わがアドルフ・ヒトラーを心から信頼しつつ、自動車・自転車・ミシン・事務機の各分野のすべての専門集団は、今日身分制的編成の準備をめざして、機械工ライヒ連盟に結集した」（同誌、Jg. 27, Heft 16：同年八月一五日号、S. 314）。

ブリキ工業のライヒ連盟の場合。八月に連盟会議が開かれ、司会者の名誉親方ヴァリエン（ハノーファー）が「民族革命によって条件づけられたドイツ手工業の状況変化」に対応するための執行部改造を提案し、ナチス党員シュミット（ヴィースバーデン、ライヒ議員）を連盟全体の唯一の指導者に選出することを求め、全会一致で認められた。また定数の改正が審議され、執行部における指導者原則が承認された（同誌、Jg. 27, Heft 18：同年九月一五日号、S. 352）。

皮革・革ポルスター・経師手工業のライヒ連盟の会議は七月に開かれたが、首席会長アーレンス（Ahrens）はナチス党員で、専門団体のグライヒシャルトゥングのための監理官（コミサール）のシルトからその地位を与えられていた。彼はこの会合の目的が「ライヒ宰相アドルフ・ヒトラーの政権に対して断固として誠実である」ことを公にすることにある、と強調するとともに、各団体の指導者たちが「連盟のグライヒシャルトゥング」もそれに沿って行われており、「ナチズムの原則がドイツ手工業組織の指導部にも根をおろす」ためにそれが必要なのだ、と説明した（同誌、Jg. 27, Heft 19：同年一〇月一日号、S. 370f.）。

監理官シルトが法律顧問をしていた靴工手工業ライヒ連盟は、八月末に総会を開催した。シルトが議事を掌握し、「第三帝国への大変革」と「ナチス国家の意義」を強調した。「議会制的機構」の廃棄と、「権威的指導」と「規則に服従する従業員」の役割を説き、「すべてのイヌング成員からナチス主義者を作り出す」ための行動力と順応力が必要だと主張した（同誌、Jg. 27, Heft 21：同年一一月一日号、S. 411）。

グライヒシャルトゥングによる改造は、その他、屋根葺き職、婦人用帽子工のライヒ連盟でも行われ、また、車体組立・車大工の連盟ライヒ大会には、ドイツ手工業ライヒ身分のツェレニーの代理人がアジ演説を行った（同誌、各Jg. 27, Heft 14：一九三三年七月一五日号、S. 271f.; Jg. 27, Heft 15：同八月一日号、S. 292f：Jg. 27, Heft 18：同九月一五日号、S. 353)。

以上、『ドイツ手工業誌』にもとづきながら、中小工業経営の最も基礎的な組織としての同業組合・専門組合（イヌング）の全国組織、ライヒ専門連盟におけるナチス的改造について見て来た。五三業種の全国組織のうち、同誌に記事として掲載されたのは一部であり、他の業種でのグライヒシャルトゥングの状況はそこからは捉えることは出来ない。しかし、同誌に記事が掲載されていないということは、その業種団体でナチス的改造が行われなかったことを意味しない。

ドイツ手工業最大の同業組合である製パン業がそれである。『製パンマイスターとナチス』の著者鎗田英三氏は、製パン業の全国組織「ゲルマニア」と、地域組織のひとつハンブルクのグライヒシャルトゥングについて興味深い事実を明らかにしている。すなわちゲルマニアでのナチス的改造は、一九三三年四月にはじまり、会長は留任したが、副会長にはナチス党国会議員マグニア（W. Magunia）が就任し、実権を掌握していった。七月には理事会が改造され、理事の内五人が退任した。新任の四人の常務理事のうち三人がナチス党員であったという。(42) マグニアは――『ドイツ指導者辞典』（*Das Deutsche Führerlexikon*）によれば――一九〇二年生まれで、兵役後製パン手工業を習得し、一九二七年親方試験に合格。一九二一年以来一貫してナチス党員で、東プロイセン・ラント議会の議員をへて、一九三三年一一月からライヒ国会議員、一九三三年四月に東プロイセン手工業会議所会頭に就任し、大管区経済顧問、NS-

Hago 大管区指導者を兼ねていた(43)。

ハンブルクのイヌングは、ナチス党員監理官（コミサール）の指示の下で、四月に執行部全員が退任し、役員が改造された。一一人の執行部のうち五人が新任で、いずれもナチス党に所属していた(44)。

イヌングのナチス化が各業種で進行していたことは、手工業会議所の改造によって新執行部の地位を獲得したナチス党員ないしナチス支持者が、しばしば同時に特定のイヌングの指導者、すなわち会長親方（Obermeister）であったり、会議所執行部就任後にイヌング責任者となったりしたことからわかる。

たとえばヴュルテンベルクのシュトゥットガルト手工業会議所の会頭となったデンペルは、同地域のイヌング組織のラント石膏しっくい細工連盟の会長を兼任した。ダルムシュタットの会議所執行部には製パン業、靴加工の二業種の会長親方が含まれ、ベルリンでも錠前業・ブリキ業・煙突掃除・ペンキ業の各イヌング会長が会議所の執行部に入った。ブレスラウとハルブルクでは理髪業、マグデブルクでは金細工業と経師工、マンハイムでは鍛冶工、オペルンでは仕立業と鍛冶など、それぞれの同業組合長が同時に会議所の新執行部に加わっていた。これらの事実は、イヌングのグライヒシャルトゥングが、会議所のそれとほとんど重なるように進行したことをうかがわせる。

イヌングのグライヒシャルトゥングは、営業的中間層闘争連盟など地域のナチス的組織とそれと密接な関係にある突撃隊などの圧力を背景に、ドイツ手工業ライヒ連盟内のライヒ専門連盟中央機関「集団」（「グルッペ」）が認めた監理官（ツェレニー／シルト）の指導の下に強行された。明らかにそれは政治的な権力にバックアップされた「強力」（Gewalt）にもとづく事実上の強制に他ならなかったが、同時にワイマール期以来の民主主義的な決定方式を形式的に維持した形で遂行された点にも注意が必要である。すなわち旧執行部の退任、新執行部の承認はともに会員総会ないし執行部会議の議決の形をとってなされていた。そして何よりもグライヒシャルトゥングの意味が「ライヒ専門連盟の執行部の最低51％」がナチス党員となることにあった点、そしてその改造案を現存の執行部が作成することを求めた点である。

もとより監理官の指針は、すぐ続けて「新執行部のすべてをナチス党員」になるよう配慮せよと圧力をかけ、かれらの本質をあからさまに示してはいる。しかし「ライヒ専門連盟」だけでなく各イヌングでのグライヒシャルトゥングの特別指針においても、その冒頭で、「イヌングの執行部の過半数がナチス党員であること」と規定しているように、いわゆるグライヒシャルトゥングは、この段階においては、多数決主義を前提にし、そのために多数派を獲得することを第一の目標にしていたのである。

したがってこの時点でグライヒシャルトゥングによって、旧執行部の一部が残留することはこの指針に反するものではなかった。決定的に重要なことは、自由主義的（ないし社会民主主義的）なメンバーを執行部から排除し、ナチス党員が執行部の多数派となることにあった。

それ故、「ライヒ専門連盟の頂上部におけるグライヒシャルトゥングはほとんど完全に遂行された」というツェレニーの言葉を引用しながら、シェッジーが「１９３３年4月末には手工業のグライヒシャルトゥングのこの部分「イヌング」は完全に実行された」と述べるのは全面的に誤りではないといえよう。しかし、このことはイヌングや専門連盟の執行部に旧メンバーが残存することを決して排除しないのである(45)。

イヌングのナチス化は、一九三三年一一月二九日のドイツ手工業暫定構成法によって決定的となった。この法令は、一九三三年三月二三日のいわゆる授権法によって、ライヒ議会の議を経ずに政府が立法することが可能になったことを受けて、ライヒ経済省・ライヒ労働省によって作成され布告された。それはライヒ経済省とライヒ労働省が、手工業者のイヌングへの加入を義務づけ、また指導者原理にもとづいて手工業を編成する法的措置をとる権限を認めるもので、その後、一九三四年六月一五日のドイツ手工業暫定構成法第一次令によって、それが具体化した。この法令は指導者原理にもとづいて、イヌングの議を経ずに、手工業会議所がイヌングの組合長＝会長親方を、また会長親方はイヌングの顧問をそれぞれ任命することを可能にした。こうして今や執行部の旧メンバーは最終的に排除されて、グライヒシャルトゥングが完成することになるのである。(46)

4　手工業全国組織のナチス化

ドイツ手工業の最上部組織「ドイツ手工業ライヒ連盟」（Reichsverband des deutschen Handwerks）においても、ヒトラー政権掌握以前からナチス党の影響力が強まっていた。この組織は、ドイツ中間層党（経済党）との関係が強かったが、執行部は、やがて次第にナチス党に接近するようになった。(47)一九三三年には連盟会長に、古参ナチス党員のW・G・シュミット（Wilhelm Georg Schmidt）が加わった。シュミットは、手工業者の家に生まれ、一九二五年から自営業を営み、翌二六年にはヴィースバーデンでナチス党地区集団を結成した。さらにSAとSS、大管区部長として活動し、一九三二年プロイセン議会議員、三三年にはライヒ議会議員の地位にあった。彼は根拠地ヴィースバーデンでグライヒシャルトゥングにより手工業会議所会頭になっていた。四月には、営業的中間層闘争連盟のH・シルトが連盟の事務局長の地位を獲得し、五月の連盟総会では「ドイツ手工業ライヒ身分」（Reichsstand des deutschen Handwerks）の結成が決議され、その会長に、上記闘争連盟の指導者レンテルンが、副会長に同闘争連盟のツェレニーが就任した。

先にも述べたように、連盟を構成するイヌング上部組織ライヒ専門連盟の全体組織＝集団（グルッペ）においては、グライヒシャルトゥングのための実行委員＝監理官（コミサール）が結成され、闘争連盟の活動家ツェレニーとシルトの二人がその地位に就いて、ライヒ専門集団と下部イヌング組織のナチス化を強力に推し進めていった。それから数か月、一九三三年九月にはドイツ手工業ライヒ連盟は解組され、替ってレンテルンが会長職のドイツ手工業ライヒ身分が手工業全体の頂上組織として君臨することになった(48)。

このあと一九三三年一一月のドイツ手工業暫定構成法にもとづき、一九三四年一月に「ドイツ手工業ライヒ身分」が再編され、「ライヒ手工業指導者」(Reichshandwerksführer)によって指導されることになった。指導者の地位に就いたのは、ヴィースバーデンの手工業会議所会頭で、ライヒ手工業連盟会長に加わっていたナチス党員のブリキ工事親方W・G・シュミットであり、それを補佐する代理指導者として、ツェレニーが任命された(49)。

手工業会議所と上部組織に指導者原理が本格的に適用されるのは、一九三五年一月一八日のドイツ手工業暫定構成法第二次令においてであった。手工業会議所と頂上組織のグライヒシャルトゥングはそこで完成することになる。

おわりに

以上、中小・零細工業(いわゆる手工業)の地域的・全体的機構のナチス的改造について考察した。グライヒシャルトゥング(強制的同質化・均制化・一元化)と呼ばれたこの分野の組織機構のナチス化はほぼ次のような段階を経過したことがわかった。

(1)ナチス政権掌握前の先行的・潜在的グライヒシャルトゥング、(2)ヒトラー政権掌握後一九三三年春から秋にかけての既存の機構の人的改造=ナチス化、(3)一九三四・三五年の手工業立法による指導者原理にもとづく機構のナチス的編成替の三段階である。以上のうち(2)は、(1)を前提に、ナチ党営業的中間層闘争連盟を推進者として、「革命」として全ドイツ的な規模で強行されたナチス的改造であり、(3)はその完成過程に位置づけられることから、グライヒシャルトゥングの中心に(2)を置くことは適切である。これまでグライヒシャルトゥングが(2)として理解されて来たのはその故である。

⑵のグライヒシャルトゥングはナチスの政権奪取後に各地の手工業組織、すなわち手工業会議所と同業組合（イヌング）、それらの上部機構で強力に展開するのであるが、しかしその条件はすでに一九三三年以前に準備されていた。周知のようにナチス党と中小経営者との関係は早くから緊密であり、彼らは古参の党員として地域を基盤にして、SAやSSの結成に積極的に関与し、自身の加わる会議所やイヌングの中に影響力を植え付けていった。それは営業的中間層闘争連盟の組織化と結びついた。シュトゥットガルト手工業会議所のデンペル、ミュンヘンのマウリッツェ、ヴィースバーデンのシュミットはその典型である。ヴィンクラーがこの先行的なグライヒシャルトゥングを重視したことは全く適当であった。

しかし本格的なナチス的改造は、一九三三年におけるヒトラーの政権掌握（一月三〇日）とライヒ議会選挙（三月五日）の勝利によってはじめて可能になった。突撃隊などの暴力装置に支えられて脅迫や威圧と強要を背景に強行されたグライヒシャルトゥングは、既存の組織（会議所・イヌング）を前提として、それを運営してきたこれまでの執行部のうちユダヤ人、自由主義的（ないし社会民主主義的）メンバーを退陣させ、代わってナチス党員・支持者を送り込み、多数派として執行部の実権を掌握することにあった。われわれはそのようなナチス的改造が二、三の地域の例外を除いてほとんど全国的な規模で実行されたことを見た。その特徴は次の点にあった。

①SAやSSなどの暴力的装置とテロ・脅迫・威圧を背景にして実行された点。ドルトムント手工業会議所の総会（六月）で営業的中間層闘争連盟の実力者ツェレニーが公然と強調したように「手工業」の中にナチズムの活動力を植え付けるためには「暴力」（Gewalt）が必要だったのである。

②しかしそれだけでは不足だった。ツェレニーが嘆いたように、「広範な人々」が「ナチス的な世界観・経済観」を認めようとしなかった。その理解をえるために「闘わなければならなかった」[50]。そのような中小営業者大衆の承認

を得るためには、ライヒ議会の選挙結果を踏まえたナチス党ヒトラー政権の正当性、一九三三年三月五日のライヒ議会選挙勝利による国民の承認、それを前提にしたライヒ議会におけるいわゆる授権法決定（三月二三日）の意義が強調されなければならなかった。ライヒ経済省におけるグライヒシャルトゥングのための監理官（コミサール）の任命、ライヒ手工業連盟の専門連盟集団における同業組合（イヌング）のグライヒシャルトゥング監理官（ツェルニー・シルト）の決定、など公式的機関による認証、そのようなお墨付きが最大限活用された。暴力だけではなく、このような公式の制度を土台にしてナチス的「革命」がすすめられたことは重要である。

③旧執行部の退任、ナチス党員による代替は、形式的ではあるが、会議所・イヌングの旧執行部で原案がつくられ、総会の議を経て決定された。つまりこれまでの規程にもとづき、多数決定主義を形式的に踏まえてグライヒシャルトゥングが行われたのである。旧執行部の排除は、旧執行部自身の自主的退任・休職の形をとるのが普通であった。

④イヌング・専門組合のグライヒシャルトゥングに際してツェレニー・シルトの中心的メンバーが作成した指針は、「執行部の多数派」がナチス党員となることであった。つまり彼ら自身が多数決主義を前提にし、それを活用して、反対者を少数派に追い込み、異議を抑圧する手段を採用したのである。したがって第二段階のグライヒシャルトゥングにおいては旧執行部の一部は留任することが少なくなかった。しかし指針は同時に執行部の新人事編成がナチス党から見て適当か否かを地域の党政治部の判断に委かせるとともに、幹部の全員がナチス党員となるように期待するという監理官の要請を伝えることによって執行部に圧力をかけることを忘れなかった。

このように狭義のグライヒシャルトゥングは、ナチス党の脅迫や威圧と同時に、形式的には旧来の決定方式を利用しながら強行された。民主的決定方式を全面的に否定した指導者原理は、(2)においては、まだ背景に退いていた。中小経営者の反発を抑制し、可能な限りの賛同を引き寄せるために、ナチスのリーダーたちは、そのような従来型の形式を最大限利用することを不可欠と考えたのである。そのことは、同時にワイマール共和制と結びついた民主主義的意識が、ワイマール体制に批判的な立場をとる営業的中間層の中にも、広く根をおろしていたことを示しているといえよう。ナチス体制にとってグライヒシャルトゥングは決定的に重要な一歩であったのである。

一九三三年三月五日の選挙の結果を最大限利用しつつ、三月二三日にいわゆる授権法がライヒ議会を通過する。授権法は、ライヒ議会の審議を経ずに政府が法的措置を実行することを可能にした[51]。ライヒ経済省・労働省の三三年一一月二九日の手工業暫定構成法にもとづき、一九三四年六月、その第一次令、一九三五年一月、第二次令が布告され、これまでの多数決主義を否定する指導者原理が公式に導入された[52]。上級機関に権限を集中し、「上から」の指令を決定的とするこの原則により、会頭の権限は強化され、ナチス的人事改造が全面的に容易となった。ニュルンベルク手工業会議所にみられるように、留任が認められていた三三年以前の旧執行部は排除され、ナチス党員・ナチス支持者がそれに替わった。これが第三段階のグライヒシャルトゥングであった。中小・零細工業の組織のナチス化はこの第三段階で完成するのである。

注

（1）　グライヒシャルトゥングの言葉は、ヒトラー指導のライヒにラントを均一、一本化させることを目的として、一九三三年三月三一日の法律で用いられ、ナチス党を除く既成政党や諸機構の解体と改組、そのナチス化を意味していた。山口定氏はグライヒシャルトゥングをファシズム体制成立の決定的な契機として捉えている。「ファシズムは、「プロレタリアートの前衛組織」とされる共産党や左翼一般に対する単なる弾圧体制でもなければ、単なる「公然たるテロ独裁」でもない、それ以上のものであるということである。それはいわゆる「強制的同質化」［グライヒシャルトゥング――原文は傍点］の貫徹によって、左翼や労働組合運動ばかりでなく、すべての既成の「中間団体」を解散する（広い意味での社会主義的団体と自由主義的団体の場合）か、もしくはそれらの団体を指導部の大幅な交替と名称の変更を通じて再編成する（保守主義団体や利益団体の場合）［か］し、その際には、ファシストのイデオロギーが人々をそのような「変革」の要求もしくは支持に向けて動員するうえできわめて重要な役割を演じるのである」（山口定著『ファシズム——その比較研究のために——』有斐閣、一九七九年（初版）、一八三頁、岩波現代文庫版、二〇〇六年、二一六頁）。一九三三年春に始まるグライヒシャルトゥングの全体的状況に関しては、Karl Dietrich Bracher, *Die deutsche Diktatur*, Köln/Berlin 1969, S. 235-249, 山口定／高橋進訳『ドイツの独裁』Ⅰ、岩波書店、一九七五年、三八九〜四一四頁。またMartin Broszat, *Der Staat Hitlers. Grundlegung und Entwicklung seiner inneren Verfassung*, München 1969, 15. Aufl. 2000, 4. Kap., 5. Kap.

（2）Paul Hilland, Die Neuordnung der gewerblichen Wirtschaft, in: *Jahrbuch der nationalsozialistischen Wirtschaft*, Stuttgart /Berrlin 1935, S. 119.

（3）拙著『ナチス・ドイツと資本主義』日本経済評論社、二〇一三年、第一部第1章、第3章も参照。

（4）Valentin Chesi, *Struktur und Funktionen der Handwerksorganisation in Deutschland seit 1933. Ein Beitrag zur Verbandstheorie*, Berlin 1966, とくにS. 31-38. Bernhard Keller, *Das Handwerk im faschistischen Deutschland. Zum Problem des Massenbasis*, Köln 1980も第3章で「手工業団体のグライヒシャルトゥング」を取り上げているが、ほとんど全面的にシェッジーの上記書物によっている。

（5）Heinrich August Winkler, *Mittelstand, Demokratie und Nationalsozialismus*, Köln 1972, S. 171.; ders., *Zwischen Marx und Monopolen*, Frankfurt a. M. 1991, S. 55, 後藤俊明他訳『ドイツ中間層の政治社会史１８７１－１９９０年』同文舘、一九九四年、八一頁以下。

（6）Adelheid von Saldern, *Mittelstand im „Dritten Reich“*, Frankfurt a. M./New York, 1979.

（7）鎗田英三著『製パンマイスターとナチス』五弦社、二〇一一年、第6章3。

（8）Ralf Stremmel, *Kammern der gewerblichen Wirtschaft im „Dritten Reich“. Allgemeine Entwicklungen und das Fallbeispiel Westfalen-Lippe*, Dortmund/München 2005.

（9）Felix Schüler, *Das Handwerk im Dritten Reich*, Bad Wörishofen 1951.

（10）宮田光雄著『ナチ・ドイツの精神構造』岩波書店、一九九一年、Ⅰ、二。「ナチズムによる政治権力の獲得は、しばしば《ナチ革命》の名で呼ばれてきた。それは、大統領内閣による執行権の強力な拡大、さらに一党制による法治国家の破壊、ついに全体的な指導者独裁の確立という段階的な展開を遂げてきた。このナチズムによる権力掌握の過程と性格とを特徴づけるのは、何よりもまず、《合法的革命》という逆説的な概念である。一九三三年一月のヒトラー政権の登場は、ナチ・リーダーやナチ系公法学者たちによれば、あらゆる既存秩序を転換する《国民革命》の開始であり、同時にまた、あくまでも憲法構造の枠内において進行する《合法的》過程を意味していた。」（同上、一五頁）

（11）　最近の研究状況については Detlef Mühlberger, *The Social Basis of Nazism, 1919–1933*, Cambridge, 2003, 5, p. 49. また pp. 52–53. さらに ders., Germany, in: ders.（ed.）, *The Social Basis of European Fascist Movements*, London/New York/Sydney, 1987, p. 97.

（12）　Michael H. Kater, *The Nazi Party*, Cambridge, Massachussets, 1983, p. 250, Table 6.

（13）　ナチス党綱領に関しては、Hans Fabricius, Das Programm der NSDAP., in: H. H. Lammers/H. Pfundtner（Hrsg.）, *Grundlagen, Aufbau und Wirtschaftsordnung des nationalisozialistischen Staates*, Berlin 1935–36.『新独逸国家大系』第1巻、政治篇1、日本評論社、一九三九年（今中次麿訳）。

（14）　急進的な手工業者たちの要求やナチ党内の動向に関しては、Arthur Schweitzer, *Big Business in the Third Reich*, Bloomington, 1964, Chapter Ⅲ; Winkler, *Mittelstand, Demokratie und Nationalsozialismus*, Ⅷ; Saldern, *a. a. O.*, S. 31f. 鎗田英三著『ドイツ手工業者とナチズム』九州大学出版会、一九九〇年、第5章、第7章、中村幹雄著『ナチ党の思想と行動』名古屋大学出版会、一九九〇年、第5章。また村松恵二「職能身分制論とナチズム」宮田光雄／柳父圀近編『ナチス・ドイツの政治思想』創文社、二〇〇二年、3。

（15）　Winkler, *a. a. O.*, S. 166. また、中村、前掲書、三三四頁以下。

（16）　Broszat, *a. a. O.*, S. 207ff.; Manfred Ohlsen, "Ständischer Aufbau" und Monopole 1933/34, in: *Zeitschrift für Geschichtswissenschaft*, Jg. 22, Heft 1, 1974; Winkler, *a. a. O.*, S. 169ff.; Hans-Peter Ullmann, *Interessenverbände in Deutschland*, Frankfurt a. M. 1988, S. 210ff.; Avraham Barkai, *Das Wirtschaftssystem des Nationalsozialismus*, Frankfurt a. M. 1988, S. 110ff.; Dieter Fricke, u. a.（Hrsg.）, *Lexikon zur Parteiengeschichte. Die bürgerlichen und kleinbürgerlichen Parteien und Verbände in Deutschland*（*1789–1945*）, Leipzig 1985, Bd. Ⅲ, S. 169–171（R. Giersch）.

（17）　Winkler, *a. a. O.*, S. 171. レンテルンとツェレニーについては、*Das Deutsche Führerlexikon 1934/1935*, Berlin, 各、S. 380, S. 543, また中村、前掲書、三三三頁、三四九頁も参照。

（18）Chesi, *a. a. O.*, S. 31f.
（19）*Das Deutsche Handwerksblatt. Mitteilungen des Deutschen Handwerks- und Gewerbekammers*, Jg. 27, H. 8; Jg. 27, H. 9.
（20）*A. a. O.*, Jg. 27, H. 15, Aug. 1933.
（21）*Das Württ. Handwerk*, Jg. 12, Nr. 5, 1. Mai 1933.
（22）*A. a. O.*, „Zur Amtsübernahme".
（23）*A. a. O.*, „Revolution !".
（24）Handwerkskammer Stuttgart, *Geschäftsbericht*［以下 *Geschäftsbericht* と略す］*1938/1939*, S. 13.
（25）*Das Württ. Handwerk*, Jg. 11, Nr. 25, 17. Juni 1932.
（26）*Geschäftsbericht 1938/1939*, S. 21.
（27）Harald Winkel, *Geschichte der württembergischen Industrie-und Handwerkskammern Heilbronn, Reutlingen, Stuttgart/Mittlerer Neckar und Ulm 1933–1980. Zum 125 jährigen Bestehen*, Stuttgart 1980, S. 8-13, S. 49. 一九四二年に組織が再編され、大管区（ガウ）経済会議所（Gauwirtschaftskammer）が出来るが、ベッツナーはそこでも副会長のひとりとして活動する。*A. a. O.*, S. 140. なお、商工会議所のナチス化については、前掲拙著、第一部、第3章。
（28）Hermann Teschemacher（Hrsg.）, *Handbuch des Aufbaus der gewerblichen Wirtschaft*, Bd. Ⅲ (Reichswirtschaftskammer/Wirtschaftskammern/Industrie-und Handelskammern), Leipzig 1937, S. 123. Wolfran Fischer（Hrsg.）, *Biographische Enzyklopädie deutschsprachiger Unternehmer*, München 2004, Bd. I. S. 577f. によると、同人ははじめG・シュトラッサーを支持していたが、その排除後は転換し、一九三八年ＳＳ友の会の会員になった。彼はアイスリンゲンの包装紙工場の「アーリア化」を行い、また一九四三年にはオクリフテルの「アーリア化」されたパルプ・製紙会社を取得した。一九四五年三月にティロル方面に逃げたが、五月に捕まり、拘禁・収監され、一九四九年に釈放された。同人の工場は戦後も存続し、一九四九年に二六〇人の従業員を雇用し、六〇年代中頃には八〇〇人に達したが、七二年に支払不能となり、一族は経営から退いた。前掲拙著、一〇三、一二一頁も参照。
（29）Gerhard Pfeiffer, *Nürnberg. Geschichte einer europäischen Stadt*, München 1971, S. 454f.
（30）*Geschäftsbericht 1932–1933 der Handwerkskammer für Mittelfranken zu Nürnberg*, S. 7-8も参照。

（31）*A. a. O. 1934-1935.*

（32）*A. a. O.*, S. 7.

（33）*Jahresbericht der Handwerkskammer für Mittelfranken zu Nürnberg 1. Januar 1936 bis 31. März 1937*, S. 5.

（34）*A. a. O.*, S. 16.

（35）Fritz Blaich, Die bayerische Industrie 1933-1939. Elemente von Gleichschaltung, Konformismus und Selbstbehauptung, in: Martin Broszat/Elke Fröhlich（Hrsg.）, *Bayern in der NS-Zeit*, II. Herrschaft und Gesellschaft im Konflikt, München/Wien 1979, S. 241f.

（36）Teschemacher（Hrsg.）, *a. a. O.*, Bd. II, S. 326f.

（37）Helmut M. Hanko, Kommunalpolitik in der „Hauptstadt der Bewegung"1933-1935 zwischen revolutionärer Umgestaltung und Verwaltungskontinuität, in:Broszat u. a., *a. a. O.*, III, S. 356ff.

（38）Teschemacher, *a. a. O.* また *Das bayerische Handwerk* の記事も参照。

（39）Stremmel, *a. a. O.*, S. 100.

（40）*Das Württ. Handwerk*, Jg. 12, Nr. 5, 1. Mai 1933. Chesi, *a. a. O.*, S. 33f. も参照。

（41）*Das Württ. Handwerk*, a. a. O.

（42）鎗田、前掲『製パンマイスターとナチス』、二五五頁以下。

（43）*Das Deutsche Führerlexikon*, S. 297.

（44）鎗田、同二五六頁。鎗田氏は、同時にハンブルクやアルトナの製パンイヌングのグライヒシャルトゥングの限界を指摘するとともに、むしろそれを画期に「製パンマイスター自身が、積極的にナチス体制」に結びついていったのではないか、と述べている。同上、二五七頁。なお、この点については後述参照。

（45）Chesi, *a. a. O.*, S. 34f. 鎗田氏はハンブルクの製パンイヌングのグライヒシャルトゥングにおける旧メンバーの留任の事実に注目されているが、それもまた「一元化」の意味にふくまれたのである。

（46）一九三三年一一月二九日の立法の意義については、Schild, Die Bedeutung des Ermächtigungsgesetzes für den Neuaufbau der Handwerksorganisationen, in: *Das Deutsche Handwerksblatt*, Jg. 27, H. 24, 15. Dez. 1933. 一九三四年の第一次令について

は Chesi, *a. a. O.*, S. 44f.

（47） Winkler, *a. a. O.*, S. 169.

（48） 以上、*Lexikon zur Parteiengeschichte*, Bd. IV, S. 60f. [W. Fritsch], Chesi, *a. a. O.*, S. 35-38. なお、Schüler, *a. a. O.*, S. 13f. も参照。

（49） *Das Deutsche Führerlexikon*, 1. T., S. 424, 2. T., S. 106.

（50） Des deutschen Handwerks neuer Geist, in: *Das Deutsche Handwerksblatt*, Jg. 27, H. 18, 15. Sep. 1933. 三三年八月二九日、ライプチッヒにおける手工業へのアッピール。

（51） 注（46）参照。

（52） 指導者原理について宮田光雄氏は次のように説明している（宮田、前掲書、四七頁以下）。「《指導者原理》という概念には幾つかの意味がふくまれている。それは、第一に、集団メンバーの集団指導者たいする関係を意味する。そこでは、集団指導は、討論の代わりに上からの命令を原則とする。集団の指導者は選挙によるのではなく、上から任命され、その活動は個別的な委任にもとづいて行われる。第二に、《指導者原理》は、《民族同胞》ないしナチ党員の指導者＝総統ヒトラーにたいする関係を意味する。とくにこの関係は、いっそう正確には、《総統》にたいする《忠誠》というナチ的観念とも結びつく。さらに、これら二つの用法の前提として、狭義の《総統命令》は、あらゆる法原則に優先するという意味をもつ」。

第3章　ナチス期の「手工業」組織の二元的構造――四カ年計画の中で――

はじめに

一九三三年に政権を掌握したナチスは、一九三四、三五年にかけて、ワイマール共和制時代の経済機構を解体し、新たな形で組織化した。機械制的な装置を部分的に取り入れながら、しかも伝統的な手工業的技術を継承する中小経営は、繰り返し述べたように「手工業」、その担い手たる経営主（手工業親方）は「手工業者」と呼ばれ、ドイツ経済の基礎を支える重要な要素として位置づけられて来た。彼らはヒトラー・ナチス党よる権力掌握の有力な推進力となった。ではナチス権力は、経済機構の解組・再編に際して、このような「手工業」・「手工業者」（以下、特別の場合を除き手工業・手工業者と表示）をどのように扱い、ナチス経済体制の中にいかなる仕方で組み入れたのだろうか。本章はこの問題を検討する。

ナチス体制による手工業の組織化に関する基本的な研究は、同時代の文献の批判的な検討を踏まえた、V・シェッジー（Chesi）の書物『1933年以降のドイツの手工業組織――構造と機能――』（一九六六年）である[1]。エーゼンヴァイン・ローテ（Esenwein-Rothe）らによる経済集団に関する研究の一環をなすこのすぐれた研究は、ナチスによる手工業経営の組織化、その全国的中央組織と地域の業種別のイヌング組合やそれらを総括する手工業会議所の編成を具体的に解明しており、ナチス期のドイツ手工業に関するその後の研究は、ほとんど例外なくシェッジーの分析結果を前提にして、それぞれの議論を展開して来た。

本章もシェッジーの考察を踏まえ、その成果を吸収している。シェッジーの分析には、しかし、ある重要な観点が希薄ないし欠落しているように思われる。彼はナチス期の手工業組織を、地域の同業組合（イヌング）と手工業会議所を土台とし、それに対するナチス国家権力の「上から」の支配機構、すなわちベルリンに本拠をおくドイツ手工業ライヒ身分、ライヒイヌング連盟などの中央機関の指導体制に編成された全体的・統合的なシステムとして捉え、それをナチス国家の権力体制の動向に対応させた。このこと自体は全く適切な認識であり、中小経営に対するナチス的体制の支配機構がそれによって示されたことは重要な成果であった。しかし、手工業分野の中小経営は、経済活動の拠点を地域に置いており、地域の住民の生活、地元の商工業の活動と密接な関係を有していた。各地の手工業会議所やイヌング組合の指導者たちは、組織の構成メンバーである営業者たちの地域と結びついた利害を無視することは出来なかった。彼らは中央の指導部の指示を受け止め、それに従いながら、しかし営業者たちの地域的な利害を考慮して、一定の修正を余儀なくされた。地域の手工業者層の独自な立場、国家的な政策に対する抵抗に関しては、ヘルプストらのその後の研究の中でも示唆されており(2)、本章はこのような側面を重視して国家権力に最も近い位置にある手工業最高機関（とくにライヒ身分・ライヒ手工業親方）の立場と、地元の中小経営の利害を軽視できない手工業会議所・イヌング組合（長）の動向とを区別して分析し、ナチス的手工業組織がもつ二元的構造の特質に接近することにしたい。

このような観点は、ナチス政治体制における中央と地方との関係、中央に対する大管区など地方の独自性に関する最近の研究動向とも関連する(3)。なぜなら地域で活動する中小営業者は、ナチス党の重要な社会的支柱であり、グライヒシャルトゥングによってナチス化した地元の組織、イヌング・会議所を足場にして展開される彼らの地域での経済活動とその利害は、ナチス党の地域組織の動向に影響を与えないはずはなかったからである。

本章は以上のような視点に立って、ナチス体制の手工業組織化の特質と、そこでの中央と地方との関係を考察するのであるが、そのような二元的特質は、国家的政策の具体化の中で示されることになる。われわれはその際、ナチス権力による手工業組織の確立とほとんど重なるように四カ年計画＝戦争準備体制の現実が始まることに注目しなければならない。手工業組織の二元性は、早くもこの四カ年計画の中で示されることになるからである。

一九三六年から始まるこの計画は手工業経営に大きな影響を与え、手工業組織は四カ年計画の実施に際してそれを手工業の側からバックアップした。ところがこの計画が手工業経営と内的にいかなる関係にあったか、についてはこれまでほとんど全く研究がなかった。その理由は、これまでの研究が四カ年計画をもっぱら軍需関連の大企業との関係に重点をおいて考察してきたことによる。(4) 四カ年計画のこのような理解は、中小営業者層と一九三六年以降のナチス体制との関係を否定的に見る見解と関連し合っている。(5) 中小経営者の利害に対するナチス体制の側の評価の後退、戦争準備体制・戦時経済における大企業優先政策への転換を強調する見方がそれである。もちろんこのような見解に対する批判的な研究も少なくない。A・バルカイ（Barkai）は、中小営業者は、自立的な集団として、地域レベルにおいてその利害を地域の組織を通じて主張したと指摘する。(6) しかし彼は四カ年計画期以降の政策過程でそれがいかに示されたかについては言及していない。また一九三六年以降における営業的中間層の状況について優れた分析を行ったA・v・ザルダーンの研究においても、(7) 四カ年計画は手工業にとっていわば外的な前提とみなされるに止まり、その下での手工業の状況は解明されるが、四カ年計画の政策と手工業組織の活動との内的関連を問題にする視点を欠いていた。同じことはシェッジーにも該当する。ドイツ経済の基礎を構成する手工業者層による四カ年計画への対応を検討する本章は、その意味で四カ年計画の基礎過程の解明にも結びつくことになるだろう。

1 ライヒ経済省主導の組織化と指導者原理——職能身分制的構想の挫折——

ナチスによる「手工業」の組織化は、二つの系列の法律によって進められた。一つは経済活動の諸形態の中から「手工業」（Handwerk）を独自な分野として他から区分し、その領域を限定して施行された法律であり、もう一つは経済諸分野を全体として包括する一般的な立法の中で、他の諸領域と関連づけて全体的な組織の下に編成された場合である。前者の法制化は、まず一九三三年一一月二九日の手工業暫定構成法によって基礎を与えられ、続く一九三四年六月一五日の同法第一次令および一九三五年一月一八日の同法第二次令・第三次令によって具体化された。これら一連の手工業立法に基づき「手工業」は、これまでと同様、機械制に重点を置く工業企業、いわゆる「工業」（Industrie）や商業企業、銀行業、エネルギー産業などの諸分野から区別されて独自な領域として確定され、ワイマール期におけると同様、イヌング組合・手工業会議所とそれらの全国的組織（ライヒ専門連盟・ライヒ手工業連盟［ライヒ身分］）の枠組を継承しつつ、それらをナチス権力の全体主義的体制の中に組みこむ形で組織化された。他方、一九三四年二月のドイツ経済有機的構成準備法と一一月の同法施行令により、ドイツ経済全体を包括する分野別・専門別編成＝ライヒ経済集団（Reichsgruppe）と、それらと商工会議所・手工業会議所とを統括する最高機関、ライヒ経済会議所（Reichswirtschaftskammer）の機構が作られた。「手工業」は、同業組合（イヌング）・ライヒイヌング連盟の専門別組織を軸として「手工業集団」（Reichsgruppe Handwerk）としてその中に組み込まれた。ライヒ手工業連盟を改造して作り出された、「手工業」の全体的機構＝ドイツ手工業ライヒ身分（Reichsstand des Deutschen Handwerks）は存続し、「手工業」全体を統括する最上級機関として、ライヒ経済集団との連携関係を形づくることになった。手工業会議所はイヌングを取りまとめ、ライヒ手工業・営業会議所を構成して、ライヒ集団の最高機関であるライヒ経済会議所に代表を送ることになった[8]。

このような編成替を主導したのはライヒ経済省であり、手工業分野の新機構の構築を可能にした法的な措置が、上述した三三年一一月二九日の手工業暫定構成法であった。この法律の前提は同年三月二二日のライヒ議会におけるいわゆる授権法の決定にあった[9]。ライヒ議会の立法権をライヒ政府に委託するこの立法は、周知のようにヒトラー・ナチス党による全体主義を決定的にしたのであるが、その授権法に基づき、ヒトラーとライヒ経済相らによって手工業暫定構成法が布告されたのである。この法令は、ライヒ経済大臣とライヒ労働大臣に対して、ドイツ手工業の構成に関する規定作成の権限を賦与し、その原則として手工業経営者の同業組合（イヌング）への加入義務（一般的義務的イヌング制）と、いわゆる指導者原理（Führerprinzip）とを定めた[10]。

六条からなるこの法律の第四条は、両大臣に手工業集団の構成と管理を単一化する権限を与え、またその活動をライヒ・ラント・地方団体の政治関係のナチス的新秩序に適合させたり、団体を解散・変更する能力を賦与した。また第五条は、両大臣にこの法律施行に必要な法律・指令・規則を公布する権能とともに、手工業本部の指導者を任命する権限を認めた。

手工業の組織化は、この法律によってライヒ経済大臣らライヒ政府が主導する方針が確定した。このことは手工業の編成をめぐってこれまで主張されて来た手工業運動の急進派の計画が排除されたことを意味した。すなわち、ナチス党経済政策部長のO・ヴァゲナー（Otto Wagener）らが構想した職能身分制的機構の柱となる経済議会の計画は挫折した[11]。急進派の構想においては、手工業・工業・商業の各会議所とそれらを土台とするそれぞれの議会およびライヒ経済会議所議会、また職能身分制的な経済会議所などをめざす複線的な議会制的ないし自治主義的な方向が計画されていたが、そのような方式は廃棄され、「下から」の自治や議会主義的原則を全面的に否定し、「上から」の主導性を強調する指導者原理の方針が確認された。急進的構想の主張者、ヴァゲナーは一九三三年七月にナチ党の上記委員長と経済監理官のポストを解任されていた。職能身分制的構想の挫折、党内地位におけるヴァゲナーや同じく急進的なレンテルンらの失脚ないし交代、急進派の拠点、営業的中間層闘争連盟の解組などの事実は、ヴィンクラーらの先行研究が強調して来たように、ナチス体制における中間層利害の影響力の減退を象徴的に示すものであった(12)。

しかし、このことはこの間の一連の立法によって職能身分制的な原理が全面的に否定されたことを意味しなかった。ヴァゲナーらが職能身分として決定的に重視した「手工業経営」は、すでに部分的に機械化されており、工業的経営として機械制的な工業企業と多くの共通点を有していた。しかしナチス政権は、それを単なる中小工業として「工業」の中に組み入れることはせず、従来通り、「工業」から区別される独自な階層として認定した。手工業はそのようなものとして法制的に区別されて組織化されることが確定した。また急進的構想が重視していた業種別・専門別の専門集団（グルッペ）・イヌング組合の編成と、地域的な手工業会議所・商工会議所および経済会議所との二系列の機構も否定されず、むしろ整備されて法制化された。

そのことは職能身分制的体制をめざしたナチス党営業的中間層闘争連盟の有力者たちの認識にも示された。彼らの一部はこの立法をむしろ積極的に評価しさえした。たとえば、同連盟の活動的メンバーで、グライヒシャルトゥングの推進者、ライヒ手工業連盟の事務総長に就任したH・シルトはそのひとりである。彼は次のように述べる(13)。「ドイツ手工業暫定構成に関する一九三三年一一月二九日の授権法は、ドイツ手工業にとってひとつの転換点であるばかりでない。またドイツ手工業のナチス的立場にとってそれは単なる新しい歴史的時代の始まりというものに止まらない。それは商工経済の自由主義的資本主義的システムそのものを排除する始まりでもある。」そしてそのような措置としてシルトが重視したのが営業者に同業組合への加入を義務づける原則であった。

2　加入義務制によるイヌング組織と手工業会議所

(1) 手工業暫定構成法第一次令——同業組合（イヌング）と加入義務制——

ドイツ手工業暫定構成法に続いて、一九三四年二月二七日にドイツ経済全体の機構改造に関わるドイツ経済有機的構成準備法が布告された。上述したより一般的な経済立法の系列である。ライヒ経済大臣に経済全体の団体的な組織化のための権限を賦与し、指導者原理の原則の採用を求めたこの法令は、同年秋、一一月二七日の同法施行令によって具体化され、「手工業」も「工業」・「商業」・「銀行」・「保険」・「エネルギー」等と並んでライヒ集団（Reichsgruppe）に編成されることになった。

だがこの間に「手工業」は他の集団とは異なり、「農業」と同様、法制的に見て特別の扱いを受けていた。すなわち同年六月一五日には手工業暫定構成法の第一次令が公布され、手工業経営の最も基礎的な組織である同業組合（イヌング）の機構が確定した。新しいイヌング制の特徴は次の点にあった。手工業経営者はこれまではイヌングへの加入は自由意思に基づいてなされて来たが、この立法によって、同種の「手工業経営」（手工業登録者）は、すべてそれが営む業種の同業組合に加入することが義務づけられた（但し、商工業企業において賃金（工賃）で働く手工業者、家内工業者、下請業者、これまでの「自営」手工業者は、希望すれば加入者となることができた）。旧来の自主的イヌングと強制イヌングとは解組され、新たに構築されたこの加入義務制的イヌングに編成替された。こうしてアウトサイダーは排除されることになり、手工業者運動がかねてより求めて来た目標が実現した。しかし同時にこれまであったイヌング構成員による民主的決定の原則は否定され、イヌング組合は組合長（Obermeister. イヌング会長親方）

の決定権を強化する指導者原理の下におかれるにいたった。イヌング組合長は、手工業会議所が上位専門団体の意見を徴して任命した。イヌングの新設と解組は手工業会議所（商工会議所との協議）の権限となった。

またイヌングの地域的な結合体であったイヌング委員会に代わって、管区手工業者組合（Kreishandwerkerschaft）が設置され、手工業会議所の管轄下に置かれた。こうして手工業会議所→管区手工業組合→イヌング会長親方＝イヌング組合という指導体制が確定した(14)。

営業的中間層闘争連盟の有力者でライヒ手工業身分の指導者のひとり、先のシルトもこの立法を全面的に支持して次のように述べる(15)。「プロイセンで営業の自由が導入されて一二四年、今はじめてこの法令により義務的イヌング制が採用された。それは手工業者リーダーの一〇〇年間の闘争目標であった」。手工業者は名誉裁判所をも有することになった。こうしてナチス政府は「栄誉ある手工業者階層が、資本主義的な利潤追求・大金持思考から解放されて、高邁な文化的・経済的・技術的・社会的能力と信頼性に向かって進むための土台」を作り出した、と。

シルトはこの立法において「身分制的自治」の観念が「勝手な一人歩き」をするのではなく、「ナチス的国家体制」、「ナチスの政治組織」の一環を構成するように位置づけられたこと、そしてその新しい枠組を重視する。立法におけるイヌング組合の「自治権の制限」と「国家・党への身分の従属」という原則は、何よりも手工業組織の指導者がナチス党の地元政治局指導部の了解なしには決定できない点に示されている、とシルトは認識し、それを評価した。

職人・労働者の関与という身分制的理念も「職人顧問制」（Gesellenbeirat/Gesellenwart）として認められた。その際職人監督・職人顧問の任命に当って手工業会議所はドイツ労働戦線管轄部署と協力することが必要であった（第一三条二項）。シルトはこのことを重視し、それをライヒの手工業指導者がドイツ手工業ライヒ身分と手工業ライヒ経営共同体（ドイツ労働戦線）の指導者でもあることと密接に関係しているとみなした。立法が示すこの二重性は、しかし、のちにライヒ経済省（シャハト）とドイツ労働戦線（ライ）との間の手工業組織化をめぐる対立となって表面化し、その中でシルトは解任されることになる。

（2）手工業会議所と指導者原理

一九三五年一月一八日に布告された手工業暫定構成法の第二次令（以下第二次令と略す）は、上記各イヌングとその成員を全体として統括する地域的機関、手工業会議所（Handwerkskammer）の組織と機能を規定した[16]。手工業会議所は従来通り存続が認められ、その公法的性格が維持され、自治的活動が承認された。しかし決定的な違いがあった。すなわち「手工業会議所は指導者原則によって指導を行う。手工業会議所はライヒ経済大臣の監督に服する」（第一条）ことになり、旧来の会員総会による多数決方式に代わって、会議所会頭の決定権が確立するとともに、会頭・副会頭の任命権がライヒ経済相によって掌握された。その人選は上部機関であるラント手工業親方が行い、頂点にあるドイツ手工業・営業会議所が聴取する権限を与えられた。

手工業会議所はこのようにナチス体制の国家的機構の中に組み込まれ、その活動の「自治」はライヒ経済省はじめ「上から」制限されることになった。だが同時に会議所はその指導者原則に基づいて、イヌング組合の組合長を任命する権限を与えられるなど、地域の手工業的経営に対する指導者としての地位を確保された。一九三三・三四年のグライヒシャルトゥングによって、各地の手工業会議所の執行部はナチス党員やナチス支持者によって掌握されていた。この立法は、ナチス的な新執行部が地域の手工業経営をナチズムの原則に従って統制することを可能にしたのである。

（3）大資格証明制

手工業立法第三次令は、上記第二次令と同じ日に布告された。この法令は「手工業」の営業を手工業会議所が発行する手工業者証の保持者、すなわち親方試験に合格して親方資格を有するものにのみ限定することを定めた。大資格証明制（Große Befähigungsnachweis）と呼ばれる制度で、これまでの「営業の自由」の原則を大きく制限する、「手工業」分野にのみ適用される方式であった。(17) 但し、すでに営業を行っている者のうち、一八九九年一二月末以降の誕生で、一九三一年一二月三一日までに登録された親方資格のない営業者は、一九三九年一二月三一日までに親方資格を取得すれば営業を継続できることになった。しかしやがて開戦とともにその期限も廃された。

「営業の自由」の制限に対する手工業運動の要求は、一八四八・四九年の三月革命の中で示されていた。その後一八八一年にイヌングによる試験制度が法的に規定され、一八九七年の手工業令で手工業会議所の設置が法的に認められた。一九〇八年には徒弟の育成を親方資格保持者に限定するいわゆる小資格証明制が導入され、一九二九年には手工業の営業者の手工業会議所への登録が義務づけられた。上記第三次令による大資格証明制の導入は手工業者運動の長い歴史にとって最も重要な画期となった。

3　全国的な手工業機構——地域と中央、その二重性——

各地の中小・零細経営は、地元の同業組合（イヌング）およびそれを統括する手工業会議所（管区手工業者組合は中間的組織）に組織された。地域的なこの組織を土台にしてライヒ全体の機構が構成された。(18) 地域の各イヌングは、商工経済の有機的構成に関する一九三五年三月の法令により、業種別・専門別の全国組織、ライヒイヌング連盟（Reichsinnungsverband）に組織された。自主加入方式によるかつてのライヒ専門連盟の場合と異なり、この団体への加入は義務的であった。

他方、一九三四年のドイツ経済有機的構成準備法と執行令により、ドイツ経済の分野・部門ごとに全国的な専門別集団化（ライヒ集団）が進められ、手工業も工業・商業等と並んで、ライヒ手工業集団（Reichsgruppe Handwerk）

として組織された。上記のライヒイヌング連盟はすべて専門別のこの組織の中に組み入れられた。

専門別のイヌング（イヌング会長親方）→管区イヌング親方→ライヒイヌング連盟→ライヒ手工業集団（ライヒ）の組織系列とは別に、諸イヌングは各職業・専門をこえた地域的組織、管区手工業者組合→手工業会議所の機構に編成されていた。それは「工業」・「商業」における商工会議所に対応していた。手工業会議所は、管区のすべての自営手工業者（手工業登録簿登録）の公的な職業代表機関で、上述したように指導者原理によって、これまでの会員総会に代わって、ライヒ経済相によって任命された会頭とその執行部が決定権を持っていた。会議所は確かにライヒ経済省の監督下におかれ、国家的目標の実現のために活動する任務をもっていたが、しかし、地域に基盤を置く手工業経営の経済活動とその同業組合組織＝イヌングの監督・指導など、手工業の地域的利害を土台にした独自な「自治的」な権限を有していた。ラントレベルでは、イヌングのライヒイヌング連盟の中間的組織とこの手工業会議所組織とは、ラント手工業親方（長）（Landeshandwerksmeister）によって統括された。

「手工業」の全国的機構の特色は、これらすべてを総括する独自な組織、ドイツ手工業ライヒ身分（Reichsstand des Deutschen Handwerks）を有した点である。そしてそれを指導するのがライヒ手工業親方（Reichshandwerksmeister：ライヒ手工業長）であった。手工業のライヒレベルでの機構としては、同時に手工業会議所（ザクセン・ハンブルクでは当初営業会議所）の結合体であるドイツ手工業・営業会議所会議（Deutscher Handwerks-und Gewerbekammertag）と、専門別のライヒ手工業集団（→ライヒイヌング連盟）とが存在した。しかしそれらの執行部はライヒ身分と人的に重なり合い、ドイツ手工業ライヒ身分とライヒ手工業親方がライヒ経済省はじめ国家的指導機関と密接に連繫しつつ、ライヒ全体の手工業組織に対して指導的な役割を演じた。一九三六年一月、イヌングの総数は約一万五〇〇〇（一万四九五四）、ライヒイヌング連盟の数は五九で、管区手工業者組合は七二五、手工業会議所は六五を数えた。(19)

「手工業」は、大きく見ると以上のように一方では地元の手工業と密接な関係を保つイヌング（同業組合）・手工業会議所の地域的組織と、他方では国家権力と連繋しつつそれを全体として統合するライヒイヌング連盟――ドイツ手工業ライヒ身分・ライヒ手工業親方との二重構造をとって組織されていた。両者は、後者の「上から」、前者の「下へ」の指導者原理によって機構的に統合されていたが、しかし、同時に同じ原理は、前者の地域的組織そのものにも貫徹しており、手工業会議所（会頭）・イヌング組合長の地元手工業経営に対する「下への」影響力を保証していた。中小経営の基盤は、上述したように地域にあり、それらを統括する地域のイヌングと会議所の持つ役割は決定的に重要であった。戦争準備体制と戦時経済体制は、後述するように大企業だけではなく、地域に足場を持つ中小経営の生産力と労働力をも全国的に動員することを要請した。このような国家的な動員政策の実現のために指導的な役割を果たしたのは、手工業の最上部機関、同業組合（イヌング）の全国的組織＝ライヒイヌング連盟とライヒ身分であったのであるが、その指令を受け止めて、経済活動の現実の担い手である手工業経営者に直接的な指示を与えることが出来たのは地域の手工業組織、会議所とイヌングの執行部であった。

手工業のこの地域的組織の執行部は、グライヒシャルトゥングによりナチス党員や同調者によって掌握されていた。彼らはナチズムの底辺部分の担い手として、ナチス権力の「上から」の命令に従って行動する任務を負っていた。だがその際、ナチズムを構成する諸思想の中で中小経営者としての彼らの行動を根底において支えた原理は、党綱領にある「中間層の創出と維持」の基本的な立場であり、このナチス思想は、また自身の経営の存続と発展に最大の利害を見出す手工業経営者の観点でもあった。手工業会議所やイヌングの執行部は、日常の経済活動と結びついた地域の営業者のこのような利害を決して無視することは出来なかった。それ故彼らが手工業上部組織を通じて命ぜられた諸措置に対して、地域の中小経営者の立場を考慮しつつ、どのように現実的な行動を選択するかは決して一義的ではなかった。中央と地方との二元性はそのような具体的な政策過程の中で現れてくるのである。

4　ドイツ労働戦線・ライの「手工業」組織改造の試みと挫折——一九三五〜一九三八年——

ドイツの中小経営の国家的組織化は、上述したようにライヒ経済省の主導の下で進められ、「工業」・「商業」など各専門分野のそれと同様、一九三四年・三五年には形式的には一段落をとげた。しかし手工業組織がナチス体制の国家的機構として確立するこの過程は、ナチス党の一大勢力である労働戦線・指導者R・ライと、国家的機関としてのライヒ経済省およびH・シャハトとの対立の過程でもあった。ドイツ手工業ライヒ身分の事務局長としてナチス期の手工業機構の中心を担ったF・シュラー（Felix Schüler）は、戦後公にした『第三帝国の手工業』（一九五一年）の中で、一九三四〜三八年の時期をドイツ労働戦線・ライとの「闘争」（der Kampf）の時代とし[20]、H・ヴィンクラーは論文「不要な身分」の中で、それをシャハトとライとの「権限をめぐる闘争」として捉えた[21]。いうまでもなくそれは政治家個人間の単なる権力闘争ではなかった。両者の対立は、より根本的に、手工業のナチス的体制それ自体が持つ内的な特質と関連していた。すなわち一つは手工業組織に対する党の影響力とナチズムの思想重視の原則であり、もう一つは国家機関としての形式的ないし実質的な機能の側面である。ライとシャハトの対立は、この二つの原理の対立関係でもあった。

上述したように手工業暫定構成法は、イヌング・手工業会議所を土台とする手工業の国家的機構を作り出した。しかしこの機構はナチス特有の指導者原理に立脚していた。それは最高指導者・総統ヒトラーを頂点とする上から下への指揮原則を意味し、その目的はナチス思想の実現に結びつけられていた。手工業を含めた経済全体に関する一九三四年のドイツ経済有機的構成準備法とその執行令は、指導者原理とともに、より直截に指導者は「民族社会主義国家の理念」に従うことを求めていた。指導者はナチス党員ないしナチス支持者であることが必要とされ、一九三三年のグライヒシャルトゥングにおいてばかりでなく、その後もこの原則が貫かれることになった。こうして国家的機関を担う指導者の人事は、ナチズムを体現するナチス党とその地方支部の承認が前提となった。つまりナチス党の発言権は国家的な経済機構を規定する要因となっていた。(22) 手工業立法における国家的な機構の規定性とナチズム（指導者原理）の原則とは、指導者（執行部）の人的な要素を媒介にして一体となっていた。

地方経済と結びついた中小経営の公的な組織＝イヌング・手工業会議所と、大管区指導者など地域のナチス党組織とは、そのような関連を通じて密接な関係をつくり出しており、地域社会を背景とするこの関係が、国家的ないし党中央の指導体制の中に編成されつつ、しかし同時に地域的利害と結合して、一定の独自性を生み出していた。ライヒ経済省主導の下で作り出されたこの関係をライは、指導者原理＝ナチズムの徹底という観点に立って大幅に改造しようとした。

ヴィンクラーは、労働戦線指導者のライと「経済独裁者」シャハトとの対立を単なる勢力争いとしてではなく、国家的機構としてのライヒ経済省とナチス党有力勢力との対立、手工業機構のあり方をめぐる両者の権限争いとして理解した。だがそれは同時にナチス的手工業機構が内包する二つの要素、ナチス党＝ナチズムの優位か、機構的な国家システムの優位かをめぐる原理上の対立を背景にもっていたのである。(23) ライは前者を、シャハトは後者を代表した。

労働組合を解体して労働者を再編成したドイツ労働戦線(24)は、ナチス党の有力な勢力となって経済分野に広く影響力を行使しつつあった。労働戦線は、一九三三年八月に解散されたナチス党急進組織、営業的中間層闘争連盟の成員を受け容れ、ナチス手工業・商業・営業組織（NS-Hago）を編成し、一九三四年には労働者・雇用主の専門別組織、ライヒ経営共同体（Reichsbetriebsgemeinschaft）の「手工業」部門を組織した。その指導者には、ドイツ手工業ライヒ身分の指導者でライヒ手工業親方のW・G・シュミットが就任した。シュミットは、ライヒ経済省（シャハト）の指導を受けるドイツ手工業ライヒ身分とドイツ労働戦線（ライヒ）の下にあるライヒ経営共同体の指導者という二重の地位を兼任することになった。労働戦線のナチス手工業等組織＝NS-Hagoは、ライヒ経営共同体の下に地区ごとに経営共同体を組織し、ライヒ経済省を頂点とする国家的な手工業機構と併行させて、それに近似した、しかし異なった機構の組織化に乗り出した。その観点はナチス党の指導性の決定的な重視とナチズムの徹底した貫徹にあり、その方向性は手工業暫定構成法における指導者原理＝ナチズム重視の原理に結びついていた。そのような経過を背景にして、ライは一九三五年に①イヌングの解散、②手工業の公式代表の指導権を労働戦線に移行させること、および③職業教育の統制を労働戦線が行うこと、を求めた[25]。

ライの圧力は地域の会議所会頭やイヌング会長親方に対しても及んだ。しかしライのこの動きに対して地域の手工業組織は簡単には同調しなかった。ノルトマルクとバイエルンはじめラント手工業親方の七〇％はライの要求に反対し、二〇％は態度を決めず、デュッセルドルフとハレだけが賛同するに止まった。他方各業種のライヒイヌング親方はほとんど例外なしに現行制度を支持した[26]。その背景にはイヌングの存在を自身の経営の不可欠の条件とする手工業者たちの利害が存在した。ヴィンクラーはライが一九三七年二月のライヒ経済相宛書簡の中で、一六万の地方イヌングは「文句屋と不平屋の団体以上の何ものでもない」と記していたことを明らかにしている[27]。まさに地域の手工業組織は手工業経営の存続と発展という個々の経営者の利害を背景に、「文句」や「不平」を表明する団体でもあった。彼らにとってナチズムの最も重要な項目は、自分たちの経営を重視する「中間層の創出と維持」でこそあれ、決してイヌングの解体ではなかった。

手工業組織は、その構成員たる経営者自身の生活と経済活動を背景にして成り立っており、経営主体を支えるイヌングを解体し、徒弟・職人・親方の一体的な営業共同体をつくり出そうとする党中央のライの要請は到底受け入れがたいものであった。

手工業分野の機構を経営共同体的に改造しようとするライの試みは挫折した。一九三六年一一月にドイツ労働戦線の手工業組織の長とライヒ経済省管轄下の国家的機関、ドイツ手工業ライヒ身分指導者（ライヒ手工業親方）との二重の地位についていたG・W・シュミットが解任された。代わってベルリンのラント手工業親方ローマン（Lohmann）が暫定的なライヒ手工業親方に指名され、一九三八年になってシュレスウィッヒ・ホルシュタインのラント手工業親方に就任していたF・シュラム（Ferdinand Schramm）がライヒ手工業親方に任命された。任命者は、シャハト退任後、一時的にライヒ経済相を兼ねていた四カ年計画全権委任ゲーリングであった。『ドイツ手工業年報1937／38』(*Jahrbuch des deutschen Handwerks 1937/38*, Berlin 1938) によればこの時点でのシュラムの身分は、「ノルトマルク・ラント手工業親方、リュベック手工業会議所会頭、ドイツ手工業研究所長の地位にある機械組立工、党員、ライヒ議会議員、ナチス党黄金栄誉章保持者」であった。シュラムは、一九三八年二月にライヒ経済相に就任したフンクにより、改めてライヒ手工業親方に任命された。ライヒ手工業親方を補佐する事務局長は一九三四年秋に解任されたH・シルトに代わって地位に就いたF・シュラーであった。シュラムとシュラーの体制は一九四五年敗戦まで続くことになる。(28)

以上のように指導者原理の貫徹とナチス思想の徹底の立場に立って、経営所有者・経営主の利害と結びつく地域の同業組合（イヌング）を排除し、手工業を経営共同体的・職能身分的に編成し、それをナチス党の有力組織、ドイツ労働戦線・NS＝Hagoの影響下に組み入れようとしたライの試みは挫折した。こうしてライヒ経済省（シャハト）に主導される手工業の国家的機構的な体制が確定した。それはナチス党指導の徹底という観点に対する、国家的行政的機構の原理の勝利を意味していたが、そのことは手工業暫定構成法における指導者原理＝ナチス思想の原則、つまりライの試みが根拠にした立法のもう一つの規定性を排除するものではなかった。この原理は、手工業組織の執行部のナチス化（ナチス党員・支持者の任命）とその権限の強化、執行部人事に対するナチス党組織の発言権（認可）の現実の中に貫かれていた。つまり国家的機能的要素とナチス党・ナチス思想重視の観点とは、現行の機構の内部における執行部の人的な要素によって結合されていたのである。

ライの手工業再編成の試みは挫折したが、彼が構想した新しい団体の一部は実際に組織され、また手工業職業能力育成のための新しい方式（たとえば職業能力全国コンテスト）は具体化された。しかし経営者の利害に立って「文句」や「不平」を表明するイヌング組合の解体という最も重要なライの構想は完全に挫折した。それを決定的にしたのは地域の手工業組織の抵抗であった。地域に経済活動の基盤を置く中小経営者の利害と結びつく、イヌングや手工業会議所の執行部の「文句」と「不平」を表明する行動が、ライの構想の現実化を阻止したといってもよいだろう。それはナチス的手工業組織における地域的機構がもつ潜在的抵抗力の強さを示すものと考えることも出来るだろう。

5　手工業組織の最高指導部と四カ年計画――ドイツ手工業ライヒ身分――

一九三六年九月のナチス党党大会（ニュルンベルク）においてヒトラーは新四カ年計画の実行を宣言した。ドイツの化学工業・機械工業・鉱山業の生産する原材料の外国依存からの自立、そのための国民的生産の向上、輸入における必要不可欠な生活資料・工業原料の優先、国内的経済循環の確保などの目標を四カ年以内に実現することであった。この計画は同時にドイツの戦争準備体制の構築という政治的目的を有していた。ヒトラーはドイツの戦争能力をドイツ経済の能力と結びつけていた。四カ年計画の実行はヘルマン・ゲーリング（Hermann Göring, 1893-1946）に全面的に委任された。

ドイツ経済のアウタルキー化、経済的自立化をめざす四カ年計画は、原材料等の輸入規制、価格・流通統制、労働力規制などの諸政策とともに、原材料生産・軍需関連の諸部門および消費財（農業）部門の生産力拡充を計画の中に含めていた。先行研究はこの計画をとりわけ化学工業・鉱山業・軽金属部門・繊維部門および農業部門の分野と関係づけて解明して来た。ではこの計画は手工業分野にいかなる影響を及ぼしたのだろうか。

ドイツの手工業は四カ年計画開始以前から、建設業を中心に、ドイツ国境の西部要塞の建造やアウトバーンの建設などの事業に直接・間接に関与し、ナチス的な国家政策の展開を支える要素となっていた。四カ年計画はそれに新たな局面を追加した。すなわち原材料の輸入規制が強化される中で加工材料の転換や原料の分配が問題となり、また大型建設や大口注文への対応、輸出促進、経営合理化のための簿記改良や原価計算、さらに労働力の動員政策への対処などである。(29)

四カ年計画局はじめ、ライヒ経済省・ライヒ労働省などによる手工業分野への指令や要望は、手工業ライヒ身分・ライヒ集団「手工業」において方針が具体化され、それらを通じて、各地のラント手工業親方、手工業会議所、イヌングに伝達され、そこでさらに計画が練られ、実施された。なかでも四カ年計画の実行の際に各業種のイヌング組合の役割は著しく大きく、手工業ライヒ身分による活動は、その最上部組織であるライヒイヌング連盟の協力を得て実行された。

（1）公的発注への対応

国やラント・自治体が行う各種製品・サービスの民間企業への発注は、第一次大戦期を経て急速に拡大した。そのような公的調達の実施に際して中小経営が大企業に比して不利な立場に置かれていたこと、また入札制度における過当な競争状況に対して営業者が強く反発していたことはよく知られている。(30) ナチスは党綱領第一六項でそれへの対処を約束していた。

四カ年計画とともに各種の分野で公的な発注は著しく増大した。手工業の側でもそれに積極的に対応した。手工業組織の全体的な指導機関としてのドイツ手工業ライヒ身分は、国家的な調達に対する積極的な受注体制を整備しようとした。そのひとつが登録有限会社の形をとったライヒ手工業納入センター（Reichszentrale für Handwerkslieferung e. G. M. b. H）の設置（一九三五年）と拡充である。この機関の下に専門別のラント納入組合（Landeslieferungsgenossenschaft）が各地で組織された。公的な発注の受け皿となり、各経営にそれを配分するこの仲介的組合の数は、一九三八年春には、紳士服仕立業、靴加工、家具業、鍛冶・自動車業が各一八、車大工・木製輸送具製作が一七、籠加工一六、帽子加工と錠前業各一四、婦人服仕立と下着仕立各一二などをはじめ、旧ライヒだけで合計二三七を数えた。ラント納入組合はドイツ中央組合金庫やそれが提携する中央金庫から資金の融資を受け、さらに各省庁、公的調達機関、ライヒ公的発注斡旋所などとも連携を深めた(31)。

ラント納入組合は、業種ごとに組織され、それぞれのイヌング組合が活動の中心を担った。だがその運営は必ずしも容易ではなかった。注文は、しばしば短い納期を条件とし、しかも突発的であったこと、その配分も恒常的でないため、受注作業用に使われた設備が有効に利用されなくなること、短い納期に合わせた部品の調達が困難であったことなどが障害となった。そのような問題に対応してたとえばライヒ家具イヌング連盟は、各地のイヌングに対して、公的調達に関する必要な要件や規定を周知させたり、またライヒ身分と提携して、軍駐屯地当局と請負期限等の取引条件について折衝を行ったりした。イヌングの成員は、こうしてたとえば日雇労働者の賃金のコスト計算に関する当局の一律的基準や、器具・装置の手入れや修理の価格計算など、受注に際して必要とされる要件を知り、それに対応することが求められた(32)。

公的発注はとりわけ建築・建設手工業の分野で激増した（第1表参照）。公的建築の受注は一九三四年から増加していたが、一九三六年以降四カ年計画によって加速され、一九三七年にはその大きさは全生産高の約半分となっていた。軍関係建造、アウトバーン、その他道路網、下水道、ライヒ鉄道・ライヒ郵便局、ライヒ・ラント・地方自治体

第１表　建築手工業生産高

（単位：10億 RM）

年次	住宅建築	営業用建築	公的建築	合　計
1912	2.2	1.5	2.3	6.0
1928	2.8	3.0	2.7	8.5
1932	0.8	0.6	0.9	2.3
1933	0.9	0.6	1.7	3.2
1934	1.4	0.8	3.0〜3.5	5.2〜5.7
1935	1.6	1.0	4.5〜5.0	7.0〜7.5
1936	2.0	1.4	5.0〜5.5	8.5〜9.0
1937	2.0	1.8	5.5〜6.0	9.0〜10.0

典拠：*Jahrbuch des deutschen Handwerks 1937/38*, Berlin 1938, S. 204.

や党の各事業などである。手工業ライヒ身分の支部は、それらの工事を請負える手工業経営を選別し、発注機関に斡旋した。(33)

大規模な公的工事に対しては複数の経営による労働協同体がつくられていたが、それを再編して信託建築会社（Treubau AG）や建築請負・住宅建設会社等を組織することが奨励された。信託建築会社は、ライヒ身分やイヌング連盟・各種企業と連携し、またドイツ中央協同組合金庫そのほかの金融機関と提携して、一九三七年だけで四五四一の住宅を請負ったり融資を行ったりした。建築請負会社は一六となり、資本金は九〇〇万ＲＭに達し、一九三七年に建築された建物・土地価格は三二〇〇万ＲＭを超えた。

（2）原材料の配給と転換の指導

ナチス政権は一九三四年九月に為替統制や輸入規制の機関として監視所を設置し、商品の輸入必要度や国内生産の供給状況などを監視しながら商品輸入を規制した。対外取引は、ドイツ経済の自立化を目指す四カ年計画の下でさらに強化された。原材料の輸入と取引が統制され、ライヒ経済集団を構成する工業企業の経済集団やカルテルは、原材料の配給機構の中に組み込まれた。手工業分野の組織も同様であった。

最終製品の加工を中心とする生産分野を担う中小加工業は、原料や半製品を年々八〇億～一〇〇〇億ＲＭ使用していた。約一八〇万の中小経営の業種数は、完全職種は一六〇、部分的専門的職業は一〇〇に及び、しかも各地に分散しており、また経営状況もそれぞれ大きく異なっていた。このように全国各地で多種多様な職業を営む厖大な数の中小経営者に対して原材料の配給を実施することは著しく困難なことであった。それを担当したのが、ドイツ手工業ライヒ身分で、ライヒイヌング連盟と協力して、手工業分野の配給事業を実施する役割を与えられた(34)。ライヒ身分は、原材料の供給状況・必要度を調査し、それに基づく配給量を確保するとともに、監視所がライヒ身分に配分する手工業配給量の分配、経営への通達（回状やイヌング集会での周知）の手配などに携わった。これらの活動は各業種のイヌングによって支えられた。原材料の必要度の把握、配給の分配はイヌングの協力なしには不可能だった。

たとえば鉄鋼の配給について。ライヒ身分は対象となる鍛冶手工業（とくに農業機械と農村の自動車の維持・補修）と、暖房・ストーブ工事業（家庭用かまどを石炭用に転換するための工事）、また鉄製品、とくに機械・器具の新品・部品を配給する事業を統括した。配給（一九三八年四月半期以降は三カ月毎に実施）には関連するライヒイヌング連盟と地域のイヌングが関与した。配給量は経営の必要度によって増加し、大・中経営は「工場からの仕入れ」も認められた。一九三六年度（旧ライヒ）の鉄・鋼材の配給は一八七万トン、鉄鋼加工品のそれは一三二万トンに達した。それらの生産物に必要な粗鋼・銑鉄は約四五〇万トン（オストマルク・ズデーテン含む）と推定され、それは一九三八年鉄鋼生産（旧ライヒ二三〇〇万トン）の二〇％に相応した。

また四カ年計画は輸入原材料に代わる国内産原料あるいは人造原材料の使用を生産者に要請した。ライヒ身分は、手工業分野での原材料のそのような転換のために、ライヒ経済省のライヒ経済計画機関と提携しつつ、研修や展示会の催しを各地で実施した。ライヒイヌング連盟を中心に一九三七年から一九三八年に実施された研修コースは、各業種・各工程合わせて計二万コース（一九三七年）に及んだ。たとえば電気工事手工業：電力工事・ケーブル工事におけるアルミニウム利用、配電盤・施設工事における新加工原料、ダイナモ銅電線のアルミニウム線への転換。ブリキ・工事業：亜鉛溶接、錫節約ハンダと新ハンダ工法の導入、新填隙《てんげき》材料、ガラス・陶器・合成樹脂の加工、アスベストセメント。樽・容器手工業：新型容器の製造と修理（軽金属部品付木製ミルク容器、簡易木製容器、土木用容器、発酵飼料用容器等の新型容器の改良型加工・等々)。製パン業：新種穀粉の加工、代用加工原料、脂肪・卵などの節約法、植物性たんぱく質・魚性たんぱく質の利用。

(3) 生産力向上政策への協力

経済活動の効率を向上させ、より多くの成果を生み出すことは、ナチスの経済政策の基本にある特質であり、その方針は大企業だけでなく、中小経営に関しても適用された。たとえば一九三五年の手工業立法による大資格証明制は、経営における親方資格の必要性、そのための技術的基準の確保を通じて、手工業分野の効率性の向上と生産力の上昇の実現に結びつけられた。「業績向上(Leistungssteigerung)と合理化(Rationalisierung)」は、四カ年計画後半期の最も基本的な目標となり、手工業分野おいてもライヒ身分・ライヒ手工業親方(シュラム)によって積極的に推進された[35]。

効率向上のための措置のひとつは、経営における合理的な原価計算・会計の実施であった。それはすでに一九三六年一一月のライヒ経済相シャハトの布告によって要請されていた。一九三八年一二月一四日には四カ年計画全権委任ゲーリングによる経済力向上に関する命令が布告された。手工業ライヒ身分は、ラント手工業親方・会議所会頭・ライヒイヌング親方とそれらの事務局長をベルリンに召集し、手工業生産の集約化・活用について具体的な措置をとるよう求めた。一九三九年三月にはライヒ業績向上委員会指導者G・ゼーバウア(Seebauer)の要請により、ライヒイヌング親方とその事務局長を召集して会議が開催され、ゼーバウアはじめ関係者出席の下、シュラムは「手工業の合理化・業績向上・育成」のために、公的調達における手工業経済力の活用、技能育成制度による能力ある徒弟の育成・訓練、有能で模範的な親方・職人・徒弟の選別の計画的促進の三つの柱を提示した[36]。

製品の規格・型、品質保証マーク、供給条件に関しては、経済性向上委員会やドイツ規格委員会の協力の下に改良措置が進められた。そこでもライヒイヌング連盟が中心的な推進者となった。たとえば家具業の場合、全国組織の家具イヌング連盟が中心となり、木材の計量、板・厚板、針葉樹・闊葉樹木材の規格、ベニヤ板の強度（厚さ）や合板の規格に関して、ドイツ規格委員会との折衝に当った。連盟は四カ年計画の中で進められた労働者住宅の建築における鉄・鋼材の節約の計画にも関与し、木材建材の使用による工法を考案した。窓や扉の規格化は在庫向大量生産の拡大に結びつき、工場制企業の利益に帰結するため、手工業的な経営は歓迎しなかったが、連盟は公的な発注における規格化された窓枠等の条件に手工業が対応するために、規格化を進め、手工業への公的発注の配分を拡大させる方針を採用した。

このような技術面での合理化とともに、企業経営における商品の原価計算や収益計算の合理化に関する国家的な要請に対しても、手工業ライヒ身分は積極的に対応した。[37] まず一九三七年一〇月二〇日、ライヒ身分は中小経営に対して単式簿記の実施を義務づけた。他方すでに部分的に複式簿記を導入していた経営規模の大きな手工業経営に対して、同年一一月、複式簿記の利用を義務づけ、そのための会計チャート＝勘定計画案（コンテンラーメン）の作成をライヒイヌング連盟に命じた。

簿記の利用とその整備は、統一的な基準に基づく原価計算を要件とする公的調達のためにも、欠かすことが出来なかった。一九三九年一月一六日のライヒ経済相・ライヒ価格形成監理官の命令は、統一的な原則を土台にしたコスト計算の基準を業種ごとに作成することを求めた。この基準作りにも各ライヒイヌング連盟が中心的な役割を示した。簿記の様式化と原価計算の基準作りは重なり合って進行した。

たとえば原材料の仕入先が多方面で在庫量も大きく、さらに作業工程が多岐にわたる家具加工業の分野では、経営と資産に関する適切な簿記と原価計算をとりわけ必要としていた。そのため中・大規模の手工業的経営の多くは、すでに複式簿記を採用しており、そのような実情に対応させてイヌング連盟は大・中経営には複式簿記、小経営には単式簿記の基準を作成することになった。[38]

だが手工業分野の大半は、中小経営によって占められていた。それらの多くはすでに単純な帳簿を使用してはいたが、整備された単式簿記の採用は遅れていた。ライヒ身分はそのような中小経営が様式の整った単式簿記を最低限採用することを求めていた。この単式簿記の様式は、業種ごとに作成された。基準的な簿記方式を実際に経済活動を行っている個々の経営者たちに周知させるために、ライヒイヌング連盟は、手引書を作成し、研修会を開催した。一九三九年九月の第二次大戦開戦後、戦時経済体制の中でこの作業は強化された。一九四二年までに作成された手引書は、複式簿記三業種、単式簿記四八業種に及んだ。複式簿記のための勘定組織案は、建築業はじめ二六業種で作成されたが、しかし実施の時期は遅れ、一九三九年一月に開始した自動車手工業は例外で、大半のイヌングは一九四一／四二年になってからであり、三〇人以上雇用する経営を対象とする家具手工業での採用期限は一九四三年一月であった。工事業・ブリキ業の場合もライヒイヌング連盟がライヒ身分の指示を受けて、大・中経営（年売上高二〇万RM以上）に義務づける勘定組織案（一九四二年一二月末以降の年度開始日以降）と、その他の経営のための単式簿記の様式の作成に取り組み完成することができたのは、一九四二年三月になってからであった。[39]

（4）労働力動員政策への協力体制

四カ年計画は軍需工業諸部門と関連重要産業のために国民の労働力を動員する措置を不可欠とした。ゲーリングは、一九三六年一一月、一〇名以上を雇用する企業に一定数の徒弟の育成を義務づける専門工見習（徒弟）確保に関する訓令や、製鉄・金属工業での国家的政策的な重要調達に対する金属工の確保に関する命令、金属・建築労働者復職に関する訓令などにより、四カ年計画のための金属工を中心とする労働力の確保を指令した。四カ年計画が進み熟練工の不足が顕著となる中、一九三八年一〇月、ライヒ経済相は、手工業分野に対して徒弟の修業期間の短縮と職人試験の早期実施を指令した。一九三八年六月二二日には、国策上重要目的のための労働力需要確保令によって、他の職場に従事している労働力をも一時的に転換させることを可能にする国民労働徴用制が決定されていたが、一九三九年二月一三日により包括的な立法が施行された(40)。徒弟期間の短縮や職人の早期育成の措置、またいわゆる徴用労働制(Dienstpflicht)に対して、手工業の指導部は積極的に対応した(41)。

まず若年専門労働力の早期育成のために徒弟の人数枠と徒弟育成経営の数が増強され、また修業期間の三年への短縮と職人資格（職人試験合格）の早期取得制が具体化された。これまでの徒弟期間は職種によっては三年六カ月ないし四年となっていた。それを特別の例外を除いて三年間に短縮するためにライヒ身分は、統一的な育成制度と親方育成の改良に向けて「専門規定」を作成し、配布した。それに基づいて各ライヒイヌング連盟は、自業種の「専門規定」をまとめ、作業所指導書によって現場での習得課程を集約・強化した。

徒弟の数は一九三三年には工業と手工業を合わせて五六・四万人を数え、その内四分の三にあたる四一・九万人が手工業に属していた。其の後後者の数は増加し、一九三五年五三万人、一九三六年（中頃）五七・七万人、一九三七年（中頃）六一・三万人、一九三八年（中頃）六二・四万人と増加した（但し一九三八年末には若年人口減少のため六一・二万人）。ライヒ身分は政府の要請に応えて育成課程を集約・強化し、習得期間を原則三年へ短縮する措置をとり、職人試験合格者の数の増強をはかった。その数は一九三五・三六年、一九三六／三七年には一二・三万〜一二・四万人であったのだが、一九三七／三八年には一七・五万人と増加し、さらに強化措置の効果が出る一九三九年度には、建築部門と金属加工・木工部門など四カ年計画が必要とする分野を中心に一層の増加が見込まれた（他方で四カ年計画に直接結びつかない食品加工・被服加工分野では逆にその数は減少した）。

ドイツの工業企業が必要とした熟練工の最大の源泉は、これまで手工業分野の経営で徒弟期間を経て育成され、技術習得と同時に工業企業でそのまま雇用される職人、手工業ですでに働いている職人、さらには自営が困難になった経営主であった。四カ年計画の労働力動員政策の一環として実施された徒弟早期育成・職人化促進措置は、これらの熟練工の源泉のうち、前二者の労働力の増強を目指すものであった。[42]だがそれだけでは十分でなかった。四カ年計画は、上記の源泉の三番目の自営業者の労働力をも動員する措置を必要とした。一九三九年二月二二日に出された不要不急手工業経営の閉鎖とその労働力の動員のための命令がそれである。ライヒ身分は、そのような動員措置を、経営状態の劣悪な小・零細経営の排除＝「整理」（Berufsbereinigung）の観点に立って、これまで問題となっていた手工業の経営者過剰状態を改善する目的に結びつけてそれを促進しようとした。

『ドイツ手工業年報』は記している。「経営指導者として不適当なもの、もぐり業者、能力を欠く者、信用出来ない者を自営的手工業から排除することは、手工業の全体的な能力向上（Leistungssteigerung）を促進することになるだろう」。[43]ライヒ身分は、それを手工業経営の営業資格を親方資格保持者に限定した一九三五年の大資格証明制の実施に結びつけた。資格をもたない「非親方」経営主は、一九三九年末までに親方試験に合格すれば営業を継続できたのであるが、多くの業者がそれを待たずに経営を閉鎖し、労働者に転化していた。ライヒ身分は、四カ年計画の労働動員の要請に対する手工業の対応の手段としてこの大資格証明制を積極的に利用しようとした。

手工業分野の経営主は、四カ年計画開始年の一九三六年には一六五・三万人を数えたが、第二次大戦開戦時の一九三九年には一四七万人となり、わずか三年間に約一八万人が減少した。この間に逆に新規に開業した経営の数を計算に入れると、「20万人以上の経営主が経営を放棄し、従業者（Gefolgschaft）としての職場を得た」ことになる。手工業組織の指導部は、それを「劣悪化した経営の所有者」の現象として捉え、彼らは「今や給料のいい、より安定的な不安のない存在」を手に入れたと認識し、「4カ年計画における専門工動員に対する手工業の貢献」とみなした。[44]

小・零細経営の労働者化は一九世紀以来の現象であったが、世界恐慌の中で失業労働者の一部が零細営業者に転化し、ナチス政権発足時には手工業経営主の数は一九二〇年代末に比して大幅に増加していた（一九二六年一三〇万人、一九三六年一六五万人）。四カ年計画期の上述した経営主の経営閉鎖と労働者化は、恐慌期に自営業者化したものの再労働者化を重要な要因としながら、さらにこの間経営的に劣化した小・零細経営の解体が加速されたことを意味した。大資格証明制の実施がそれを促進する要因となったことは疑うことができない。

以上のように四カ年計画の労働力動員政策はライヒ身分によって支持され、推進された[45]。そればかりではなかったライヒ手工業親方のシュラムは、手工業経営の労働力を国家的に引き抜くことを可能にした徴用令をも暗黙の裡に容認していた。

6　地域組織（手工業会議所）の独自性——南ドイツの場合——

ナチス国家の権力の中心地ベルリンに拠点を置いた手工業分野の最高組織、ドイツ手工業ライヒ身分は、同業組合（イヌング）の全ドイツ組織であるライヒイヌング連盟と提携しながら、四カ年計画の国家的な政策に対して全面的に協力する立場を示した。

だが国家的措置が対象とする中小・零細経営は、全ドイツ各地に分散し、地域の住民の日常生活や地元の商工業の経済活動と密接な関係を保ちながら営業活動を展開していた。このような手工業分野の中小・零細経営の活動を統括する地域的な組織が、上述したように業種ごとのイヌング組合であり、それを集約する手工業会議所であった。四カ年計画に対するベルリンの最高組織、ライヒ身分の協働は、これらの地域的な機関の協力と、それを構成する個別経営の活動を不可欠とした。

グライヒシャルトゥングを通じてナチス党員・ナチス党支持者によって掌握されたイヌング組合と手工業会議所の執行部は、ナチズムの推進者として、指導者原理に従って上からの命令を実行するよう義務づけられていた。四カ年計画のための手工業分野に関するライヒ身分の指令は、こうして手工業会議所・イヌングによって具体化され実行された。しかし、ドイツ手工業暫定構成法（一九三五年一月）第二次令は、会議所会頭に「手工業会議所を指導し」かつ「代表」する権限を与え、同第一次令（一九三四年六月）は、手工業会議所が統括するイヌング組合と組合長（会長親方）の広範な活動領域を定めていた。四カ年計画の具体化は、そのような権限にもとづいて、それぞれの地域の事情に対応させて、会員たる個々の経営の利害も考慮しつつなされることになる。以下、南ドイツ、とくにヴュルテンベルクの首都シュトゥットガルトの手工業会議所を主な事例として取り上げ、地域における四カ年計画への対応を見ることにしよう。(46)

(1) 手工業会議所と四カ年計画

地域の手工業会議所は四カ年計画をいかに認識していたか。化学工業はじめ重要部門の増強をめざしてきたこの計画の新しい局面を、手工業最上部組織、ライヒ身分は能率と業績の拡大、つまり生産力増強政策として捉えていた。そしてその認識は各地の手工業会議所に受容された。シュトゥットガルトの手工業会議所の『業務報告書1938／1939年』は次のように記している。(47)

「4カ年計画全権委任ゲーリングは、ドイツ経済の業績能力の一層の向上のために、1938年12月14日の文書により、ライヒ経済相に対して経営施設・生産手段・生産方法の改良と、ドイツ経済で活動するものの業績能力の向上とによって、ドイツの経済力を増強することを委任した」。

会議所の会頭、ナチス党員の家具工P・ベッツィーナは、上記報告書の冒頭に同会議所のこの年の主要目標として「個々の経営の活動能力の向上と、手工業の専門的養成・試験制度の全体的促進」を掲げるとともに「無駄のない原材料配給、国内加工原料への転換、労働時間・労働力節約のための合理的経営および製品の品質改善と輸出促進」の方針を強調し、それを「ナチズムの世界観」による「世界建設」に結びつけた。四カ年計画は、こうしてシュトゥットガルト手工業会議所の活動目標に設定された。

ミッテルフランケン手工業会議所の業務報告書（一九三八年四月一日～一九三九年三月三一日）も、四カ年計画を「ドイツ経済の業績力を最高度に向上」させ、それによって「ドイツ民族の自律と自由をいかなる時代にも確保」することにある、と理解し、手工業会議所の一九三八／三九年度の主要目標を「あらゆる業種の業績向上措置」の実現においた、と述べている。具体的には徒弟養成の促進、職人と自営手工業者の専門的育成、そのための専門研修コース企画、経営上の研修、個別経営の技術面のアドバイス、労働方法改善、合理化、計画的労働動員問題への協力、計画的な注文統制がそれである。(48)

以上のように地域的組織としての手工業会議所は、四カ年計画を生産力拡充、原材料統制、労働力育成・動員政策として認識し、ライヒ身分の指示に従って具体的な措置の実施に取り組んだ。以下で上述のライヒ身分の行った措置に対応する地域での実施状況を見ることにしよう。

（2） 公的調達の拡大への対応――ラント納入組合――

先に見たように、四カ年計画と再軍備とに伴う公的需要調達の急速な拡大に対して中小経営が対応するために、ライヒ身分は手工業分野での受注の受け皿となるラント納入組合を設置する方針をとった。各地の手工業会議所はそれに沿って自地域の営業者に組合の結成を呼びかけ組織化を推進した。シュトゥットガルトの会議所の管区では(49)仕立業、下着製作、靴加工、革張り・室内装飾、毛皮・縁なし帽加工、家具業、籠加工、鍛冶・車大工業、製綱、機械工、手袋加工、織布・編物、錠前業、ブラシ・刷毛加工、等一四の組合がヴュルテンベルク（ホーヘンツォレルン）納入組合として結成された。

ヴュルテンベルクでは、ラント政府や自治体の需要を民間企業から調達するために、地区ごとに調達配分機関（Bezirksausgleichstelle）を配置していた。手工業の上記納入組合は、この公的機関と連携し、そこからの公的注文を引き受け、個々の経営の申請に対応させて配分する役割を担った。手工業経営と公的発注機関との間を媒介し、促進するこの納入組合の働きで手工業の受注数は二倍に増加したという。

しかし納入組合には難点もあった。この機関の拠点は大抵はシュトゥットガルトのようなラントの政治的中心都市におかれ、その都市の中小経営は納入組合を利用することは出来たが、遠く隔たった地方の営業者はこの機関の活動と十分な連絡を持ちえなかったからである。そのためラントの首都以外の手工業会議所は納入組合の活動に対して必ずしも積極的に対応することは出来なかった。

たとえばバイエルンでは一五の組合が結成されたが、その半分以上がミュンヘンに拠点を置いており、中部の工業的に重要なフランケン地方には――一九三八年の時点では――わずか二つの弱小組合が作られただけであった。ニュルンベルクに拠点をおくミッテルフランケン手工業会議所は、そのために納入組合は「多くの手工業部門にとっては著しく大きな損失」となっていると批判的な見方を表明していた。「いくつかの例外を除けばラント納入組合の仕事に対する手工業者たちの信頼は害われている。それはフランケンの手工業の能力の増強には不適当で、満足できる状況ではない」(50)。――このように下部組織としての手工業会議所は、地域の手工業経営の利害を無視することは出来ず、むしろそれを代表して中央の指示に対して不満を申し立てることをも敢えて辞さなかったのである。

だが地域の手工業に対する四カ年計画の与えた影響は絶大であった。親衛隊保安本部の機密報告書は次のように記している(51)。

「手工業の経済状態は4カ年計画全権委任が指令した措置から影響を受けている。受注状況は、その最大部分は公的機関の調達で占められているが、殆どすべての手工業部門で良好な状態にあった」。

公的な調達の指名を受けると、通常それに伴って必要な原材料の配給枠が与えられた。原材料の不足が顕著になって来ている状況の下で、受注した経営にとって、それは大きな特典となった。しかし、公的な注文に対応するためには一定の条件が必要であった。公的調達はしばしば均等な品質の製品・サービスと相対的に大量の納入を条件とし、また納期も短い場合が多く、そのために一定規模以上の経営的条件が必要であった。また納入品・サービスの価格計算に関しても詳細な規定が定まっていた。公的注文に関する価格令（公用注文品価格形成準則・公用品発注品原価価格算定要綱、いずれも一九三八年一一月一一日布告）によって納入価格のもとになる原価計算の適正性が求められ、そのために基準的な簿記が日常的に採用されている必要があった。それに対応できたのは、会計を担当する事務職員を雇用できる比較的大きな経営のみであった。こうして四カ年計画に伴う公的注文の拡大は、一定の経営規模以上の手工業経営にとってはプラスとなったが、小・零細経営には、逆に不利益な結果をもたらした。公的発注に伴う原材料の配給を受けることが出来ない小営業者は、原料不足と労働力の流出とによって経営をさらに悪化させた。

親衛隊保安本部の報告は指摘している。[52]「全体として次のような苦情が申し立てられてきた。公的機関による請負の配分に際して小規模な手工業経営が配慮されることがあまりにも少なすぎる、と。このような状況の作用によって小手工業経営の多数が閉業し、それによっていわゆる非効率手工業経営の解体が促進された」。

（3）原材料の配給

四カ年計画は上述のように、工業で使用される原材料の輸入の規制を強化した。手工業分野の中小経営にとって四カ年計画は、まず何よりも原材料の不足と統制の問題として始まった。鉄材をはじめとする金属加工原料とその製品（機械）、木材、皮革、セメント、繊維原料などの取引において、それらを加工する個々の中小経営への原材料の配給を実際に担当したのは、地域の手工業会議所であり、イヌング組合がそれを補助した。ここでは鉄など金属材料やその製品の配給を事例にして手工業会議所の機能を見ることにしよう。

鉄材の配給に際して手工業は特別の扱いを受けた。すなわちこれまで通りの量の鉄材の取得を認められ、工業企業には義務づけられた鉄材の配給枠＝指定購入数制の適用は行われなかった。しかし手工業経営が従来通りの量の鉄材を入手することは次第に困難になっていった。手工業会議所には特別の配給枠が与えられており、その枠を用いて会議所は地元の加工業者に鉄材を配分することが出来た。鉄材不足が深刻化する中で、会議所の鉄材配給に対する申請は増加し、シュトゥットガルト手工業会議所の場合、その配給数は四六〇件に達した(53)。鉄材を加工する手工業者は、市場での原材料の仕入れが一層困難になるにつれて、最低限の鉄材を確保するために、工業企業と同様の配給枠を求めるようになっていった(54)。

機械や装置など鉄鋼製品も配給制度の下におかれ、手工業会議所はそれらについても特別の配給枠を与えられた。たとえばミッテルフランケン手工業会議所は、その枠内での配分を求める多数の申請を選別し、経営規模や能力を基準にして七三四件（鉄鋼二〇五トン相当）の割当を実施した。会議所が配分出来た実際の数量は、手工業者の申請分の一部に止まった。手工業会議所の配給担当課（「営業振興所」）は、供給能力に余裕をもつ機械製作企業を確保したり、手工業に対して発注する大企業が保有する配給枠の大きさについて情報を入手する活動にも力を注がなければならなかった(55)。

鉛・ニッケル・錫等の金属の配給についても会議所が対応し、それらを加工する手工業者の申請書の受領・処理、必要証明書の配布に携わった。ミッテルフランケン手工業会議所では八六七件の申請があり、一〇四一通の証明書を作成した。しかし証明書を提出しても当該金属の入荷が遅延したりストップしたりすることが少なくなく、会議所が他の企業との折衝を行わなければならないことも生じた(56)。

手工業経営にとって原材料不足は労働力不足と並ぶ重大問題であった。それはとりわけ小・零細手工業経営に打撃を与えた。親衛隊保安本部の報告によれば、「その影響は、専門工の流出や金融上の困難などほかの不足状態と相俟って、建築・金属職の中小手工業経営にとってとりわけ抑止的に作用した」。原材料の配分に当って考慮されたのは「その経営が公的な注文のために活動して来たか否か」であった[57]。上述したように公的機関の調達は小経営には向けられなかったのである。

（4）効率向上のための活動

四カ年計画の目標とした経済効率の向上と生産要素節約のために、手工業会議所はライヒ身分の要請に従い、技術面・経営面の双方について、成員たる地域の中小経営に対して積極的な働きかけを行った。原材料の輸入統制と国内自給化政策の下で会議所が実施した措置は、まず原材料の使用禁止や転換、また節約に関する上からの指令や法令などを関連する経営者へ周知徹底させ、それに沿った技術的な改善を実行させるために研修や講習会・展示会を主催したり支援することであった。

ヴュルテンベルクでは会議所は原材料相談所を設け経営者の疑問に対応したり、ドイツ産原料や人造原料への転換についてアドバイスを行ったりした。またライヒ身分主催の「手工業におけるドイツ産加工原料」の移動展示会の開催にも協力した。ヴュルテンベルク（一一都市）での入場者（一九三八／三九年）は、シュトゥットガルトの二万一四〇〇人をはじめ、ハイルブロン、フロイデンシャフト、エービンゲンなどそれぞれ八〇〇〇人以上を数えた[58]。

四カ年計画の合理化政策の重要分野は、企業経営における商品の適正な原価計算とそのための簿記制度の採用であった。ライヒ身分によって一九三七年に義務化された単式簿記、さらに中・大経営における複式簿記の個々の経営での使用を促進するために、会議所は大々的な研修活動を展開した。該当する経営者は研修会への参加を義務づけられた。シュトゥットガルトの会議所では専門・業種別の簿記研修講習会の数は、一九三八／三九年において六五四回、複合職種のそれは三六回、合計六九〇回に及び、参加者の数は二万六五〇〇人に達した。正当な理由なく欠席した者には罰則が課せられたため、手工業者は会議への出席を余儀なくされたが、参加者がどれほどの熱意をもって研修を受けたかは別の問題であった。

たとえば決算の仕方に関するイヌングごとの研修会がそうであった。ライヒ身分の指示（一九三八年一一月）に従い、決算のための講習会がラントレベルで開催された。ヴュルテンベルクでは一九三九年三月までに決算方法の研修を行った組合は、九二五のイヌングのうち、七一〇に止まり、二四％に当る二一五のイヌングは指定の時期までに実施できなかった。八五％のイヌングがそれを実行したシュトゥットガルト手工業会議所の場合も、研修に関心を示したのは「若手経営者たち」で、「年配の親方たちにはのちに残るような成果を期待することは到底できない」という状態であった。(59)

(5) 労働力動員政策への対応

効率向上・生産力増強と並ぶ四カ年計画の手工業分野におけるもう一つの柱は、専門労働者の育成と創出であった。それは三つの側面をもっていた。徒弟・職人の早期育成、下層経営主（親方、特に親方資格を持たない経営主）の工業労働力への転換促進、そして強制的な労働配置＝徴用の実施である。手工業会議所をはじめとする地域手工業組織は、それぞれの地域においてそれらの措置への対応を迫られた。

徒弟の育成の前提になる徒弟採用の方式に関して大きな変更が生じていた。一九三八年九月一五日のライヒ経済会議所の通達は、地域の手工業組織がこれまで行って来た徒弟採用手続の権限を制限し、国家的な機関である労働局がそれに関与することになる旨を伝えていた。ヴュルテンベルクではそれを受けて翌一〇月、西南ドイツ・ラント労働局長と西南ドイツ・ラント手工業親方の間で協議が行われ、次のような手順が定められた。イヌングの手工業親方は充足すべき徒弟のポスト数を当該イヌングの会長親方へ届け出る。会長親方はそれを審査し、所見を付して管区手工業所へ送る。そこで二次審査を実施し、地元の労働局へその結果を提出する。

こうして徒弟の採用の最終的決定権は労働局に移行した。熟練工不足に悩む大企業は自ら育成する徒弟を確保するために、この間手工業以上の好条件を提示して徒弟志願者を吸収し、徒弟の「工業への流出」が顕著になっていた。このため徒弟採用が不十分にしか行われなかった手工業親方たちは、労働局による徒弟配分における大企業優先を不満とし苦情を申し立てていた。手工業会議所やイヌングは、それへの対処を迫られ、労働局への折衝を余儀なくされた(60)。

四カ年計画が必要とする専門工を増強するために徒弟期間の短縮、職人試験前倒しが命ぜられていた。だがシュトゥットガルト手工業会議所は、徒弟期間の短縮を「手工業に対して犠牲」を強いるものと批判する。「若い職人たちは、多くの場合、短縮徒弟期間が終了すると、すぐ手工業に背を向け工業に移動してしまう。それを押さえることが出来ない」。とはいえ手工業親方は四カ年計画のためにライヒ経済相やゲーリングがとった措置を無視できず、一連の措置は「全体としては」間違いなく実施された。――シュトゥットガルト手工業会議所業務報告書は「上から」の命令と手工業経営者の不満との間にあって直面する問題をこのように記していた(61)。四カ年計画に伴う大企業の熟練工不足と、それを改善するための職人早期育成の国家的措置は、熟練工育成の培養土となる手工業経営そのものの労働力の不足、工業への移動を加速させつつあった。地域の手工業組織はその現実を適確に認識していたのである。

それは西南ドイツだけの現象ではなかった。「専門工不足」はドイツ各地の手工業経営が直面する問題であった。親衛隊保安本部の報告はこう記している(62)。「最大の障害の一つはこれまでと同様、手工業的専門工（Fachkräfte）の著しい不足である。殆どすべての手工業部門において後継者になる新人の異常な減少が目立っている。それが特別にひどい手工業部門ではこの不足が近年の内に明確な存亡問題にまで至るものと思われる。徒弟の総数は増加はしているが、食品加工手工業、理容業およびいくつかの非金属職業は、徒弟数の減少に直面しているからである」。徒弟期間の短縮は多くの経営にとって「かけがえのない労働力の明白な損失」を意味し、その命令は「手工業の中に計り知れない不安」を作り出していた。「多くの手工業親方は徒弟期間短縮によって徒弟を早期に失うのではないか」、そして「職人試験の早期実施制度に申し込ませないように、そして今の職場に止まるようにするために、徒弟に対して手伝い賃金を支払うようになるのではないか」と心配している。そしてこの専門工不足は中小経営においてとりわけ深刻であった。

軍需工業はじめ重要工業での労働力、とくに専門工の不足に対処するもうひとつの方法は、手工業経営者自体を工業部門へ移動させることであった。四カ年計画のためのこの要請に対してライヒ身分は、上述したように、それを過剰な手工業経営の解体＝整理と結びつけて積極的にバックアップする方針をとった。それは具体的には一九三五年手工業立法による大資格証明制の実施に関連づけられた。手工業の営業を親方資格保持者に限定するこの立法は、一九〇〇年以降の出生、一九三二年以降に手工業登録したもので、親方資格をもたない営業者は、経営を閉鎖すべきことを求めていた。彼らが営業を継続するためには一九三九年までに親方試験を受けて合格することが必要となり、不合格者は登録を抹消されて手工業分野から排除されることになった。それは手工業が直面して来た過剰手工業の整理、劣悪経営の排除に結びつき、優良経営の発展を可能にするひとつの合理化とみなされた。

零細営業者の経営閉鎖と労働者化は四カ年計画以前から見られる現象であった。大資格証明制の実施はそれをさらに促進することになった。親方資格のない零細な手工業者の多くは、上記の例外規定にある親方試験をあえて受験せず、経営を閉鎖して工業労働者に転じたからである。

シュトゥットガルト手工業会議所の管轄区でも同じ事態が展開した。すなわち一九三六年四月初めから一九三九年三月末までの三年間を見ると、新規登録はこの間四一五二であったのに対して、退出数は六八二五に達した。被服業・クリーニング業（二五〇六）、建築業（一二五一）、金属加工（八九六）、食品加工（七七二）、木工・彫木（七三四）が主な分野であった。登録抹消に関する調査によれば、調査の対象となった一九五七経営の経営閉鎖理由は、年齢規定三六九、経営主死亡二六七、労働（者）転職四九六、理由記載なし八二五であった。理由記載のない事例も大半が労働転職と考えられており、それをも含めると約三分の二が労働者への転職とみることができる。親方資格を持たない小・零細経営の労働者化の事実をここで確認できる。その中のかなりの部分は、恐慌期において失業者が零細営業者化したケースと推定されており、一種の「再労働者化」とみなすことが出来た。(63)

以上のように一九三五年第三次手工業立法による営業資格の限定措置は、シュトゥットガルトにおいても、これまでも不断に進行してきた手工業経営者の労働者への転化を加速し、四カ年計画が手工業分野に要請した零細経営に潜在する専門労働力の大企業への転出を実質上推進することになった。だが四カ年計画の進展とともにこのような自発的転職だけでは十分でないことが判明した。一九三九年二月、ライヒ経済相は、自営手工業のために必要な能力を備えていない経営主あるいは国民経済的に見て適当でない経営は登録を抹消することを命じた。この命令は、弱小経営の整理・合理化を親方資格の有無に関わりなく、より直接に各経営の状態そのものを基準にして推進しようとする強行的な措置であった。それは親方資格を保持する手工業経営者の経営閉鎖をも含んでいた。

それではシュトゥットガルト手工業会議所の場合、一九三五年の大資格証明制の立法的措置や一九三九年二月のライヒ経済相の命令に対して、どのような対応を示したのであろうか。会議所は親方資格を持たない経営や弱小・劣悪経営の排除（＝合理化）のために上のような立法措置や命令に従って積極的にそれを推進しようとしたのだろうか。そうではなかった。

手工業立法第三次令は、親方資格を保有しない営業者が一九三九年末までに親方試験に合格すれば営業の継続を認めていたばかりでなく、徒弟を指導する能力があると認められた経営者は、親方資格がなくても営業の継続を例外的に認可されることになっていた。シュトゥットガルト手工業会議所はこの例外規定を重視した。手工業会議所は親方資格を持たない該当者に対して親方試験の受験を文書によって要請したり、徒弟指導能力による特例認可に対する申請を求めた。

シュトゥットガルト管区の経営所有者の数は、一九三八年一月に二万八二〇一人（経営数は二万七〇五八、二人以上の経営所有あり）、一九三九年一月三万〇四五二人（同二万九一五一）であった。一九三八年一月にはそのうち、親方資格保有者が八五九二人（三〇％）［一九三九年一月一万〇九九五人（三六％）］と、認定された指導能力保持者が二四三八人（九％）［一九三九年二八〇九人（九％）］、つまり営業有資格者は一万一〇三〇人［一九三九年一万三七五四人］を数え、逆に一万五一八八人［同一万五九七〇人］が資格を有していなかった。したがって営業有資格者は四〇％（一九三九年四五％）に止まり、半数以上が親方資格のない営業者であった。そのうち二六〇四人（九％）［三三一四人（八％）］は、親方試験の合格を必要としたが、一万三〇八四人（四八％）［一万三六五六人（四五％）］は試験不要の例外条件の保有者であった。一九三八年一月の受験義務者二五〇八人は同年八月には二一八〇人に減少し、この間四〇〇人以上が受験を放棄して経営を閉じたことになる。会議所の連絡により試験の受験を申請したものは、三八年末に一六〇人であったが、管区が拡大した一九三九年一月二二〇七人のうち六〇九人が、一九三九年二月二一六四人のうち七二三人が、一九三九年五月一八四二人が申し込み、また試験免除申請者はこの間一一〇人、二〇四人、二一九人、二二八人を数えた。会議所の文書に対して回答しなかった者は、一九三九年五月末で八九四人に減少したが、そのうちの五〇〇人以上が婦人服加工の分野であった。上記義務者のうち一九三八年四月初めから一九三九年三月末までに受験したものは四八五人（うち女性一二三人）で、合格者は四〇一人（うち女性一一六人）で、前年一九三七年一一月から一九三八年四月までの合格者一〇〇人と合わせれば約五〇〇人が合格したことになる。受験すれば一〇人のうち八人は合格して資格を確保できたのである。(64)

他方で手工業立法の例外規定で大きな位置を占めたのは、親方試験の受験を必要としないもので、その数は全経営者数の四八〜四五％に達した。それらは審査によって徒弟育成能力や経営能力を認められれば営業資格を与えられた。徒弟育成能力は、手工業会議所の所見に基づいて決定されたが、「多くの申請は徒弟を採用し、育成するという意図によるものではなく、手工業証を獲得するため」のものであった。シュトゥットガルト手工業会議所は親方資格のない営業者の例外規定適用申請に際しては、「当該手工業者がこれまでの自営業の間に欠陥がなかった」場合には認可し、再登録を認めて来た。他の手工業会議所でも例外認可が盛んに行われ、その割合はシュトゥットガルトのそれを大きく上回っていた(65)。

ミッテルフランケン（ニュルンベルク）手工業会議所でも、一九三五年立法の例外規定による営業者の手工業再登録の申請者は、一九三六年には九七一人、一九三七年六九〇人、一九三八年四五八人を数え、そのうち認可されなかったものは、各一四二人（一四・六二％）、一二五人（一八・一一％）、九五人（二〇・七四％）に止まり、ほとんど八割以上が営業継続を認められた。一九三八年末までのその経営登録数八三一人は、新規の手工業登録・新規採用総数の四三・三％に達した。手工業会議所は認可の前提として、後日親方試験に合格することを求めていたが、「しかしこの前提条件は多くの場合果たされないか、あるいは指定の時期までに行われることはなかった(66)」。

四カ年計画が必要とする専門労働力の動員のために、一九三五年立法の大資格証明制の実施を通じて親方資格のない中小・零細経営者を排除し、大企業の労働者に転化させるという手工業指導部の考えは部分的にのみ実現された。経営が零細で、修理業やささやかな店舗販売などで辛うじて経営を維持して来た小・零細営業者は、十分な利益が期待できない手工業経営を継続するために親方資格を取得するよりは、むしろそのまま経営を閉鎖して労働者となる途を選択したからである。大資格証明制は、手工業者のこのような自発的閉鎖を促進し、営業者の労働者化を加速した。しかしそれは大資格証明制の間接的な作用ではあるとしても、その厳格な適用による積極的な「整理」の結果とは直ちには言えなかった。

大資格証明制にもとづき営業資格を認定する地域の手工業会議所は、零細経営者の自らの選択による経営閉鎖をこれまでと同様にあえて阻止することはなかった。しかし会議所は一九三五年立法を活用して、親方資格のない営業者を積極的に排除しようとはしなかった。手工業会議所は、むしろ三五年法が規定する例外項目を重視し、親方資格を保持しない営業者に親方試験の受験や特別認可への申請を薦め、自営業の存続を求める地域の中小・零細経営者を援護しようとした。

各地で例外規定に基づく親方資格のない手工業者の営業認可が進んだ。一九三九年五月のライヒ経済省はそのため例外認可を制限するよう命令せざるを得なかった。ライヒ経済相の通達は例外認可によって手工業登録への採用がほとんど五〇%に達している場合があることを指摘し、そのような現状は認められないと忠告した。(67)

ライヒ経済省はこの命令に先立って、同年二月二二日、四カ年計画のための専門工を増員するために劣悪経営や不要部門の経営を閉鎖し、その労働力を軍需関連企業に動員することを求めていた。手工業会議所はそのために担当地域での労働力動員の可能性の有無、手工業経営の新設における必要度などを調査して報告する義務を課せられた。ミッテルフランケンの手工業会議所の業務報告は、前年の調査に基づき、「場合によっては手工業登録簿からの抹消が問題となる」手工業者一三二一人を選別した。しかし業務報告は年齢的に見てもはや動員能力の完全でない者や農村住民の必要性などから見て、登録抹消可能な手工業者の数は「著しく少ない」状況にあると指摘していた。(68)

手工業会議所やイヌングは、上述のように大資格証明制の適用に際して例外認可の適用を最大限承認し既存の営業者・イヌング成員をそれによって排除するというよりは、むしろ彼らの再登録を積極的に推進しようとした。このような立場にある会議所が、手工業整理による労働力動員をめざす一九三九年二月法の指令にそのまま従って、経営閉鎖や登録抹消の対象となる経営者リスト作りを積極的に進めるとは考えられなかった。年齢や病弱、農村住民の必要性、等々を理由に、その数は最小限度に抑えられることになるのである。シェッジーは指摘する。(69)「会議所ないしラント経済部局の手工業局は、手工業経営を閉鎖されることから守るために、とりわけ二つの可能性を有していた。一つは審査所見の中で当該個別経営の戦時重要性を強調できたことであり、もうひとつは、経営ないし経営グループを緊急軍事目的のために動員する提案を行うことであった」。

地域の手工業組織は、自らの経営の存続に最大の関心を抱く地元の手工業経営者の利害を無視して、国家的な指令に直ちには従うことは出来なかった。四カ年計画の労働力動員措置として一九三八年から三九年にかけて強行された徴用令に関してもそのことが該当した。経営者や職人を軍需工業に強制的に動員する徴用令は、シュトゥットガルトの会議所業務報告が述べるように、「多くの手工業経営に大きな打撃」を与えた。手工業会議所は労働局と折衝を重ね、その緩和策の実現をめざし、「少なくとも経営のギリギリの維持」を可能にしようとした。(70)

手工業経営の維持を最低限の目標とするシュトゥットガルト手工業会議所の立場は、例外条項による非親方経営者の営業認可をシュトゥットガルト以上に大きな枠組みで認可した他地域の多くの手工業会議所に共通して見られたものと考えてよいだろう。それは小・零細経営の積極的な排除＝「手工業の整理」と優良経営の拡大を重視する手工業組織の指導者＝ライヒ身分の観点とは大きく異なっていた。地域の組織は劣悪経営の所有者たちが大資格証明制の下で自発的に経営を停止し、労働者化することは決して阻止しようとはしなかった。しかし手工業会議所は、それを過剰手工業の排除＝「整理」の目的と結びつけ、意図的に推進することはせず、むしろ逆に親方資格の取得に向けて条件を整え、また親方の資格なしでも営業を継続できる例外的規定の適用を拡大した。手工業会議所は一方では手工業経営を四カ年計画の国家的政策の枠組みの中に組み入れるその担い手になると同時に、それに対して一定の距離を保ちつつ、小・零細経営の解体を促進する積極的な合理化措置に対しては、手工業経営の最低限の維持という観点を堅持しようとした。それはナチズムの基本原則である「中間層の維持と創出」に対応する立場でもあった。

おわりに

ナチス体制の下でドイツの中小零細経営は、地域住民の衣食住の日常生活と結びつき、また軍事関連工業はじめ各種の大企業に部品・サービスを提供していた。手工業分野で育成された労働力は、大経営が必要とする専門工・熟練工の最大の源泉であった。他方広範な手工業経営は、自ら使用する小型機械や半製品、原料を大工業から購入した。彼らは大企業にとって巨大なマーケットであった。手工業的な中小・零細経営層は、ドイツ経済を支える決定的に重要な基盤を形づくっていた。そして彼らは、一九三四・三五年の四つの法律によってナチス体制の機構の中に編成され、ナチス的経済体制を構成し支える重要な土台として組織された。ドイツ手工業ライヒ身分・ドイツ手工業親方（シュラム）＝指導的機関と経済集団手工業＝ライヒイヌング連盟という全ドイツ的上部組織に対して、ラント手工業親方・ラント手工業者組合―手工業会議所・イヌング組合という地域的組織が編成され、「上から」「下への」指導者原理にもとづく機構が形成された。

この手工業組織が改造されるのは、総力戦体制へ移行した直後の一九四二年六月であった。この改造により手工業会議所は、商工会議所とともに廃止され、ともに大管区経済会議所（Gauwirtschaftskammer）に統合された。しかし、手工業組織の最も基本的な単位であるイヌング組合は存続し、また手工業会議所の機能も新組織・大管区経済会議所の手工業部に受け継がれた。しかもライヒイヌング連盟＝経済集団「手工業」およびドイツ手工業ライヒ身分＝ライヒ手工業親方によって構成される上部機構はそのまま存続し、一九四五年敗戦にいたるまで、手工業組織全体の指導機関として活動した。したがって一九三四・三五年の立法によって編成されたナチス的な手工業機構は、事実上第三帝国の全期間を通じて機能し続けたといってもよいのである。

ドイツの手工業的経営はこの機構によって一九三六年に始まった四カ年計画に結びつけられた。戦争準備体制の構築と一体となったこの計画の実施過程の中で、公的需要は急増し、建築業・金属加工業をはじめ一連の手工業部門がその中に組み込まれ、国家的調達の一部を分担した。四カ年計画の目標とする経済効率向上＝合理化のために、手工業経営は原価計算の統一的な方式に対応し、また企業経営における単式簿記ないし複式簿記の採用を義務づけられた。輸入規制が強化される中で中小生産者は原材料の転換を余儀なくされ、また配給制度の下に組み込まれた。四カ年計画の最大の隘路は熟練工の不足であった。そのような専門的な労働力を補充するために手工業分野は、徒弟・職人の早期育成に協力し、大企業のための労働力の供給源として決定的な役割を果たした。

四カ年計画に関わる手工業組織の活動は、本論で取り上げた諸措置の他にも多くの分野に広がっていた。四カ年計画とともに設置されたライヒ価格監理官による価格引上げ禁止令（一九三六年一一月）への対応、特に価格引上げに関する「例外規定」に基づく適用希望者の申請に対する所見の作成、輸出の促進、ユダヤ人問題、賃金・社会政策・租税の関連業務など多岐にわたった。

手工業経営の日常的活動に関わるこれらの国家的措置の具体化に際して、それを指令する国家機関・最上部手工業組織と地域の中小営業者の間にあって両者を媒介し、後者に対してその実行を指示する役割を果たしたのが地域の手工業会議所とイヌング組合であった。地域的手工業組織は、ライヒ経済省の具体的政策とそれに沿ったライヒ身分をはじめとする手工業最高機関の指令に従って、それを実行する担い手となった。しかしそれらの地域組織は全体としては上からの指導方針に準じながらも、個々の具体的な実施過程においては、地元の中小経営者の利害を考慮しつつ活動した。ナチス的手工業機構における「中央」と「地域」のこの二元性は、四カ年計画の実施過程の中で表面化した。中でも四カ年計画が最も切実に求める労働力の動員措置に対する対応にそれが示されていた。

軍需工業・関連工業の拡大に伴って専門工不足は深刻化し、四カ年計画の最大の隘路が労働力の補充にあることが次第に明白となっていった。熟練労働力の源泉としての手工業は、労働力動員政策の中心に置かれ、その中で経営不良な零細経営や国民経済上不要とみられる手工業部門の経営の閉鎖と、大工業への動員が計画された。業績原理にもとづき劣等経営の「整理」=「閉鎖」を促進しようとする手工業上層部の方針に対して、手工業の地域組織は、地域経済に足場をおいて活動する中小手工業経営の利害を無視することできず、小・零細経営の選別・整理、経営閉鎖の措置に対して、それを最小限に止め、むしろ「経営の存続」の観点を堅持した。それは小・零細経営ないし不要経営の排除とそれによる「手工業の合理化」を志向する中央の手工業指導部とは実質上異なった立場を意味していた。手工業の地域的組織の独自性は、地元の中小営業者の経営的利害を背景に有しており、それはこのあと戦時経済体制へ移行する中で一層明確になるのである。

一九三三年のグライヒシャルトゥングと三四・三五年の立法とによって、地方的な手工業組織執行部、とくに手工業会議所会頭・執行部、イヌング組合長、ラント手工業親方のほとんどすべてがナチス党員ないしナチス支持者によって掌握された。彼らは同時にナチス党の地方組織、とくに大管区の指導者層と密接な関係を維持していた。大規模なイヌング集会はじめ手工業者の重要な集会には大管区指導者はじめナチ党の地元代表者が必ず招かれて出席した。それだけではなかった。手工業分野の地域的指導者はしばしばナチス党地方組織の指導者層を構成することも少なくなかった。

北東ハノーファーのリュネブルク市における小経営者とナチズムとの関係に関するクローンとシュテクマンの研究(71)によれば、同市の手工業会議所会頭（Heisig）は、一九三七年当時、大管区東部ハノーファー指導部（Gauleitung）の商業・手工業中央局（Hauptstelle）の大管区指導者であり、ドイツ労働戦線の大管区統括者代理を兼ねていた。彼の背景には広範なナチス支持の手工業者が存在した。会議所管区の手工業関係者のうち、ナチス党に組織されたものは六〇七三人に及んだ。そのうち一六八人はイヌング組合長・管区手工業長（親方）で、四〇三四人がイヌング親方、一八七一人が職人であった。さらにドイツ労働戦線には四万四八〇〇人の会員が加入しており、五四三一人が突撃隊（SA）と親衛隊（SS）、また四九一六人の男女徒弟がヒトラーユーゲントやドイツ女子青年同盟（BDM）のメンバーであった。そして上記六〇七三人のナチス党員手工業者のうち、五〇人は地区集団リーダー以上の党指導者層に属した。手工業就業者は約五万六〇〇〇人であったことを考慮しながら、クローンとシュテクマンは「中堅の党レベルにおけるイヌング親方ないし管区手工業親方の強い代表性」を結論付けている。

手工業会議所をはじめ地域的組織指導部におけるライヒ身分など中央とは異なる観点、とくに中小経営の維持・存続の方向性は、ナチス党地方組織の動向に影響を与えないわけはなかった。その際ナチス党の綱領である「中間層の創出と維持」の原則が重要な拠り所を与えることになるのである。

もちろん地域の手工業組織の実権を掌握したナチス党員やナチス支持者の執行部が、手工業会議所やイヌング組合における活動を自身の経営やナチス党関係者の利益に結びつけようとする動きはいたる所で発生した。ナチス党関係の建造物・施設の建築や修理、什器・被服などの調達、市庁舎・学校・病院・劇場・スポーツ施設など公的な機関のさまざまな発注、市営交通・道路の建設・補修など、公的調達の配分に当って、彼らはしばしばその地位を利用して便宜を享受したり、競合する業者に不利となるような決定を行った。それは原材料の配給や徴用労働の分配に際しても生じた。

たとえばバイエルン・ミュンヘン市に関するH・ハンコの研究は、ナチス党発生のこの地において手工業者のナチス古参党員が「職業団体において、また市参事会の中でナチス的政策を断固として代表した」こと、建築業のイヌング組合長（親方）の地位に就いたその一人が、「ナチス党関係者で信頼できる」という理由から特定業者に事業を委託していたことを明らかにしている。(72)

公的調達の業者間配分や配給原材料の割当などに際して、同業組合の業務を指導するイヌング組合の会長親方の権限は大きく、その采配はイヌング組合のメンバーの利害を左右した。イヌング組合員と組合長との関係がそこで問われることになるのである。それは同時にナチスの国家的政策に対する地域の営業者たちの利害とも関係していた。

手工業の組織化がほぼ完了する一九三九年には、ドイツ各地でイヌング組合長に対するイヌング組合員の信頼度が調査された。イヌング組合長に対する組合メンバーの信任投票の結果は地域組織の指導者に対する地元手工業者の信頼の度合いを示している。四カ年計画開始当時の一九三六年におけるライヒ全体での会長親方信頼度の状況は、先行研究が示す表に従えば、次のようになっていた。(73) イヌング組合一万四九五四における組合長一万一〇九六人のうち、「100%信頼」の評価を得た組合長は、六四七一人（五八・三%）、「70～99%信頼」は四四九七人（四〇・五%）、「60～69%信頼」は六一人（〇・三%）、「信頼できない」は四九人（〇・四%）であった。組合長の九九%以上はイヌング会員の信任を得ることが出来た。一九三九年にも調査が実施され、シュトゥットガルト手工業会議所管区では、各イヌングの全体的な投票結果は次のようであった。投票数一万二八〇八、「信頼する」が一万二五〇〇（九七・六%）、「信頼せず」が二四九（一・八%）、無効投票五九であった。(74)

しかしながら上のことはイヌング会員がイヌング会長親方の指令に対して全面的に賛同していたことを必ずしも意味するものではなかった。一九三六年度のライヒ全体のイヌング会長信頼度に関する先の結果が示すように、組合長への信頼度が一〇〇%だったのは五八・三%に止まり、残りの四一%は完全には信頼できない何らかの理由を会員が感じる会長であった。また一九三九年の信任調査において「信頼する」としたシュトゥットガルトの圧倒的数のイヌング会員が個々の局面において執行部の指示に沿うことが出来ない場合が存在したであろうことは十分推察できることである。

それはイヌングのメンバーの違反行為の増加に示されていた。手工業規定への軽微な違反行為に対しては、イヌング会長親方は「秩序罰」を課すことが出来た。シュトゥットガルトの会議所管区では、組合長が下したその刑罰（罰金）の数は、年を追うごとに増大した。罰則の最大の理由は、イヌングの組合集会や研修会への不参加であった。四カ年計画のめざす経済効率の向上のために簿記の整備と原料の規制・転換は最も重要な課題となっていたが、それらの実施のためにイヌングは研修会や講習会を計画した。イヌング会員は、そのような集会への出席を義務化されており、それへの不参加は国家的指令への不服従とされた。「理由なくイヌング集会を欠席し、イヌング集会で扱われる問題に全く関心のない」メンバーが後を絶たず、「職業仲間と列を組んで行動する」という「手工業身分のまとまり」に従わない親方も少なくなかった。(75)

シュトゥットガルトにおけるイヌング集会不参加に対する罰則の数は、一九三四年一〇月～三五年三月は一二四、一九三五年四月～三六年三月は一四一、一九三六年四月～三七年三月は一七一、一九三七年四月～三八年三月は二一四、一九三八年四月～三九年三月は二二四と増加した。イヌング会長親方の下す罰則の判定に対して不満な組合の会員たちは手工業会議所に苦情を申し立てた。手工業会議所は罰則の判定に介入し、形式や専門から見て不適切な事例について判定の変更を求めた。それに従って組合長が撤回した判定の数は、上記の総数の内、それぞれ八一（六〇％）、五二（三四％）、六五（三七％）、七八（三四％）、九五（四二％）に達した。一九三八／三九年度の刑罰への苦情数二二七（うち二二四が集会不参加）の内、最も多かったのがペンキ業（三六）で、婦人服仕立（一〇）、紳士服仕立・機械工・家具工（各一六）、革加工、刷毛・ブラシ加工、精肉業、などが続いた。(76)

四カ年計画の中で手工業会議所やイヌング組合（長）などの地域的組織の指導部の活動領域は拡大した。それらはライヒ経済省やライヒ身分などの最上層機関からの命令に沿って実施された。しかし会議所やイヌング会長は、経済活動の主体となる地域の経営者の利害を無視できず、それを考慮しつつ独自な形で活動することを余儀なくされた。そのような地域の手工業組織の行動に対して中小経営者たちは、全体としては指示に従いながら、しかし、事実上の不履行、あるいは苦情の提出などの形で対応することも少なくなかった。本書第1章で見たように彼らの中には手工業会議所に対抗して裁判所に訴える行動に出るものもいた。そして公的発注の配分の仕方、原料不足、専門労働力不足、徒弟・職人の工業企業への流出、等々、手工業者たちの不満は四カ年計画の中で着実に深まっていた。それはとりわけ小・零細経営者たちの間で顕著となっていた。戦時経済への移行に伴って中小・零細経営者たちのこのような不満と潜在的な抵抗はさらに増加することになるのである。

注

（1） Valentin Chesi, *Struktur und Funktionen der Handwerksorganisation in Deutschland seit 1933*, Berlin 1966. Cf. Ingeborg Esenwein-Rothe, *Die Wirtschaftsverbände von 1933 bis 1945*, Berlin 1965. ナチス期以前のドイツ手工業組織の展開については、八林秀一氏の労作がある。八林秀一「ドイツ手工業組織の展開（上）（中）（下）」『専修経済学論集』第21巻1号、同2号、第22巻2号、各一九八六年九月、一九八七年三月、一九八八年三月。

（2） Ludolf Herbst, *Der totale Krieg und die Ordnung der Wirtschaft*, Stuttgart 1982, S. 223ff. 地方の手工業者の動向の独自性に注目する研究成果としては、次のものがある。Claus-Dieter Krohn/Dirk Stegmann, Kleingewerbe und Nationalsozialismus in einer agrarisch-mittelständischen Region. Das Beispiel Lüneburg 1930–1939, in: *Archiv für Sozialgeschichte*, Bd. XVII, 1977; Christoph Boyer, *Zwischen Zwangswirtschaft und Gewerbefreiheit. Handwerks in Bayern 1945–1949*, München 1992, I. 3; Bernd Holtwick, *Der zerstrittene Berufsstand. Handwerker und ihre Organisationen in Ostwestfalen-Lippe*（*1929–1953*）, Paderborn/München/Wien/Zürich 2000; Ralf Stremmel, *Kammern der gewerblichen Wirtschaft im „Dritten Reich“*, Dortmund/München 2005. 製パン業に関する鎗田英三著『製パンマイスターとナチス』五弦舎、二〇一一年、第6章も参照。

（3） ドイツの全体主義体制におけるヒトラーの権力的支配と中央集権的な国家の支配機構を重視して来たこれまでの研究の主流に対して、その支配体制の多層層、機構内部の相互的対立、その矛盾に注目する研究成果が公にされて来たことは周知の通りである。中央の権力的体制に対して、地方の独自な状況、とくに大管区（Gau）の政治的動向、中央との緊張関係を解明する研究もそのような流れと関連している。たとえば Peter Hüttenberger, *Die Gauleiter. Studie zum Wandel des Macht-*

gefüges in der NSDAP（Schriftenreihe der Vierteljahrshefte für Zeitgeschichte, Nr. 19）, Stuttgart 1969; ders., Nationalsozialistische Polykratie, in: *Geschichte und Gesellschaft*, 2, 1976, S. 417-442; Jürgen John/Horst Möller/Thomas Schaarschmidt（Hrsg.）, *Die NS- Gaue. Regionale Mittelinstanzen im zentralistischen "Führerstaat"*, München 2007. ナチズムの社会的基盤となった営業的中間層は、地域の経済活動と密接に関連し、地域に根を張っていた。グライヒシャルトゥングを担った彼らが、ナチス党の地域組織と緊密な関係を保ったことは十分推察できることである。地域の手工業組織の動向を重視する本章はその意味で上記の政治史的な研究動向にも関連することになる。

（４）四カ年計画に関する研究成果は多い。欧文文献としては Dieter Petzina, *Autarkiepolitik im Dritten Reich*, Stuttgart 1968; Lotte Zumpe, *Wirtschaft und Staat in Deutschland 1933 bis 1945*, Vaduz/Liechtenstein 1980, ほか。邦語の研究としては、栗原優著『第二次世界大戦の勃発』名古屋大学出版会、一九九四年、大島通義著『総力戦時代のドイツ再軍備』同文舘出版、一九九六年、工藤章著『20世紀ドイツ資本主義』東京大学出版会、一九九九年ほか。また永岑三千輝「電撃戦から総力戦への転換期における四カ年計画」『経済学季報』第38巻2号、3号（一九八八年一〇月、一二月）。拙著『ナチス・ドイツと資本主義』日本経済評論社、二〇一三年、第一部第４章も参照。

（５）たとえば Arthur Schweitzer, *Big Business in the Third Reich*, Bloomington, 1964; Martin Broszat. *Der Staat Hitlers*, München 1969, S. 217; Heinrich August Winkler, Der entbehrliche Stand. in: *Archiv für Sozialgeschichte*, XVII, 1977, auch in: ders., *Zwischen Marx und Monopolen*, Göttingen 1979, S. 57. 後藤俊明ほか訳、同文舘、1994年、ほか。

（６）Avraham Barkai, *Das Wirtschaftssystem des Nationalsozialismus*, Frankfurt a. M. 1988, S. 124f.

（７）Adelheid von Saldern, *Mittelstand im „Dritten Reich"*, Frankfurt a. M./New York, 1979.

（８）同時代的叙述としては、Rudolf Metze, *Die Neuorganisation des Handwerks im nationalsozialistischen Deutschland*, Gütersloh（1935）; Paul Hilland, Die Neuordnung der gewerblichen Wirtschaft, in: *Jahrbuch der nationalsozialistischen Wirtschaft*, Stuttgart/Berlin 1935.

（９）上記ヒラントと同様ナチス党営業的中間層闘争連盟を指導し、ドイツ手工業ライヒ身分の事務総長の地位についたH・シルトは当事者の一人としてこのことをとりわけ重視していた。Dr. Schild, Die Bedeutung des Ermächtigungsgesetzes für den Neuaufbau der Handwerksorganisation, in: *Das Deutsche Handwerksblatt*, Jg. 27, Heft 24, 15. Dez. 1933. 議会から立法権

を政府に委譲させたいわゆる授権法の正式名称は、「国民およびドイツ国（ライヒ）の危機克服のための法律」で、この立法がヒトラー・ナチス党の独裁政治の基礎を作り出したことは周知の通りである。山口定著『ファシズム——その比較研究のために——』有斐閣選書、一九七九年（初版）、一九八三年（九刷）、二〇一頁。

（10）同法（およびその後の手工業立法）については、上記 *Jahrbuch der nationalsozialistischen Wirtschaft* の他、Heinrich Schild/Theodor Rohlfing, *Die neue Organisation des deutschen Handwerks*, Berlin (1935?); K. Bernh. Zee-Heräus/Fritz Homann, *Das Handwerk und seine Verfassung*, Hamburg 1937; Chesi, *a. a. O.*, S. 42f. 邦語では、日満財政経済研究会編『ナチス経済法』日本評論社、一九三七年、三三頁以下。ナチス期以前の手工業立法の原形は、一八九七年の営業令修正法によって作られた。同法による手工業者組織については、八林、前掲論文（上）、参照。

（11）詳しくは中村幹雄著『ナチ党の思想と運動』名古屋大学出版会、一九九〇年、第5章、とくに三〇〇頁以下。オトマル・シュパンの思想との関係については、Barkai, *a. a. O.*, S. 110ff. このような構想に先立つ手工業者の思想的動向に関しては、八林、前掲論文（中）、とくに一七九頁以下、参照。

（12）Schweitzer, *op. cit.*; Heinrich August Winkler, *Mittelstand, Demokratie und Nationalsozialismus*, Köln/Berlin 1972, S. 174; ders., *Zwischen Marx und Monopolen*, S. 57, 後藤ほか訳、八四頁、また Michael Wolffsohn, *Industrie und Handwerk im Konflikt mit staatlicher Wirtschaftspolitik?*, Berlin 1977, S. 350, 385. このような見解に対して、ザルダーンの研究はナチス体制と中間層と結合的関係を重視しており、本章もその立場を継承している。Saldern, *a. a. O.*, S. 23, S. 31ff. したがってファシスト国家における中間層政策の特質とその限界を考察することが重要な課題になるのである。

（13）(Dr.) Schild, a. a. O., S. 463.

（14）*Jahrbuch der nationalsozialistischen Wirtschaft*, München 1937, 2. Teil, E. III, 2.; Zee-Heräus/Homann, *a. a. O.*; Chesi, *a. a. O.*, A. II.; Saldern, *a. a. O.*, S. 33f. また『ナチス経済法』三五頁、鎗田、前掲書、二七二頁以下。

（15）H. Schild, Das neue Handwerkergesetz. Zur „Ersten Verordnung über den vorläufigen Aufbau des deutschen Handwerks" vom 15. Juni 1934, in: *Das Deutsche Handwerksblatt*, Jg. 28, H. 13, 1. Juli 1934.

（16）注（14）参照。

（17）Chesi, *a. a. O.*, S. 46f.; Winkler, *Mittelstand*, S. 185; Saldern, *a. a. O.*, S. 37f. ナチス期以前の状況に関しては高木健次郎「ド

イツ手工業概説（二）」『経済学季報』第13巻3・4合併号［一九六三年］、八林、前掲論文、参照。

(18) Chesi, *a. a. O.*, S. 47-73; Saldern, *a. a. O.*, S. 33ff.

(19) Chesi, *a. a. O.*, S. 71.

(20) Felix Schüler, *Das Handwerk im Dritten Reich*, Bad Wörishofen 1951, S. 42-69.

(21) Winkler, Der entbehrliche Stand, in: *Zwischen Marx und Monopolen*, S. 69ff, 訳九九頁以下。

(22) 拙著『ナチス・ドイツと資本主義』第一部第1章も参照。

(23) ヴィンクラーはこの対立を「政治の優位」（Primat der Politik）か「経済の優位」（Primat der Wirtschaft）かとして理解しようとしているが、ことがらはそれほど単純ではない。Winkler, *a. a. O.*, S. 69, 訳九九頁。なお、Chesi, *a. a. O.*, S. 105ff. も参照。

(24) ドイツ労働戦線に関する邦語の研究として、井上茂子・木畑和子・芝健介・永岑三千輝・矢野久著『1939――ドイツ第三帝国と第二次世界大戦』同文舘、一九八九年、第2章（井上茂子）。

(25) Schüler, *a. a. O.*, S. 43; Chesi, *a. a. O.*, S. 106; Winkler, *a. a. O.*, S. 72, 訳一〇三頁以下。Saldern, *a. a. O.*, S. 27ff. ドイツ労働戦線への営業的中間層闘争連盟の編入に関するナチス党中間層急進派ヴァゲナーの評価に関しては、Heinz-Gerhard Haupt（Hrsg.）, *Die radikale Mitte. Lebensweise und Politik von Handwerkern und Kleinhändler in Deutschland seit 1848*, München 1985, S. 281f.

(26) Schüler, *a. a. O.*, S. 47f. また Winkler, *a. a. O.*, S. 77, 訳一一一頁。

(27) Winkler, *a. a. O.*, S. 73, 訳一〇五頁。

(28) *Jahrbuch des deutschen Handwerks 1937/1938*, Berlin 1938, S. v.; Chesi, *a. a. O.*, S. 108f.; Winkler, *a. a. O.*, S. 72, 訳一〇四頁。シュラムの現状認識に関しては、Haupt（Hrsg.）, *a. a. O.*, S. 277-280. 営業的中間層闘争連盟で活動し、手工業ライヒ身分の事務局長となったH・シルトは手工業組織の二元性（党と国家）を早くから見抜いていた一人である。ドイツ労働戦線との関係をも重視する彼の解任に関しては Winkler, *a. a. O.*, S. 70, 訳一〇一頁。シルトはこの後、企業に転じ、戦後はノルトライン・ヴェストファーレン手工業者連盟の事務長、連邦議会のドイツ党、ついでCDUの議員、さらにヨーロッパ議会のメンバーとして活動する。Chesi, *a. a. O.*, S. 66; R. Vierhaus（Hrsg.）*Deutsche biographische Enzyklopädie*, 2 Aufl., Bd 8,

München 2007, S. 857.

(29) *Jahrbuch des deutschen Handwerks 1938/1939*（1. April 1938 bis 31. März 1939）, München 1939, Vorwort.

(30) 拙著『ドイツ中小ブルジョアジーの史的分析』岩波書店、一九八九年、二八九頁以下。

(31) *Jahrbuch des deutschen Handwerks 1937/1938*, S. 220ff.; Chesi, *a. a. O.*, S. 86f. 公的調達のためのこのような手工業の納入組合は、すでに第一次大戦時に作られていた。詳しくは八林、前掲論文（上）、一五三頁以下、参照。

(32) *Jahresbericht 1936/1937 des Reichsinnungsverbandes des Tischlerhandwerks*, Augsburg, S. 24-26. Chesi, *a. a. O.*, S. 83f. も参照。

(33) *Jahrbuch des deutschen Handwerks 1937/1938*, S. 203ff. 建築業等の公的発注に関連して、小野清美著『アウトバーンとナチズム――景観エコロジーの誕生――』ミネルヴァ書房、二〇一三年、第3章。ワイマール期以降の住宅建設に関して、後藤俊明著『ドイツ住宅問題の政治社会史――ヴァイマール社会国家と中間層――』未來社、一九九七年、永山のどか著『ドイツ住宅問題の社会経済史的研究――福祉国家と非営利住宅建設――』日本経済評論社、二〇一二年、ほか参照。

(34) *Jahrbuch des deutschen Handwerks*, *a. a. O.*, S. 208ff.; Chesi, *a. a. O.*, S. 87f. 第一次大戦期における原料統制に対する手工業の対応については、八林、前掲論文（上）、一六一頁以下、参照。

(35) 以下 *Jahrbuch des deutschen Handwerks 1938/1939*, S. 82-96. による。Chesi, *a. a. O.*, S. 93f. も参照。

(36) *Jahrbuch des deutschen Handwerks 1938/1939*, S. 83-92.

(37) 以下、*A. a. O.*, S. 97-117. また Saldern, *a. a O.*, S. 40, S. 136.

(38) *Jahresbericht 1936/1937 des Reichsinnungsverbandes des Tischlerhandwerks*, S. 36-39.

(39) Felix Schüler, *Preisbildung und Gewinnermittlung im Handwerk*, München 1942, S. 231ff.; *Jahresbericht 1936/1937 des Reichsinnungsverbandes des Tischlerhandwerks*, S. 22-24.; Reichsverband des Installateur-und Klempnerhandwerks (Hrsg.), *Kontenrahmen für das Installateur-und Klempnerhandwerk*, München/Berlin; Reichsstand des Deutschen Handwerks (Hrsg.), *Einheitskontenrahmen des Reichsstandes des Deutschen Handwerks.*（München 1941）; *Jahrbuch des deutschen Handwerks 1938/1939*, S. 111-116; Chesi, *a. a. O.*, S. 81ff.

(40) 国民労働徴用制に関する同時代の邦語文献、菊池春雄著『ナチス労務動員体制研究』東洋書館、一九四一年、第2編第1、

2章、参照。四カ年計画における労働力統制については、Petzina, *a. a. O.*, S. 158ff. 参照。ペッチーナは、四カ年計画開始から一九三八年夏までを間接的統制期として捉え、それ以降に徴用や移動自由の廃止による強制的動員が始まり、開戦後に完成すると指摘する。矢野久「ナチス後期における労働政策とその実態に関する社会史的考察――1936年秋から1938年6月まで――」『三田学会雑誌』第70巻6号、一九七七年一二月。また戸原四郎著『ドイツ資本主義――戦間期の研究――』桜井書店、二〇〇六年、第4章第2節も参照。

（41）*Jahrbuch des deutschen Handwerks 1938/1939*, S. 60-82. また S. 125-137. Chesi, *a. a. O.*, S. 95f. も参照。

（42）*Jahrbuch des deutschen Handwerks 1938/1939*, とくに S. 74-80. 徒弟の養成は、職人の育成＝熟練工形成に結びつく基本的条件であり、ナチス期以前から重要な問題として論ぜられて来た。この問題を一九二〇年代の労使関係と関連づけて分析したのは、麻沼賢彦氏である。麻沼賢彦「ドイツにおける工業徒弟制度の史的展開と1920年代――ヴァイマル期の『経営共同体』的労使関係と工業徒弟養成――（1）-（5）」『研究季報』第30巻2号、第31巻1～3合併号、第32巻1号、第33巻2号、第35巻2号、各一九八二年九月、一九八三年、一九八四年七月、一九八五年一一月、一九八八年一月、同「ヴァイマル期ドイツにおける工業徒弟訓練の社会制度化――1920年代ドイツの工業団体による徒弟制度への取組み――（上）（下）」『四日市大学論集』第3巻1号、2号、一九九〇年一二月、一九九一年三月、高木、前掲論文（四）、同第15巻3・4合併号［一九六六年三月］も参照。

（43）*A. a. O.*, S. 75. Cf. Chesi, *a. a. O.*, S. 100. Stremmel, *a. a. O.*, S. 402. 但しシェッジーは *a. a. O.*, S. 95 で、「手工業組織」が大資格証明制の導入とともにこれまで重視して来た業績原理を、軍需工業用の労働力育成＝徒弟養成の目的に合わせて後退させたと述べている。後出の注（69）も参照。第一次大戦期においても経営の整理・統合が問題となった。八林、前掲論文（上）、一六二頁以下。

（44）*Jahrbuch des deutschen Handwerks 1938/1939*, S. 80. また Chesi, *a. a. O.*, S. 100; Saldern, *a. a. O.*, S. 21.

（45）*Jahrbuch des deutschen Handwerks 1938/1939*, とくに S. 77-80.

（46）ヴュルテンベルクの経済の歴史的展開に関する邦語研究としては以下の文献がある。松田智雄著『ドイツ資本主義の基礎研究――ヴュルテンベルク王国の産業発展――』岩波書店、一九六七年、後篇、三ツ石郁夫著『ドイツ地域経済の史的形成――ヴュルテンベルクの農工結合――』勁草書房、一九九七年、森良次著『19世紀ドイツの地域産業振興――近代化のなかのビュルテンベルク小営業——』京都大学学術出版会、二〇一三年、ほか。

（47）Handwerkskammer Stuttgart, *Geschäftsbericht 1938/1939*. Umfaßt die Zeit vom 1. April 1938 bis 31. März 1939.（1939）, S. 107. また Vorwort, S. 3f.

（48）*Geschäftsbericht der Handwerkskammer für Mittelfranken zu Nürnberg*, 1. April 1937 bis 31. März 1938, Vorwort.

（49）Handwerkskammer Stuttgart, *a. a. O.*, S. 178ff.

（50）*Geschäftsbericht der Handwerkskammer für Mittelfranken*, S. 172f. ヴェストファーレンのケースについては、Stremmel, *a. a. O.*, S. 487ff.

（51）Heinz Boberach（Hrsg.）, *Meldungen aus dem Reich 1938-1945. Die geheimen Lagerberichte des Sicherheitsdienst der SS*, Bd. 2: Jahreslagebericht 1938, 1. Vierteljahresberichte 1939, S. 301.（以下、*Meldungen*, Bd. 2 と略す）。

（52）Das Handwerk im Jahre 1938, in: *Meldungen*, Bd. 2., S. 173.

（53）Handwerkskammer Stuttgart, *a. a. O.*, S. 108f. Chesi, *a. a. O.*, S. 93f. も参照。

（54）*Geschäftsbericht der Handwerkskammer für Mittelfranken*, S. 112.

（55）A. *a. O.*, S. 113f.

（56）A. *a. O.*, S. 115f.

（57）Das Handwerk, in: *Meldungen*, Bd. 2, S. 174.

（58）Handwerkskammer Stuttgart, *a. a. O.*, S. 112ff., 201ff.

（59）A. *a. O.*, S. 116ff. とくに S. 117の記述。製パン業における簿記の義務化に関しては鎗田、前掲書、二八七頁以下参照。

（60）A. *a. O.*, S. 127ff. ヴェストファーレンの状況に関しては、Stremmel, *a. a. O.*, S. 399ff.

（61）Handwerkskammer Stuttgart, *a. a. O.*, S. 144ff.

（62）Das Handwerk, in: *Meldungen*, Bd. 2, S. 173.

（63）Handwerkskammer Stuttgart, *a. a. O.*, S. 55ff.

（64）A. *a. O.*, S. 61ff., 73f.

（65）A. *a. O.*, S. 61, S. 75, S. 79, S. 125 も参照。

（66） *Geschäftsbericht der Handwerkskammer für Mittelfranken*, S. 13f.

（67） Handwerkskammer Stuttgart, *a. a. O.*, S. 85. ヴェストファーレンに関しては、Stremmel, *a. a. O.*, S. 404.

（68） *Geschäftsbericht der Handwerkskammer für Mittelfranken*, S. 25. Cf. Boyer, *a. a. O.*, S. 44f. ボイヤーは、閉鎖措置に対する「抵抗」がまぎれもなく存在したと述べ、「手工業者は他の雇用への適性に関する［自身の］審査を拒否したりした」と指摘する。指令通りの経営閉鎖は「可能でもなく意図もされなかった」。それはまずほんのわずかな手工業にしか適用されず、また候補となった多くの手工業者は他の仕事に向いていなかったり、農村では欠かせない手工業であったりした。統計がないので「整理」の対象となった経営の数は不明であるが、その結果は「僅少」であったに違いない、とボイヤーは叙述している。ヴェストファーレンの状況については、Stremmel, *a. a. O.*, S. 403ff., とくにS. 405.

（69） Chesi, *a. a. O.*, S. 98. また *Meldung*, a. a. O., S. 302も参照。Cf. Saldern, *a. a. O.*, S. 140f. ザルダーンは、経営閉鎖（＝手工業整理）が手工業の過剰状態を解決し、有力な手工業経営主に利益をもたらす措置であることを強調し、手工業組織の指導部だけでなく、手工業会議所など職業組織も広くそれを歓迎したと、結論づけている。しかし他方でザルダーンは、この問題に関する論述の最後の箇所（*a. a. O.*, S. 144）で、一九三九年の経営閉鎖措置の量的な大きさを知る統計がないと指摘し、続いて経営閉鎖は手工業経営のほんの僅かな部分（二〜三％）にしか適用されなかったという当時の記事を紹介し、そのことはこの措置令が出されて半年後には、閉鎖措置を当面は実施しないよう指示する政府の命令が出されたことからも信用できると述べている。ザルダーンはこのことがもつ重要な意味には触れず、バイヤーが指摘したような手工業者たちの抵抗や、大資格証明制の例外条項の適用に関する手工業会議所の対応の仕方など、「閉鎖」に対立する諸要因は全くと言ってよいほど考慮していない。

（70） Handwerkskammer Stuttgart, *a. a. O.*, S. 121f. 製パン業のイヌングの状況に関しては鎗田、前掲書、二七八頁、二八四頁ほかの叙述も参照。

（71） Krohn/Stegmann, a. a. O., S. 85.

（72） Helmut M. Hankko, Kommunalpolitik in der „Hauptstadt der Bewegung" 1933–1935, in: M. Broszat/E. Fröhlich/A. Grossmann (Hrsg.), *Bayern in der NS-Zeit*, III. Herrschaft und Gesellschaft im Konflikt, München/Wien 1981, S. 358ff. ヴェストファーレンに関しては、Stremmel, *a. a. O.*, S. 488f.

(73) ザルダーンは、ナチス支配が手工業者によって支持されていた例証として注目している。Saldern, *a. a. O.*, S. 167, S. 320 (note 64). シェッジーは、このような信頼調査はイヌング会長に関する手工業会議所の人事判断材料として使われたと指摘している。Chesi, *a. a. O.*, S. 50.

(74) Handwerkskammer Stuttgart, *a. a. O.*, S. 45.

(75) A. *a.* O., S. 46f. 製パン業イヌングの違反に関する鎗田、前掲書、二八四頁以下の興味深い事例も参照。

(76) A. *a.* O., S. 48.

第4章　ナチス体制と中小・零細工業の経営閉鎖問題——中間層イデオロギーとの関連で——

はじめに

ワイマール期ドイツにおいて、全体主義的なヒトラー・ナチス党の運動を支持し、その権力掌握をバックアップした諸社会層の中で、とりわけ重要な位置をしめたのは、都市の中小営業者や農民など社会的中間層であり、工業分野の中小・零細経営者は、そのようなドイツのファシズム運動の中心的な担い手になった。金属加工、木工、建築、洋服・靴加工、食品加工はじめ、各種の加工業の分野で、一方では動力機（電動モーター）や機械装置を部分的に採用しながら、他方では伝統的な手工業技術や熟練を土台にして生産活動を展開するこの中小・零細経営は、前章で述べたようにドイツにおいては、機械制に重点を置く工業企業（いわゆる「工業（Industrie）」）から区別されて、「手工業（Handwerk）」、その担い手は「手工業者（Handwerker）」と呼称された。本章はそのような「手工業」の分野における経営者層と権力掌握後のヒトラー・ナチス党の支配体制との関係を考察することを課題としている。

さてドイツ国民の人口において大きな位置を占める中小・零細な工業経営者たちは、大企業による無制限な営利追求を抑制し、中間層を創出・維持することを主張する、反マルクス主義・反民主主義・反ユダヤ主義の政党、民族社会主義ドイツ労働者党を支持し、その台頭と権力奪取の有力な社会的基盤となった。[1] それでは権力を掌握したヒトラー・ナチス党は、これまでナチズムの運動を支えてきたこれらの営業者に対していかなる立場をとったか。ナチス体制は、彼らが最も関心を寄せる党の綱領、中間層の創出・維持の原則に関して、どのような政策を実行したか。ナチス手工業分野の経営者層は、一九三三年以降も引き続きナチス体制を支持し、その社会的基盤として機能し続けたのであろうか。

ナチス体制の歴史的特質にかかわるこの問題を正面から受け止め、初めて包括的な見解を展開したのは、序章でも紹介したように、『中間層・民主主義・ナチズム』（一九七二年）の著者H・A・ヴィンクラーであった。この書物でワイマール期におけるドイツの「手工業者」や「小売業者」などの「中間層」の伝統主義的・社会保護主義的な運動を分析したヴィンクラーは、第三帝国の「中間層」政策を検討した論文の中で、権力掌握後のナチス体制と、これまでナチズムの運動を支持してきた「手工業者」など営業的中間層との関係について重要な議論を提示した。すなわちナチス・ドイツの支配者は、権力掌握直後には確かに中小・零細経営者たちの立場を積極的に評価したが、しかしその後は、この階層の利害を重視せず、むしろ消極的ないし否定的な立場をとり、彼らを「なくてもよい」(entbehrlich)存在として位置づけた。それはとりわけ戦時期における手工業分野の中小営業者の自治的な地域的組織、手工業会議所の解組（＝大管区（ガウ）経済会議所への編入）や、中小・零細経営の「整理」・「閉鎖」政策に示されている。ヴィンクラーはナチス体制による手工業政策の特質をこのように認識した。[2]

なかでも軍需工業のための労働力の動員と、エネルギー・設備の節約・重点的使用を目的として実施された中小・零細経営の企業整理（「ふるい分け政策」）、経営の休・廃業措置は、営業的中間層に対するナチス・レジームの否定的な立場を集約的に表現する政策と考えられた。ヴィンクラーは、そこに中間層の創出・維持に関わる当初のナチス的原則の否定を見てとるのである。それではこのように本質的な意味を内包する経営の休・廃業措置は、そもそもいかなる仕方で実施され、その結果はどれほどであったか。だがヴィンクラーは、肝心のこの問題に関しては十分な説明を加えることが出来なかった。

ヴィンクラーの見解に対する最大の批判者は、A・v・ザルダーンであった。彼女は、手工業経営を手工業親方の資格保持者に限定した一九三五年の手工業立法（「大資格証明」）が「手工業者」の永年の要求を現実化したこと、戦時経済と結びついた「手工業の合理化」政策は、指導的な「手工業者」によって支持され推進されたこと、などを評価し、ナチス体制と「手工業」との積極的な結びつきを指摘した。ザルダーンもヴィンクラーの重視した「手工業」の経営閉鎖政策を決して否定しなかった。しかし彼女はそれを、「健全な」中間層を強化するために実施された、劣悪経営の排除政策とみなし、小・零細経営の整理によって効率的な優良経営を発展させるためにとられた合理化政策のひとつと位置づけるに止まり、この措置自体への関心を示すことはなかった。(3)

ザルダーンと同様、ナチス的中間層政策を「健全」で「能力」ある経営の拡大策として理解する、『総力戦と経済秩序』の著者L・ヘルプストは、同時にそれが経営の集中過程を促進し、システムの安定というもうひとつの目的と対立する点を指摘し、それに対応するために、閉鎖経営に対する援助政策が実施されたことを重視する。ヘルプストの研究の貢献は、経営閉鎖政策をこのようにナチス・レジームのジレンマとして認識した上で、それが戦時期には深刻化し、それに対する手工業当事者とナチス党内の抵抗が生み出される過程を明らかにした点にある。(4) しかしナチス体制のジレンマに結びつく経営閉鎖措置それ自体の具体的な内容とその実施状況については、ヘルプストも十分に立ち入った分析を試みることが出来なかった。

経営閉鎖の国家的措置は、拡大する軍需工業への追加的労働力を搾出することを目的としていた。それは総力戦体制が内包する深刻な労働力不足への対応でもあった。したがってこの問題は、同時に労働政策の研究にも関係していた。だがそのようなナチス的労働政策に関するこれまでの研究は、ほとんど一致してこの措置が目立った成果を生ま

なかったと述べている。中小経営の閉鎖政策は、そもそもどの程度実行されたのか、それが問題となるのである。(5)

この問題は、「支配」の正当性に関するM・ヴェーバーの論述に関連する。ヴェーバーが支配体制に対する人々の正当性の意識と利害関心、被支配者のそのような内面的な意識を維持・強化しようとする体制側の対応を重視したことはよく知られているが、(6)この観点に立ってナチスの支配体制を見る時、ナチズムを支持した中間層が、ヒトラー・ナチス党の権力的体制をどこまで正当とみなしたかが重要な問題となる。ナチス・レジームに対する大衆の賛同と反発の問題は、ナチス体制下の日常生活とそれを営む「ふつうの人々」(„die kleine Leute")に関する近年の歴史研究の最も重要な論点となっている。そのような研究動向を代表するO・ポイカート(Peukert)は、その著書の中で中間層の役割を重視しながら、体制がそれを「不要な階層」とみなしたとするヴィンクラーの見解を肯定して中間層の「幻滅」を確認する。その上でポイカートは、営業的中間層のいくつかの重要な要求が実現されたことを重視し、次のように結論した。(7)「中間層はこうして、一九三三年以前にすでにそうであったように、ナチス体制の大衆的基盤の重要な部分を占め、あるいは少なくとも消極的な支持の潜在力となったのであって、積極的な抵抗はただいくつかの事例に限られた」。——ポイカートは、このように中間層とナチス体制との関係を消極的な結合として捉えるのであるが、ナチス・レジームに対する「抵抗」の面については、「いくつかのケース」を示唆するのみで、その具体的な説明を欠いていた。営業的中間層に属する「ふつうの人々」の生活と身分に関わる経営の閉鎖問題については、一九三九年のそれに関してわずかな言及があるのみで、「世論の証言の両義性」を指摘するに止まっている。中小営業者の経営を根底から動揺させた、四カ年計画から始まる軍需工業の労働力徴用、戦時の軍隊召集、一九四〇年代の労働動員のための経営閉鎖措置に関しては説明を欠き、その中で示された営業者層の「抵抗」の広がりは全く考慮されていない。

経営の閉鎖は、経営主とその家族、そこで働く労働者の生活に関わる最も本質的な問題であった。したがってその経営を休・廃業させる国家的措置は、当事者にとっては、他のいかなる政策以上に深刻な手段として受け止められた。それはまさに中小・零細経営者の中間層としての存在の否定を意味し、中間層維持のナチス的原則の放棄にほかならなかった。経営閉鎖措置の問題はこのようにナチス体制と「中間層」との関連、ナチス思想とナチス・レジームの本質に関わる中心的な論点をなしていた。だがこの問題に関する歴史家のこれまでの取組みは、上記の通り、なお著しく不十分であって、混乱状況を脱していないのが現状である。

さて、ナチス体制の下で中小・零細経営の休・廃業が増大したことは事実である。しかしそのような経営閉鎖は、ナチス体制以前からみられる現象であり、また戦時経済の下での中小経営の不利益は、ドイツにのみ見られる現象ではなかった(8)。したがって経営閉鎖の現実は、直ちには国家的な措置の結果として捉えることはできない。ところがヴィンクラーをはじめとする多くの研究者は、――もとより時にその他の要因に関してごく短い言及を伴う場合もあるが――暗黙のうちに両者を直接的に関連づけて論じる傾向が見られた。そこで本章は、まず中小・零細経営の休・廃業の現実を取り上げ、政策的な閉鎖措置以外の諸要因の重要性を考慮しつつ、その原因と背景について検討を加えることから始めることにする。

次にナチス体制による経営閉鎖措置・経営整理政策が、いかなる内容を有し、どの程度実施されたか考察し、その問題をめぐる中小・零細経営者の対応とナチス党内の思想的動向について分析することとする。それを通じて、ナチス体制が営業的中間層を――ヴィンクラーが主張したように――「不要」な階層として取り扱ったか、それとも中間層の創出・維持の原則が、戦時経済の要請する合理化政策にもかかわらず、貫徹したかどうかが示されることになるだろう。

1　手工業的経営の減少とその要因

ナチス期における手工業分野の経営数の減少は、多くの研究がほとんど一致して認める所である。(9) ナチス・ドイツ下の文献(10)は、四カ年計画開始の年、一九三六年に一六五万経営を数えた手工業経営は、第二次大戦開戦の年、一九三九年には一四七万となり、約一八万経営が減少したと指摘している。経営の一時的閉鎖・休業、さらに全面的な廃業は、戦時期にさらに増加した。ヴィンクラーは、一九三九年の経営数を一五六万と推計し、戦時体制二年目の一九四一年には、その数は一四五万となり、そのうち営業活動を続けている経営は、一一八万に止まり、二七万は休業状態にあったと推定している。(11)

戦時体制の下での手工業分野の経営の閉鎖・廃業の増大は、就業者の数の激しい減少に示されている。D・アイヒホルツによれば(第1表参照)(12)、開戦直前の一九三九年五月から、開戦後の翌年五月の間に、手工業分野の就業者数は実に二〇%も減少した。明らかに戦争による影響が原因と考えられる。しかも「手工業」の減少幅は、「工業」(八・八%)、「農業」(四・七%)に比して特別大きいことがわかる。

手工業の後退は、総力戦体制への移行に伴って加速された。ライヒ手工業集団は、手工業就業者の減少を第2表のように示しているが、アメリカ合衆国戦略爆撃調査団によれば、手工業の就業人口は、一九三九年五月に約五三〇万人強であったのが、一九四一年五月に約四〇〇万人、一九四三年五月は三三〇万人、一九四四年九月には三一六万人と減少の一途を辿ったということである。(13)

手工業的経営のこのような急速な減少はいかにして生じたか。ヴィンクラーは、上述のように、これをもっぱらナチス体制の下での手工業政策、とくに経営閉鎖(Stillegung des Betriebs, Betriebsschließung)や企業整理の措置に結びつけた。それはナチ・レジームが手工業者を不要な階層とみなしたという彼の主張の最大の論拠となった。ヴィンクラーだけではなかった。他の多くの論者も、中小経営の経営閉鎖を、暗黙のうちに概して国家的な措置と関連づけて理解する傾向にあった。

たしかに手工業分野の経営が、政府の強制的な企業整理政策によって、閉鎖や廃業に追い込まれたことは事実であった。中小経営を対象とするそのような企業整理措置は一九三九年から始まっていたが、しかしそれが全面的・本格的に実施されるのは、開戦後三年以上たった一九四三年になってからであった。中小経営の休・廃業は、だが上に見たように、そのような経営閉鎖措置が強行される以前から見られる現象であった。

第1章で考察したように、手工業分野の経営は、ナチス政権の登場以前から、大きく分化しており、広範な下層部分を構成する小・零細経営の一部は、不断に労働者化ないし半労働者化しつつあった。そしてナチス期に入り、手工業的経営の営業資格を親方資格取得者に制限する一九三五年のいわゆる大資格証明制が導入されると、親方資格のない小・零細経営者は親方試験を受けることをあきらめ、経営を閉じて、労働者になることを選ぶものが増大した。さらに一九三六年に始まる四カ年計画によるアウタルキー化政策の下で、原材料の入手が制約されようになると、中小・零細経営の活動は大幅に制約され、経営閉鎖の傾向は強められた。

『ゾチアーレ・プラクシス』(Soziale Praxis) 誌（一九三八年八月号）は次のように報じている。「一九三六年から一九三八年までに二〇万を下らない手工業経営が自由意思で、あるいは手工業的徴用の影響により、自営業を放棄し、労働者として――たいていは手工業経営において――

第1表　労働力の減少（1939年5月31日～1940年5月31日）

	減少数（10万）	減少率
経済全体	3.4	8.6
工業	1.0	8.8
基礎原材料工業	0.08	3.4
軍需工業	（+0.12）	（+3.1）
建設業	0.35	24.8
その他	0.64	17.8
農業	0.5	4.7
手工業	1.1	20.7
商業・金融・保険	0.5	14.1

典拠：D. Eichholtz, *Geschichte der deutschen Kriegswirtschaft*, Bd. 1, Berlin 1984, S. 104.
注：外国人労働力を含む。

第２表　手工業就業者数の減少　（1939年７月１日＝100）

	1940年６月１日	1941年６月１日	1942年５月末	1943年５月末
金属加工業	82	78	78	77
建築業	64	63	53	51
木工業	78	71	67	68
被服業	80	74	73	69
食品加工業	86	80	71	65
その他手工業	84	80	78	78
手工業全体	77	73	68	66

典拠：Denkschrift der Reichsgruppe Handwerk über den Kriegseinsatz des deutschen Handwerks, Nov. 1944（BArch Berlin, NS 19/2741）.

活動するようになった。彼らの多くは［一九三五年の大資格証明制度のために］親方試験を後日受けなければならなかったが、それをあきらめたのである」（Soziale Praxis, Jg. 48, H. 16, HS 174）。

経営閉鎖と労働者への転化は――同誌によれば――四カ年計画開始二年間で二〇万人以上を数えたという。その理由は二つあった。そのひとつが経営主の「自由意思」であった。そしてその多くが一九三五年の手工業立法により義務づけられた親方資格試験の受験を必要する小・零細経営者であった。かれらは一定の基準が求められる試験を受けるよりは労働者になることを選択した。

上記雑誌の指摘する手工業分野の経営の閉鎖＝労働者化のもうひとつの理由は、「手工業的徴用」であった。それは経営主の「自由意思」によるものではなく、経営を支えてきた労働力が国家的に徴用されることにより、経営が維持できなくなる状況を意味していた。それは一九三六年の四カ年計画とともに始まっていた。戦争準備体制の構築をめざす四カ年計画の下で、西部要塞の建設や軍需工業の拡大のために、多くの労働力が法律にもとづいて「徴用」された。手工業分野の中小・零細経営にとっては、経営主（親方）や基幹労働力としての職人の徴用は、経営を支える労働力の離脱を意味し、経営の縮小ないし閉鎖を余儀なくされた。

一九三九年に戦争が開始されると軍隊への召集が本格化した。経営主や職人たちの徴兵は、軍需工業での徴用の拡大と相まって、中小・零細経営の休・廃業を加速させることになった。

一九四二年、ライヒ経済相フンクは次のような指示を行った(14)。「経営主が軍隊に召集されたか、義務的労働［徴用］

に服していることによって、その経営を閉鎖した手工業経営は、閉鎖中に限り手工業会議所会費を支払わなくてよい」と。以上からわかるように、この時期における手工業の営業閉鎖の最大の特徴は、ヴィンクラーが想定したような国家的な閉鎖措置によるものではなく、経営主の自主的な廃業と、戦争準備・戦時体制が強制する軍隊召集（Einberufung）と徴用（Dienstpflicht）による休業・廃業であった。「自由意思」による経営閉鎖を促したのは、自営業の継続を困難にする経営状態の不振、それを加速する経営環境であった。それはナチス体制以前からみられる現象であり、ナチス・レジームの下でも不断に進行する現実であった。一九三五年の手工業法による大資格証明制は、親方の資格を保有しないそのような小・零細経営者の廃業＝労働者化を促進する条件となった。しかし経営主と少数の労働力に依存する手工業分野の経営にとって、経営継続のとりわけ大きな障害となったのは、四カ年計画とともに実施された労働力の国家的徴用と一九三九年の開戦によって、本格化した経営従事者の軍隊召集であった。それはとりわけ経営状況を悪化させつつある小・零細経営にとって決定的な打撃となり、経営主自らの「自由意思」による休・廃業が加速されることになるのである。それでは手工業分野の労働力の経営離脱を強制する軍隊召集と軍需工業徴用とはいかなるものであったか。

2　軍隊の召集と軍需工業による徴用

（1）軍隊召集

総力戦としての現代戦争は周知のように、兵士などの主体的戦力の厖大な軍事投入を必要とする。とくに体力のある青・壮年は徴兵の中心的な対象となり、総力戦の中でその範囲が拡大された。軍隊への徴兵累積数は、アメリカ戦略爆撃調査団の推計によると、[15] 一九四〇年四四三万人、一九四四年九月には一一二六万人に達した。その数は「工業」からは、一九四〇年五月に一三三万人、一九四四年九月には三五九万人、「手工業」からのそれは、それぞれ九三万人、二六〇万人に達した。工業・交通全体で一九四四年九月に六九二万人が召集されたが、「手工業」の上記二六〇万人はその三七％強を占めた。「手工業」の就業人口は一九四三年において工業・交通全体のそれの二〇％に止まっていたから、上の徴兵累積数の割合は他分野にして特に高かったことがわかる。

その理由は、手工業的な技術や熟練あるいは知識が、高度に技術化され、機動化された軍隊とそれによる戦争の遂行にとって不可欠であったからである。「手工業」から召集された兵士は、通信・補給・後備体制での労働、軍用輸送手段の維持・修理、要塞建設、インフラ整備等々のために、欠かすことが出来ない労働力を提供していたのである。[16] たとえばガス・水道工事・集中暖房工事・建築ブリキ工のイヌング連盟は、一九四三年に、経営主の二〇％が軍に召集され、三％が徴用されたこと、また平時の雇用職人の五〇％以上が軍に召集されたと報告している。[17]

召集により主力労働力を失った手工業的経営は、経営の縮小や閉鎖を余儀なくされた。ライヒ経済省の参事官は指摘する。「原料の配給制と各種の兵役任務への召集とは、多くの手工業親方から戦争中に経営を継続する可能性を奪った。そのため多くの経営はその間閉鎖を余儀なくされた」。[18]

「召集により経営を閉鎖したり著しく縮小した自営手工業者で、経営の再開をめざすもの」[19] には、兵役中の家族扶助（一九三九年九月一日令）のほかに、共同扶助金や再営業時の利子優遇措置など、各種の支援措置がとられた。召集された経営主・息子にかわる妻や娘たちによる営業や、退職職人の再雇用などによる経営継続は、公的にも援助された。召集により支柱的家族を欠く経営に対しては、召集者に代わる補充労働力の賃金と営業場所の家賃が補助されたのもそのためである。[20]

しかしそのような支援にもかかわらず、経営主や親方を支える息子の召集は経営継続の重大な支障となった。たとえば一九四三年一月に自動車手工業ライヒイヌング連盟に提出された、兵役の解除を求める自動車修理業の経営主（ケーニヒスベルク）の請願は、補充的な労働力を備えた中堅的な手工業経営においてすら、経営主の兵士召集が経営の存続にとって重い負担となった状況をよく示している。この経営は労働者二〇人を雇用し、二つの作業店舗を有して、自動車修理（月三〇〜四〇台）、部品・代替品の販売、自動車メインテナンス、洗車、ガソリンタンク、バッテリー販売などを営む中堅の経営であった（年売上高［一九四二年］一万二六〇〇マルク）。二〇人の労働力のうち半数以上の一一人がすでに戦争捕虜・ポーランド人で占められ、ドイツ人専門工はわずかに二人を数えるのみであった。経営主の兵役中はこの二人のドイツ人が二店舗の営業をそれぞれ分担し、また営業全体に関しては独身の女性支配人（一人）が経営を任されていた。しかし、女性支配人は過労のため心臓を悪くし、医者から休養を命ぜられ、さらにひとつの店舗を任されたドイツ人専門工も重度の脊椎障害で仕事ができない状態に陥った。こうして兵役にある経営主は、自身の経営復帰のために兵役解除を願い出たのである[21]。

中堅的な経営は、このように主力労働力が離脱した後も経営を曲りなりにも継続できたが、従業員の少ない小・零細経営の多くは休業を余儀なくされた。それはさしあたって営業の一時的な停止を意味した。だが経営主であった親方が除隊となり、戦地から戻って営業を再開しようとしても、経営を離れた労働力の再雇用や、閉業中に失った顧客の回復には、大きな困難が予想された。こうして多くの営業者は、自身の経営を最終的に閉鎖することを迫られることになるのである[22]。

（2）軍需関連企業の徴用

兵士など人的な戦力と並んで、武器・弾薬・装備など物的戦闘手段の大量的投入、そのための軍需工業、関連部門の生産力拡大と、長期戦のための生活必需品生産の確保も、現代戦争の決定的な条件となった[23]。しかし戦場での兵力投入の拡大、生産諸部門で働く労働主体の召集と生産離脱は、生産分野の労働力の欠員・不足を深刻化し、軍事関連の生産拡大の要請と衝突した。こうして総力戦体制の根本的な隘路は、労働力不足に集約的に表現された。そのために軍需生産をはじめ経済活動の一層の合理化が必要となるのであるが、それも労働力の追加的補充なしには不可能であった。こうして軍需工業・関連工業の労働力を重点的に確保する政策がとられ、さまざまな措置が実施された。ドイツ国民の労働義務化、すなわち労働力の国家的徴用は、外国人労働者・戦争捕虜の動員、女性労働力の利用と並ぶ最も重要な措置であった。それは一九三六年の四カ年計画による戦争準備体制とともに始まった。

一九三六年秋の四カ年計画開始期のドイツには、まだ約一〇〇万人の失業者が存在したが、一九三八年夏までに失業労働力の予備軍はほとんどなくなっていた。労働力不足、とくに専門工の不足はすでに一九三六年頃から目立つようになった。同年一一月の『ゾチアーレ・プラクシス』誌は、機械工業の状況について次のように報じていた。当時機械組立工業の経営数は一万一一二七（うち大経営は二二一二、ほかは中小企業）、従業員は八一万人を数え、そのうち男子労働力の六三・五％が手工業的な修業を経た専門工および経営内手工業者（Betriebshandwerker, 第1章参照）であった。半熟練工は二一・三％、不熟練工は一五・二％に止まった。すでに多くの企業が専門工不足に悩まされていた。たとえばＤＥＭＡＧ社（Duisburg）は、当時（一九三五年頃）一年間に一〇〇〇人以上の増員を行ったが、生産拡大に伴って間もなく専門工不足が顕著になったため、不熟練工に訓練をほどこし、専門工に育成して対応した。しかし、企業内での専門工養成には経費がかかったため、多くの企業は賃金や給与を引き上げ、外部から専門工を調達する方を選択した（Soziale Praxis, Jg. 45, H 48, 1936, HS. 1401f.）。

軍需工業の労働力を確保するための最初の措置は、一九三八年六月二二日、四カ年計画全権委任ゲーリングによって実施された。「国政上重要事業必要労働力確保令」の指令がそれである(24)（七月一日発効）。この労働力確保令は、その後、国家的な労働力動員政策の基本的土台となった。ゲーリングは、四カ年計画局本部に労働力動員のための労動配置部を設置し、また専門工後継者の確保のための徒弟教育参加の義務化、鉄・金属加工業への国家的発注における金属労働者の確保、国策上重要な建築計画のための労働力確保等々の措置をとった(25)。

このような国策上重要な事業に対して適時に必要労働力を供給するために、他の仕事場において労働に従事している労働力をも一時的に転換させる措置が、この指令がめざす徴用であった。

(1)ドイツ国民は特定期間、指示された労働場所において特定の労働を行い、もしくは特定の職業的訓練に服する義務を負う。

(2)その新しい労務関係もしくは訓練関係においては、一般労働法規および社会保険法規が適用される。上記関係は官庁の許可なくしては解消できない。

(3)上記徴用の際には、雇傭関係にあった義務者は、その徴用期間中、上の雇傭関係から休暇を得たものとされ、この休暇中は雇傭関係を解消できない。

これがいわゆる「労働義務」（Dienstpflicht）であり、一九三八年夏には西部要塞の建設をはじめ国家的な目的と結びつく生産活動に適用された。一九三八年一〇月、そして翌三九年二月の指令によって細部が規定された。

徴用労働の期間はさまざまに解釈され、しばしば無期限、不定期、戦争継続期間、等とされた。労働大臣がその解釈を否定し、徴用を期限付きとする旨、ラント労働当局に指令するのは漸く一九四一年二月になってからであった(26)。

3　軍需関連企業の徴用と手工業分野の経営

（1）徴用の開始

四カ年計画とともに始まった労働徴用は、西部要塞やヘルマン・ゲーリング社の建設、軍需企業の拡大など、国家的な重点政策と結びついて強行された。T・メースンによれば、一九三九年末までに約一三〇万人が徴用され、そのうち約四〇万人が西部要塞の建設に用いられた。工業部門では開戦直前までに五〇万人以上が動員されたという。短期の徴用が大部分であったが、長期も一九四〇年三月には二〇万八〇〇〇人を数えた(27)。

ドイツ工業の中心地のひとつザクセン（ラント）の経済会議所（Wirtschaftskammer）の報告（一九三九年八月七日付）によれば、開戦直前の徴用労働の状況は次のようであった(28)。

①ザクセンの徴用労働者数は五万五〇〇〇人。うち一万三〇〇〇人の徴用は一九三八年で、まだ旧職場に戻されていない。帰還したものは一万二〇〇〇人で、上記数字には含まれていない。約二〇〇〇人がまだ充足されていない。さらに新しい要求が約一五〇〇人出されているが、そこには未確定の求人数は含まれていない（新しい要求のうち五〇〇人は鉱夫・坑道夫）。徴用労働のうち七四〇〇人は、ザクセン内で充足された。

②徴用労働を採用できる軍需向・輸出向企業の数は、一〇八五企業で、従業者数は四五・四万人。労働手帳義務者約一九〇万人からこの数（五〇万とする）を除くと、約一四〇万人の労働力が残る。女性労働力の平均的割合が三〇％であるので、男子労働力は約九五万人となり、そこから徴用を行うことが可能となるが、その数は著しく限られることになる。

③以上に関して、ラント労働局長、ヴォールファルト（Wohlfahrt）とO・ザック（Sack）（ライヒ経済集団機械指導者）との間で協議が行われた。

徴用は、もとより手工業分野の経営だけではなく、商工会議所が管轄する各地の「工業」や「商業」など各分野の経営者や従業員に及んだ。たとえば「工業」における徴用の事例を紹介しよう。

一九三八年九月、デュッセルドルフ商工会議所はライヒ経済省宛に文書でこう報告している。――デュッセルドルフには、現在、軍参謀本部の労働局の要請が届いている。それは組立工（Konstruktuer）と鉄・金属加工業の専門労働者合計一五〇〇人の多数を、諸経営から移動させ、それらをデュッセルドルフの他の経営［軍需関連工業］に振り替えることを求める指令である。そのため企業では多くの混乱が生じ、会議所にはほとんど毎日のように問い合わせや苦情が寄せられている。もし徴用されると、輸出向注文や軍部注文を納期までに済ませることができない、とそれらは訴えている[29]、と。

同商工会議所は、一三三人の熟練工を雇う同市の企業の苦情を紹介しているが、その企業は兵器生産の大手ラインメタル・ボルジッヒ社に九人の組立工を徴用として送っており、そのために「わが社の労働計画の遂行が完全に不能となった」と[30]。

シュレージェン・ヒルシュベルクの凍石・磁器製作企業の事例も同様の事情を示すものである。一九三八年九月のヒルシュベルクとランデスフートの労働当局による徴用で同社は、カプセル打型工、製粉工、窯工、錠前補助工、陶土工など一五人を失い、そのため輸出向け製品の注文に支障が生じ、窯部門が場所によってストップしている[31]。

手工業分野の経営に対する徴用も各地で実施され、開戦とともに本格化した。前章で明らかにしたように手工業分野の各経営は、手工業的技術を土台としながらも、すでに各種の機械を導入し、多くの経営は電動モーターを使用して生産を行っていた。その中で蓄積された専門的な労働能力は、軍需工業をはじめとする工業企業においても各分野で必要とされていた。たとえば航空機生産では、次のような手工業的技術をもった専門工が配置されていた。——機体製造におけるベルトコンベアの作業や部品製造、航空機の開発部門や修理部門における専門工がそれである。機体組み立て工程では、錠前工はフライス盤・中ぐり盤・研削盤などの工作機械を、板金工は空気ハンマー・薄板加工機などを用いて作業した。また航空機のデザインに際しては、電気機械工、鍛冶工、銅鍛冶工が関与し、さらに家具工やろくろ工も開発用の大型模型の作成に、また馬具工・経師工・ガラス工は付属的な装備の作業に携った。ペンキ工は、機体の内外の仕上げを行い、大工は輸送用の建造物・台などの組立に従事した。航空機部門では、上の生産過程の外部でも手工業的労働が必要であった。植字工・印刷工・製本工が企業内印刷物、経営ハンドブック、保守規定、仕様書の製作を行った。(32)

こうして「手工業」の労働力がつぎつぎに徴用労働に動員された。たとえば自動車手工業の徴用状況は次のようであった。(33)ハンブルクに拠点をもつ自動車手工業インヌング連盟ノイマルク支部では、同支部所属の手工業経営四四経営が、一九三九年に七〇人近い職人や補助工を徴用として軍需工業に送った。たいていの経営は、一～二人であったが、中には一一人、八人、七人、など多数の労働者を徴用された経営もあった。

上記の事例の場合、経営主は徴用されていなかったため、徴用が直ちに経営閉鎖につながることはなかったが、徴用者の年齢は、ほとんどすべてが三〇代、二〇代の、いわば働き盛りの労働者であったため、その離脱は、経営の部分的縮小を含めて経営に大きな影響を与えたはずである。徴用者の職種は、自動車工、組立工（Monteur）、錠前工、機械組立工、旋盤工、機械調整工、自動車電気工、メッキ工、等々いずれも専門工・熟練工で、親方資格をもつものも含まれていた。

徴用先は、ハンブルクの企業が多いが、リュベックやキール、さらにはミュンヘンやベルリンなどハンブルクから遠い工場も含まれた。そのいくつかをあげると次のようである。Vereinigte Metallwerke A. G. Hamburg-Altona,

Blohm & Voss, Fliegerhorst-Uetersen, Klöckner-Humboldt-Deuz, Fette-Werkzeugfabr., Motorenfabrik Hans Still, Klöckner-Flugmotorenbau GmbH, Deutsche Werft AG, Ottar Harmstorf, Rud. Otto Meyer, W. Kopperschmidt & Söhne, Deutsche Meßapparate GmbH, Wilh. Schriewer, Hanseatisches Kettenwerk, HAK-Kettenfabr. (Langenhorn), Bayerische Motorenwerke（München）, K-Werken PMD（Berlin）, Robert Bosch A. G.（同）, Organisation Todt, Gerb. Böhling Masch.-Bau, Stülcken-Werft, Flenderwerft Lübeck, R. O. Meyer などである。兵器工場、造船、機械、汽缶、自動車等各種の企業が徴用労働力を吸収したのである。とくに造船業の Blohm & Voss、金属工業の Vereinigte Deutsche Metallwerke A G., また R. O. Meyer や Klöckner Werke での人数が多かった。

またザールプファルツのヴェストマルク地区（ザールブリュッケン、カイザースラウテルン、ルードウィッヒスハーフェンほか）の自動車手工業における一九三九年七月一日以来の軍隊召集と徴用の数は次のようであった。経営主（大半は親方）一九八人、親方四五人、職人一三五六人、徒弟（ほとんどが召集時に職人試験合格）四九二人、補助工一八七人、職員三〇〇人、計三五七八人。一九四三年当時の同手工業者の就業者数は二六九八人で、ドイツ人職人はわずか二八六人に止まった。召集・徴用されたもの三五七八人のうち、職人一三五六人、徒弟（試験終了）四九二人、合計一八四八人で、熟練工の離脱が顕著であった。ロートリンゲン地区では、一九四〇年七月一日以来の召集・徴用は、経営主三人、職人六五人、徒弟三六人、補助工七人、職員一四人、計一二五人であった。

（2）手工業経営への影響

徴用労働の全体的な実施状況については定かでないが[34]、建設業では開戦から一九四〇年一二月までに二七万人の労働力が動員され、一九四〇年末の徴用労働者は約一二・五万人を数えたという[35]。「手工業」からの徴用が多数含まれていたことは言うまでもない。『バイエルン手工業』誌（一九四一年七月）は、「手工業者は兵士や軍需工業での徴用専門工としてのみでなく、下請業者として、供給組合や労働協同体の成員としてその経営を用いて、大きな貢献を行っている」というドイツ手工業ライヒ身分の部長の言葉を紹介している。手工業者の戦時経済への関与は、さまざまな面でみられたが、「徴用」は「兵士」と並んで第一にあげられるほど重要な位置を占めていた(36)。経営主たる親方は、召集・徴用期間中は、手工業登録を抹消されることはなく、営業資格を維持したが、しかしたいていは「戦争中は手工業経営を完全に閉鎖して労働者としての活動を担う」ほかはなかったのである(37)。

ライプチヒ手工業会議所は、ライヒ身分に対してこう報告している。開戦とともに労働局が強引に手工業分野に介入し、経営主の徴用を実行したが、今手がけている仕事、職人・徒弟の雇用、その他、経営主の個人的事情は考慮されることはなかった。工業企業のための経営主の引抜きが大きな困難をつくり出したことは明らかである。多くの訴えが届けられ、今もそれが続いている、と(38)。

手工業における徴用の対象者は、経営主（親方）、とりわけ職人や雇用親方、半熟練工・補助労働力、適齢の徒弟などの手工業的な労働者であった。「手工業経営にいた従業員が、これまでの雇用関係が解消されないまま、戦時重要加工業に給与を支払われて提供されている状態が繰り返されている」(39)。――『バイエルン手工業』誌はこのように報じている。手工業的経営からの職人たちの流出は、それ以前から活発に行われていたが、徴用はそれを国家的に加速するものであった。賃金引上げや企業内福祉の改善によって、専門工をより多く採用しようとする軍需企業は、徴用された職人たちにとって必ずしも不利益ではなく、徴用関係は、しばしば長期化し、時には永続的な雇用関係に移行することもあった。居住地を離れて徴用が行われる場合には、遠隔地手当（Trennungzuschlag）（週一九ＲＭ）が与えられた(40)。もちろん徴用労働者の労働条件が従来よりも低下することも少なくなかった。とりわけ手工業的経営の経営主（親方）の場合は、従来までの営業収益と徴用先企業の賃金の差が問題となり、その差額を補償する措置がのちにとられることになるのであるが、徴用先での労使関係は必ずしもスムーズには展開しなかった。たとえば次のような事例がそうである。

一九三九年六月の秘密警察宛のドレスデン州警察の報告は、機械製造・造船用のシャフト・鍛鉄片をはじめ各種鉄鋼品を製造する、鉄鋼コンツェルン、「中部ドイツ鉄鋼」(Mitteldeutsche Stahlwerk) のグレディッツ (Gröditz, Großenhain) 工場 (雇用者六〇〇〇人) における徴用労働者の怠業について記録している。――エルツゲビルゲの各地から一九三八年一一月に同企業に集められた約三〇〇人の徴用労働者は、不潔な仮設住宅に住まわせられたり、徴用期間終了後もさらに六カ月の徴用を命ぜられたりした。また賃金もこれまで通り支払われず、収入の減少に対する補償も行われていなかった。これらの事情が原因で、徴用者による怠業、病気の頻繁な届出、サボタージュによると見られる機械の破損などが生じていることが通報されている。同警察はマルクス主義者の扇動があったとみなし、二人の専門工を共産党員の疑いで逮捕し、さらに六人の労働者を拘束した。報告者はこの事例が決して例外ではないこと、労働者の政治的動向という点からみて著しく気がかりであると案じ、原因の改善と、経営内でのゲシュタポ協力者の任命を求めている(41)、と。

このような事態に対して、ライヒ労働相は、一九三九年七月一一日付で徴用労働者の賃金・労働条件が旧職場に比して劣っている場合には、労働当局がそれを補助するように指示した。ライヒ工業集団はそれを経済会議所工業部と経済集団に通達した。そこには、第3表のような事例が示されていた(42)。

労働当局側のこのような対応にかかわらず徴用労働は、労働力を引き抜かれる手工業分野の強い反発を惹起した。コーブルクの手工業会議所は指摘している(43)。「手工業自体が深刻な労働力不足にあり、後継者がほとんど確保できないというのに、中年の労働力あるいは修業を終えた労働力がさらに引き抜かれることを手工業は全く理解できない。とくに建築業においてそうである。これらの労働力は、工業での徴用期間が終わっても、とくに工業で追加的訓練がなされた後は、戦争期間だけでなく、その後もずっと手工業から失われることになるだろう」。

第3表

事例1 地元での徴用	これまでの平均的週所得	RM　40,-
	受入企業労働所得（週） 徴用補助金（週）	RM　35,- RM　5,-
事例2 別居生活での徴用	これまでの平均的週所得	RM　50,-
	別居手当 保証必要額 受入企業労働所得 徴用補助金支払額（週）	RM　19,- RM　69,- RM　36,- RM　33,-
事例3 別居生活での徴用	これまでの平均的週所得	RM　35,-
	別居手当 保証必要額 受入企業労働所得 別居手当支払額	RM　19,- RM　54,- RM　40,- RM　14,-

徴用によって軍需関連企業で働く手工業職人や親方が、自身の職業とは関連のない職種や不熟練工と同様の作業をあてがわれることも少なくなかった。貴重な熟練労働力を奪われた手工業分野は、軍需企業における徴用労働の必要度に疑問を投げかけ、徴用労働の過大な求人を黙認する不適切な徴用措置に対して批判の声を向けた。ベルリン手工業会議所はこう述べている。[44]「自営手工業者は［徴用指令後］短い期間で自分の経営を離れなければならない。しかも彼らは徴用先で戦時的には意味のない、不熟練工でもできる労働に就くことがしばしば生じている。彼らの立腹は十分に理解できる。他方徴用ではない労働力によってでも行われうるもので、しかも戦時的に重要ではない仕事がある。それはわれわれにまかせることができる。そうすれば自由になった労働力を戦時重要加工に向けることができるのではないか」。

ブレスラウ手工業会議所もライヒ身分に訴えている（一九四一年六月四日経済報告書[45]）。――徴用は引き続き実施されている。しかし手工業は労働力の一層の引抜きにほとんど堪えられない状況にある。手工業から徴用により引き抜かれた労働力が、ほかの所で地位の低い職場におかれ、適切に使われていないという報告がくり返し届いている。たとえば電気工イヌングである。またブレスラウの自動車手工業イヌングは自動車工親方が錠前工としてファモ（Famo）社に徴用されていたが、その仕事は不熟練工や女性でも行えるものだったと訴えている。

ドイツ手工業ライヒ身分は、一九四一年六〜九月にその状況について調査を実施した。それによって別表のような事実が明かになった（本書末尾の付録別表参照）。表が示すように手工業者の徴用先の企業とその配置先は多様な分野に及んでいた。

（3）手工業分野の対応＝手工業的経営の軍事化

軍隊への召集と軍需工業・関連工業の大企業への徴用は、以上のように、労働主体の手工業的技術と熟練労働とに基礎を置く手工業経営にとって大きな痛手であった。労働者を多数雇用する資本主義的企業の場合には、経営内における労働力の配置転換などにより、労働力の離脱にある程度対応可能であったが、雇用者数のわずかな小・零細手工業経営にとって、それは経営の存続そのものを脅かしかねない状況を意味した。

自動車手工業イヌング連盟のザクセン支部は、一九四〇年一一月一五日にライヒイヌング連盟に対して「仕事を支障なく納期に合わせて行うことの困難さ」を訴えていた。その理由として「いたる所で適切な専門労働力が欠落しており、その不足はとりわけこれまでは良好な中堅経営に属した多くの経営に破局的に作用している」と指摘する。「徒弟修業を了えたばかりの若者や徒弟二、三年次のものを使うだけでは、合理的な経営活動や責任のある注文仕事を行うことはできない。現在、国防区Ⅳには二七〇〇人の職人が働く五〇〇の仕事場があり、約五〇〇〇台の自動車の注文を受けている。これに対して休業中の仕事場は、ザクセン地区だけで、一九三九年中頃に約一四〇〇を数えた。この数が明白に示すことは、ザクセン自動車手工業から労働力がどれほどの度合で引き抜かれたかということである」(46)。

以上から手工業経営の窮迫、部分的縮小、および休業・廃業の最大の原因が、労働力の不足にあり、それが何よりも召集と徴用による営業主・従業員の経営離脱のために深刻化しつつあった状況がわかる。『ドイツ手工業』（Deutsches Handwerk）誌は、ライヒ身分指導者シュラムの言葉を記事で紹介している：手工業分野の経営では、一二〜

一四時間労働も稀ではなくなった。親方の妻や娘も労働に携わるようになっている。「戦場で闘う親方の代理となり、早朝から夜遅くまで気を配り苦労している。老いた親方も仕事台に戻ってきて、勝利のために少しでも役に立とうとしている」と（Deutsches Handwerk, Jg. 11, Nr. 42/43, Okt. 1942）。

そのような中で、手工業分野を全体として代表する手工業ライヒ身分や、業種ごとの各イヌングがとった措置は、手工業経営を軍需生産ないし戦時重要民需生産に転換させ、そこで働く手工業者に対して兵役免除（ＵＫ資格）、あるいは軍需工業への徴用の免除の適用を受けさせることであった。そのために軍などの大口の国家的な発注に対する受皿となる手工業の受注組織――協同組合――を設置し、受注した公的な生産・サービスを手工業経営間で配分する体制を整えたり、経営間の結合により協働的な企業体制をつくり出す方向も模索された。地域の手工業会議所やイヌングは、各手工業経営が地元の軍需企業に対して部品を供給したり、下請けすることをバックアップした。

ドイツ手工業ライヒ身分は、一九四一年一一月、指導者シュラムと事務局長シュラーの連名で、ラント手工業長（親方）、手工業会議所、ライヒイヌング連盟に対して文書を送り、手工業からの徴用の停止と、徴用労働力の手工業への返還を実現するために、「手工業経営の軍需工業への編入」を支援するように強く要請している。このように徴用への対応として手工業の軍需工業化が加速されることになった(47)。

各イヌング連盟は、対外的にも自らの手工業が軍需生産や、農業生産などの戦時重要民需生産に関与していることを強調するとともに、徴用によってその活動が重大な障害に直面しているという状況を軍部や労働当局に訴えた(48)。たとえば自動車手工業ライヒイヌング連盟は、各地区支部に対して一九四一年一月二九日付の極秘文書で、その状況を次のように説明している。――労働当局による軍需工業向徴用がさまざまな形で行われる中で、連盟は軍参謀本部と連絡をとり、もし自動車手工業から専門労働力の大がかりな引抜きが続くならば、軍用自動車や民間経済用自動車［とくに農業用］のきちんとした修理は、行えなくなると伝えた。参謀本部はライヒ労働省と連絡をとり、自動車手工業の労働配置に関して特別の指示をラントの労働当局へ送らせるように手配してくれた。それによれば、自動車手工業からの労働配置＝徴用に際しては、地元自動車駐留隊（Heimat-Kraftfahr-Park）が協議に関与することになり、今後の徴用はそれとの連絡のもとでのみ行われることになる。そのため、自動車手工業からの徴用は、一九四一年三月三一日まで一時的に停止されることになった、と。

しかし手工業的技術を身につけた熟練工にとって、より高い賃金を支払う軍需大企業での徴用は必ずしも不利益ではなく、しかもその場合兵器生産に不可欠な労働者として兵役の免除措置が適用される可能性があった。こうして兵役中の手工業職人が前線から休暇で帰郷すると、労働当局に申し出て、当局を通じて軍需工業に斡旋されるケースも生じた。自動車手工業側は、徴兵が予想される中高年労働者のために兵役免除資格を申請し、彼らが地元手工業で働くことを期待したが、大工業が優先権を利用して彼らを雇用し、軍需用労働者としての資格を与えて、兵役免除の申請を行った。こうしてこの分野の労働力徴用は、その後も継続した。自動車手工業的イヌングの先のノルマルク支部は、一九四〇年には七人、一九四一年には九人を徴用として工業に供出し、さらに上記の停止措置の後、一九四三年にも九人が徴用された。

4　手工業経営閉鎖措置の開始と共同扶助金制度

(1) 手工業の経営閉鎖措置の開始

以上のように手工業分野の中小・零細経営の休・廃業の最大の要因は、戦争準備・戦時体制による軍需工業での徴用と軍隊への召集であった。基幹的労働力を失って営業の継続が困難になった小・零細経営の多くは、自ら経営の休業や廃業を決断するほかはなかった。それはヴィンクラーらが問題にした手工業的経営に対する国家的な営業閉鎖措置とは区別される状況であって、いわば戦争体制が一般的に内包する問題性に起因していた。だがその同じ戦争経済による深刻な労働力不足が、さらに進んで手工業分野の強制的な経営閉鎖・経営整理にもとづく労働力創出を必要としていたことも事実である。

ヴィンクラーが注目したそのような経営閉鎖＝企業整理措置は、四カ年計画による工業生産分野の合理化政策と関連しつつ、一九三九年に始まった。一九三九年二月二二日にライヒ経済相は、手工業経営に関して、専門的条件を欠き、営業存続の必要性を証明しえない経営または業種は、手工業登録から抹消できるとする指令を出した。この措置は、手工業会議所に対して、経営的に劣った手工業を排除し、「過剰」とされる手工業経営を整理（Auskämmerung）する権限を与え、それによって、一方では労働力を軍需工業のために排出させるとともに、他方、経営能力のある営業の発展のために良好な市場関係をつくり出そうとする目的を有していた(49)。経営数が過剰とみなされた業種は、製パン業・精肉業・理髪業・紳士服業・靴加工業などであった。経営者の個人的条件も考慮され、また動員が可能か否か、労働場所が適当か否かも条件として加味されるはずであった。

しかし手工業の整理は必ずしもスムーズには進まなかった。『ゾチアーレ・プラクシス』誌によれば(50)、「手工業の『整理』は、数の点では、公的に期待された成果を完全な形では示さなかった。その理由の一つは、適切にもこの措置が可能な限り寛大な形で進められた点にある。もう一つの理由は、問題となる手工業者の大半が高齢であったり、病弱であったりし、また農村ではそれが欠かせないという所もあって、労働者として生活させることが実際に考えらなかったからである」。

この措置の実施に対しては、各地の手工業会議所や労働当局、さらにナチス党から苦情が出され、同年一二月にはこの措置は停止された（予定は一九四二年までであった(51)）。

労働力動員そのものを主目的とする経営閉鎖政策は、一九四〇年になって実施された。一九四〇年三月二一日付の「労働力創出のための経営閉鎖に関する法令」（Verordnung über die Stillegung von Betrieben zur Freimachung von Arbeitskräften）がそれである。この命令は、追加的労働力を経営閉鎖によって強制的につくり出そうとする本格的な国家的措置であり、同年八月二七日に施行細則が公布された(52)。この指令は、地区経済当局に企業の一部または全部を閉鎖できる権限を与えたもので、閉鎖と同時に従業員の労働関係は終了し、離職した従業員は、無期限の徴用労働者として扱われることになった。

しかし経営閉鎖による労働力排出のためのこの国家的措置は、手工業分野だけを対象としたのではなく、商工業のすべての経営に及んだ。したがってこの命令は、ヴィンクラーが述べるような手工業一般を「不要」としてそれを閉鎖させる措置ではなかった。しかもライヒ経済相は、関連部局に対する文書の中で実施への厳しい監視を求め、従業員一〇人以下の経営の閉鎖に関しては、それが「社会的・国民経済的な損失」をもたらさないように配慮することを強く要請し、手工業に対しては、経営の閉鎖よりも、むしろ軍需工業のための受注や下請けの分配を優先することを求めていた(53)。手工業分野の中小経営はむしろ特別扱いをされていたのである。

ライヒ経済省は、以上のように手工業分野の措置の実施に対しては慎重な立場を維持した。そのような中で実施された手工業経営の経営閉鎖は、自ら限定的なものに止まった(54)。たとえばバーデンの場合、カールスルーエの手工業会議所が行った休・廃業指令は、わずかに理髪業六、編工一で、計七に止まった。カイザースラウテンの手工業会議所は、理髪業二八、製本工一、仕立業二一、写真業二、皮革工二、車大工二、計五六を選別していた。その数はカールスルーエよりは多いが、中心を占める理髪業や仕立工の労働力が専門工としてどれほどの意味をもちえたかは問題が残るだろう。

また一九四〇年三月二三日付の国防経済地区Ⅲ（ブランデンブルク）の地区経済局は、ライヒ経済省に休・廃業経営のリストづくりについてこう報告している。(55) ラント労働局の指令は九〇〇〇人で、休・廃業予定経営より約五三五〇人を充当させる計画であった。しかし実際に休業したのは査定経営の総数のうちのわずかに六二で、四〇〇人の労働力が手当て出来ただけである。

かつて営業的中間層の利益のために闘い、今は大管区経済審議官の地位にあるF・フンケ（Hunke）は、一九四三年に上記措置を回顧して次のように記している。一九四〇年のこの措置によって、戦時経済的に重要でない生産を営む経営の閉鎖がかなりの規模で実施され、数万の手工業経営・小売業が強制的に一時閉鎖されたが、背景にあるその理由は「その所有者が兵役に召集されたか、あるいは［工業に］徴用されていたからである」(56)、と。つまりこの間の手工業の経営縮小や休業・閉鎖は、形式的にはライヒ経済省のこの指令にもとづいて実施されたとしても、しかし経営者がそれに従った背景には、経営を担う労働力が軍隊への召集と軍需工業への徴用によって失われ、営業の存続そのものが事実上著しく困難になっていたという事情が存在したからであった。その意味でも、この措置を直ちに手工業分野の経営を「不要」とみなして実施された国家的な閉鎖政策として位置づけることは出来ないといってよいだろう。(57)

(2) 共同扶助金制度

手工業経営の「閉鎖」は、以上のように何よりも戦争体制に起因する「召集」と「徴用」とによって増加した。ザクセン経済労働大臣は、一九四〇年七月にライヒ経済相に報告している。(58)――兵役への召集と戦時経済措置とのために多数の手工業親方は、本人には責任のない経済的な窮迫状況におかれている。経営主自身が兵役に召集された場合は、家族扶養手当の支給によって補助がなされている。しかし不都合なのは以下の場合である。①最後の雇用労働力が兵役に召集され、彼一人では経営を維持できない場合。②手工業経営の共同所有者が兵役に召集され、両者の力が必要だったその経営を引き続き維持できない場合。③経営主が徴用か経営閉鎖令により経営を閉じなければならない場合。

ナチス政府は、戦争がもたらしたそのような「閉鎖」に対して、支援体制をつくり出す措置をとった。閉鎖経営に対する支援体制は「工業」分野で開始されていた。ライヒ工業集団（Reichsgruppe Industrie）は、各企業から供出された基金に基づき、閉鎖経営を補助するいわゆる経済共同扶助制度（Gemeinschaftshilfe der Wirtschaft）を準備していたが、それが法制的にバックアップされたのは一九四〇年二月であった。すなわち一九四〇年二月一九日に経済共同扶助令が出され、戦時経済上の措置によって経営を閉鎖した工業企業は、扶助金が与えられることになった[59]。

扶助金は、閉鎖企業の建物・設備が営業再開にいたるまで、閉鎖期間中も存続、維持されるようにメインテナンスの目的に用いられることになっていた。その条件は、①企業の維持が国民経済的に見て適当とされること（疑わしい場合は、地区経済局が判断する）。②閉鎖企業は、自助の義務を持つ。もし閉鎖企業が資金を有し、それによって営業再開が可能な場合は対象とならない（詳細は、ライヒ経済会議所の規定によって定められる）。また閉鎖企業が、経営的に関係する何らかの補助が与えられる場合は、扶助金は与えられない。さらに閉鎖企業は、休業中の経営と設備を賃貸などによりできる限りの価値を生むよう努めねばならない。その収入また配給資格移譲から生ずる収入は、まず第一にその企業の維持のために用いられる。③扶助金は、企業が完全に停止した場合に賦与される。扶助金の大きさは次による。建物の腐朽を阻止するために必要な修理。機械、装置の保守に必要な支出。経営維持に必要な暖房、光熱費。規定にもとづき旧雇用者に支払わなければならない年金。旧雇用者にして、企業の管理のために引き続き雇用するものに支払うべき賃金・給与。建物、土地の家賃等の支出。機械その他動産の賃貸料、借入金利子、保険プレミウム、等。

以上の扶助制度が手工業分野にも適用されるようになるのは一九四〇年四月であった。ドイツ手工業ライヒ身分は、通達（同四月一二日付）により各手工業会議所、イヌング連盟、ライヒ手工業集団に対してそれを周知させた。共同扶助金の基金のために、手工業登録簿に記載されている経営・経営者は、各経営一RMと、一九三九年度確定の統一的営業税の一〇％相当額を納付することを義務づけられた（食品手工業の経営は除外）。手工業会議所が手工業会議所会費とともにそれを徴集することが望ましい、と指示している。(60)

ライヒ経済相フンクは、共同扶助金制度を「中間層」に対する支援手段として重視し、軍・関連大臣・経済集団・その他一四代表を招いて、会議を開き、周知徹底をはかった。一九四〇年七月二二日付の会議開催通知は次のように記している。(61)

「事態が示しているように、中小経営（手工業経営、小売商、運送業等）は、経営主、指導的職員やスタッフの突然の召集によって、経営の閉鎖にまでいたらないまでも、場合によっては経済的に極度にひどい状態に陥っている。経済の共同扶助金は、経営の維持と国民経済上のその価値を維持するのに役立つ。しかしそれ以上に必要なことは、軍隊を除隊した経営主がその経営をこれまで通りの規模で再開できるようにすることである。経営主・営業主は、しかし、たいていは再操業に必要な資本をもっていないし、それなりの借入金を受けるだけの十分な信用保証を有していないのが普通である。私が経済全体の利益のために緊急に必要と考えることは、まさに中間層がこの観点から一層の支援を受け取ることであり、とりわけ閉鎖された、あるいはその規模を著しく縮小した経営の再開のために、必要な資金を何らかの形で提供してあげることだと考える」。——以上からわかるようにライヒ経済省の立場は依然として中間層の維持・存続にあった。中小経営は決して「不要」な階層とはみなされていなかった。

（3）共同扶助金の支給

では共同扶助金の支給状況はどうであったか。手工業組織の最上部機関であるドイツ手工業ライヒ身分が、一九四

第４表　手工業共同扶助金制度の状況——主要都市（1941年10月１日）——

手工業会議所名	分担金納入額（RM）	同未納額（RM）	扶助金申請件数	却下数	認可数	総額支払済扶助金（RM）
全体	6,511,463	466,963	2,705	576	1,350	663,249
ベルリン	780,289	15,785	310	54	166	97,286
ミュンヘン	254,142	15,000	150	15	95	42,897
ウィーン	238,396	62,387	111	7	90	22,865
デュッセルドルフ	231,000	26,000	103	27	56	27,516
カールスルーエ	220,267	107,582	149	17	37	20,564
ハンブルク	209,118	596	29	0	28	12,250
ブレスラウ	188,248	4,400	31	8	21	17,185
ドレスデン	184,499	0	55	10	28	14,221
ケムニッツ	175,732	0	47	5	36	17,185
シュトゥットガルト	165,680	0	55	3	43	23,165
ヴィースバーデン	162,666	555	28	5	14	9,017
ライプチヒ	147,276	0	47	8	31	13,825
ケーニヒスベルク	137,913	0	29	7	18	8,381
シュテッティン	133,511	2,004	46	13	32	12,743
ハレ（ザーレ）	132,653	0	63	18	26	10,294
ビーレフェルト	130,095	1,107	42	20	22	22,191
ニュルンベルク	127,980	9,500	106	7	36	12,387

典拠：BArch, R3101/13612より作成。

一年に行った調査によれば、制度発足一年半の状況は第４表のようであった[62]。

扶助金の基金は「工業」の場合と同様、各経営が拠出した。地域の手工業会議所が会員たる手工業者から徴集し、それをライヒ身分が集約し運営した。一九四一年一〇月一日までの扶助金申請数（A）、そのうち却下されたもの（B）、認可された数（C）についてみると、全六七手工業会議所（オーストリア含む）の総計は、（A）二七〇五、（B）五七六、（C）一三五〇であった。申請数が多かった手工業会議所は、ベルリン（三一〇）、ミュンヘン（一五〇）、カールスルーエ（一四九）、ミュンスター（一二四）、ウィーン（一一一）、ニュルンベルク（一〇六）、デュッセルドルフ（一〇三）、リーグニッツ（七七）、フランクフルト／O.（七二）など大都市である。

家賃の補助も実施されており、ミュンヘンでは一九四一年七月初めまでに八五の申請があった。そのうちいくつかの事例（決定済と思われる）が示されているので紹介しよう[63]。

①　鉄砲鍛冶親方　経営主徴用のため一九三九年八月より休業。店舗・作業場家賃月六〇ＲＭ、家賃は共同扶助金から支払っている。手工業売上げ（一九三九年）一万二八一四ＲＭ、商業〇。

②　機械製作工　徴用により一九四〇年二月休業。作業所家賃月一一〇ＲＭ、徴用中は五五ＲＭに軽減（家主承諾）。同額は共同扶助金より支払われている。手工業売上げ（一九三九年）一万三九七二ＲＭ、商業〇。

③　工芸建築錠前工　一九四〇年六月より徴用のため休業。営業用店舗家賃の引下げを家主承諾、七六・七五ＲＭから五三・七五ＲＭへ。同額は共同扶助金から支払。手工業売上げ（一九三九年）六六七九ＲＭ、商業〇。

④　自動車工　一九三九年九月から徴用のため休業。営業用店舗家賃：一〇〇ＲＭの五〇ＲＭへの軽減を家主承諾。同額は共同扶助金より支払。手工業売上げ（一九三九年）三万二五六二ＲＭ、商業〇。

⑤　集中暖房工　一九三九年一〇月から徴用のため休業。倉庫・事務室家賃：契約裁判所の決定で七三・七〇ＲＭから五五ＲＭへ引下げ。同額は共同扶助金より支払。

ベルリンでは家賃補助の申請は二〇〇を超え、ライプチヒでも多数あったことが報告されている。ベルリン手工業会議所は五つの事例を報告しているが、その職業は四例までが自動車・オートバイ関係で、一例が眼鏡工であった。ライプチヒは三事例を示しているが、そのうち一例はオートバイ修理業で、他は精肉工、理容師であった。

共同扶助金は、経営を閉鎖しているが再開を希望する手工業者に対して給付された。経営の閉鎖は、この場合、完全な形での廃業ではなく、休業状態を意味した。手工業経営は、すでに部分的に機械化しており、市場での競争関係の中で利潤を確保するためには、一定規模以上の経営条件を必要とし、設備とともに、職人など何人もの労働力の雇用が経営の要件となっていた。先にも述べたように、召集や徴用によっていったん休業した経営を再開するためには、何よりも労働力の再雇用と、顧客の再開拓が不可欠であったが、多くの手工業者はその点の困難さを予想せざるをえなかった。召集・徴用による経営閉鎖と同時に他の経営に移籍させた労働者を再び呼び戻すことは難しかったからである。それゆえ、共同扶助金制度が実施されても、再開時のこのような困難を予測して、多くの手工業者は申請をためらったことが予想される。とくに軍事関連企業で徴用されている小・零細手工業者は、徴用が長期化する中で、企業での労働者としての地位に順応し、あえて経営再開の手段をとるよりは、経営の全面的な閉鎖・廃業を選ぶものも少なくなかったことと推測される。

とりわけすでに経営的に困難な状況におかれていた、親方だけの経営や少数の徒弟を使って営業してきた小・零細手工業者には、そのことが該当した。手工業分野の圧倒的部分を構成する小・零細経営は、共同扶助金の申請よりは、むしろ廃業し、企業で労働者となる方を選択したものと考えられる。制度発足後一年半の申請数が、二七〇五と必ずしも多数でなかった原因は、このような点にあったものと思われる。

経営閉鎖に伴って手工業者は、手工業証（Handwerkskarte）を手工業会議所に返還した。一九四一年四月ヴュルテンベルクのウルム手工業会議所は、手工業者の申出による手工業証の消失、効力喪失の事例として三三を公表している。その職業は靴工（5）、自転車組立工、精肉工（2）、塗装工（3）、家具工（4）、理容師、大工（4）、婦人服仕立工、錠前工（2）、紳士服仕立工（2）、左官（3）、パン工（3）、桶工その他であった。同じ時期のロイトリンゲン市手工業会議所は、三五の手工業証の効力消失を公示している。(64)

（4）手工業組織指導者の認識――一九四二年秋――

それでは戦時体制の下で合理化政策が強行される中、手工業分野のリーダーたちは、営業的中間層と党との関係をどのように理解していたのだろうか。ドイツ手工業界を統括するライヒ手工業親方でドイツ手工業ライヒ身分指導者（同時にナチス突撃隊軍団長）のシュラム（Schramm）は、一九四二年九月一八日に、ミュンヘンの芸術劇場（Künstlerhaus）大ホールで、党・国・軍の指導的な人物とバイエルンの手工業組織役職者たちを前にして「手工業の役割」について演説を行っているが、その中にこの点に関する手工業組織の指導部の見方が表現されている。『ドイツ手工業』(Deutsches Handwerk) 誌は、そこで話されたシュラムの講演の記録を記事にしている。その中でシュラムは強調する。「党綱領は手工業の再建に際して効果的な支柱となった。党綱領一六項は、われわれがドイツ手工業の生存規範と呼んでいる多くのものを含んでいる。総統自身もかつて表明している。手工業は、尊い伝統の中に根を有しており、民族と国家に守られながら新たな繁栄にちかづくであろう、と。／ライヒ組織指導者・党員R・ライ (Ley) 博士もつい最近述べている。手工業をひとつの経済的人間集団とみてはならない。手工業はナチス運動の構成要素のひとつなのだ、と」。シュラムは述べる。「われわれは手工業の中にこそ最も多くの古参の党員がいるという事実を強調しなければならない。どこを探しても、労働戦線職場長にして、党員でないもの、あるいは少なくとも党の信任をえられないものが、組織に入り込むことはひとりとしてありえないのである。／ライヒ経済大臣もまた繰り返し、手工業の意義を明確に強調して来た……」(Deutsches Handwerk, Jg. 11, Nr. 42/43, Okt. 1942)。

シュラムは、このように中間層の創出・維持を求めるナチス党綱領第一六項の意義を指摘するとともに、手工業とナチス党との密接な人的関係を再確認しつつ、ヒトラーらの党指導者が手工業の役割を依然として重視している現実を確認した。その認識は、手工業者全体に向けられていたばかりではなかった。シュムラの演説は、むしろ以上に、ナチス党とナチス党員に対して、中間層の維持の原則の堅持を求めるアッピールでもあった。

シュムラのこの演説は、ドイツ手工業ライヒ身分・手工業会議所・ライヒ手工業分野の機関誌である『ドイツ手工業』誌を通じて広く伝えられた。ドイツ各地の手工業関係者がそれを目にし、シュラムの見方が彼らの間に共鳴盤を見出すことが予想された。手工業に属する「古参」のナチス党員だけでなく、ナチス体制の安定をめざす指導的なナチス党員幹部もこの演説を無視することは出来なかった。

5　総力戦期における手工業分野の経営閉鎖措置——一九四三年——

(1)　総力戦体制における労働力不足の深刻化

ドイツの戦時経済は、独ソ戦が始まる前後から、軍需相（兵器弾薬相）トット、ついでシュペアの下で、本格的な総力戦体制に転換した。東部戦線における兵力の増員（約七〇万人目標）をはじめとして、総力戦体制の下で兵力は全面的に強化された。一九四二年六月から一九四三年五月末までの一年間に一八〇万人、一九四三〜一九四四年には一二〇万人が新規に徴兵された。軍需工業自体からも一九四二年一〜三月までの僅か三カ月に二四万四千人が兵士となった。その数は一九四三年六月から一九四四年五月には約二七万人に達した。総力戦体制の下で急速な拡大・強化が必要とされた軍需工業は、一九四一年一二月末に新たに男子労働力二三万八千人、女子労働力七万二千人、計三一万人を求めていた。一九四二年三月末には、その数は、それぞれ三四万六千人、九万四千人、計四四万人に増加した。(65)

一九四二年三月一八日、軍需相シュペアは国防地区査察委員（Prüfungskommision）および国防地区全権委任に対して、兵器製造業（精密機械・光学含む）への労働力の重点的配分に関して緊急機密指令を送っている。(66) たとえば国防地区Ⅲ（ベルリン／ブランデンブルク）では六九社が六五四七人を必要としていた。大口では、戦車製造会社アルケット（Alkett II）社は、専門工一二四人、その他の労働者一一八人、計二四二人を、エミール・ブッシュ（Emil Busch）社は、高射砲望遠鏡等の製造のために各三一七人、一四三人、計四六〇人、ラインメタル・ボルジヒ（Rhein-metall-Borsig）社は、対戦車砲・高射砲製造のために、計六五一人、ツァイゼ・イコン（Zeise-Ikon Görzwerk）社は、長距離測定器製造に、専門工一六〇人、その他一〇九人、計二六九人を求めていた。

また同XI区（ライン・ヴェストファーレン）における状況は次のようであった。クルップ（Fr. Krupp）社は、対戦車砲製造のために専門工二一五人、その他の労働者四〇人、高射砲製造のために、各六五〇人、四〇〇人、全体で一三〇五人の追加労働力を、クレクナー（Klöcknerwerke）社（Osnabruck）は、砲身や高射砲生産のために、各三九五人、一五五人、計五五〇人を、ラインメタル・ボルジヒ社（Düsseldorf）も、対戦車砲等の増産のために、各七五七人、二六八人、計一〇二五人を必要としていた。これらコンツェルン企業の大口求人と並んで、一〇〇名前後、さらには一〇人以下の小口の追加労働力を求める企業もあり、この地域では合わせて、六〇社が五九〇一名を必要としていた。

軍需関連部門での労働力需要の増加は他部門にも影響を与え、労働力不足は、民需関連重要部門を含む全部門で深刻化した。専門工の不足はとりわけ深刻だった。『ドイツ手工業』誌によると、軍需関係一六重要部門で働く約一三〇〇万人のドイツ人男女労働者のうち専門工は六〇・八％を占め、そのうち男子労働者約一〇〇〇万人の七一・二％が専門工であった（Deutsches Handwerk, Nr. 49/52, 19. Dez. 1943)。一九四二年一〇月の徴兵条件の拡大（一九二四年生まれの召集、一九〇八～二二年生まれの予備役の半数解除・召集）の下で、各地の商工会議所（一九四三年春以降は大管区経済会議所）が直面する状況について、ドイツ経済研究所（景気変動研究所）は、こう報告している。(67)「労働配置問題の克服は、経済が置かれている最も困難な問題である。とくに若手の基軸労働力、なかでも専門工の欠落は、中小経営（die kleinen und mittleren Betriebe）に最も大きな影響を与えている」と。

一九四三年四～五月の同研究所報告書は、一八九七～一九〇〇年生まれ（四三歳～五〇歳）の免除資格の再検査、短期召集の実施によって、該当者の多い民需部門が圧迫され、手工業も大きな打撃を受けている。軍召集だけでなく故郷防空隊や防空警察への召集も労働者の負担となっている。純粋軍需工業への重点的動員が強化される一方で、中小経営やリング体制［軍需関連の原材料・部品企業の軍需省管轄下の結合体］の外側にいる企業への配慮がなされなくなり、「多くの小企業は、生産［拡大］の要請に対して投げやりな気配すら漂う」ようになっており、「さまざまな方面から憂慮の声があがっている。」と報告している。

以上のように労働力の不足は、単に軍需工業だけでなく、すべての経済部門で深刻化していた。そして上の報告が示すように、それは中小規模の経営を基軸とする地域経済の根底を動揺させるものであった。

（2）一九四三年の手工業経営閉鎖令

深刻な労働力の不足に対してドイツ人の残された労働能力を全面的に活用するために、一九四三年一月一三日ヒトラーは、ライヒ防衛のために労働能力ある男女を総動員する旨宣言した。それに基づいて二つの措置が実施された。一つは同年一月二七日の男女労働能力申告制であり、もう一つが、同一月二九日に布告された戦時重要配置労働力動員令（Verordnung zur Freimachung von Arbeitskräften für kriegswichtigen Ersatz）であった。前者は一六歳から六五歳までの男子、一七歳から四五歳までの女子［妊婦、義務教育中の子供をもつ母親、一四歳以下の子供二人を有する母親、学生を除く］に対して当局への申告を義務づけ、労働能力の有無によって、軍需工業に徴用労働として動員しようとするものであった。この指令は労働配置全権委任ザウケルによって出されたが、後者の命令は、ライヒ官房長官ラムマーズ、党官房長官ボールマン、軍参謀本部長カイテルの名で布告された。その中でとくに次の三点が定められた[68]。

(1)　国土防衛強化をめざして、商業・手工業・工業（Gewerbe）から労働力を動員するために、ライヒ経済相とその他の主務ライヒ上級官庁は、労働配置全権委任の了解をえて、経営の閉鎖（Stillegung）あるいは統合（Zusammenlegung）、また特定業務の中断を命ずる権限を与えられる。

(2)　本指令は、ライヒ防衛監理官と経済管区主務官庁が遂行し、個別的には経済組織に委託される。

(3) 経営の閉鎖・統合・特定業務停止の命令や関連指令に対して、故意または不注意に違反したり、それを回避ないし効力を妨げるものは、懲役および罰金あるいはそのいずれかをもって罰せられる。

以上のように、この動員令も「手工業」や「商業」だけでなく、「工業」をも対象としていた。そしてこの命令に基づき、ライヒ経済相は次の日の一月三〇日に、「手工業」と「商業」とに関して、それぞれの労働力動員令を布告した。「手工業」に関する指令の内容は次のようであった。

(a) この指令の目的は、第一には戦時重要労働力の動員にあったが、同時に経営閉鎖によって可能となる電力・石炭・建物の節約が意図されていた。この目的を実現するためライヒ経済相フンクは、ラント経済省諸部門に対して、労働当局と党事務所との協働により、すべての手工業(パン・精肉・製粉は除く)について、経営閉鎖の可能性に関して総点検を行うように命じた。

(b) 手工業的な労働とサービスは、戦時経済・軍需経済にとって不可欠といえない場合、あるいは生活重要・戦時必需の民間需要(とくに修理)を充たすものでない時は、直ちに停止しなければならない。とくに以下のものが該当する。

ⓐ看板製造・看板塗装・電光広告各手工業、ⓑ宝石加工・金・銀細工各手工業、ⓒ楽器製造手工業、ⓓ婦人帽子加工、ⓔ高級陶磁器加工、ⓕ高級誂え服仕立、高級流行品加工、各手工業

(c) 理容師　男性理容は整髪・洗髪・髭剃り以外の業務は禁止、女性理容は、洗髪・調髪以外の業務禁止。

(d) 美容室・サロン経営(手工業・商業の兼営的営業を含む)の閉鎖(但し療法サービスは除く)。

(e) 手工業経営において一部業務のみに上記規定が該当する場合、当該戦時不急業務を停止する。それによって自由になった従業員は労働配置事務所によって別途動員される。

(f) 効率向上と労働力節約(余剰労働力排出)が可能な場合は、複数の手工業経営の統合もありうる。

(g)　本規定は手工業的副業［大企業内の手工業的業務］にも適用される。
(h)　閉鎖手工業に対しては、その保護のため、共同扶助制などの一般的指令が適用される。
(i)　手工業経営の閉鎖によって、既存の営業資格は失われない。手工業登録簿には、経営休業と記される。
(j)　大管区経済会議所（手工業部門）ないし手工業会議所は、ラント経済当局に対して、本指針に基づき閉鎖ないし労働力動員可能状況について提案する。

ラント経済当局は、一定期日までに経営閉鎖を行う指示を出し、労働当局に対して、自由になる労働力の状況を報告することが課せられた。手工業経営閉鎖の選別に当っては、可能な限り多くの動員可能な労働力が放出されるよう指示された。予定期限は一九四三年三月一五日までとされた。

(3)　手工業分野における経営閉鎖令の実施状況——ザクセンの場合——

一九四三年一月末のライヒ経済相の命令を受けて、各ラントの経済局は、関連する経営の査定と閉鎖の実施に取り組んだ。ここでは中部ドイツの工業地域、ザクセン（ラント）における状況についてみることにしよう。(69) ザクセン地方の軍需工業の労働力不足に関して、ライヒ軍需相は、一九四三年三月の時点で、五〇社が一六三二人の追加労働を必要としていると通達していた。鉄鋼コンツェルン中部ドイツ鉄鋼社（Gröditz）が専門工三〇四人、その他労働者一〇〇人、計四〇四人を対戦車砲と高射砲の生産のために求めているのが最も多数で、その他の企業は、一〇〇名前後の求人が三社、残りのほとんどの企業の必要数は数名から数一〇人程度の小口であった。(70)

ザクセンの大管区経済会議所は、一九四三年五月一二日付のライヒ経済会議所宛文書で「商業・手工業・飲食業」の「閉鎖」措置について第5表のような結果を報告している。(71) 閉鎖措置は、完全な閉鎖と、一部労働力の他への移動強制＝引抜きによる部分的閉鎖（経営整備）との二種類があった。商業・手工業・飲食業の全体閉鎖は合計二七四二、

第5表　ザクセンの「商業・手工業・飲食業等」経営閉鎖（1943年5月12日付）

部　門	閉鎖経営（A）	整備（縮小）経営（B）	創出労働力	
			男	女
小売業	1,840	3,476	728（A） 1,038（B）	3,311（A） 6,101（B）
手工業	233	127	220	706
飲食店・ホテル	669	457	590	2,037
代理商・ブローカー・広告代理店・移動営業	—	—	1,524	—
合　計	2,742	4,060	4,100	12,155
			男女合計16,255	

典拠：BArch Berlin, R11/1180.

部分閉鎖は四〇六〇を数え、創出された労働力は、男子四一〇〇、女子一万二一五五、計一万六二五五となった。しかしそのうち手工業は、完全閉鎖が二三三、部分閉鎖は一二七に止まり、相対的に小さく、閉鎖措置の重点が小売業や飲食店に向けられていたことがわかる。

手工業の閉鎖は、不要不急業種が中心で、そのうち装身具加工は、完全閉鎖一一〇、部分閉鎖四五、宝石業等が完全閉鎖五四、部分閉鎖一と最も多く、続いて看板製作業が三二（うち部分閉鎖六）、塗装工が二五（すべて部分閉鎖）、楽器製作一七（全部閉鎖）、その他となっていた。

手工業・商業の経営閉鎖措置は一九四三年六月二一日に終了する。手工業についていえばその結果はわずかで、労働力の動員数は男子二二〇、女子七〇六に止まった。それは手工業会議所による閉鎖経営の査定の数を大幅に下回っていた。たとえば、指定業種である楽器製作手工業の場合、ケムニッツ手工業会議所管区の同年三月における閉鎖査定数は四一一経営であったが、五月の上記報告ではザクセン全体でもわずかに一七経営に止まり、男子労働力は二人という少なさであった（第6表参照）。

軍需工業は専門工や熟練工を最も必要としていた。それは商業や飲食業ではなく、手工業の分野に存在した。ところが手工業経営の閉鎖は以上のように業種も限定され、その規模も決して広範囲なものではなかった。このことはザクセン以外にも該当した。一九四三年春の経営閉鎖措置の主たる対象は、他の地域でも手工業分野ではなく、小売業に向けられた。とりわけ代理店（自動車・宝石類・化粧品・毛皮）は全面的に閉鎖され、また家具・書籍・タバコ・玩具などの小売業の多くと、被服・靴・家庭用品・化学製品の一部が、整理された[72]。

しかし、それらの措置による労働力の創出は決して十分なものではなかった。各地の商工会議所の報告に関する先に掲げた経済研究所の総括においてもそのような状況が指摘されていた[73]。一九四三年三月中旬～四月中旬について「閉鎖の直接的な成果は期待を大幅に下まわっている。つまり動員可能な労働力はほんのわずかでしかないのである」。「経営閉鎖は大半がネガティブなものとして評価されている」と報告している。五月中旬～六月中旬の総括でも「労働届出登録運動によっても、閉鎖行動によっても、満足できる解決には近づけなかった」。閉鎖行動が終了した六月中旬～七月中旬の総括では、「全体的な状況からみてあまり高く評価しえない。確保された完全に動員可能で高価値の労働力は、相対的にわずかのように見える」。南バイエルンにおいて事態が具体的にいかなるものであったかはのちに見るであろう[74]。

第６表　楽器製作業の経営閉鎖査定（ケムニッツ管区）

閉鎖指定	経営指導者	男子労働力	女子労働力
ギター製作	71	7	6
弦楽器製作	88	4	—
木製管楽器製作	55	4	—
金属管楽器製作	32	1	2
弦楽器用弓製作	91	3	1
弦楽器用弦製作	33	2	8
ケース製作	41	1	9
合　計	411	22	26
予定労働力動員数	共同所有者 1	男子労働力 14	女子労働力 9

典拠：BArch Berlin, R11/1180.

（4）経営閉鎖への反発・抵抗と措置の停止

とはいえ一九四三年の措置により戦時経済にとって不要不急の手工業の経営の一部は実際に閉鎖された。しかも経営閉鎖令は今後の方針として、この措置が特定業種に限られず、一般的に適用される旨の規定を含んでいた。その結果この措置は手工業者たちの間に不安と反発を惹き起こした。上記の研究所の総括も、「関連分野の不安」の大きさを指摘し、シュヴァーベン大管区経済会議所の報告を紹介している。[75]「手工業者は苦労を重ね、精一杯節約をしてやっと手に入れた商品倉庫や機械を人手に引き渡さなければならないということが理解できない。この措置がとくに手ひどい打撃を与えるのは、開戦以来主人を前線に送り、いつか故郷にもどってくるそのひとのために経営を守って最大限の気づかいをしている婦人たちである」。また次のようにも指摘している。「営業的中間層の解体を嘆く声の広がりは、ますます大きくなっている。そして前線からは経営の存続を心配する手紙が送られてきている」。それゆえ「自由になった労働力の数は、この政策が惹き起した関連分野の不安や負担の大きさにとうてい比較出来ない」（一九四三年三月中旬～四月中旬）。

閉鎖措置は、当事者だけでなく、営業閉鎖によって日常生活に困難を強いられる消費者や経済活動に支障が生じる関係業者の反発を惹き起こした。各地の組織や役所から、大管区指導者・経済相に対して、さらにはヒトラー・ゲーリング・ゲッペルスらに向けて訴えが送られた。[76]

軍需工業への工業能力の集中を主張してきた宣伝相ゲッベルス（Goebbels）も、すでに二月一八日にこの措置が決して「独占化」や「経済の構造変化」をめざすものでないことを大衆の前で説明しなければならなかった。[77]『ドイツ手工業』誌は、ベルリンのスポーツ祭典場でのゲッベルスのこの演説を全文ゴチック刷りで紹介し、その趣旨を手工業分野の読者たちに周知させている。――経営閉鎖措置が国民の多くに犠牲を強いている現実を十分に理解していると述べたのちにゲッベルスは強調する。「私たちのこの措置を取り上げて、これを中間層の排除であるとかドイツ経済の独占化をめざすものだという主張があるが、私はこの際、それに強く反対するものである。戦争が終わったのち中間層は即刻、最大限の広がりをもって、経済的にも社会的にも再建されるのである。／現今の措置は、ただ戦争目的と戦時必要の緊急的処置以外の何ものでもない。それは経済の構造変化を目指すものでは決してない。その目的はただ勝利を出来るだけ早く、そして徹底して闘いとるにある。……」。ゲッベルスの講演は、経営閉鎖措置が「中間層の排除」や「ドイツ経済の独占化」を目指すものだという指摘が当時広がっていたことを示している。ゲッベルスはそれを否定し、中間層維持の原則の堅持を公の場で表明しなければならなかった。その上でこの措置を一時的緊急的手段であることを強調しつつ、経営関係者の協力を要請するということに彼の講演のねらいがあった（Deutsches Handwerk, Jg. 12, 26. Feb. 1943）。

しかし経営閉鎖措置に対する反発は簡単には終息しなかった。閉鎖措置に対する批判は、ナチス党内からも出されていた。一九四三年二月初め、実力者ボールマンが指導的な地位にあるミュンヘンのナチ党官房（Partei-Kanzlei）は、ライヒ経済省の有力者ケールル宛に、一月三〇日付指令に関する大管区指導者ユーバーライター（Überreither）の書簡を送るともに、指令の廃止に向けて検討することと、ライヒイヌング連盟に指令撤回を直ちに指示することを求めている。この措置は「中間層の創出と維持」を掲げるナチズムの原則を侵害するものと受け止められたのである。[78]

一九四三年春の措置は、ヴィンクラーが重視したように、営業的中間層の経営の存立にかかわる決定的な政策であった。併行して同年四月一日には、手工業の最重要組織である手工業会議所と上部機関のドイツ手工業営業会議所会議とが解組され、商工会議所とともに新組織、大管区経済会議所／ライヒ経済会議所の機構に組み込まれていた。中小・零細経営者は、ナチス体制が中間層の維持の原則を放棄したのではないかと考えた。だが、手工業の経営閉鎖措置は、ライヒ大臣、ライヒ官房長、党官房指導者の了解の下、ライヒ経済省フンクの七月一二日付指令によって、最終的に七月三一日をもって終了することになった。[79] ライヒ経済相は、健全な中間層の維持と促進がナチス経済政策の核心であることを改めて表明し、この措置がその考えの変更を意味するものではないということを明言しなければならなかった。

一九四三年八月の『ドイツ手工業』誌は、ライヒ経済相フンクの文章「営業的中間層の意義と将来」を記載し、その趣旨を読者に周知した。その中でフンクは中間層の堅実な生活観、反マルクス主義、文化的貢献を強調しながら、手工業の労働の質の意義を指摘しつつ、消費財等生活必需品の確保と軍需品の加工、修理・修繕のための広範な活動における戦時経済下の重要な役割を評価した。さらに続けて「手工業の学校」は、質の高い工業の専門労働者を高い割合で送り出しており、彼ら専門工の活動は、手工業経営の中で享受した教育なしには考えられない。戦いが終わった後のドイツ経済のためにも、このような専門工の後継者のための養成場所の維持は、いよいよ重要性を増加させていると指摘し次のように述べる。「ナチス政府が、それ以前の政府と全く反対に、中間層に対して、積極的な中間層政策を通じて、その価値を評価し、その真価を表明することを義務とかんがえていることは自明のことである。私は何年も前から、何度も繰り返して、この立場を表明し、営業的中間層のための振興政策を単に約束するばかりでなく、指令し、現実化してきた」。

フンクは述べる：確かに現存の生存闘争の中で人々は個々の希望の多くを差し控えなければならない。たとえば軍需生産は、合理的に仕事をする経営に集中させ、大量生産を強制する。閉鎖措置がとりわけ強い衝撃を与えたのは、中・小経営であった。私が何度も強調したいのは、閉鎖処置は決して根本的な措置ではなく、これらの経営の生存可能性の制限を長期的に結果するものではないということである。われわれは小・中経営の維持をこそ願っている……。(Deutsches Handwerk, Nr. 29/30/31)。

以上のようにヴィンクラーが注目した経営閉鎖措置は、ヴィンクラーの重視したほどの規模や範囲では実行されなかったばかりではない。その経緯は、むしろ手工業経営の解体政策に対する人々の反発がいかに強かったか、小・零細経営をも含めた中間層維持のナチス的原理が手工業者層によっていかに支持されていたかを示していた。ライヒ経済相を含めたナチス党有力者も手工業者たちのそのような動向を無視できず、中間層維持の原則的な立場を堅持しなければならなかったのである。一九四三年の手工業経営閉鎖措置の経緯は、むしろ、中間層維持のナチス的原理が根強く作用していたことを表示していた。

（5）労働力動員措置と地域経済——南バイエルンの場合——

経営閉鎖措置による労働力動員の成果はどの程度であったか。アイホルツはザルケルの推計を紹介しているが、それによれば、動員の査定数は一六万一〇〇〇人で、そのうち一一万四〇〇〇人（男子四万人、女子七万三〇〇〇人）が戦時重要部門に配置されたという。後者の内訳は軍需部門四万九〇〇〇人、農業三〇〇〇人、その他六万一〇〇〇人であった(80)。但し以上の数字は、「工業」分野での企業閉鎖を含んでおり（たとえば土・石材部門では七三四経営が閉鎖され、二三七六人が動員され、また製紙・紙加工部門では、四九八経営が対象となり、二八八四人が配置された）(81)、「手工業」での実績は不明である。

いずれにしても先の経済研究所の報告が指摘するように、労働力総動員措置の結果は当初の期待を大きく下回った。当初目標とされた数は三〇万人であったが、実際に配置されたのはその半分以下に止まり、最重要部門である軍需部門も五万人を下回った。以下南バイエルンを事例にとりその実施状況をみてみよう(82)。

南バイエルンは全体としては農業が優勢であるが、ミュンヘンとアウクスブルク・ケンプテンなど重要都市をはじめ、西南部のドナウヴェルト、北にはインゴルシュタット、南部のローゼンハイムなど、都市を中心に各種の工業が営まれていた。一九四三年八月の主要部門の就業状況は次のようになっていた。

全体就業者数は、約八六万人（男子四二万、女子四三万）で、農業の就業者約一二万人（男子四・七万、女子七・一万）が全体の一四％を占め第一位であったが、第二位の機械・器具・汽缶・輸送機組立が一一万人を雇用し、ほとんど農業と拮抗していた。これに鉄・金属（一・八万）、電機（一・四万）、精密機械（三万）、化学（二・二万）など八・五万人を加えれば、二〇万人近くとなり、繊維・食品など、軽工業約一〇万と合わせると工業が、三〇万人となり、農業をはるかに超えていた。むしろこの地域でも重化学工業化がかなり進んでいたことがわかる。

これらの諸工業が軍需経済に構成されていた。軍需部門は、ライヒ鉄道、軍部、化学、原材料・エネルギー、機械・生産手段部門、通信機器・電機製品、非製造部門の七つに分けられていた。そのうち圧倒的な位置を占める軍部関係は、①陸・海・空軍用武器（ただし次の②と③は除く）、②高射砲、③海戦用航空兵器、④軍艦・潜水盤、⑤戦車・牽引車、⑥自動車（ガス発生機組立含む）、⑩航空機製造（武器除く）、⑪弾薬からなっていた。[83]

これら軍需関連部門をはじめ各部門で労働力の欠員が増大していた。たとえば、戦車製造分野におけるバイエルンの大手企業、クラウス・マッファイ社は一社だけで一〇〇〇人を超える労働力を緊急に必要としていた。一九四三年一月の戦時重要配置動員令によって男女労働力の総動員政策が実施された。経営閉鎖や労働能力申告制によってなされた南バイエルンの一九四三年二月一日から七月三一日までの「工業」を含めた動員数は次のようになっていた。

(1)届出数　男子一万七六七六人　女子八万七三三〇人　(2)同上最終処理数　男子一万四三〇四人（八〇・九％）女子八万三五二九人（九五・六％）(3)上記(2)の届出義務者のうち動員可能数　男子三六五八人　女子三万七八七九人 (4)配置・転換人員数　男子三四五五人（(3)の九四・五％）。女子三万五六七七人（(3)の九四・二％）。工業・手工業・商業も含めた該当数のうち、動員可能数、したがって実動員数は、男女ともに大幅に少なくなり、男子は一万七六〇〇人中わずかに三四〇〇人、女子は八万七三〇〇人中三万五六〇〇人に止まった。[84]

労働力総動員政策によって、それ以前の労働力不足は、確かにある程度緩和された。しかし、その充足数は、最重要部門の軍部関係においても二九〇〇人に止まった（上記欠員数の二三％強、うち男子は一四〇〇人）。その内訳は、航空機製造が九〇〇人（なお五八〇〇人が欠員）、防備・一般装備が八〇〇人（同二八〇〇人）などである。

農業を含めた各種職業の欠員数は、動員がなされたのちも、一九四三年七月約三万九四〇〇人に達し、そのうち軍需関係上記七分野の欠員数は、約二万〇六〇〇人（うち男子一万五〇〇〇人）に上った。七分野のうち最大は軍部関係で、一万二〇〇〇人（うち男子八三〇〇人）が不足しており、とりわけ航空機製造は五八〇〇人（うち男子四三〇〇人）、防備・一般装備は二八〇〇人（同一一〇〇人）の欠員がみられた。軍需関連部門以外でも労働力が不足し、農業部門では一万四二〇〇人が必要であった。

欠員の充足は、動員令による経営閉鎖措置と労働能力申告制に基づく労働当局による斡旋や徴用に加えて、捕虜や外国人労働力の動員によってなされた。軍需・建設・農業に配置ないし配転された人数は、一九四三年六月に約一万八〇〇〇人（概数以下同じ）（男子七七〇〇人、女子一万〇二〇〇人）、同七月約一万四〇〇〇人（男子五九〇〇人、女子八五〇〇人）であった。うち六月には六七〇〇人、七月に五三〇〇人が軍需部門に配置され、他方各六〇〇人、四〇〇人が建設に、また各二七〇〇人、二六〇〇人が農業に雇用された。その内訳は六月の場合、ドイツ人一万二三〇〇人、外国人三五〇〇人、東部労働者一七〇〇人、捕虜四〇〇人となっていた（第7表参照）。

第7表　長期周旋・徴用・捕虜による動員配置

		1943年6月			1943年7月		
		男	女	計	男	女	計
配置・転換総数		7,743	10,295	18,038	5,912	8,500	14,412
	軍需部門	3,982	2,721	6,703	2,894	2,460	5,354
	建設部門	628	—	628	437	—	437
	農　　業	1,240	1,535	2,775	957	1,676	2,633
うち内地人・総数		3,786	8,567	12,353	2,842	6,414	9,256
	軍需部門	1,713	1,985	3,698	1,300	1,975	3,275
	建設部門	180	—	180	169	—	169
	農　　業	557	1,075	1,632	472	847	1,319
うち外国人・総数		2,927	598	3,525	2,368	607	2,975
	軍需部門	1,753	160	1,913	1,291	215	1,506
	建設部門	340	—	340	231	—	231
	農　　業	388	109	497	277	161	438
うち東部労働者・総数		623	1,130	1,753	426	1,479	1,905
	軍需部門	352	576	928	202	270	472
	建設部門	25	—	25	37	—	37
	農　　業	177	351	528	135	668	803
うち捕虜・総数		407	—	407	276	—	276
	軍需部門	164	—	164	101	—	101
	建設部門	83	—	83	—	—	—
	農　　業	118	—	118	73	—	73

典拠：Der Arbeitseinsatz im Landesarbeitsamtsbezirk Südbayern, 1943による。

雇用は、斡旋（長期・短期雇用）、徴用、捕虜に区分されるが、たとえば一九四三年七月の状況は軍需部門にもっとも近い金属関係の場合、長・短期斡旋二一〇〇人、徴用約五〇〇人、捕虜五〇人で、外国人・東部労働者を含めた当局の斡旋の数が多く、徴用も一カ月で五〇〇人と決して小さくなかった。

6　総力戦末期における手工業合理化と経営閉鎖措置——一九四四年——

総力戦体制は、軍需関連工業部門の企業の効率性の向上、労働力・資源の節約、すなわち合理化を要請する。経営の合理化は、同時に優良経営の重点的活用と劣悪経営の整理・統合を伴っていた[(85)]。軍需相トット、ついでシュペアの合理化政策の特質はそこにあり、それは戦時経済の基礎を担う手工業分野の中小経営にも適用された。ヴィンクラーの批判者、ザルダーンが重視したのは、そのような手工業分野の合理化政策であり、それが手工業組織の指導的部分によって支持されたことを重視して、ナチス体制と営業的中間層の立場との結びつきを指摘していたことは、「はじめに」で紹介した通りである。

労働力の追加的動員をめざした一九四三年の経営閉鎖措置にも、すでに「効率向上と労働節約」の目標が盛り込まれており、そのために「複数の手工業経営の統合」の方針が提示されていた。戦時生産のためのそのような経営統合に基づく大・中規模の経営組織が、ドイツ手工業ライヒ身分によっても早くから構想されていたことは先にも触れた通りである。いわゆる労働協働体（Arbeitsgemeinschaft）の計画がそれであった。

優良経営を軸にして諸経営を集中・統合し、効率的な経営体をつくり出すというこの構想は、同時に集中される側の諸経営、とくに非効率的とみなされる中小・零細経営の自立性の消滅を伴っており、ヴィンクラーが問題にした経営閉鎖措置のひとつの形態を意味していた。労働協働体と呼ばれるこの集中経営は、手工業分野の軍需化と一体となって、さまざまな業種でつくり出されていたが、それが経営間の自発的な結合としてではなく、国家的な措置として強行されることになるのは、総力戦末期の一九四四年になってからであった。しかもその対象となった分野はただひとつの業種、自動車修理業に限られていた。

総力戦の下、軍需関連以外の分野では、追加的な製品の加工が大幅に縮小ないし停止されている中で、既存の生産手段・運輸手段の維持や補修はこれまで以上に重要な意味を与えられた(86)。とりわけ自動車・トラック・オートバイは、軍需用はもとより、食料輸送など民需用としても欠かすことのできない手段であって、それを修理・補修する手工業的経営の合理化が必須の課題となった。一九四四年の自動車修理業の合理化措置は、この分野の小・零細経営を廃業させ、中堅的経営を軸にして、人員と資財を集中して、拡大された経営体＝労働協働体をつくり出すことを目指し、一九四四年春から秋にかけて各地で具体的な案が検討され、一九四五年にかけて実施された(87)。しかし、一九四三年の措置の場合と同様に、当事者の手工業経営はいうまでもなく、各地域のイヌングや手工業組織から激しい反対の声が出された。

一九四四年の合理化措置は、このように労働協働体の形成をめざしており、その中で統合の対象となった中小経営は、自営業としての自立性を失い、協働体に吸収されることになった。しかしわれわれは、この措置が戦争末期になって漸く登場し、それ以前には実施できなかったこと、しかもそれが手工業全体に対してではなく、わずかに自動車修理業の一業種に限定されていたこと、そして一九四三年の措置と同様、それが手工業者の側からの、さらにはナチス党内からの強い反対に直面したことに注目しなければならない。ナチス体制は、戦時体制が求める合理化の強い要請にもかかわらず、中小・零細経営の強制的な閉鎖を随伴する手工業分野の合理化措置を最小限に抑制せざるをえなかったのである。その背景には「中間層の創出と維持」の原則に対する手工業者層の強力な要望とそれに結びつくナチス党内勢力の潮流とがあったからである。

ナチス体制において政権掌握以来一貫して中間層に強い関心を向けて来たドイツ労働戦線指導者ライが、一九四四年五月にパッサウで開催された手工業者大会で手工業の重要性を強調したのはその一例である。『ドイツ手工業』誌は、それを全文ゴチック文字で紹介している。

「私は手工業のために闘ってきました。そこにわが国民の欠かすことができない構成部分が存在するからです。手工業が万が一なくなるとすると、民族（Nation）は没落する、と私は考えています。……手工業は安定要素として大きな政治的意義を担っています」。そして続ける。「世界観の点でもわれわれは、手工業を自律的な所有者の広範な層として必要としています。所有なしにはナチズムは存在しないからであります」。手工業は文化的にも民族から切り出すことはできないし、「経済的にも手工業を脇において考えることは凡そできない。……工業の今日の活動は、手工業と、そして手工業からくる後継者に負っている、と私は確信している」。

続いてライは、手工業の存在にとって後継者のもつ重要性、徒弟育成の意義、商業と手工業の社会的役割、大・中・小の経営の適切な併存関係の意味、住宅建設での役割について述べたのちに、党との関係に関して希望した。「最後に私はお願いがあります。手工業のみなさんがますます党に近づいて頂きたいということです。……ドイツの再生は党から出発しました。危機は我々をますます力強いこの目標に引き寄せているのです」（Deutsches Handwerk, Nr. 20/21, 19. Mai 1944）。

中間層の存続と党に対する支持は、ナチス権力の存立にとって不可欠の条件であった。手工業分野の経営者層に対して改めてナチス党への支持を訴えるライのこの演説は、第三帝国末期において営業的中間層がもはや体制の強固な社会的基盤ではなくなりつつある状況をあたかも物語っているように見える。

おわりに

ドイツの中小・零細経営者にとって、経営の閉鎖や廃業は自身の生活に関わるばかりでなく、同時に所有者階級としての中間層の身分からの脱落をも意味していた。彼らにとってそれは、競争者としての大型商店・消費組合の問題や、営業者の組織問題を超える、最も根源的な問題であった。中間層の創出・維持を謳い、中間層の強力な支持をえて成立したナチス体制にとっても、中小経営の閉鎖問題は、体制の根幹に触れる大問題であった。ナチス運動を支え、推進した営業的中間層とナチス体制との関係を解明するために、この問題を重視したヴィンクラーやヘルプストらの提示した視点は全く適切であった。本章は、彼らのこの問題を正面から受け止め、それに立ち入って具体的に検討することを課題にしてきた。以下、その結論を要約しよう。

⑴第三帝国の下でドイツの手工業経営は、経営数においても、また労働力の数に関しても、大幅に減少した。手工業的な中小・零細経営の営業縮小、部分的閉鎖、全面的休業、最終的な経営閉鎖・廃業は、ナチス期の手工業を特徴づける基本的な現象であった。それはいかにして生じたか。ヴィンクラーはじめ、ほとんどの歴史家はその事実を暗黙のうちにナチス体制による手工業政策に結びつけた。ヴィンクラーは、それをナチス・レジームの消極的ないし否定的な手工業政策を集約的に示すものと理解し、ナチ・レジームと手工業者との結合的関係を否定する重要な根拠とした。他方、ヴィンクラーの批判者ザルダーンは、全体主義の下でのナチス的な効率主義・合理主義の方向性に注目し、上の現象を優良経営の発展のために実施された、非効率的な零細経営の整理の措置として捉え、そのような「手工業」の合理化政策が、手工業自体によっても支持されていたと主張し、ナチス体制と手工業者との関係は親和的であったと考えた。

しかし中小経営の縮小は、全体主義国家・ドイツにのみ特有の現象ではなかった。民主主義国アメリカにおいても戦時経済の下で中小企業の数は減少し、逆に巨大企業が急速に成長した。たとえば五〇〇人以下の企業の数は、一九三九年には全企業数の九八・九%、従業員は五一・七%を占めていた。一九四四年には企業数は九七・八%に、従業員は実に三八・一%に縮小した。合衆国上院の中小企業問題調査特別委員会における報告は「戦時期の記録は、大企業の重要性の一貫した増大と中小企業（little concerns）の重要性の不断の後退を示している」と指摘し、五〇人以下の小・零細企業について次のような数字を明らかにしている。——一九三九年には五〇人以下の企業は、アメリカの商工業の従業員数の三四%を占めていたが、一九四三年までにその割合は二五%に低下した(88)、と。ナチス体制下の手工業経営の経営縮小や休・廃業にも、さまざまな原因が存在した。まず第一に小・零細経営の解体は、そのための国家的措置が実施された一九四〇年前後期よりもずっと以前、ナチス体制の前から始まっていた。経営の休・廃業と経営主の労働者化は、一九世紀以来、大工業との競争関係の中で、また中小経営自身の相互の市場的関係の下で進展していた。小・零細経営者の自身の意思に基づくそのような経営の閉鎖は、ナチス体制の下で、引き続き底流として進行し、そして一九三五年の手工業立法と四カ年計画によるアウタルキー化と原材料の不足の中で加速された。とりわけ決定的だったのは、戦争準備体制とともに始まる労働力の国家的徴用と戦争開始によって本格化した軍隊への召集であった。

それは主体的戦力としての兵士の大量的投入と、軍需工業の急速な拡大とを不可避とする現代戦争そのものが強制した現象であった。一方での労働主体の軍隊召集と、他方での軍需工業の拡大の要請とは、労働力をめぐって相互に対立した関係にあり、戦時経済体制の矛盾は、それを支える労働力の決定的な不足として表面化した。そのため軍需関連部門と民需不可欠品の生産部門以外の分野を中心にして、労働力が国家的に軍需工業に動員されることになった。民需部門に基盤をおく手工業の親方・職人の軍隊への召集と軍需工業への徴用とは、そのような総力戦体制の本質と結びついていた。基本労働力の離脱は、労働主体の技術と熟練に頼る小・零細経営の根底を動揺させ、それらの経営を休・廃業に追い込んだのである。

そして労働力の軍需工業への徴用と軍隊への召集は、四カ年計画から開戦を経て総力戦体制の中で戦争終結まで継続した。営業的中間層の経営閉鎖の決定的要因は、徴用と召集にこそあったということも出来る。そして経営閉鎖を事実上強制する徴用と召集は、中小・零細経営者やイヌング・手工業会議所の反撥を惹起した。とりわけ軍需関連の大企業での徴用は、労働力を強圧的に奪われる手工業分野の経営者たちの不満を拡大した。

(2)軍需関連部門の労働力を確保するために、国民の徴用と並んで、戦時不要不急部門の企業を閉鎖し、そこで働いていた労働力を国家的に動員する政策が開始されたのは、開戦直前の一九三九年二月であった。しかしこの措置は十分な成果を示さず、手工業会議所などの反発に直面して中途で停止された。手工業に対する本格的な経営閉鎖措置は、一九四〇年三月の経営閉鎖令、一九四三年一月の戦時重要配置労働力動員令、および一九四四年自動車修理業合理化措置として実施された。しかし軍需関連部門へ追加的労働力を動員するために実施された上記の諸措置のうち、一九四〇年の経営閉鎖・企業整理措置は、手工業だけに限られず、機械制的企業（「工業」）をも同様に対象としていた。したがって一九四〇年の措置は、ヴィンクラーが想定したように、手工業を特別に対象としたナチス特有の手工業政策とみなすことはできないのである。そればかりではなかった。一九四〇年の措置の実施に際して、手工業分野はむしろ特別の扱いを受けた。ライヒ経済省は、手工業分野の中小経営への適用については、慎重な立場を堅持し、経営の閉鎖よりは軍需経済への手工業的経営の転換を要請していたのである。

(3)工業・商業分野の中小・零細経営の経営閉鎖が、本格的な国家的政策として強行されるのは、実にそれから三年後、総力戦体制によって労働力の不足が決定的に深刻化する一九四三年になってからであった。軍需工業の急速な拡大のために、追加的労働力の創出は不可欠であり、戦時不要不急の経営の閉鎖が実行された。この措置は奢侈的な生産・サービスを提供する業種に限定して実施されたのであるが、しかし、手工業者やその地域的組織、さらにナチス党内の反発に直面し、決定的な成果をあげることなく早期に停止された。

中小・零細経営に対する最後の閉鎖措置は、総力戦末期の一九四四年に実施された、自動車修理業に対する政策であった。自動車修理業における手工業の経営統合と、労働協同体の結成をめざすこの措置は、同時に経済効率の劣った中小経営の強制的な閉鎖・統合を伴っていた。だがこの措置も、一九四三年の場合と同様、手工業者層の抵抗に直面し、敗戦濃厚な戦争末期の混乱の中で、それが実際にどこまで徹底して実施されたかが問題となるのである。

(4)以上のように、手工業に対象を限定した経営閉鎖措置は、ナチス体制も終わりに近い一九四三年／一九四四年になってはじめて実施され、しかも一九四四年の措置は自動車修理業の一業種に限られていた。したがって、この二つの措置をもって、総力戦後期のナチス・ドイツの国家的政策とすることはできても、ナチス・レジーム全体を特徴づける手工業政策とみなすことは出来ない。しかも総力戦体制の下で強行されたこの二つの措置も、上述したように著しく限定的であったことを考えると、これらの措置からナチス体制が中間層を「不要」なものとみなしたという結論を引き出すことはできない。

(5)これらの措置をめぐる経緯が示す特徴は、自身の営業の存立に関わる上からの指令に対する中小・零細経営者と手工業分野の組織の抵抗の強さと広がりである。ナチス政府も体制を支えてきたこの営業的中間層の動向を無視できなかった。その結果中間層の創出・維持の原則のナチス的原則は、総力戦体制が要請する緊急の動員政策に打ち勝って堅持された。党綱領一六項は、この間、営業的中間層の抵抗を支え、また多くのナチス党員の行動を規定した。こうして中間層維持のナチス的原則は、ナチス期を通じて手工業者層とナチス体制とを結びつける要素となった、ということも出来るのである。その限りにおいて、ナチスの台頭を支えた手工業者層は、全体主義的なナチス・レジームの最終局面にいたるまでかろうじて社会的基盤であり続けたのである。

(6)しかし、それはポイカートの述べるように消極的な支持に止まった。経営閉鎖措置に対する営業者やイヌング、地域の手工業者組織の反対行動は、むしろ、総力戦の遂行のためにそのような緊急措置の強行を必要とするナチス権力に対する「抵抗」を意味しており、その広がりは体制そのものを動揺させかねない要素を含んでいた。ヘルプストが指摘するように、それはナチス・レジームのジレンマを意味していた。営業的中間層のこのような反発は、軍需工業重点化によるさまざまな影響、とりわけ手工業分野の労働力の大企業への徴用と動員に対する不満と一体となっていた。経営を支える親方、その息子、中心的労働者の軍隊への召集、戦死の現実と結びついて、中小・零細経営者層の戦争への不満は増大しつつあり、総力戦体制に対する正当性の観念は大きく揺らいでいた。ポイカートが描く以上に営業的中間層の抵抗的潜在力は強い広がりを持っていた。ファシズムの社会的基盤は根底から動揺し危機を迎えつつあった。

(7)ヒトラー・ナチス党の強圧的な支配体制の下で、また総力戦勝利への絶対的な要請にもかかわらず、国家的な企業整備政策にこのように抵抗できた営業者層のその潜在力はどこから来るのか。この潜在力は、一九世紀以来の彼らの社会的行動の中で貯えられていた。経済的利害に支えられた営業的中間層のその運動は、一八四八／一八四九年の三月革命の中に起点をもっていた。彼らは、領邦絶対主義的なドイツのアンシアン・レジーム打倒の推進的な担い手となり、民主派の変革運動の社会的基盤となった。中小営業者層は、これまで多くのナチス研究者が主張してきたように、単純に保守的・保護主義的であったのではなく、ブルジョア民主主義をも含めて、さまざまな方向性をその内に秘めていた。[89] 本書第2章で見たように、グライヒシャルトウングの経緯は、手工業会議所など中小商工業者の組織のなかに、全体主義体制に順応できそうもない営業者がどれほど多く存在したかを示していた。

中小営業者層やその家族の中に潜在する多様な方向性は、ドイツ社会民主党との結びつきにも示される。同党のナチス期の亡命代表部六人のうち、指導者Ｏ・ヴェルス（Otto Wels：一八七三年ベルリン生まれ、ＳＰＤ第二党首）は、室内装飾（経師）手工業の修業を経ており、ヴュルスとともに第二党首だったH・フォゲル（Hans Vogel：一八八一年バイエルン農村生まれ）は、木彫手工業を習得していた。さらにE・オレンハウァ（Erich Ollenhauer：一九三三年党執行部のひとり）は、マグデブルクの左官工の息子であった。つまり六人の内四人までが手工業習得者または手工業家族の出身であった。(90) 職人を含めた手工業者層と社会民主主義との結びつきは社会民主党史をむしろ特徴づけてきた重要な事実であった。それは地域においても見られた。

たとえば、マンハイムの市参事会の議員（Stadträte）のうち一八八四〜一九三三年の間の社会民主党所属参事会員三五人の履歴をみると、(91) 半数以上の一八人が手工業的修業の修了者か手工業者であった。R. Böttger（参事会員一九一九〜一九二六年、市長一九二六〜一九三三年）家具・ガラス工修業、各地で職人遍歴：G. Fischer（市参事会員一九三三、一九五一〜一九六三年）錠前工徒弟、ダイムラーベンツ社で錠前工（一九一〇〜一九三三年）、BBC社で同、一九三六〜一九四四年、収容所：G. Gräber（同一九三〇〜一九三三年、一九四六〜一九五四年）錠前工、一九三三年後一時禁固：K. Haas（同一九三〇〜一九三三年、一九四六〜一九六〇年）錠前工職人、ダイムラーベンツ社錠前工（一九〇九〜一九三三年）、BBC社で旋盤工、監督：J. Kremer（同一九一二〜一九二六年）左官工、後タバコ商店主：K. F. Krug（同一九二四〜一九二六年）左官工：W. Schmitz（同一九一七〜一九三〇年）鍛冶工、石油商：C. Schneider（同一九一一〜一九三三年）錠前工、タバコ商、経営主：A. Schwarz（同一九一九〜一九二二年）ブリキ工（一九〇二〜一九一八年）、印刷所・出版社営業：G. Strobel（同一九一六〜一九二三年）パン工：J. Trautwein（同一九一一〜一九三三年）製本工修業、経営主任、監督、後消費組合営業主任：J. Trumpfheller（同一九二七〜一九三三年、市長一九四六〜一九四九年）錠前工修業、職人遍歴、建築・工芸錠前工（一九〇六年以降）、ベンツ社工具錠前工（一九一七〜一九二二年）：G. Zimmermann（同一九二三〜一九三三年）錠前工修業、錠前工。

さらに手工業者層はドイツ共産党にも多く関与していた。ナチスに抵抗し処刑された党員の職業に関して、M・H

カーターは、手工業的労働者が二九・三％（不熟練工二二・八％）、手工業親方は一六・九％占めていたことを示している。[92] 手工業者層はこのように多様な方向性をその内に潜ませていたのである。このような潜在的方向性こそが総力戦体制への彼らの反撥ないし抵抗を生み出し、全体主義体制を土台から揺るがせる力となっていた。

注

（1）そのような研究動向に関しては、Eike Hennig, *Bürgerliche Gesellschaft und Faschismus in Deutschland. Ein Forschungsbericht*, Frankfurt a. M. 1977, 1982（2. Aufl.）, II. 他の社会層の役割にも注目する Detlef Mühlenberger, *The Social Basis of Nazism*, Cambridge, 2003. また邦語文献として、山口定著『現代ファシズム論の諸潮流』有斐閣、一九七六年、同著『ファシズム』同、一九七九年（二〇〇六年、岩波書店、岩波現代文庫）、鎗田英三著『ドイツ手工業とナチズム』九州大学出版会、一九九〇年、参照。

（2）Heinrich August Winkler, *Mittelstand, Demokratie und Nationalsozialismus*, Köln 1972; ders., Der entbehrliche Stand. Zur Mittelstandspolitik im „Dritten Reich", in: *Archiv für Sozialgeschichte*, Bd. XVII, 1977, とくに S. 34f., 39f.（Ders., *Zwischen Marx und Monopolen*, Göttingen 1979, Frankfurt a. M. 1991, に所収）。後藤俊明／杉原達／奥田隆男／山中浩司訳『ドイツ中間層の政治社会史一八七一－一九九〇年』、同文舘、一九九九年、第3章。また Ders., Ein neuer Mythos vom alten Mittelstand. Antwort auf eine Antikritik, in: *Geschichte und Gesellschaft*, 12. Jg., 1986, Heft 4, とくに 552f. 同様に David Schoenbaum, *Hitler's Social Revolution*, London, 1967, pp. 137f. 大島通義／大島かおり訳『ヒトラーの社会革命』而立書房、一九七八年、一六二頁以下。

（3）Adelheid von Saldern, *Mittelstand im „Dritten Reich"*, Frankfurt a. M. 1985（2. Aufl.）; dies., „Alter Mittelstand" im „Dritten Reich". Anmerkungen zu einer Kontroverse, in: *Geschichte und Gesellschaft*, 12. Jg., 1986, Heft 2; dies., Leistungsdruck im Handwerk während der NS-Zeit, in: Thomas Großbölting/Rüdiger Schmidt（Hrsg.）, *Unternehmerwirtschaft zwischen Markt und Lenkung*, München 2002. また Andreas Kranig, *Lockung und Zwang. Zur Arbeitsverfassung im Dritten Reich*, Stuttgart 1983, S. 78f. また本書後出第5章。

（4） Ludolf Herbst, *Der totale Krieg und die Ordnung der Wirtschaft*, Stuttgart 1982, S. 157ff., S. 218ff. 中小営業者の抵抗やナチス党内の動きについては、Wolfgang Bleyer, *Staat und Monopole im totalen Krieg. Das staatsmonopolistische Machtapparat und die totale Mobilisierung im ersten Halbjahr 1943*, Berlin 1970; Walter Naasner, *Neue Machtzentren in der deutschen Kriegswirtschaft 1942–1945. Die Wirtschaftsorganisation des SS, das Amt des Generalbevollmächtigten für den Arbeitseinsatz und das Reichsministerium für Bewaffnung und Munition/Reichsministerium für Rüstung und Kriegsproduktion im nationalsozialistischen Herrschaftssystem*, Boppard a. Rh. 1994, S. 64ff.; Ralf Stremmel, *Kammern der gewerblichen Wirtschaft im „Dritten Reich"*, Dortmund/München 2005, S. 401-428. バイエルンについては、Christoph Boyer, *Zwischen Zwangswirtschaft und Gewerbefreiheit in Bayern 1945–1949*, München 1992, S. 50ff. 参照。なお、中間層の創出と維持に関わるナチス党の党綱領については、Hans Fabricius, Das Programm der NSDAP, in: H. H. Lammers/H. Pfundtner (Hrsg.), *Grundlagen, Aufbau und Wirtschaftsordnung des nationalsozialistischen Staates*, 1. Bd., Gruppe 1, Berlin (1936).『新独逸国家大系』第1巻、五（ナチス党［NSDAP］綱領）（今中次麿訳）日本評論社、一九三九年。

（5） Marie-Luise Recker, *Nationalsozialistische Sozialpolitik im Zweiten Weltkrieg*, München 1985, S. 173.; Naasner, *a. a. O.*, S. 148f.; Markus Albert Diehl, *Vom der Marktwirtschaft zur nationalsozialistischen Kriegswirtschaft. Transformation der deutschen Wirtschaftsordnung 1933–1945*, Stuttgart 2005, S. 148f.

（6） Max Weber, *Wirtschaft und Gesellschaft. Grundriss der verstehenden Soziologie*, hrsg. vom Johannes Winckelmann, Tübingen 1956 (4. Aufl.), Kap. Ⅲ, S. 122, 世良晃志郎訳『支配の諸類型』創文社、一九七〇年、一九七五年（四刷）、三頁以下、Kap. Ⅸ, S. 541f., 同訳『支配の社会学』1、同、一九六〇年、四頁。なお、Max Weber, *Gesamtausgabe* I/23, hrsg. von Knut Borchardt/Edith Hanke/Wolfgang Schluchter, Tübingen 2013, Kap. Ⅲ, S. 449f.; I/22-4, hrsg. von E. Hanke, 2005, S. 726.

（7） Detlev Peukert, *Volksgenossen und Gemeinschaftsfremde. Anpassung, Ausmerz und Aufbegehren unter dem Nationalsozialismus*, Köln 1982, 6, とくにS. 109. 木村靖二／山本秀行訳『ナチス・ドイツ——ある近代の社会史——』三元社、一九九一年、一九九四年（初版二刷）、第6章、二二九頁。なお、Bleyer, *a. a. O.*; Stremmel, *a. a. O.*, 鎗田英三著『製パンマイスターとナチス』五弦社、二〇一一年、「はじめに」も参照

（8） Abraham David Hannath Kaplan, *Small Business: Its place and problems*, New York/Tronto/London, 1948; Neil Killingback, *The Politics of Small Business in Britain during the Ninenteen Thirties*, Sussex University, 1980.

（9）Franz Neumann, *Behemoth. The structure and practice of National Socialism*, London, 1942, New York, 1967（Reprint）, pp. 282-284. 岡本友孝／小野英祐／加藤栄一訳『ビヒモス――ナチズムの構造と実際――』みすず書房、一九六三年、二四八－二四九頁、また Arcadius Rudolph Lang Gurland/Otto Kirchner/Franz Neumann, *The Fate of Small Business in Nazi Germany*, Washington D. C., 1943. は指摘する。ナチスは小企業に対する大胆な約束にもかかわらず、小企業の破壊を組織的に進めた。しばしばそれは直接、中小経営を強制的に閉鎖することによってなされた。さらに頻繁だったのは中小経営の自律性を掘り崩す方法であった（Preface）。また Schoenbaum, *op. cit.*, p. 136, 邦訳一六二頁以下。

（10）Wilhelm Debus, *Der Begriff Handwerk, entwickelt an der Erscheinungsform des heutigen deutschen Handwerksbetriebs*, Limburg an der Lahn 1940, S. 15. もっともナチス体制以前の一九三一年の経営数は一三八万であったから、減少したとはいえ、その時より九万多い。

（11）Winkler, Der entbehrliche Stand, S. 34, 訳一三〇頁。

（12）Dietrich Eichholtz, *Geschichte der deutschen Kriegswirtschaft*, Bd. I, Berlin 1984, S. 104.

（13）Reichsgruppe Handwerk, Denkschrift der Reichsgruppe Handwerk über den Kriegseinsatz des deutschen Handwerks, November 1944, in: Bundesarchiv Berlin（以下 BArch Berlin と略す）, NS 19/2741. Overall Economic Effects Division, *The Effects of Strategic Bombing on the German War Economy. The United States Strategic Bombing Survey*, Oct. 31. 1945, pp. 33f., p. 207（Appendix Table 6）, p. 213（ibid. 11）, 航空自衛隊幹部学校教育部訳『米国戦略爆撃調査団報告・独逸経済に対する戦略爆撃の効果』一九五八年、その1、第3章3節、六四頁以下。（The Effects, 和訳と略す）。

（14）*Deutsches Handwerk*, Jg. 11, Nr. 7, 13. Feb. 1942, S. 89. Boyer は召集と徴用を手工業就業者数の減少の一因としてあげているが、具体的な説明を欠いている。Boyer, *a. a. O.*, S. 46, 51. Stremmel はドルトムントほかの経営数の減少の原因を経営閉鎖措置以上に召集・徴用によるものとしているが、詳しい説明は行っていない。*A. a. O.*, S. 291f.

（15）*The Effects*, p. 204, Appendix Table 3, 和訳、その2、一二一頁以下、附表3．また Deutsches Institut für Wirtschaftsforschung（Hrsg.）, *Die deutsche Industrie im Kriege 1939-1945*, Berlin 1954, S. 47f., 参照。

（16）Felix Schüler, *Das deutsche Handwerk in der Kriegswirtschaft*, Stuttgart/Berlin 1941, Kap. 2; *Das bayerische Handwerk*,

Jg. 8, Folge 4, April 1942.

（17） BArch Berlin, R3101/13612.

（18） Bertram, Der Schutz von Betrieben berufener Handwerksmeister, in: *Deutsches Handwerk*, Jg. 11, Nr. 42/43, Dez. 1942.

（19） *Das bayerische Handwerk*, Jg. 7, Folge 11, Nov. 1941.

（20） Boyer, *a. a. O.*, S. 51.

（21） BArch Berlin, R/97/II, 117.

（22） *Württembergische Wirtschafts-Zeitschrift*, Jg. 1940, Heft 4, 27. Jan. 1940.

（23） 戦時における人的能力の決定的重要性に関する同時代的な指摘として、たとえば Horst Menderhausen, *Economic of War*, Rev. ed., New York, 1943, I, 8. etc., 南謹二訳『戦争の経済』日本評論社、一九四二年、第一部第1章（人力）「人的戦争可能力の意義はどんなに大きくみても過大評価しすぎることはない」（九頁）、第二部第6章（一国の生産高を制約する諸要因）「第一の障害は人力の軍事的動員」である。André Piatier, *L'économie de Guerre*, Paris, 1939, Chap. III, Sec. III, S. 114, 松岡孝兒訳『戦争経済学』三省堂、一九四三年、一〇八頁。「軍隊では器材は之を利用する人間によってはじめて価値を有する。それと同様、戦争経済では労働力は次の二大理由のために主要な問題となる」。①その一つは、人間の問題であり、その量・質の如何は究極の結果を決定する。②その二は、人的資財あるいは生産的要素という見地からみて、人間だけは使い切ったら回復できない資財という特殊性を有しているからである。

（24） Verordnung zur Sicherstellung des Käftebedarfs für Aufgaben von besonderer staatspolitischer Bedeutung. また *Soziale Praxis*, 48. Jg., Heft 5, 1939, HS 258f.

（25） Friedrich Syrup, Sicherstellung des Kräftebedarfs für Aufgaben von besonderer staatspolitischer Bedeutung, in: *Der Vierjahresplan*, 3. Jg., 1939, 7. 同時代の邦語文献：菊地春雄著『ナチス労務動員体制研究』東洋書館、一九四一年、石田文次郎編著『独逸労働統制法』有斐閣、一九四四年（第二編2章）、また T. W. Mason, *Arbeiterklasse und Volksgemeinschaft. Dokumente und Materialien zur deutschen Arbeiterpolitik 1936-39*, Opladen 1975, Kapitel II, Kapitel XIII, S. 666ff.; ders., *Sozialpolitik im Dritten Reich. Arbeiterklasse und Volksgemeinschaft*, Opladen 1977; Kranig, *a. a. O.*, S. 79ff. 矢野久「ナチス後期における労働政策とその実体に関する社会史的考察——一九三六年秋から一九三八年六月まで——」『三田学会雑誌』第70

巻6号、第一節、戸原四郎「ナチス経済」東京大学社会科学研究所編『ナチス経済とニューディール』（『ファシズム期の国家と社会』3、東京大学出版会、一九七九年、同著『ドイツ資本主義』桜井書店、二〇〇六年、第4章、所収）。

(26) *Reichsarbeitsblatt*, Nr. 8, Teil I, 1941, S. 131.

(27) Mason, *Sozialpolitik im Dritten Reich*, S. 290f.; Lotte Zumpe, *Wirtschaft und Staat in Deutschland 1933 bis 1945*, Vaduz/Liechtenstein 1980, 279f.; Kranig, *a. a. O.*, S. 80.

(28) BArch Berlin, R/11, 1229. ケムニッツほか五大都市の商工会議所、ザクセン経済会議所ベルリン代表部、公的発注地域配分所に宛てた機密扱い連絡。

(29) BArch Berlin, R11/1218.

(30) Ibid.

(31) Ibid.

(32) *Deutsches Handwerk*, Nr. 49/52, 17. Dez. 1943.

(33) BArch Berlin, R97/109. ヴェストマルク地区に関しては、A. a. O., R 97/II, 62.

(34) ナチス期に関する最近の企業史的な研究の深まりの中で、大企業における強制労働の実態が次々に解明されていることは大きな前進といえる。しかし、それらは外国人の強制労働に限定されており、軍需工業におけるドイツ人の労働義務化は除外されている。なお、ハハトマンは徴用労働は開戦までは大がかりには行われなかったと述べるが、それは誤解である。彼は、一九三九年一一月には、ヒトラーが徴用の抑制を指令したと指摘し、開戦後の徴用については立ち入った検討を行っていない。Rüdiger Hachtmann, *Industriearbeit im《Dritten Reich》*, Göttingen 1989, S. 47.

(35) *Das Württ. Handwerk*, Jg. 20, Nr. 5, 1. Mai 1941. この間、外国人は三七・九万人、戦争捕虜二七・七万人、計六五・六万人が追加的労働力として使用された。徴用労働の二倍以上ということになる。外国人強制労働に関する邦語文献として、矢野久著『ナチス・ドイツの外国人――強制労働の社会史――』現代書館、二〇〇四年、とくに第4章以下。

(36) *Das bayerische Handwerk*, Jg. 7, Folge 7, Juli 1941.

(37) *Ibid.*, Mai 1941.

(38) BArch Berlin, R11/1230.

(39) *Das bayerische Handwerk*, Jg. 7, Folge 11, Nov. 1941.

(40) BArch Berlin, R11/1230. Ernennung dienstpflichteter Arbeiter zu Stammarbeitern に関する Reichsgruppe Industrie の連絡。*Württembergische Wirtschafts-Zeitschrift*, Heft 37-38, 19. Sep. 1939, Heft 47, 25. Nov. 1939.

(41) Mason, *Arbeiterklasse*, Dok. 123, S. 722ff. なお、Zumpe, *a. a. O.*, S. 279（Fn）、村瀬興雄著『ナチズムと大衆社会――民衆生活における順応と抵抗――』有斐閣、一九八七年、一九八八年（3刷）、六二頁参照。

(42) BArch Berlin, R/11, 1229, Reichsgruppe Industrie, 1. August 1939.

(43) BArch Berlin, R11/1230.

(44) Ibid.

(45) Ibid.

(46) A. a. O., R97/II, 109.

(47) A. a. O., R97/II, 8.

(48) A. a. O., R97/II, 109.

(49) *Sozile Praxis*, Jg. 48, Heft 6, 1939, HS 336f.; Herbst, *a. a. O.*, S. 157f.; Boyer, *a. a. O.*, S. 44f.: Schoenbaum, *op. cit.*, p. 138f., 邦訳一六四頁以下。

(50) *Soziale Praxis*, Jg. 48, Heft 16, 1939, HS 974.

(51) Boyer, *a. a. O.*, S. 45. 製パン業における同様の状況については、鎗田、前掲書、二九〇頁。なお、過剰手工業の選別と整理に対する政府と「手工業」指導部の動向については、Saldern, "Alter Mittelstand" im "Dritten Reich", とくに S. 53f.

(52) 菊地、前掲書、二九一頁以下、石田、前掲書、四一四頁以下、Mason, *a. a. O.* ヴィンクラーとボイヤーはこの措置に言及していない。

(53) BArch Berlin, 3101/13612.

(54) Ibid.

(55) Ibid.

(56) *Die deutsche Volkswirtschaft*, 1943, Nr. 8, 2. Märzheft.

（57）　Winkler もそのことを認めているように見える。Winkler, Der entbehtliche Stand, S. 35, 訳一三頁。

（58）　BArch Berlin, R 3101/13612.

（59）　Ibid.; *Reichsarbeitsblatt*, Jg. 20, 1940, Nr. 7. 拙著『ナチス・ドイツと資本主義』日本経済評論社、二〇一四年、一七三頁以下。

（60）　BArch Berlin, a. a. O. 経済共同扶助金について注目するのはヘルプストであるが、この制度をあたかも国家的な資金の援助のように理解している点は問題である。本論で述べたように、それは手工業者自身が拠出した基金にもとづいている。Cf. Herbst, *a. a. O.*, S. 156.

（61）　BArch Berlin, R 3101/13612.

（62）　Ibid.「工業」における共同扶助金の件数は、同じ頃三三八三件、一九四三年には約七一〇〇件、一九四四年七七〇〇件となる。前掲拙著、二一二頁。

（63）　Ibid.

（64）　*Das Württ. Handwerk*, Jg. 20, Nr. 5, 1. Mai 1941.

（65）　Hans-Jochachim Weyres-v. Levetzow, *Die deutsche Rüstungswirtschaft von 1942 bis zum Ende des Krieges*, München 1975, S. 35ff., S. 108ff. 狭義の軍需工業の労働者数は、一九四三年七月約五三九万、一九四四年七月には約六六〇万人を数えた。軍事関係での直接・間接の工業就業者は、一九四二年五月五六〇万人、一九四三年五月六六〇万人であった。一九四三年／四四年の基幹的な軍需関連部門は一一〇〇万人を超えていた。なお Herbst, *a. a. O.*, S. 200; Recker, *a. a. O.*, S. 180f.; Eichholtz, *a. a. O.*, Bd. 2, S. 230 をも参照。

（66）　BArch Berlin, R13/1659.

（67）　BArch Berlin, R 3101/13612.

（68）　Ibid. また Hubert Hildebrandt, *Die Mobilsierung von Arbeitsreserven*, auf Grund der Verordnung über die Meldung von Männern und Frauen für Aufgaben der Reichsverteidigung vom 27. Januar 1943 und zur Freimachung von Arbeitskräften für kriegswichtigen Einsatz von 29. Januar 1943, München u. Berlin 1943. Herbst, *a. a. O.*; Recker, *a. a. O.*, S. 183ff.; Naasner, *a. a. O.*, S. 63ff; Diehl, *a. a. O.*, S. 148ff. 矢野、前掲書、第3章、とくに同第4節、をも参照。

（69）　BArch Berlin, R11/1180.

（70） Ibid., R13/1, 659, S. 97ff.
（71） Ibid., R11/1180.
（72） Bleyer, *a. a. O.*, S. 101.
（73） BArch Berlin, R 3101/13612.
（74） Eichholtz, *a. a. O.*, Bd. 2, S. 128, 230; Recker, *a. a. O.*, S. 189. また Boyer, *a. a. O.*, S. 50ff. も参照。
（75） BArch Berlin, R 3101/13612.
（76） Bleyer, *a. a. O.*, S. 103f.
（77） Herbst, *a. a. O.*, S. 198, S. 206, S 227; Bleyer, *a. a. O.*
（78） BArch Berlin, a. a. O.［シュタイヤーマルクの大管区指導者 Siegfried Uebereither か］。ナチス党の反発については Winkler, Der entbehrlicher Stand, S. 35, 訳一三頁以下。Bleyer, *a. a. O.*, S. 104f.; Recker, *a. a. O.*, S. 173f.; Norbert Frei, *Führerstaat. Nationalsozialistische Herrschaft 1933 bis 1945*, München 1987, S. 159, 芝健介訳『総統国家』岩波書店、一九九四年、二三一頁以下。Dieter Rebentisch, *Führerstaat und Verwaltung im Zweiten Weltkrieg. Verfassungsentwicklung und Verwaltungspolitik 1939–1945*, Stuttgart 1989, S. 489f.; Boyer, *a. a. O.*, S. 51f. 参照。なお、Herbst, *a. a. O.*, S. 209f., 288ff., Naasner, *a. a. O.*, S. 64f. も参照。
（79） Eichholtz, *a. a. O.*, Bd. 2, Teil 1, S. 230; Rebentisch, *a. a. O.*, S. 490; Winkler, *a. a. O.*
（80） Eichholtz, *a. a. O.*, S. 231f. Bleyer, *a. a. O.*, S. 105 も参照。
（81） Bleyer, *a. a. O.*, S. 105; Eichholtz, *ibid*; Zumpe, *a. a. O.*, S. 361.
（82） LAA. Südbayern, Referatsstatistik（Hrsg.）, *Der Arbeitseinsatz im Landesarbeitsamtsbezirk Südbayern*, Juli 1943. による。
（83） *Der Arbeitseinsatz in der Rüstungswirtschaft*（AL la-Rü-）im Monat Juli 1943, S. 9.
（84） *Der Arbeitseinsatz im Landesarbeitsbezirk Südbayern*, Juli 1943, S. 12.
（85） 前掲拙著、第一部第5章。
（86） *Das deutsche Handwerk*, Nr. 10/11, 22. März, 1943.（ライヒ経済省ケールルの講演）
（87） 一九四四年における合理化と企業整理による労働力創出の措置は、小売業の経営閉鎖、銀行支店統合、特定消費財の生産・

販売の方式の変更などに関しても計画された。*Bayerische Wirtschaft-Nachrichten*, Jg. 74, Nr. 1, Januar 1944.

(88) John M. Blair/Harrison F. Houghton/Matthew Rose, *Economic Concentration and World War II*, Report of the smaller war plants corporation to the special committee to study problems of American small business, United States Senate, Washington, 1946, Part I, Chapter 3.

(89) 拙著『ドイツ三月革命の研究』岩波書店、一九七四年、同『ドイツ中小ブルジョアジーの史的分析』同、一九八九年、も参照。また増谷英樹著『ビラの中の革命――ウィーン・１８４８年――』東京大学出版会、一九八七年、第2章、川越修著『ベルリン・王都の近代――初期工業化・１８４８年革命――』ミネルヴァ書房、一九八八年、谷口健治著『ドイツ手工業の構造転化――「古き手工業」から三月前期へ――』昭和堂、二〇〇一年、第6章、なお、三月革命前後のプロイセンの中間層政策に関しては、川本和良著『ドイツ社会政策・中間層政策史論Ⅰ、Ⅱ』未來社、一九九七年（Ⅰ）、一九九九年（Ⅱ）、参照。

(90) Lewis J. Edinger, *Sozialdemokratie und Nationalsozialismus. Der Parteivorstand des SPD im Exil von 1933-1945*, Hannover/Frankfurt a. M. 1960, S. 32f.

(91) Hermann Weber/Jörg Schadt, *Politik für Mannheim. 100 Jahre SPD–Gemeinderatsfraktion*, Mannheim 1978, S. 73-80.

(92) Michael H. Kater, *The Nazi Party*, Cambridge（Mass.）, 1983, p. 253, Table 7. カーターは、*Erkämpft das Menschenrecht. Lebensbilder und letzte Briefe antifaschistischer Widerstandskämpfer*（Berlin 1958）に基づいて計算した。

第5章　戦時経済体制と「手工業」の合理化——その挫折——

はじめに

前章で私たちは、中小経営にとって最も大きな問題である企業経営の閉鎖に関するナチス体制の政策過程とその限界について分析し、ヒトラー・ナチス権力が営業的中間層の存在を決して無視できなかったこと、中間層の創出・維持のナチス的原則は、全体としてレジームの最終段階まで貫かれたことを見た。それではそのようなナチス体制の下で中小工業経営はいかなる営業活動を展開したのであろうか。

一九三三年に政権を掌握したヒトラー・ナチス党は、三年後には四カ年計画を決定し、戦争準備体制に入り、一九三九年九月開戦とともに戦時経済令を布告して、戦争経済体制へ移行した。足かけ一三年にわたるナチス期の圧倒的部分を特徴づける戦争準備・戦時経済体制の中で、決定的な役割を演じるのは、いうまでもなく軍需工業と関連諸部門の担い手である大企業、とくに独占的大資本であり、生産力的に劣った中小経営ではなかった。しかしそれでは中小の企業経営者は、シェーンバウムが述べるように「ナチ経済の小者（low man）」で、その位置は「有力だった当初の地点からまっすぐに、そして元に戻ることもなく、低下の一途を辿った」のであろうか(1)。このような理解は、前章で取り上げたヴィンクラーや、ナチス体制を国家独占資本主義とみなすアイヒホルツやツンペらの旧東独の歴史家ほか、多くの研究に多かれ少なかれ共通する見方であり、そのような評価に立つ場合、ナチス体制の下での中小経営の経済的役割は、概して本格的な分析対象となることはなかった。[2]

このような判断に対してザルダーンらの研究者は、ナチス体制下の中小経営が中上層の効率的な経営と、生産力的に低位な小・零細経営に分化していた事実を重視し、後者は政策的に経営閉鎖・企業整理の対象となったとしても、前者は残存し、むしろ経済的効率性を重視するナチス・レジームの経済を下から支えるとともに、戦時体制の中で経営的にも発展を示すことになったと考えた。[3]

ザルダーンは、ナチス政権が中間層を「不要な」階層とみなしたと主張するヴィンクラーの見解を批判しつつ、次のように述べる。「手工業［者］が全体として『不要（entbehrlich）の階層』となったわけでは決してない。逆である。手工業の一部は発展し、極端に定式化していえば半ば『なくてはならない（unentbehrlich）階層』となったのであり、他方そうでない手工業が事実上処分されることになったのである」。「現実的ないし潜在的な業績能力」を備えた経営はナチス期においても成長し、そのための「最も重要な前提条件は一定の経営規模」であった、と。[4]

ザルダーンは、高度に工業化した経済の下でも「手工業や商業のサービス」が不可欠であり、戦時経済においてナチスは「活動能力のある中小経営」の排除を禁じ、シュペアは手工業者の「自己犠牲と柔軟性」を積極的に評価した、と指摘する。[5] ザルダーンの見解は、マクキトリクによってさらに展開された。マクキトリクは、戦時期のドイツ手工業の軍需工業化と合理化について論述し、その過程を戦後西ドイツの中小経営の展開に結びつけつつ、「現代化への予測しなかった途」として特徴づけた。[6]

ザルダーンやマクキトリクのこの理解は、ナチス体制と「合理化」・「現代化」との関連をめぐるドイツ現代史の重要な論議に密接に関連していた。ナチス・レジームを前近代的ないし前工業的な要素と結びつけて把える見方に対して、逆にナチス体制の下ではさまざまな形で「合理化」が進められ、とりわけ戦時体制の中で戦後西ドイツの諸制度に結びつく「現代化」が実施された点を強調する歴史認識が、今日のドイツにおいて注目されていることはよく知られている。R・ツィテルマン（Zitelmann）やM・プリンツ（Prinz）らに代表されるこの認識は、ワイマール期とナチス期の断絶面ではなく、ワイマール期―ナチス期の関連、さらにナチス期―戦後西ドイツの連続面を重視するもので、それへの批判者が指摘するように、歴史把握におけるこの側面の一面的な強調は確かに重大な問題点ではあるとしても、しかし、ナチス体制の下で進行した重要な側面を明らかにした点は積極的に評価されなければならず、今日求められているのはそのような「合理化」のナチス的特質の解明にこそあるといってよいだろう。(7)「手工業」の「合理化」の問題は、まさにこの問題に深く関連することになる。

それではナチス体制下の中小工業経営の軍需工業化とか合理化とはいかなるものであり、どのような過程をとって展開したのであろうか。この最も重要な点に関しては、ザルダーンもマクキトリクも、二、三の事実を示唆するに止まり、全体的な説明は残念ながら行っていない。(8)いうまでもなくこの問題はドイツの戦争準備・戦時体制の展開の全体像に直接関連する。ではナチス戦時経済体制に関するこれまでの研究はこの問題をどのように扱ってきたであろうか。

ドイツの戦時経済についてはR・ヴァーゲンフュールをはじめとして、多くの研究成果が蓄積されて来た。しかしそこで対象とされたのは主として大工業であって、中小経営の活動に関する叙述は、ほとんどの場合ごくわずかで、むしろたいていはそれを欠落させていた。(9)本章ではこのような研究史の空白を補うために、まずいわゆる手工業の中小経営が戦争準備・戦時経済にどのように結びついていったか、両者の関係を具体的に分析したのち、それとの関連で進展する中小工業の合理化政策の過程を取り上げ、史料に基づいてその状況を解明することにしたい。

1　ナチス期の「手工業」と戦時体制

「工業」から区別された「手工業」は、ナチス政権掌握以前、一九二六年において、経営数約一三〇万、就業者約三七一万を数え、「工業」を含めた全体の工業経営数の七三%、就業者数の約二九%を占めていた。(10) ナチス期に入り第二次大戦勃発直前のドイツの「手工業」は、経営数一七〇万(ベーメン・メーレン保護領を含まず)、就業者五〇〇万以上を数え、その家族数をも加えると、全人口の六分の一に該当した。(11)

「手工業」の経営は、一九世紀末葉以来、手工業的技術を土台とする、親方・職人・徒弟の関係に基づく経営として、機械制を軸にした工場経営(「工業」)から、制度的に区別されたが、しかし、すでにその多くは電動モーターを採用し、工作機械を中心に機械装置を備えた町工場の形態をとっていた。その上層部分は、労働力を一〇人以上使用しており、小規模な資本主義的経営として「工業」に属する工業企業と区別しがたい状態になっており、両者の間は、すでに流動的な関係にあった。(12)

「手工業」の業種は加工業・組立業の各分野に及び、食品加工(製パン・精肉)、衣料品加工、木工(家具・建具)、皮革加工、建築業(大工・左官)、金属加工業、など各種の日常生活品や生産手段の生産および修理業・取付業、サービスなど広範な領域をカバーし、ナチス期には第1表のような経営数を示していた。(13)

ナチス体制の下で「手工業」は、一九三三年一一月のドイツ手工業暫定構成法と一九三四・三五年の三つの法律などにより、独自な形で、しかし「工業」と同様、地域的・全国的に組織された。各経営は、強制加入の業種別のイヌングに組織され、それらは全国的なライヒイヌング連盟(Reichsinnungsverbände)を構成し、ライヒ手工業集団(Reichsgruppe Handwerk)がそれらを統括した。他方、地域ごとに手工業会議所がつくられ、上部機関ドイツ手工業・営業会議を構成し、全体としてはライヒ手工業集団とともに、最上部組織であるドイツ手工業ライヒ身分(Reichsstand des Deutschen Handwerks)によって統制された。ドイツ手工業ライヒ身分は、「ライヒ手工業長(親方)」(Reichshandwerksmeister)によって指導された[14]。

ナチス・ドイツは、四カ年計画(一九三六年)により戦争準備体制に入り、一九三九年九月ポーランドに侵略して、第二次大戦が始まった。戦時経済令(一九三九年九月)によってドイツの戦時経済体制が始まるが、それがいわゆる総力戦的な体制へと編成替されるのは、対ソ戦開始(一九四一年)以降、軍需相F・トット(Todt)、トット急死後はA・シュペア(Speer)の下における戦時経済体制の再編成によってであった。それでは戦争準備体制から戦時経済、さらに総力戦的体制への転換に対して中小・零細経営によって構成される「手工業」はどのように関与したのだろうか。周知のように総力戦は、大量の戦闘力と兵器の投入を不可避とする。前章で見たように手工業経営の経営主と雇用労働力は戦地での戦闘力として、また急速に拡大した軍需関連企業の熟練労働力の供給源として決定的な要件であった[15]。だが「手工業」は、同時に製パン業や精肉業をはじめ、国民の生活に欠かすことができない生活用品の生産を担当し、また金属加工業はじめ多くの手工業分野が底辺において軍需生産を支えることにもなった。そのような中小経営と戦時経済との関係の具体的な状況を見ることにしよう。

第1表　主要「手工業」部門の経営数(概数)

手工業部門	1931年	1937年	1939年
建築業	250,000	296,000	271,000
金属加工	206,000	239,000	223,000
木工	170,000	187,000	175,000
食品加工	234,000	254,000	241,000
衣料品加工	483,000	600,000	535,000
製紙ほか	25,000	17,000	16,000

典拠：Wilhelm Debus, *Der Begriff Handwerk, entwickelt an der Erscheinungsform des heutigen deutschen Handwerksbetriebs*, Limburg a. L. 1940, S. 15. から作成。

2 「手工業」の軍需工業化

(1) 全体的状況

戦時経済体制の中で国民の日常生活に不可欠な生活用品の生産と、軍需品・その部品、それらの素材や労働手段の生産分野はそれぞれ、いわゆる「生活重要(lebenswichtig)」部門と「戦時重要(kriegswichtig)」部門として特別な位置を与えられた。その中でこれまで民需に重点を置いてきた手工業の「戦時重要」部門、つまり軍需関連生産への傾斜が急速に進んだ。その過程は四カ年計画以降国家的に推進されたのであるが、同時に手工業分野の指導的機関であるドイツ手工業ライヒ身分によってもバックアップされた。ドイツ手工業ライヒ身分の事務局長F・シュラーは、次のように指摘している(16)。

手工業は、軍部やその他の大規模発注者と「ライヒ身分」との永年にわたる緊密な協力関係に基づいて、戦争勃発のずっと以前からスムーズな活動を行ってきており、すでに高い業績能力を示すまでになっている。国防経済は大規模な再軍備と重なり、手工業にとっても戦時経済のための最高の学習の場となった。それは軍部への納入(衣料品・装備品・輸送手段・器具の大量的提供)あるいは、西部要塞の建設事業やザルツギター・ファラースレーベンでの大規模建設現場での手工業諸部門の大がかりな動員においてばかりでない。数千・数万にのぼる色々な種類の経営における原料調整や乏しい原材料の配給についても該当する。

一九三九年戦争勃発とともに手工業の軍需経済化は加速される。ドイツ手工業ライヒ身分とライヒ手工業集団が作成した資料によれば、その度合は次のような状況にあった(17)。

第２表　「手工業」重要部門軍需関係売上げ高

手工業部門	(a)総売上高 (1942年)(1,000RM)	(b)対軍部売上げ (1942年)(1,000RM)	(a)に対する(b)の割合 (%)
建築業	4,249,000	2,766,000	65.1
金属加工	3,577,000	1,891,000	52.9
木工	1,506,000	824,000	54.7
食品	6,838,000	608,000	8.9
衣料	1,549,000	211,000	13.6
その他	1,418,000	328,000	23.1
全　体	19,137,000	6,628,000	34.6

典拠：BArch Berlin, R97/II, 30. Aus der Kriegsstatistik des Handwerks から作成。

一九四〇年戦時経済調査によれば手工業の総生産は二五二億ＲＭで、その四分の一、すなわち六〇億ＲＭ以上が軍発注関係によるものである。シュペアにより総力戦体制が整備された一九四二年には、軍発注関係は二五％から約三五％に上昇した。労働力徴用により総売上高は、一九〇億ＲＭに減少したが、軍事用は六〇億から六六億ＲＭへ増大したからである（資料の作成者は軍需関連工業からの周辺的ないし間接的な発注を加えれば、その大きさは遥かに増加するだろうと推測している）。

第２表が示すように、一九四二年には手工業総売上げ高の三四・六％が対軍部売上げであるが、部門別にみると、建築業は、全売上げ高の六五・一％が軍発注関係であり、金属加工業、木工も、それぞれ五二・九％、五四・七％と軍用が半分以上を占めていた。これに対して、食料加工と衣料品部門は、軍隊向けはそれぞれ八・九％と一三・六％と低く、圧倒的な部分が民需用の生産であった。他方、労働力について見ると（第３表参照）、一九四三年には手工業分野の就業者、約三四〇万人のうち、その三分の一以上にあたる約一一七万人が直接軍事向の労働に従事していた。第３表に示されるように、売上げ高の部門別割合に対応して、とくに建築・金属・木工において、それぞれ六五％強、五三％弱、五四％強と軍需関係の労働者の割合が高くなっている。これらの分野では、実に半数以上の労働力が軍需経済に関与していたのである。

第3表　「手工業」重要部門軍需関係就業者数

手工業部門	就業者数	そのうちの軍需工業関係
建築業	818,000	533,000
金属加工	669,000	354,000
木工	325,000	178,000
食品	584,000	52,000
衣料	623,000	85,000
その他	370,000	85,000
全　体	3,389,000	1,173,000

典拠：BArch Berlin, R97/II, 30. Aus der Kriegsstatistik des Handwerks から作成。

（2）各業種の戦時経済化——いくつかの事例——

戦時経済は、一方では武器・弾薬をはじめとする軍需生産部門の拡大を必要とするとともに、他方では、国民の生活を維持するために食料品や被服など日常必需品の加工を不可欠とする。では手工業経営は戦時経済に対して具体的にはどのような生産物やサービスを提供していたのか。

ライヒイヌング連盟とライヒ手工業集団（経済集団）は、一九四三年初めに四イヌング、七専門集団に関して、それぞれの業種における「戦時重要」業務と「生活重要」業務の状況についてとりまとめ、その概要を内部資料として作成した(18)。戦時不要不急の部門と経営の閉鎖措置に対処するためにまとめられたこの文書は、手工業の各分野が戦時経済に対して細部にわたって関係していた状態を示していた。以下、いくつかの業種の状況を紹介しよう(19)。

【桶・容器加工業】

① 陸・空・海軍への納入：軍用機正面はめ込み用特製容器、アフリカ派兵軍飲料水容器、潜水艦用容器付属品、荷駄馬用桶、食糧補給品輸送容器、洗濯用桶、洗い桶、家畜用バケツ等各種木製容器。

② 軍需工業・戦時重要工業用：火薬樽、火薬桶、酸類桶、食品工場・セルロース工場・四カ年計画工場用の大型貯蔵樽、灰汁やぐら、制服用染料樽、円筒容器、皮革鞣桶、晒布用容器、化学・染料工業各種生産物用容器・桶、など。

③　食品・農業用：バター・ミルク・脂肪・油・マーガリン・蜂蜜・ジャム・果肉・肉製品・魚類・ビール・ワイン・アルコール類・ミネラル水・果汁等々の輸送・貯蔵のための容器・桶、など。農業用：肥桶、地下穀倉、蒸気桶、害虫駆除用桶、貯蔵用容器、牛乳容器、バケツ、魚輸送容器、など。ぶどう酒樽製造：収穫ぶどう保存・ぶどう処理・樽倉庫づくりへの助力、発酵汁・果汁製造、ぶどう加工（大半は軍調達用）での助力。

④　修理業：容器・樽・桶の修理は、本手工業の経営だけが行っている。中古の木製・鉄製容器の回収と再生の業務。すべての経営が食品用容器の修理を義務づけられている。現在食品工業が修理を必要としている容器は数一〇〇万に及ぶ。

【自転車・オートバイ・機械関係手工業】

①　自転車・オートバイ・付随車、小型機械の修理。小都市・農村では農業用小型機械ほかをも修繕。一部の経営は自転車用リヤカーを組立。自転車の修理の増加：小型トラックを含む自動車交通全体の戦時制限実施後は、自転車が軍需企業・食品産業はじめ重要部門で働く数一〇〇万人の労働者の国民的な交通手段となっている。しかし新自転車の製造は制限され、購入許可証がないと入手できないため、修理仕事が異常なほど増加している。

軍需省管轄の中央委員会「軍備・一般装備」の要請に基づき、ライヒ集団「自転車・オートバイ・機械関係手工業」は、一九四二年一二月に経済集団「輸送手段」所属の特別委員会「自転車」から、自転車修理能力を向上させる任務を与えられた。その指示は各自転車・オートバイの修理を受け持つ機械工の経営に通達された。

②　ミシン部門の機械工

ミシン機械工は、家庭用ミシンの修繕、制服・衣料・皮革各工業および仕立・馬具・その他手工業・家内工業で使用されるミシン・専門機械の修理を担当している。戦争のためほとんどすべての機械が過度な使用により劣化し、修理の数が異常なほど上昇している。新しいミシンの製造が不十分なために、旧い機械が何度も修理され使用されている。下着や衣料の新製品が不足しているために、主婦は使用済みのものを使って、新しいものを作ったり、破損した衣類を繰り返し修繕しなければならなくなっている。しかしそれは使えるミシンの助けがあって初めて可能となるのであり、ミシンの修理がいかに重要であるかがわかる。

ミシン工場の支部経営の八〇％までが閉鎖された。まだ残っている分工場は自社製品の修理だけで手いっぱいである。支部工場が外部から受け付けたミシンの修理を期限通りに行うことは不可能な状況にある。そのためミシン機械工手工業に向けられる修理が過大になり、希望通りの要請に適切に応じられない事態になっている。ミシン経営は通常は関連品の営業と結合しており、顧客は同時に必要な部品や付属品（たとえばミシン針・回転ベルト・特殊オイル、糸など）をそこで手に入れることが出来る。小都市ではこの種の品物の購入先はほかにないのが普通である。

③　事務用機部門の機械工

事務用機械関係の機械工手工業の修理業務：軍部各事務局・戦時緊要軍需工業・生活必需品企業が使用している、事務機器、登録機、計算機、タイプライター、転写機、複写器（謄写器）、宛名印刷機、切手貼機の修理。修理数が激増しており、注文に応じきれない状態である。タイプライターや計算機、宛名印刷機等を修理する機械工手工業の経営では専門工が不足しているため、ライヒ経済相は、一部、残存労働力を軍召集や徴用から除外する措置をとった（一九四二年一二月七日、軍需相了解）。

④　一般製造機械部門の機械工

この分野の機械工経営は軍部各部局に対して直接的受注または下請け受注の形で作業を担当し、またライヒ取引所の規制に基づき製造が義務づけられた戦時重要器具類を製造している。

⑤　精密機械部門の機械工

精密機械・光学分野の手工業経営は、直接受注か下請けの形で軍の高度重要品注文のために活動しており、一部は電気技術、精密工学、医療器具の仕事を経済集団「精密機械・光学」の指示で行っている。

【取付工事・ブリキ職手工業】

ガス・水道・取付け工事、建築関係ブリキ工事、集中暖房工事、銅鍛冶、自動冷房工事等の各手工業が含まれる。戦時経済への関与は以下のようになっていた。

① ガス・水道工事・集中暖房工事・建築関係ブリキ工事

民間部門の新設工事は何年も前から完全にストップしており、戦時用でない仕事は緊急の工事と修理に限られている。開戦四年目になって、冬季の凍結により生じた破損の修理仕事は増えているが、生活上最も深刻なケースだけ工事を実施している。

爆撃による被害への対処、空襲被害者への避難住宅・支援住宅の用意、軍需工業の外部労働者向けの宿舎や拡張建造物の衛生施設、野戦病院・病院・防空施設等の建設などに携わっている。

最後に鉄・金属取引所の金属回収行動の実施のための労働力も提供（銅板屋根、公共建造物内の真鍮付属品取出し、錫製飲水装置の回収）

現在経営主の約二〇％が軍に召集され、約三％が工場に徴用され、また平時の雇用職人の五〇％以上が軍隊に召集されている。そのため仕事の注文があっても十分に行えない。手工業者が高齢であることも考慮しなければならない（経営主の四五％が五〇歳以上）。以上から、表記手工業の経営閉鎖は問題とはならない。

② 銅鍛冶手工業

上記①の状況は同鍛冶業にも該当する。残存する手工業のほとんどすべてが戦時重要労働に携わっている。民需部門向けの仕事は関連原材料の使用が禁止されているため、その加工は例外認可のある場合を除き行うことが出来ない。同業種の経営者の高齢化はほかよりも進んでおり、経営主の六〇%が五〇歳以上、約三〇%が六〇歳を超えている。

③ 自動冷却器組立工

経営数は約五〇〇で、軍部のために仕事をしており、したがって経営閉鎖は考えられない。本業種での経営統合は何の利益にもならない。個々の建造物への取り付けやその修理の仕事は、異なったそれぞれの場所での作業場が必要である。しかも各経営主が自分の経営で自営業者として仕事を行うのが集中的合理的であるという事実もある。それはより大きな経営への統合を上回るといえよう。

その他手工業領域の戦時経済化はほとんどすべての業種で進行した。家具工は、各種軍関係建造物・軍艦・戦闘機・西部要塞等の内装・調度に関して、大工は要塞・兵舎・防空施設においてそれぞれ能力を発揮した。ろくろ工は、手榴弾の柄、テントの足、腰掛けを製造し、ブラシ・刷毛工は馬具だけでなく、軍用自動車や航空機の座席・椅子張りを助けた。車大工・車体工は自動車ボディや航空機の製造に関与し、機械工は戦闘機・軍艦用の測量具をつくり、金属工（錠前工・電気工・銃工）は、船舶・航空機・軍用建造物の技術的設備の作成に加わった。[20]

以上がライヒイヌング連盟とライヒ手工業集団が作成した資料の一部であるが、中小経営のこのような軍事化については、『ドイツ手工業』誌（一九四三年一二月一〇日、四七／四八号）も、次のような事例を紹介している。[21]

Ⓐ農村部にある鍛冶・農業機械修理：開戦当初は従業員三人、現在はドイツ人二人（経営主・労働者各一人）、外国人労働者一七人。当初は装蹄が中心だったが、現在は、戦車の全車軸を製造。外国人は当初専門知識を欠いていたが、親方が工具作業を教え、旋盤、中繰り盤、フライス盤を操作できる労働力を育成し、二人のドイツ人の指揮の下で作業を行っている。

Ⓑ北海沿岸の小機械修理経営：電池方向指示器用の計器、船舶用窓かんぬき、器械用の連結器、戦車用の踏板等を製作。大手精密機械企業が専門家をひとりこの小経営に派遣し、工程を教え込んだ。装置は手工業親方が旧来の部品を使って自分で製作した。当人は、潜水盤用の金属製郵袋の製造を受注し、そのために必要な機械も自前で製造した。

3　ドイツ手工業ライヒ身分の対応

(1)　経営組織化の構想

手工業技術を土台にしつつ、しかも小型機械やモーターを利用した中小経営は、状況の変化に対応できる柔軟性を相対的に多く備えており、戦時経済への転換も比較的容易に実行された。しかも親方とその家族労働力の作業は労働時間の面で規制されず、より多くの労働成果を生むことができた。しかし手工業の中小経営は、同時に決定的な弱点を有していた。すなわち生産規模が中小であり、生産力が大工業に劣る点である。軍需品を大量に消費する現代戦のためには大量的生産が不可欠となるが、手工業的経営はそれに対応する能力を欠いていた。また手工業的技術を土台にした中小経営は、生産手段に比して親方を含めた労働主体の役割が占めるウェートは大きく、そのため軍隊による召集や軍需工業への徴用による労働力の経営離脱は、経営の存亡に関わる重大な問題点であった(22)。

このような経営的弱点に対して最上部の手工業組織、ドイツ手工業ライヒ身分が試みた方法は、個々の手工業的経営を組織化し、製品の大量的供給や大規模な建築の発注に対応できる協同的・組合的な機構をつくり出すことであった。ライヒ身分の事務局長シュラーは、一九三八年の西部要塞の建設に当って、大きな建築手工業者三〇〇、中小の経営一〇〇〇以上が、三〇〇の労働協同体（Arbeitsgemeinschaft）を構成し、仕事を行ったというライヒ経済相フンクの演説を紹介している。[23]

軍需的ないし国家的な大量発注に対して、複数の中小規模経営を集合させて受注体制を結成する方式は、個別的な受注と並んで、戦時期とくに重要視された。協同的組織は建築業を含めて各種の分野でつくられた。州（ラント）には業種別に手工業者の供給組合（Lieferungsgenossenschaft）が結成され、地域の個別経営の活動と中央の公的発注を仲介し、その実施に携わった。ラント供給組合は、一九四一年には、家具加工や紳士服仕立はじめオストマルク・ズデーテン・ダンチッヒ・西プロイセンを含めて、二三四を数えた。それらの上部組織として「ライヒ手工業供給センター」（Reichszentrale für Handwerkslieferung）がベルリンに設けられ、中央の国家的発注に対して受注の受皿となった。[24]

また軍需関連の企業が外部に下請けとして発注するのではなく、自工場に手工業者（親方・職人・徒弟）を集めて作業組織をつくり、協同的に働かせる仕方も計画された。しかしシュラーたちがとくに重視した方式は、複数の手工業経営が保有する労働力と機械とを集中して、規模の大きな経営体をつくり、大口の軍需発注に対応するという方法であった。労働協同体と呼ばれるこの労働作業所は、後述するようにナチス体制の手工業合理化政策の中核を形づくることになるのであるが、その構想は、すでに手工業組織の上層部において生み出されていたのである。[25]

以上のようにこれらの措置を計画し、促進したのはドイツ手工業ライヒ身分を中心とする上部組織であった。それは手工業者たちの軍隊への召集、戦場への派遣、また軍需工業の労働力としての徴用、その結果としての経営の閉鎖ないし休業・縮小に対する対応策でもあった。[26] 軍需工業との関連をもつことによって、手工業経営者は、兵役への召集から免除されたり、また軍需経済の一端を担うことにより、戦時の不要不急部門の適用を免れ、経営閉鎖の対象からはずされる可能性が出てくるからであった。

（2）ライヒ身分・シュラムの現状認識

戦時経済に対するこのような手工業分野の関与の現状と可能性についてライヒ身分の指導者シュラム（ライヒ手工業親方）は次のように認識していた(27)。

①　軍需品関連手工業

(a)　軍隊への軍需品供給と軍需工業企業への下請的供給。一部はラント供給組合・労働協同体、一部は個々の経営の供給

(b)　軍事用建設　主として協同体組織による動員。西部要塞、軍需必要品・原料工場の建設、簡易住宅（バラック）建設の大量的供給、戦闘地域（主としてトット機関）：要塞、道路、橋、鉄道、宿泊施設の建設

②　食料品手工業　戦時食料供給のために不可欠。とくに製粉業、製パン業。消費統制、配給切符制の実施

③　農村手工業　生産戦争に不可欠。農民にとって重要な支援者：農業用機械手工業者、鍛冶工、桶工、馬具工、樽工、井戸掘り工

④　空襲被害除去のための計画的動員。ライヒ手工業親方が指揮。地元労働者が不足している場合は、各大管区やその他から動員

⑤　戦時必需の民需用品の修理――衣料、日用品、設備のための修理。修理業務の計画は手工業が主として担当。

⑥　中古原材料から高価金属の取出し

⑦　手工業輸出、とくにドイツ手工業輸出所（Ausfuhrstelle des Deutschen Handwerks G.m.b.H.）による。主要対象品目：上等品ではなく、機械・道具・水上輸送手段など、他国の経済建設のための生産手段

シュラムは、軍需関連生産への転換が実施された手工業のうち、公表可能ないくつかの事例を紹介している。プフ

ォルツハイム・ガブロンツ（Gablonz）の装飾品生産者：手榴弾部品、管楽器製作者：外科用器具、オルガン組立経営：機械工企業により精密機械労働に編入、弦楽器加工業者：外科用縫糸、木彫業者（Rhön）：義手、ろくろ工：硬質フェルト製義手・合成樹脂製小型ねじ・足台・手榴弾取手・各種軍用器具、製本工：地図貼付・紙ばさみ（勲章証明書用）加工・器具入れ物・食品包装具・火薬受け。

また原材料の転換をはじめとする新しい状況への対応の事例として次のようなケースがある。鍛冶工と車大工の共同作業による輸送手段の製造（農業用簡易運搬車から重量付随車まで）。家具工は防空ベット・弾薬箱、さらに航空機用の精巧な製品。毛皮工は大量毛皮加工。電機工・錠前工・機械組立工・機械工などは、他の職種からの参入の中心業種となっている。その他、外科関係製品加工、光学工、時計工、さらに大工など建設関係手工業などが、軍需経済にすでに大きく関与している。

シュラムは軍需関連手工業の供給方式を、ⓐ大量製品の供給、ⓑ技術が必要な武器および機械のための部品の供給、およびⓒ高度精密加工製品の供給の三つに区分する。その上で軍需用品の加工者として手工業は、工業の競争者としてどこまで対応することが出来るか、そして次に工業への協力者としていかなる方法が可能かを問題とする。すなわち金属加工手工業のような独創性のある精密加工は、軍部に直接納入できるさまざまな装置や器具を生産している。しかし同時に工業企業の大量加工の前段階＝準備的加工の面でも仕事を行ってきた。手工業親方は研究開発の注文において、新式の軍用装置をつくり出し、またそれを工業の大量生産に必要な完成度にまで引き上げている（たとえば新方式で作られたモーター容器の鋳造のような、込み入った新製品作成のために手工業的な模型製作工が製図から仕上げに至る過程の重要な架け橋になっている）。工業企業は、手工業から熟練、労働設備および試験装置を導入している。それは、とくにプレス製品・合成製品、製粉・練り物の製造において重要である。工業企業の流れ作業で組み立てられる部品の供給も工業との分業関係を意味し、経済構造を変えないで軍需工業の能力を引き上げることができる。ライヒ手工業集団はこのような関係を意識的に推進している。

ライヒ身分がとりわけ重点を置く方式は、軍の直接的な受注を可能にする供給組合とそのほかの協働的施設である。これは大量的加工を分業方式で個別経営に委託するもので、能力があまり高くない中小規模の経営が多数関与できるのが長所である。この場合は、手工業は工業と競争することが可能である。手工業が工業と競争が困難なのは、流れ作業や女性労働に基づく工業の分野で、たとえば被服業がそれである。他方で馬具加工や網加工のように手労働が必要な分野とか、高度の能力や判断力が求められる加工の場合は手工業が有利となる。

コスト面に関してシュラムは手工業経営の利点を次の三点に見出している。ⓐ親方・家族の強度な労働投入、また通常の労働時間外での労働。ⓑ従業員の個人的な指導。協働する労働者の効果的配置。非生産的労働時間の縮小。ⓒ監督・管理・運営のコストの削減。

手工業はさらに、次のような長所を備えている。ⓐ空襲対策としての分散的生産への順応性、ⓑ新しい加工への迅速な転換能力、ⓒ政治的妨害の動きへの順応性、ⓓ追加的労働力の吸引（労働当局取扱い外の労働力、閉鎖経営による離職労働者、パート労働力の雇用、家族員の時間労働、土・日曜日の労働希望者の雇用）。

ドイツの手工業分野を統括するドイツ手工業ライヒ身分の首脳部は、以上のような認識に基づき、軍部や軍需工業企業との積極的な関係を推進するとともに、食品加工業をはじめとする民需重要部門の維持・確保をめざした。ライヒ身分の方針は、各地域の手工業会議所や業種ごとのイヌングとその全国組織ライヒイヌング連盟の協力を不可欠とした。そして手工業のこの軍事経済化は、ナチス体制による経済合理化政策と密接に関連して進行した。

4　ナチス的経営合理化政策の開始

(1)　手工業経営の合理化

手工業の戦争準備・戦時経済への関与は、ザルダーンらが強調したように、中・上層経営を中心とする企業経営の合理化と密接に結びついて進められた。ではそのような合理化のためにナチス政府はどのような政策を実施したのだろうか。ナチス国家の企業合理化措置は、四カ年計画の一環となる一九三六年一月のライヒ経済相の指令をもって始まる。この指令は「工業」・「手工業」などのライヒの各経済集団に対して「最大限の経済効率」と「民族・国家の利益のための業績拡大」とを要請するもので、ライヒ手工業集団も、「工業」・「商業」のライヒ集団とともに、その構成メンバーに対して経営合理化を要請することになった(28)。

個別企業の経営の合理化は二つの側面を有していた。ひとつは生産過程の技術面での諸条件の改良であり、もうひとつは企業経営の仕方、とくに原価計算などの適切な計算とそれに基づく収益計算、そのための簿記や会計の改善である。企業経営の合理化は、いうまでもなく資本主義の基本的な特質をなすものであって、「合理化運動」はワイマール期のドイツを特徴づける現象でもあった。すなわち合理化は個々の経営ごとに、また個別企業の間の結合、協同組合化、さらに産業部門や業種における企業間の協定などを通じて、ナチス体制以前から進展していたのであったが、今やナチス体制の下で、戦争準備体制の構築のために国家的政策的にバックアップされ、それが強制されることになったのである。

企業合理化の第一の側面をなす生産面での合理化は、生産手段の改良や労働編成の改善、生産物の規格化と大量生産化、無駄の排除や原料節約などさまざまな形をとって行われてきた。手工業分野においても、すでに各種の部門で電動モーターや工作機械をはじめ各種の機械装置が採用され、一〇人以上、さらに数一〇人を雇用する大中規模の町工場的な経営がつくり出されていた。一九三六年に始まる戦争準備体制としての四カ年計画は、このような企業の生産諸条件の改善を政策的に促進しようとした。ライヒ手工業集団を含む各経済集団の最上部組織であるライヒ経済会議所に対して一九三九年五月にライヒ経済相が行った緊急計画要請はそれを象徴するものであった。

その主な内容は次の通りであった。(a)生産物の規格化・標準化・型化。(b)合理的作業方法の確保：作業・時間研究（とくにロス時間の改善と経営効率の確保）。(c)生産・販売単純化のための効率実行班の形成（組立作業班、特定型への専門化、など）。(d)経済的包装手段の開発と利用（安全、規格化、簡素化、など）。(e)システムにおける一般的ロス排除のための対策。(f)効率向上のための従業員協力体制づくり。

手工業分野の技術改良は、ドイツの手工業組織を統括するドイツ手工業ライヒ身分によって進められた。ライヒ身分は、大資格証明制（一九三五年）に伴う親方試験の整備や徒弟教育の全体的な改善の中で手工業分野の技術向上をめざしてきたが、四カ年計画に伴うライヒ経済相の要請に対応して、加工原材料の転換、規格化や型化、品質・原産地表示などに協力した。(29) 生産面の改良と並んで企業合理化のもうひとつの側面をなすのが企業経営面での改善の措置であった。それは、すでに一九三六年一一月と一年後の一九三七年一一月のライヒ経済相とライヒ価格監理官の布告によって具体化されていた。一九三六年一一月の布告により、各集団は統一的な会計制度の実施に向けて、簿記と原価計算に関する基準の作成を求められていたが、一九三七年の布告は、それを踏まえて、コンテンラーメン（勘定組織案）による統一的な簿記基準を公にしたものであった。一九三九年一月一六日には原価計算に関する一般原則が指示された。それらの目的は、経営における会計帳簿を整備し、適切な原価計算を実行することにより、企業活動の経済効率性を高め、コストを引き下げることにあった。それはコストに関する適切な認識と他企業とのその比較、各分野の平均的コストの把握を可能にするものと考えられた。

小・零細経営が支配的な手工業分野における企業会計は大幅に遅れていた。もともと手工業経営は、法制的には簿記の作成を義務づけられておらず、簿記の採用は、税制との関係で前進が見られたものの、本格的な利用は専門的な能力を備えた従業員を雇用したり、税理士に依頼することが出来る比較的大きな経営に限られていた。就業者が五人未満の大多数の経営の場合、計算業務はしばしば営業知識の乏しい親方の家族によって担当されており、単式簿記すら十分な形では整備されていなかった。しかしドイツ手工業研究所のK・レスレ（Rößle）をはじめとする啓蒙書の刊行、手工業会議所やイヌングの取組み、手工業親方の家族を含めた講習会などを通じて、手工業分野での簿記の整備の必要性は徐々に広く認識されるようになっていた。(30)

ドイツ手工業ライヒ身分・ライヒ手工業集団は、一九三六年の布告を受けて、一九三七年一〇月にまず手工業登録簿に記載されたすべての経営に対して、簿記の作成を義務づけた（一九三八年四月一日発効）。(31) 手工業の業種別組織であるライヒイヌング連盟は、複式簿記を採用する建築・家具のイヌングなどを除いて、それぞれの分野に合わせた単式簿記の便覧を作成し、日記帳、現金出納帳（収入・支出別）、顧客・仕入先帳簿などの作成を義務づけた。手工業の圧倒的部分を構成する小・零細経営に対しては、手引き書を作成し、実習の機会を設けたりした。単式簿記の作成は、最小限の義務であって、すでに複式簿記を採用している手工業分野は現行通りとし、複式簿記の場合は、同一の勘定区分を守ることが求められた。

一九四二年までにライヒイヌング連盟により公表された簿記便覧は、五二業種に及んだが、その大半が単式簿記のみの義務化だった。他方、一九三七年一一月一一日の政府の簿記基準原則に基づき、ドイツ手工業ライヒ身分は、簿記上の記録、計算に関して手工業の統一的な勘定組織案（コンテンラーメン）を作成し、各手工業分野に、それぞれの業種の勘定組織案の土台とするように求めた。それは複式簿記を使用する経営を対象とするもので、とくに手工業の「大経営」に適用され、一定の経営規模以上の経営は、その採用が義務づけられた。一九四一年までに公にされた手工業コンテンラーメンは建築（売上げ三〇万ＲＭ以上の経営）など二二業種に達した[32]。これらの簿記・会計様式の採用ないし整備は、軍需関連品や軍需関連建築など公的発注に関してそれを受注する事実上の条件となった。国家的・公的発注の多くは受注業者による原価計算に基づく価格設定が原則となっていたが、その基準となったのが一九三八年一一月一五日の公的発注品価格形成準則と公用発注品原価価格算定要綱であった。先に述べた一九三九年一月の原価計算総則をはじめとする企業会計に関わる統一的な基準はそれらと不可分の関係にあり、各企業は受注した商品・サービスの納入価格の設定に際しては、そのような統一的な基準を前提にした各業界の計算方式を採用する必要があった[33]。

手工業における簿記・会計とそれに基づく原価計算や収益計算は、ナチス体制以前から個別経営ごとにそれぞれの仕方で少しずつ実施されていた。ナチス体制は、それを国家的に強制したのであり、小・零細経営の単式簿記の採用、中上層経営に対する複式簿記の義務化は、手工業の合理化を政策的に促進するものであった。それらの政策が戦争準備体制から戦時体制への転換と結びついていたことは上に触れたが、それらが同時に原料やエネルギー（電力／石炭など）、さらには労働力の配分に関する統制と関連を有していたことにも留意が必要である。四カ年計画の下で発足した商品取引の規制機関（Reichsstelle）と、それを代行する経済集団（工業）やカルテルおよび手工業の各種イヌングによる原材料の配給統制、またライヒ価格形成監理官による価格統制や戦時超過利潤の国家還元要請などに対応するために、企業活動の適正さを反映する原価計算や収益計算の標準化が求められたのである。

（２）簿記導入の現実――事例――

国家的な経営合理化措置の実施に対して、個々の中小経営者はこれを受け容れ直ちに順応したのだろうか。すでに自身の経営活動の一環として簿記の作成を実行して来た比較的大きな経営は、統一的な基準に基づく指定の簿記・会計様式を採用し、それに転換することは決して困難ではなかった。しかし帳簿の記入や保管のための専門的労働力を雇う資力がない、圧倒的な数の中小経営はどこまでそれに対応できたのだろうか。

ライン地方の農村的な地域、エアケレンツ（Erkelenz）地区における一〇の手工業職種の状況を分析したH・エルバーンの博士論文はそのような状況を知る上で数少ない研究のひとつである。[34] 中小零細農業が広く展開し、零細な農地を保有しながら、小規模な経営を営むこの地域の手工業は、大都市のそれとはさまざまな点で異なった特徴を有していたと思われる。しかしエルバーンの研究は調査の対象をこの地域の手工業の重要な部分を構成する中小・零細経営に重点を置いた貴重な論文であって、当人も述べるように、他の地域の手工業においても圧倒的な数を占める中・下層の経営に共通する側面がそこに示されているものと考えられる。そこで以下この調査結果によりながら、義務化された各業種ごとの簿記・会計制度が中小経営にどの程度現実に採用されていたか見ることにしよう。

まず複式簿記の採用が強制された家具加工業の場合、基準的な簿記の導入はかなり順調に進行した。多くの経営主は、各種計算の不整合、文書の紛失や不整備など、困難な経過を経験しながら、試行錯誤の中から規定通りの会計様式に順応しつつあった。しかし中にはアメリカ式仕訳帳はじめ新方式をマスターできず、単式簿記に逆戻りしたり、そこから再度複式を試みるものなど実際にはさまざまな形態が見られた。ともあれ家具工は簿記の実行と価格の算定とを関連づけ、製品の価格の設定に際して、これまでの仕方である作業種類に相応する経験利潤率（一〇~四〇%）への依存から脱却して、諸コストの現実の算定による原価計算の確定に向かいつつあった。簿記の整備への家具工の関心はその意味で重要であった。[35]

単式簿記が義務化された屋根葺き工の職種においても、計算制度は全体として整備されており、簿記規則は全部とはいかないまでも守られていた。中心となる現金出納簿はどの経営にも存在し、中経営の場合は複式簿記への移行も見られた[36]。建築手工業の分野では複式簿記が義務づけられ、そのため経営者はイヌングの研修会に参加し習得を試みたが、複雑すぎて順応できず、単式簿記をそのまま続けるもの、複式簿記を単純化して使用するものも少なくなかった。こうして「過半数の経営が帳簿を実施している」という状況に至っていた[37]。

売上高の点で高い水準にある製パン業は、基準的簿記導入の点でも最も進んだ分野とおもわれている。しかし現実は必ずしも簡単ではなかった。最大の問題は出納数字の把握の難しさにあった。基準簿記様式では販売用店舗の出納帳と主要出納簿とが区別されていたが、しかし支出は店舗用帳簿から行われることがあり、そのために主要簿への記入のために別にメモ帳が必要となり、日ごとの締めの手間が過大となるのが普通であった。加えて全体の整備された様式への細部の記入も決して容易でなく、営業活動で多忙な製パン手工業者の大きな負担となった。支出面での記帳に対して日記出納帳への収入面の記入が不完全になることも大きな問題である。調査したエルバーンは述べる。「そもそも印刷された書式用紙への記入が大きな問題なのである。正確に全部が記載されていない時には、誤った箇所への記帳がいくつもなされていると考えられるからである。日ごとの締めは詳細な『仕様指示』があってもとても骨が折れる仕事である。正しい締めが確実に行われたとしても、そのために必要だった時間は、手工業者がそれに用いたいと思っている以上にずっと多いのである。この作業はまさに毎日行われなければならないため、いつも沢山の仕事を抱えている製パン工にとって、その労働負担は決して好ましいものではない[38]」。

確かにカフェや支店をも兼業する大きな製パン工をはじめいくつかの経営では、基準的な簿記が実施され、例外的には複式簿記も使われていたが、約九〇％のその他の大多数の経営の簿記使用は「ごく僅かか皆無」に止まった。エルバーンは他の地域でも少なくとも八五％は簿記を行っていない、と指摘している[39]。

建築手工業のひとつで、炭鉱や農業経営を含めた、家屋の新築・修理に関与する化粧しっくい業はこの地域では重要な手工業であった。六人未満の小規模な経営が大半を占めるこの業種において、新基準の簿記制度として問題となるのは単式簿記である。簿記を採用している経営はほぼ三分の一で、その土台となっているのは旧来の作業所帳簿で、新様式の日記帳はほとんどの場合まだ使われていなかった。しかしその中の一経営はカーボン複写方式の複式簿記を導入していた。他の三分の二の経営は、旧来のままの帳簿によっており、商品仕入の帳簿とともに、収入・支出は分類せずに当座帳に記入された。顧客帳簿（但しアルファベット順でなく日付順。材料・労働時間も記載）、現金出納簿も存在するが、大手注文先ではない農民などの小口注文は記載されず、また支出項目においては個人的支出の記入にも欠落が見られた。六～七人を雇用する経営においてもコストの項目が不十分で、記帳や文書作成はウィークデーの毎日ではなく、作業の準備とともに土曜日にまとめて行われた。しかし帳簿の記載は不十分で経営主の労働の対価が評価されていなかったりした。また中・高年の経営者の中には新方式簿記の講習会には参加し、実施を試みたもののマスターできず、不完全な記録の作成に止まるものも少なくなかった。全経営のほぼ六〇％が何らかの形で記帳を行っていたが、残りは無帳簿か不十分なままの状態にあったという[40]。

塗装・ペンキ業は、この地域では大抵は五人以下の小・零細経営で、義務的な単式簿記を採用しているのは一部に止まり、旧来の単純な現金出納簿による経営が数の上で最も多かった[41]。乗用車・荷物車・オートバイ等の修理や部品加工を営む自動車手工業は、ライヒイヌング連盟の作成した単式簿記様式が義務化されていた。各経営は整備された現金出納簿の作成と、領収書等営業書類の保管・収集、経営改善のためのコスト計算などが求められていた。しかし日曜日も含めて、日常的に多忙な作業場での労働は、簿記計算業務のための時間を奪い、労働力の僅かな小経営では簿記書式を用意することすら決して容易ではなかった。税務署に提出する申告書の作成も、経営主ではなく家族が担当した。従業員の労働時間と部品・原材料に関する記録は、すべてが正確とはいえないものの、ほとんどの経営で実施されていたが、修理作業に用いられた労働の時間測定は困難な課題であった。しかし比較的大きな経営では整備された単式簿記様式が採用されており、時には複式簿記への移行も見られた。その場合には商業を修業中の徒弟が作業し、税務上の申告のための期末には専門家が関与するのが普通であった(42)。

馬蹄加工を主要な営業内容として来た鍛冶業は困難な状況にあった。馬蹄価格は近隣地域との業者間で協定されていたが、品目によっては各自異なった価格が設定された。その際には旧来の計算様式が用いられた。その後、各種の鍛冶作業について地域の集団が計算例を作り、旧来の利潤率を土台にして適正価格が作成され、実際に使われていた。適正価格が設定されていない作業に関しては、次の計算方式が提示されていた。①原料価格、②賃金、③賃金付加金（装蹄九〇％、その他作業一〇〇％）、④利潤付加（装蹄二〇％、その他労働一五％）。上記の適正価格はその後も使用されたため、各自の個別的原価計算のために必要な義務的簿記の導入にマイナスに働いた。伝統的な出納記帳と証拠書類保存の様式がなお有力であって、そのような「旧式へのこのこだわりが新しい簿記の採用を妨げていた」。とはいえ多くの親方は旧式の簿記帳が全部使用されたのちには新しい方式へ移行することを念頭においていた。ただ旧来の方式は簿記の様式としてそれなりの高さを示しており、その点ではほかの手工業の従来までの記帳以上の水準に達していた。まさにそのことがまた新方式の採用を遅らせる原因にもなった(43)。

エアケレンツの事例は――エルバーンによれば――決して例外的ではなかった。基準的な簿記制度は、家具製造業・建築業はじめ多くの分野で、とりわけ中堅以上の経営において導入され、実施されていた。だがその多くは不完全で、しばしば簿記の義務化が経営者の重大な負担となっていることが判明した。義務的簿記制度の下で、完全な形ではないとしても基準的な様式に従って経営を行ったり、さらにより高次の会計制度に移行が出来たのはほぼ四分の一に過ぎなかった。その他の経営は簿記の義務化にもかかわらず、それをほとんど実施しないか、そもそも簿記そのものに無関心であった。中小・零細経営を中心とするこの支配的部分の手工業者の多くは、基準的簿記を導入しようと試みながら、継続することが出来ず、放棄したり、旧来の方式に逆戻りした。とはいえ義務的簿記制度が強行されるなかで、これまで簿記・会計への関心が十分ではなかった手工業経営者の間に簿記作成に対する必要性についての認識が広まったことは否定できないであろう。「合理化」のナチス的特質がここにあるといえよう。

5　総力戦体制における「手工業」経営の「合理化」——一九四三年の経営閉鎖措置——

(1)　戦時重点配置労働力動員令

ドイツの戦時経済は、一九四一年に兵器・軍需省が設置され、軍需大臣F・トット、次いでA・シュペアの下で、総力戦的な体制が整えられた。トット＝シュペア体制と呼ばれる本格的な戦時経済は、軍需関連大企業の「自己責任」・「自治」に基づく戦時協力体制（委員会・リング制）と、そのような企業の協働体制に支えられた軍需生産の合理化政策を特徴としていた。一九四一年一二月三日のヒトラー総統令はそのような総力戦的な経済体制の出発点になった。この命令は「軍需生産の簡易化と効率向上」を命ずるもので、大量生産と製法の合理化による兵器・装備製造の改善と、最適かつ効率的な経営への軍需発注の集中的配分とを内容としていた。それはまた深刻な労働力不足、原料不足に対して、それらの「節約」を目的とする措置でもあった(44)。

一九四一年末から始まるこの合理化政策は、軍需関連工業のコンツェルン的企業を軸に進行する。先に述べたように（1を参照）その中で手工業と軍需工業との関係は一層強まることになった。戦時体制と結びついた手工業の合理化措置は、同時に小・零細経営の閉鎖による労働力創出政策と一体になっていた。そのような措置はすでに一九四〇年に一度実施されていたが、それが本格的に問題となるのは、かなり遅れて一九四三年になってからであった。一九四三年一月二九日の「戦時重点配置のための労働力動員令」による手工業や小売業等の経営閉鎖ないし経営統合の措置がそれである。

この措置は、前章で立ち入って考察したように、総力戦に伴う労働力の不足の深刻化の状況に対して、「手工業」と「商業」における不要不急部門の経営を閉鎖し、その労働力を軍需工業に振り向けようとするものであった。そしてそのような軍需工業のための追加的労働力の創出と動員の目的と並んで、同時に、経営閉鎖により電力・石炭・建物を節約し、その部分を「戦時重要」経営に重点的に配分することが目標とされていた。「手工業」の経営閉鎖は、その点において経済全体にとって効果的とみなされ、合理化政策の一環をなすものとされた。

ライヒ経済省の次官（Staatssekretär）のラントフリート（Landfried）は『ドイツ国民経済』（Die Deutsche Volkswirtschaft）誌において次のように述べる[45]。工業生産分野においては、すでに以前から全生産を軍需用に方向づけることが行われている。故国・前線の必需品消費のために、不可欠の消費財の供給は戦時計画（Kriegsauflageprogramm）によって可能な限り確保されている。しかしドイツの工業のより一層の合理化のためには、すべての技術的可能性が動員されなければならない。このことは生産が大経営やコンツェルンの手に全面的に統合されることを意味しない。むしろそれ以上にわれわれは、中小経営（mittlere und kleine Betrieben）もまた、コスト面でも品質の点でも、その利点を生かして生産全体のためにいかに貢献しているかを知っている。

戦時経済に対する中小経営の貢献をこのように強調したラントフリートは、「より一層の合理化」のために工業経営の「閉鎖措置」・「統合措置」を計画的に実行する必要性を説く。そして軍需部門にかかわる計画樹立の主体は軍需省管轄の中央委員会とリングであり、それ以外の分野に関しては引き続きライヒ経済省が担当することになったと述べ、次のような方針を明らかにする。「工業生産は、直接的な軍需品加工あるいは原料・基本材生産に役立たない場合には、全面的な加工禁止および加工制限によって、ギリギリまで抑制されることになる。製造禁止の結果としての全生産の杜絶は、経営全体あるいはその一部の閉鎖をさらに強めることになると思われる」。手工業や商業・飲食業には、なお「軍需部門のための労働力の大きな予備軍」が存在しており、「軍需経済のためにそれらは動員されねばならない」。しかしそのような手工業・商業の経営閉鎖は、決してその職業分野の「一般的な整理措置・計画措置」ではなく、「総力戦の目的」のために実施されるのであって、該当者は営業再開の可能性を保持している。そのような可能性のひとつが存続企業への統合であり、閉鎖経営はそれによって営業の土台を維持し、かつ営業活動を存続できる、と。

(2) 自動車修理業の経営閉鎖・合理化計画

こうして実施されたのが上述した一九四三年一月末の労働力総動員令であった。ライヒ経済省の有力者ラントフリートが述べるように、経営閉鎖措置は「合理化」と結びつけられていた。閉鎖経営の労働力だけでなく、経営的諸条件の「存続経営」への統合、すなわち経営統合が同時に計画されていた。

そこで直接的に対象とされた業種は、看板業・宝石加工業・楽器製造・婦人帽子製造・高級服仕立などのいわゆる不要不急の部門であり、その経過についてはすでにみた通りである(前章参照)。その際に指摘したようにこの経営閉鎖措置は、それ以外の各業種における不要不急経営の閉鎖に関する一般的な規定を含んでいたために、各イヌングが何らかの形でそれに対応することを迫られた。自動車修理業もその一つであった。

自動車やオートバイなどの修理やメンテナンス、関連部品の販売を営む中小経営の合理化は、次の年の一九四四年に最重要課題となるのであるが、一九四三年の措置はその前提となった。ライヒイヌング連盟「自動車手工業」の指示により、各地のイヌングはそれぞれ閉鎖対象の候補となる経営と経営統合のリストを作成し、本部のライヒイヌングに送付した。そのいくつかを紹介しよう。(46)

①ライヒイヌング連盟「自動車手工業」ヘッセン地区のイヌング・フランクフルト/M.では、三八経営がリスト

アップされ、うち三三人の労働力が Autohaus Fritz Opel & Co. Ffm.（六経営の労働力吸収）はじめ二三社に徴用され、五経営が四企業に統合される計画が立てられた。イヌング・ヴィースバーデンでは、一〇経営が閉鎖、三経営が統合、オッフェンバッハでは、一経営が閉鎖、二経営が徴用、三経営が統合、グランツバッハでは、四経営の閉鎖（うち一経営は経営主召集のため）、ハナウ・カッセル・マインツでは、それぞれ三経営の閉鎖または徴用が計画された。

②ヴェストマルク地区

ザールブリュッケン（経営主［親方］四六人、親方三一人・職人一〇九人［独］・八九人［外国人］・三五人［捕虜］、補助工五六人［独］・五八人［外］・一〇八人［捕］・九三人［女性］、徒弟二三八人、営業従業員一九六人）では、四経営と三経営がそれぞれ統合、八経営が閉鎖（うち一経営主は兼業の鋳型鍛冶業で営業）、一経営は、工業用車庫に分与、二経営は継続するが工業用車庫に分与、一経営はすでに工場が取得済み、二経営は工業企業に分与。経済会議所メッツ地区では、一九四三年二月から七月初めまでに二〇経営が自由意思による閉鎖（企業への譲渡、フランスへ移動、錠前などイヌングへの譲渡）（当局の関与なし）。措置による閉鎖候補経営は七経営（経営主以外の労働力は徒弟二人のみ。したがって自由となる労働力は九人）、三経営は地元でそれぞれ一経営と統合。経済会議所ルードウィッヒスハーフェン地区（経営主三三）では、五経営が閉鎖・各五社に売却、一〇経営が閉鎖の候補。――それぞれについてライヒイヌング事務局と話し合いが続いている。措置の実施に関しては見解の相違がかなり大きいが、当措置は実行可能と考えられる。

③ザクセン地区

一九四三年五月二五日付でライヒイヌング連盟自動車手工業ザクセン地区は本部に対して次のような閉鎖・統合方式のリストを送っている。

【ケムニッツ経済会議所地区】

リストA：閉鎖予定経営　二七経営（親方・経営主二四人、職人二人、徒弟六人。そのうちイヌング地区ケムニッツは一六経営で、親方一三人、徒弟四人、職人一人、他はツヴィカウとプラウエン）

リストB：一部労働力の動員、経営は存続。ケムニッツとツヴィカウ各一経営。動員数は親方二人、職人二人、徒弟五人、外国人七人、捕虜五人。

リストC：いかなる場合も営業維持。ケムニッツ一一一、ツヴィカウ四五、プラウエン五一。

【ライプチヒ経済会議所地区】

開戦前の自動車手工業経営の数は三五〇であったが、そのうち一四五は閉鎖され、さらに多くの労働力が鉄道工場の建設のために動員されねばならなかった。その結果イヌング地区ライプチヒとロホリッツでは、二〇五経営がまだ残っており、大半は軍の自動車駐留隊のために仕事をしている。これまでの労働力は大幅に減少している。以上から現在の自動車作業所は維持されるべきであり、労働力のこれ以上の動員は不可能である。リストアップした五人（いずれもワンマン経営）は他業種にも転換されうるものである。ロホリッツ地区も同様の状況で、イヌングは、開戦時七一経営の成員があったが、その内三四が閉鎖された。残る三七は必要な経営である。

以上から、ザクセン地区としては、経営閉鎖候補の予定数は以下の通りである。閉鎖候補九三経営。八八人が経営主ないし所有者、親方は七人、営業職員は二四人、職人は二五人、徒弟は四九人、補助工は三五人、外国人は四一人、捕虜は一八人。計九三経営、二八七人。さらに閉鎖はしないが、労働力を動員する経営は三で、二八人を動員する。以上近々のうち関連当局と決定する予定である。

しかしザクセン地区のイヌングは次のように警告していた。最終的な成果の予測についていえば、経営閉鎖によって真に十分な能力上昇を期待することは誤りであろう。なぜなら、最低限二五人の職人は自由になるが、八八人の経営主は、一九〇〇年以前の生まれで、職員として移籍後、他の企業で働くとしてもこれまでと同量の労働量を生むことはほとんどないだろう。専門家の間では、何人かの徒弟・補助工・家族とともに自営する経営は、他に移って仕事をする場合以上に大きな成果を作り出すという見方が支配的である。それ故あまり大きな楽観主義は入り込む余地はない。そうでないと失望することになるだろう。

同イヌングは指摘する。この数年繰り返し何度も経営整理・合理化措置（Auskämmungs- und Rationalisierungs-maßnahmen）が実施されたが、その時々に動員可能な労働力を自由にすることが事実上ほとんど全くできないということが繰り返し示されてきた。したがって経営閉鎖の話題はここでいったん終止符を打たなければならない。……われわれの作業場はこれ以上ひとりとして渡すことは出来ない。それどころか、旧来の業績水準をすこしでも取り戻すために、人手をそれよりずっと多く必要としている。本当の意味の能力向上のためには、別のやり方を採用しなければならないのである。経営閉鎖によって機械装置や作業場施設はとても提供することはできない。なぜなら最も激しく道具や機械装置を活用しているのはまさにひとり経営であり小経営だからである。

このようにザクセンのイヌングは、中央からの指令に従って一方では閉鎖経営リストを作成し送付するとともに、同時にこれまでの何度かの経営整理・合理化措置が実質上成果がなかったことを指摘して、措置に終止符を打つことを強く要請していた。リスト作りが最も順調に進んでいたザールブリュッケン地方（ヴェストマルク地区）でも当局間で大きな見解の相違があることを伝えており、またヴュルテンベルク・ホーヘンツォレルン地区からは、「目下の所いかなる閉鎖も問題にならない」という返事が送られてきていた。ヴェストファーレン・ニーダーライン地区の自動車手工業イヌングは措置はまだ実施されておらず、リストができたらすぐ送る予定であると伝える一方で、ベルリンから戻ったばかりの地区イヌング親方（Köln）が、ベルリンではすでに再び方針変更の兆候があり、この問題に関してベルリンで話し合いが行われている、と記している。

経営閉鎖措置に対する実施不履行、実行遅滞、そして反発は、単に自動車手工業にのみ限られなかった。対象となった経営当事者はもとより、イヌングなど地元の手工業組織、さらにはナチス党内からも抵抗や反発の声が送られて来た。こうして前章で詳しく述べたようにこの措置は、結局、同年夏には停止されることになった。「健全な中間層」のナチス的原則は、単なるイデオロギーとしてばかりでなく、中小経営者の広い層からそしてナチス党内部から支持されていたのである。(47) 労働力動員政策と一体になった経営閉鎖＝合理化措置は、事実上十分な成果を挙げることなく、挫折した。

6　軍需省軍需生産関係「委員会」・「リング」への参加

軍需大臣シュペアは広範な中小工業経営が潜在的に有している軍需関連の生産能力に注目していた。軍需関連品目の生産と発注に関してはすでにシュペアによって、武器・弾薬・戦車・戦闘機・機械・自動車等の完成品の生産に関わる企業結合体＝「委員会」と、鉄鋼・金属・部品などの関連生産物を加工する企業を結合した「リング」とが組織されていた。大企業を中心とするこの二つの機関にシュペアは手工業を組み込むことを計画し、一九四三年六月につぎのような指令を出した。(48)

(a)　軍需省管轄の軍需工業企業の中央委員会・中央リング・特別委員会・作業委員会に手工業代表約五〇〇人を参加させ、手工業に適した作業の斡旋に関与させる。

(b)　軍需生産向け手工業の大管区全権委員（四二人）を任命し、手工業経営への軍需発注に関与させる。

(c)　大管区の軍需関連手工業諸部門について専門委員（約六五〇人）を任命し、大管区全権委員を補佐させる。彼らの大半は同時にリングと委員会の地区指導者となる。

(d)　軍需局・軍需司令部・生産局にライヒ手工業長（親方）の全権委員を置く。

一九四三年一二月には、シュペアはライヒ手工業長（親方）シュラム宛の文書で、軍需生産のための手工業の動員強化を要請し、そのための必要な措置を全面的に委任した。こうしてシュラムはライヒ集団手工業、ライヒイヌング連盟、大管区手工業親方へ指示を与える広汎な権限を賦与された。

手工業経営の代表は、以上のように、軍需経済の頂上組織、委員会・リングに参画し、その構成メンバーとして発言権を与えられた。他方、各地の中小経営は、それぞれの地域の全権委員や委員会・リング地域指導者を通じて、中央の委員会・リングに結びつけられた。たとえば軍需省「中央委員会・武器」において、手工業は大企業なみの扱いを受け、計画段階にも参加し、下請けや外注のほかに軍などの大口注文を直接受注したりした。たとえば自動拳銃五〇万丁、補助砲架三二〇〇、投射器用ドライヤー一〇〇〇等である。「中央委員会・航空機」に関しては、すでに金属加工業の分野が外注や下請けの形で航空機生産に関与して来た（機器・工具・金具部品・モーター部品等）。この時点では木製の戦闘機の生産に関与し、家具工も加わって、その部品生産に三〇〇〇人が雇用された。また高速航空機の製作のために必要な装置・工具・計測機の製造にも携わっていた。また「中央委員会・造船」では、手工業は当初困難に直面したが、やがて付属ボート、魚雷短艇、突撃用ボート、軽艇、作業ボート、一人乗り爆破艇などのほか、船舶部品・備品の生産や内陸・沿岸航行船舶の修理を担当した。

これに対して「中央委員会・戦車」では、手工業代表は計画段階に関与できなかった。軍需品の部品や備品については計画段階で決定され、受注した工場が一・二カ月後に自社で選定した手工業経営に一定量ずつ外注し、受注した手工業経営が生産を開始するという仕方がとられていた。手工業者代表が計画と打合せに関与することになればより多くの生産量を受注できるし、工場側の手間も省けると予想されたことから、手工業側は計画段階への関与を求めた。

ライヒ手工業親方は、一二月のシュペアの要請を受けていくつかの方針を採用した。①金属加工・木工両手工業部門に関しては「純粋軍需手工業」を別枠とし、修理を含めた「戦時生産経営」および「混合的経営」から区別する。②手工業的軍需生産の明確化のために、ひとつの経営はひとつの委員会の発注に対応することにし、発注企業を少数化した。③経営統合すること。装備不良経営を優良経営へ統合。④欠員のある作業部所への人員補充・二交代制。労働力は手工業分野で確保する（小経営の併合など）。

他方、地方での手工業全権委員と地区の手工業組織との協力関係をつくり出すために、彼らを手工業組織内の大管区全権委員とするとともに、ライヒイヌング連盟の大管区専門委員とし、両者の連携関係をつくり出した。こうして全権委員を通じて軍需省組織（委員会・リング）――大管区全権委員――個別経営の関係が確保されることになった。協同組合、労働協同体、指導的経営、専門委員、手工業組織委員との関係も進められた。

大管区全権委員を媒介とする中央との関係についていくつかの事例をあげよう（大管区全権委員のシュラム宛月例報告［一九四四年九月］）。

①シュヴァーベンの大管区全権委員は、軍需委員会から工業経営を視察し、手工業へ移動できる品目を査定するように指令された。他方、投射器製造のために月三万五千労働時間、また船舶用投射器月四〇〇個生産のために四万時間（月）を委託された。

②ヘッセン・ナッサウの軍需企業は、製造の大半をフランスに移していた。大管区全権委員はその部分の注文を大管区に指定した。クランク軸・圧縮機総体・各種機械・連結機械（製油ポンプ）などである。オペル・リュセルスハイム社の不足を補うために、手工業経営五〇が、交代制によりオペル部品を製造した。電動モーターの組立のために手工業的な電動モーター組立経営に労働力が補充された。

軍需生産に対する手工業経営の関係はさまざまな形をとって展開した。すなわち自立した加工、大企業の外注・下請、大工業への生産諸手段の供給、開発研究事業、軍需関係修理、軍需関係建設などの形態である。分散的に立地す

第４表　戦時重要部門の経営・就業数

（単位：1,000人）

	手工業部門	経営		就業者（経営主含む）		1944年５月就業者の労働分野	
		1939年7月	1944年5月	1939年7月	1944年5月	軍・軍需工業・公的分野向け	農業・その他の注文
金属加工（主要分野）	錠前・機械組立・工具・旋盤	36	22	171	130	82%	18%
	機械工・精密機械工・光学工	27	16	71	63	75	25
	自動車（メッキ工を含む）	21	10	135	106	70	30
	電気工（電機機械組立含む）	28	16	129	81	69	31
	工事・ブリキ工	38	24	149	88	61	39
	鍛冶（農業用・汽かん工含む）	67	49	126	99	26	74
木工	家具・模型組立・船舶関係木工	116	64	345	207	68	32
	車大工・車体組立	42	28	66	54	53	47
	樽・容器	13	7.8	18	13	46	54
被服	紳士服仕立	123	59	221	120	22	78
	靴工・整形靴加工	153	99	221	178	10	90

典拠：Reichsgruppe Handwerk, Denkschrift der Reichsgruppe Handwerk über den Kriegseinsatz des deutschen Handwerks (November 1944, Anlage), in: BArch Berlin, NS19/2741.

る中小経営の生産活動は、空襲の直接的な対象とされることが大企業に比べて低く、また労働関係において親方の人的な要素が作用しやすいこと、地元労働力の雇用に柔軟に対応できるなどの有利さが評価され、軍需生産のより一層の拡大が期待された。

しかしこの間手工業的経営と従業者の数はさらに減少する。軍需化はその中で強力に進められ、それは民需部門を一層圧迫することになった。主だった分野について数字を上げると第４表のような状況が見られた。

だが軍需部門の大企業と中小工業経営との間の分業的協業関係は必ずしもスムーズには進まなかった。ライヒ集団手工業は「動員」を阻害する事例をいくつか示している。そこから三例を紹介しよう。

①軍需手工業拡大のためにオーバーライン軍需手工業有限会社（カールスルーエ）は、一九四四年七月、軍需指揮官（オプマン）とともに、工業の大口注文に手工業を加えて貰うための回状を、鉄鋼・金属企業に対して八〇〇通、経済集団木材加工・皮革工・被服工業各加入企業に三五〇通、計一一五〇通を送付した所、工業企業の問い合わせはわずかに五三社だけで、注文は九に止まった。

②戦車組み立て企業の負担軽減のために、ベルリンの戦車部品注文展示会（全国から親方五〇〇人参加）など大々的な活動が試みられた。ライヒ手工業親方と中央委員会戦車が尽力し、手工業経営も期待したが、五カ月間にもたらされた成果はわずかに一件に過ぎなかった。

③製作書類作成の遅延。

メッサーシュミット社装置製作部（アウクスブルク）の例：六月末のリンツの軍需会議で、ライヒ手工業長（親方）はメッサーシュミット社に対する装置・器具調達の支援を依頼された。直ちに七の大管区から手工業親方一三人がアウクスブルクを訪れ、装置・用具類一〇〇点の短期間納期での提供を申し出た。しかし同社はその時点でまだ発注品がきまっておらず、親方たちはそのまま帰郷した。七月六日以後になって同社は三二〇の機具を手工業に発注した（三万二〇〇〇労働時間分）。そして八月二六日に同社は各種緊急品目を追加注文。だが一〇月末になっても発注の一部の技術的指示が不明のままであった。このような連絡の不手際は他企業でも少なくない。

南ハノファー・ブラウンシュヴァイクの事例：（手工業大管区全権委員の報告）。当地の手工業経営は以下の企業と取引関係にあった。Ａｆａ社（ザルツギターの鉱山会社）、ビュシンクＮＡＧ社、ダイムラー・ベンツ社、ドイツ武器弾薬会社、ガルフェンス社、グラフェンシュタット機械組立会社、ホノマグ社、ヘンケル社、ユンク社、クルップ・ベルタ工場、クルップ・ゲルマニア造船、ニーダーザクセン機械工場会社、ミアグ社、オーバーシュレージェン機関車工場、オストロヴィッツ高炉会社、ラインメタル・ボルジヒ社、シッカウ造船、シュヴァルツコプフ社、ヴェクマン社、ヴィーン・ロッツ社、ヴィテナウ機械工場会社ほか。――上記諸企業は手工業に発注し、一定期間内に製造条件（デザイン、原料配給、緊急度記号など）を示すことを約束した。しかし期限は守られず、親方は仕事を始めることができないまま、何カ月も（時には一年間も）待たされた。また製造条件が作成されて渡されてみると、注文が大幅に（しばしば半分以下に）縮小されることもあった。企業はそのような遅延の原因を自社の営業部に負わせることが多い。

以上のような問題点を解決するために手工業部門の指導部はいくつかの提案を行った。①委員会・リングの製作計画段階への手工業代表の関与。②軍需企業の不必要と思われる経営拡大を抑制し、手工業への外注・下請によって代替できるようにするために、委員会等で当企業の新規労働力の必要性を審査すること。それへの手工業代表の参加。③労働当局による手工業経営に対する労働力供給、大企業の不要労働力の手工業への転換。④不要な新規製造の停止による労働力・原料の節約と手工業でのその転用・修理。⑤軍需企業への視察と手工業代表のそれへの参加。⑥軍需省技術局・原料局等へのライヒ手工業親方代理の派遣。⑦手工業経営の転業と統合などのために、ライヒ手工業親方の権限強化。⑧手工業の大管区全権委員を軍需委員会と大管区委員会に出席させること。⑨手工業経営への発注に際して軍需企業は、指定図面、原料配給指示書を迅速に作成すること。それが不可能の時は中央委員会に届け出ること。主要発注企業が期日を守らず、その責任を下請経営に転嫁する場合には、中央委員会は下請業者から事情を聴取すること。

以上、手工業指導部の要望の多くは、軍需生産のための軍需省管轄の委員会・リング体制への関与の拡大や軍需企業の発注方式の改善を求める提案であった。しかしそれと並んで手工業経営それ自体の改造が提起されていたことも重要である。すなわち⑦の手工業の転業と、合併による経営拡大の方向性であった。

7　修理業の合理化――自動車修理業における労働協同体（一九四四年）――

（1）修理業の重要性

上述したようにライヒ手工業親方シュムラをはじめ、手工業分野の指導者たちは、戦時経済への対応の重要な方法として、中小経営の集中・合併による合理化措置を計画していた。ザルダーンやマクキトリクは、すでに述べたように「手工業の合理化」の現象に注目し、それをナチ・レジームの手工業政策の特質に結びつけた。そのような合理化措置として、とりわけ手工業における経営統合とそれによる労働協同体の形成を重視し、積極的に評価したが、両者が主張するようにそのような方針は、まさに手工業の中央組織の中で検討されていた。そして中小経営を統合し、生産性のより高い、規模の大きな経営体（＝労働協同体）を創出するというこの合理化政策は、一九四四年になって自動車修理業を中心にして実施された。

では何ゆえに修理業で合理化が必要とされたのだろうか。人々の日々の生活を支える被服・家庭用品・建物など耐久消費財、また企業活動に不可欠な各種機械・装置・諸設備・建物や輸送手段は、その維持と再利用のために何らかの形で点検や修理・修繕が必要となる。そのためにはそれぞれの使用価値に即した一定の専門的な技術や知識、さらには経験が求められ、その多くが手労働的な要素を含んでいた。こうして手工業的な熟練と技術に基づく中小・零細経営は、自身の営業の一部に修理・修繕の業務を包摂し、しばしばそれを専門的に営んでいた。

戦時経済、とりわけ総力戦体制の下で、政府・軍部は軍需工業と関連諸部門の急速な拡大を政策的に推進した。そのような軍需重点政策によって民需関連部門や民需用の生産諸手段の製造は大幅に制限され、多くの分野で新製品の生産がストップすることになった。その結果、現存の諸消費財・生産財の維持と再利用が不可避となり、それらの摩損も進んだ。こうして修理業の重要性が平時とは比較にならない程増大することになった。修理業・メンテナンス関係の営業が経済生活にとっていかに重要であったかは、前節でみた労働力総動員令による経営閉鎖が、急遽、この分野については除外されたことに示されている。すなわち一九四三年五月一二日付のライヒ経済省の指令は、「民需用の生活重要品・戦時不可欠品」を対象とする修理業、修理業への転換が可能な経営、修理を兼業している商店（時計、洋品、等々）については、経営の閉鎖対象から除き、すでに閉鎖の指令が出されている場合には、その撤回も考慮されるべきことを通達した。その分野は次の通りである(49)。

①　高技能製品　家庭・台所装置、湯沸なべ、刃物類、暖炉・かまど、自転車、武器・狩猟具

②　機械組立　タイプライターほか事務機械、ミシン、その他機械

③　電気機器・装置　電動機（モーター・発電機）、電気温熱機器（瞬間湯沸かし器、電気ぶとん、アイロン、電気ストーブ、療用太陽灯、暖房器、クッキング・ホットプレート、投入式電熱具、など）、電気冷凍機具（冷蔵庫、冷却装置）、その他電気装置（電気掃除機、熱風送風機、換気装置、ヘアドライヤー、電気洗濯機）、電燈具（吊り下げ電灯、フロアスタンド、スタンド、壁灯、ナイトテーブル灯、など）

④　精密機具・光学　眼鏡、光学・精密機械具（航海用品、測定器具、望遠鏡、写真機、映写機、映画館装置）、医療用機具・注射器・整形用器具（人口補装具、サポーター等）

⑤　ガラス・陶磁器・木工具　家具、トランク、樽等容器、木押車、かご類、木製道具、外窓、時計、楽器、スポーツ用具

⑥　被服類　紳士衣服・子供衣服、婦人服、下着・テーブルクロス・シーツ等、ニット衣料、帽子類、傘、化学クリーニング・染色、プレス

⑦　毛皮製品　毛皮マント、上衣、ケープ、手袋、襟、コリエ

⑧　皮製品　婦人服手さげ（ハンドバック・買い物バッグ）、書類カバン、財布、書類容れ、トランク、ベルト、バンド等、手袋

⑨　靴　作業靴、外出靴、家庭用靴、スポーツ靴、ゴム靴

これらの品目は、概して民需用の生活必需品であって、その維持や修理のために各種の手工業的経営が関与していた。このような生活用品と並んで工業企業・商業・農業用の各種生産手段や輸送手段の維持や修繕の分野を多くの中小経営が分担していた。戦時経済の深刻な品不足の状況の下で修理・修繕業の合理化が強く求められたのはそのためである。

ライヒ経済省の実力者H・ケールル（Kehrl）は、一九四三年三月、ベルリンで開催されたライヒ集団手工業の集まりに出席して「手工業と新しい配給制度」について講演を行ったが、その時に彼がとくに強調したのが、「修理業の合理化」の必要性であった[50]。「総統は総力戦を宣言し、修理業への新たな大々的な、いわば決定的な関与を手工業に求めている。何千もの品目に関して新製品加工用の原料がもはや提供しえないとすると、手工業に要請すべきことは修理や修繕に全力を挙げて取り組むことである。総力戦が新規加工をまさに禁じているとすれば、まさにこの瞬間こそ何10億もの価値が修理によって保たれねばならない」。――ケールルはこうして「修理業の合理的な編成」の必要を強調し、ライヒイヌング連盟やライヒ手工業親方の協力を要請した。

（2）自動車修理業の合理化

上述したように軍需相の提案により手工業の代表が、軍需経済の指導的な位置を占める中央委員会・中央リングとその下部の組織に加わることになった[51]。手工業代表は手工業の計画的かつ包括的動員を検討し、委員会・リングに対

して専門的な観点に立って資料を提供すること、対象となる手工業経営と供給組合を査定し、軍需のためにそれらを確保・提供するとともに、労働力の動員についても関与する任務を負った。代表は、手工業の大管区経済会議所と地域の専門委員会、またライヒイヌング連盟と提携し、またライヒ手工業供給センターと協力して、発注統制に対応することになった。そのような手工業の合理化の中でとりわけ重要な位置を与えられたのが修理業であった。

先にも述べたように、原材料・機械装置はじめとする物資不足が深刻化し、また空襲による破壊が進む中で、既存の諸使用価値の維持や補修が決定的に重要となり、手工業としての修理業の必要性がかつてなく高まっていたが、その中で緊要な位置をしめたのが、総力戦の機動力となる自動車の修理業であった。軍用・軍需関連の各種自動車や病院・公的施設・重要民需生産のための自動車・トラックの修理は、戦時経済の持続のために欠かすことができなかった。一九四三年一〇月に任命された総統自動車総監は、中央委員会「自動車」の下にある特別委員会「自動車修理」にこの自動車修理業の合理化を委託し、ライヒ手工業集団がそれに協力することになった。特別委員会は一九四四年一月一日、各地に作業委員会（Arbeitsausschuß）を設置し、この作業委員会が軍事・民需双方の自動車の修理工場を指定し、その中で自動車修理業の合理化を実施する権限を与えられた(52)。

自動車修理業の「合理化」は、召集による専門労働力不足、外国人労働者の帰国、労働当局による徒弟割当の規制などから生じた労働力不足に対応し、経営閉鎖により労働力を調達するとともに、代替用部品の集中と倉庫管理、作業場の機械・装置の動員により経済効率を引き上げることをめざしていた(53)。そのために個別企業の統合による拡大経営体、すなわち労働協同体（ないし効率向上のための協同体）の創出が計画された。以下そのような事例として西南ドイツのバーデンと東部ドイツの都市フランクフルト／O．の自動車修理業の合理化計画を取り上げ、その具体的な状況を見ることにしよう。

〔Ⅰ〕バーデンにおける自動車修理業の合理化計画

　バーデン・エルザス地区の自動車手工業合理化措置に関しては、地区の自動車手工業ライヒイヌング連盟が関与した。同連盟は、一九四四年七月二九日付文書によりベルリンの本部に次のように報告している(54)。

〔シュトラースブルク地区〕全五八経営と他業種三経営（電気・桶・皮革）が対象。五八経営のうち一五経営を閉鎖し、二七経営と他業種三経営の合併により八つの労働協同体（ないし効率協同体）をつくる。協同体を指導する経営を含め二四経営が存続。閉鎖経営（一五経営）の従業員は他企業に移動（各経営の労働力の数［親方を含む］は、六～七人が四、四～五人が三、三人以下が八経営であった）。八つの労働協同体ないし効率協同体は、以下の経営の合併によって結成される。

①　自動車修理経営 Haas Robert（労働協同体の指導者の予定）――手工業経営 Monopol, Kirchner E. と統合（以下同じ）②Trautmann（指導者）――Schenck, Kroesier と統合。作業所は Schenck 方。Schenck の従業員はほかへ移動。その人数は親方一、専門工三、補助工一、徒弟一、計六人。③Wäffler u. Co.（指導者）――Schladen と統合。Wäffler 従業員のうち専門工・補助工各一、計二人は他企業へ移動。④Jost Paul（指導者）――Krauss の作業場を使用。⑤Franck u. Gillitzer（指導者）――Garnielli, Heitz と統合。Franck u. Gillzer の作業場を使用。⑥Kössler Paul（指導者、作業場）――Herberich, Grußenmayer, Spielmann と統合。⑦Schröder O.（指導者、作業場）――Müller, Doell と統合。⑧Paul Hahnemann（指導者、作業場）――Brodmann, Eichenberger, Geiger, Enders, Stephan（電気工）, Kissenbeiß（樽工）, Krauss（馬具工）と統合。以上の閉鎖・統合を通じて、労働力七一人（親方九、専門工三七、補助工一三、徒弟一二）がダイムラーベンツほか一三企業に配置されることになった。

同様に、〔マンハイム－ハイデルベルク地区〕二七経営から九の労働協同体を結成（記載企業名は省略。以下同じ）。

一経営は他の修理工場に移籍、農村部の自動車修理所はすべて存続。〔カールスルーエ地区〕特別委員会管轄下にある二八経営から一〇経営を形成。〔プフォルツハイム地区〕一三経営を統合して七経営へ。さらなる集中は、空間的にみて当分は不可能である。〔ラシュタット－バーデン・バーデン地区〕一〇経営から七つの統合体を結成。そのうちラシュタットの三経営は統合予定。〔ブルクザル地区〕三経営を統合する予定。他は農村部につき農業用に確保。

以上が、西南ドイツのバーデン・エルザス地区の自動車修理手工業の合理化であった。一部地域は、実施が予定された計画案であった。就業者の少ない小・零細経営を閉鎖し、労働力を強制的に他へ移動させるとともに、中・大経営を軸に複数の経営を統合して大型経営をつくり出す措置であった。

〔Ⅱ〕フランクフルト／O. の自動車修理業の合理化計画

フランクフルトの自動車修理業の合理化＝統合計画は、一九四四年七月に委員会の素案が準備され、同年八月に文書として当事者に配布された(55)。

(a) 自動車修理特別委員会の計画案

① Kund & Co. と Heinz Gehring との二企業により労働協同体を結成する〔以下経営名は頭文字で表示〕。協同体は軍部のオペルとシトロエン社の特殊車の修理を行う。民需用自動車の引き受けについては自動車隊第Ⅲ部司令部と協議中。二経営の規模は次の通り。K：親方二人、ドイツ人専門労働者一一人、ドイツ人補助工二人、外国人労働者三一人、外国人補助工二人。計五三人。建設敷地二二五〇㎡（平方メートル）、作業場面積一五〇〇㎡、中庭一五〇〇㎡。H・G：経営主任一人、親方一人、ドイツ人専門工一人、徒弟三人。外国人労働者五人、営業職員二人。計一三人。建設敷地約三〇〇㎡、作業場面積二三八㎡、中庭五〇〇㎡。

② G社とA・G社の二社は、効率協同体（Leistungsgemeinschaft）を結成する。フォード社・オペル社の民需

用自動車両を修理する。二経営の規模は次の通り。Ｇ社：親方一、ドイツ人専門工二、同補助工一、徒弟七、外国人専門工一〇、同技術職員一、営業職員二、営業徒弟三。計二五人。敷地一〇五〇qm、作業場面積八〇〇qm、中庭六五〇qm。Ａ・Ｇ社の経営：親方一、ドイツ人専門工一、徒弟五、営業職員一。計八人。敷地五〇〇qm、作業場面積四〇〇qm、中庭五〇〇qm。

③　Ｍ・Ｂ社とＥ・Ｓ社の二経営は労働協同体を結成。従業員は、Ａ・Ｓ社の労働力によって増員。Ａ・Ｓ社の経営は閉鎖、経営者はＲ・Ｇ社に徴用される。徒弟の半数は労働協同体①のＫとＨ・Ｇに移籍。ビュッシング社製品を担当。作業はＢ社の工場で行われる。同社の親方Ｗは労働協同体ＫＩＧに移籍。三経営の規模は次の通り。Ｂの経営：経営指導者一、親方一、外国人専門工二、東部専門工二、東部補助工二、徒弟八、技術職員一、営業徒弟二。計一九人。敷地一七〇〇qm、作業場面積五〇〇qm、中庭一二〇〇qm：Ｅ・Ｓの経営：親方一、ドイツ人専門工一、同補助工一、徒弟八、営業職員一。計一二人。敷地、作業場二〇〇qm、中庭三六qm：Ｓの経営：親方一人、東部補助工一、徒弟三。計五人。作業場一八五qm、中庭三五〇qm。

④　Ｐ・Ｌ社とＫ・Ｈ社とは労働協同体を結成。労働はＬ社の作業場で実施。Ｒ・Ｂの経営は閉鎖。経営主はその従業員とともに労働協同体Ｌ・Ｋ・Ｈに徴用。Ｂは必要に応じてガス発生器部門を担当。特別製品：メルセデス荷物車・自動車、Knorr社ブレーキ業務。Ｐ・Ｌの経営：経営主任一、親方一、ドイツ人専門工一、同補助工一、外国人専門工四、徒弟五、営業徒弟二、計一五人。敷地八二五qm、仕事場八二五qm、中庭一五〇〇qm：Ｒ・Ｂの経営：経営主任一、ドイツ人専門工一、徒弟六。計八人。敷地一八〇qm、仕事場一〇〇qm、中庭二七五qm：Ｋ・Ｈの経営：特殊製品はＢＭＷ・燃料ガス組立。作業場空間が十分でないため、閉店中のＫの用地（石炭商所有地）を割り当てられている。経営指導者一、親方一、ドイツ人専門工一、外国人専門工三、同補助工一、徒弟六、営業職員一。計14人。作業場二五〇qm、中庭二〇〇qm。もとＫの空間作業場二五〇qm、中庭二五〇qm。

さらに、⑤M社（Bad Freienwalde/Oder）は、R・G社にシリンダー研磨所を設置。経営指導者GはK社からM社に移籍。経営指導者SはM社に徴用。⑥Auto-Union社（Frankfurt/O.）はAuto Union製品担当。ガス発生器取付。⑦Adler-Werke社は牽引自動車の組立。⑧電気工作業所K・S、W・S、K・R三社は統合ではなく、受注のための連合組織、効率協同体を結成。指導的経営S社が受注作業を分配。⑨車体工場R・LとA・K・Sとは労働協同体を結成。⑩A・M社は運搬車用の特別製造、運搬車用ガス発生器製造。

委員会（Frankfurt/O.）による命令は一九四四年九月三〇日までに実行される予定。

(b)個別経営の具体的な事例——閉鎖指定をめぐって——

手工業の労働協同体ないし効率協同体の創出は、手工業分野の規模の大きな経営を軸にして、それに中小経営を統合する仕方で計画された。上部機関の大管区経済会議所（マルク・ブランデンブルク）の手工業部は、特別委員会の決定を受けて直ちに調査を実施し、閉鎖を指令された二経営を訪問、事情を聴取した(56)。その報告書によれば、上記④に計画されたP・L社とK・H社の協同体の結成に際して閉鎖が予定されたB社は、次のような企業活動を行ってきた。

経営指導者Bは、一九〇五年生まれで戦時基軸労働力として兵役を免除されている。二〇〇平方メートルの作業空間を使用し、労働時間は六〇時間を超えている。彼は自身、朝六時から夕方二〇時まで働く。錠前工と自動車手工業の親方の資格を有し、親方審査委員会の一員で、良質の徒弟教育を特に重視してきた。現在は一年目の徒弟二人、二年目の徒弟四人、三年目のもの二人を雇い、さらに二二歳のチェッコ人が雇用される予定である。仕事の九〇％は自動車修理（そのうち八〇％は軍部専用）、一〇％が農業向けである。Bの経営はチェッコ車「タトラ」の専用修理工場になっている。フランクフルト／O.管区の軍部司令部で発生するすべての修理を担当している。農業用修理は六カ村のトラクターと固定モーターの修理である。消防署の消防車の修理給水の配管網をも継続的に修理している。年売上げ高は約四万～五万ＲＭ。

この報告書は、上記のＰ・Ｌと協同体を構成することを命ぜられたＫ・Ｈ社が大管区経済会議所宛に送った書簡に注目している。それによると、同社の書簡は、協同体の結成が同社の閉鎖とＰ・Ｌ社への併合を意味することを示した上で、自分たちの経営が一五年以上にわたって技術的経営的改善に努力してきた旨を強調し、自社の現状を次のように記していた。

機械の設備は第一級であり、手工業的技術においても高い評判をえており、戦時五年間における活動は当地の軍部司令部が証言してくれるはずである。同社は合理化の過程でＢＭＷ車修理に特化してきた。代替部品・付属品の手持ちは豊かで、必要な補助工具を所有し、従業員は熟練工である。同社は、一九三八年からは液体燃料ガス装置の組み立て・修繕のための契約工場に指定され、戦時に入って民間と軍のために二〇〇台以上の自動車を液体ガスに改造し、組み立てたりしてきた。さらに Knorr 社製圧搾空気ブレーキとＡＴＥ油圧ブレーキの修理を行い、現在もその必要装置と代替部品を有している。従業員一三人［内訳は前出］、使用作業場二三五㎡、屋根付前庭約一二五㎡により、一九四三年には約八〇〇件の継続的な注文を仕上げ、その最大部分が軍部の仕事であった。売上げは七万五〇〇〇ＲＭ。一九二九年三月開業以来本経営は二八人の徒弟を育成し、開戦以来経営は二二人の専門工を召集により軍に送った。

以上が協同体の結成により経営閉鎖されるか、合併により事実上閉鎖される「手工業」経営の具体的な姿であった。合理化の具体案は、軍需生産の最上部機構である委員会・リングの下におかれた特別委員会で作成され、フランクフルト／Ｏ．の手工業自動車修理業一二業者はこの計画に従って合併されたり、閉鎖されることに決定された。(57) 合理化は、このように小経営ばかりでなく、経営的に劣悪では決してない中規模経営の閉鎖を伴っていたのである。

8　合理化・経営閉鎖への抵抗

以上のように手工業の合理化は、最上層経営を軸とする拡大経営の形成、そのための中小規模経営の閉鎖と集中を意味した。それは、閉鎖や統合を指令された中小経営、地元イヌング、大管区経済会議所の強い反発を惹起した。フランクフルト／O.の保安警察長のライヒイヌング連盟・自動車手工業宛の報告書（一九四四年一〇月二〇日付）は、閉鎖を予定された経営の窮状について記している[58]。たとえば次のようである。

経営Aはこれまで軍需企業のために最高緊急度の公的仕事を担当し、その仕事のために兵役免除となっている。しかしほかへ統合されると兵役免除がなくなり、「現在雇われている」親方は出ていくことになるだろう、と述べている。経営Bの経営指導者は統合を拒否している。彼はどのような状況があっても、戦地にいる息子のために経営を維持したいと考えているからである。もし強制的な移転が行われた時には、営業は停止されるだろう、と本人は話している。その上で報告書は指摘する。計画された統合措置に際して大作業場の経営は、旧経営者を含むすべての労働力を受け入れることになっている。しかし経営者たちは平均して高齢で、法的措置によって労働を強制できない年齢になっている。「何人もの経営指導者の考えを代表していえば、効率の向上のためには委員会は経営統合の代わりに個々の経営の専門化を考えるべきである」。

自動車手工業のライヒイヌング連盟ベルリン・ブランデンブルク地区事務局は、同年一〇月二五日、本部に宛ててフランクフルト／O.の「合理化」に関して以下のような内容を伝えている[59]。

工場統合の指針を委員会から知らされた。一年ほど前に軍は同じような統合の実施を試みたが、われわれは現状を維持した。自由意思に基づく工場間協同体をつくり出そうとする試みはすべて失敗した。現在も全く同じで、当地の経営の間では異様なほどの相互不信が広がっていることを確認できる。このことはわれわれの手工業だけの問題でない。軍も再検討中ということなので、その方針がどうなるか待ちたい。

大管区経済会議所は中央のライヒ手工業集団に「フランクフルトの自動車工場合理化」について次のような質問状を送っている。[60]——手工業経営の合理化に対して反対することはできないが、しかしこの措置は十分に理解できない。統合は効率向上と部品節約の根拠をもっているのだろうか。手工業親方は毎日一二から一四時間も仕事場で一緒になって働いている。もし彼がほかの経営で徴用された場合、雇主はそのような労働を彼に求めることはできない。また経営が統合されれば代替部品がどのように節約されるかわれわれには不明である。特別委員会・自動車修理のこの措置が本当に適当なのかどうか尋ねたい。

合理化に対する苦情はそのほかの地域からも寄せられた。自動車手工業のライヒイヌング連盟の中部ドイツ地区支部は、委員会の決定に対するアイゼナッハ地域の経営の苦情について、次のような趣旨の文書を本部に送っている。[61]

合理化措置の可能性については地区のイヌング組合長らによって検討されていたが、委員会はそれを全く考慮せずに一九四四年一一月八日に決定が出された。われわれの見る所、その内容は一面的で、大きな経営は人的経済的に強化されるが、中小経営は検査もされず統合されるというものである。その場合アイゼナッハのいくつかの効率的な経営は閉鎖されることになる。合理化の目的は節約措置とともに人数を変えずに業績を向上させることにあるとわれわれは考えるが、委員会の提案ではそのようにはならない。また委員会と地区イヌング組合長との協働のあり方も問題となる。イヌング組合長の努力はエアフルトにある委員会によってほとんど受け入れられなかった。委員会の指導者に対する苦情は頻繁である。イヌング連盟の提案した経営協同体を指導者は採用せず、ただ経営の閉鎖ないし統合だけを問題にしている。経営構造を考えない人員の配分では適切な統合は行えない。合理化のために中小経営に十分な保護を施す必要がある。

上記の文書にはザクセンの自動車修理工業の経営者の苦情書が添付されていた(62)。そのひとつ、一九四四年一一月二二日付のアイゼナッハの自動車修理工場の書簡は、経営主が一九四四年一一月一三日に指導者から、自経営を閉鎖するか統合するかのいずれかを決めることを指示する通知を受けたこと、しかし、効果的な合理化のためには、中小経営の閉鎖以外にもほかの方法があり、閉鎖を了解できないと訴え、自身の経営の現状を次のように説明する――私の経営は、一〇〇〇平方メートルの大きさで、うち五五％に屋根があり、フランクフルト／M.とカッセルの間の主要道路沿いにあるたくさんの軍自動車の修理にも協力しており、いかなる軍用車の修理についても準備が整っている。雇用者は一二～一五人（生産的親方、フランス人専門工各一、徒弟三人、パート補助一人、事務補助一人（女性））で、外国人労働者用に二つの家具付住居もある。私の経営の閉鎖は合理化とはいえないので、経営について調査を行ってほしい、と。

ザルダーンとマクキトリクが注目した労働協同体の創出という措置は、以上のように本格的な合理化政策であった。それは中小経営の閉鎖による上層手工業経営拡大政策であり、戦況深刻化のなか自動車修理の重要がいかに緊要であり、生産力拡大がどれほど必要であったかを示していた。前年一九四三年の措置の中で手工業の経営閉鎖が大きな反発を生み出したことを十分に経験しながら、なおかつこのような合理化政策を強行するほどに自動車修理は緊迫していたのである。一九四三年の措置と同様、それは戦時経済体制が最低限必要とする要請であった。そして前年の場合と同じようにそれは手工業・イヌングの側からのまた地元からの強い批判に直面した。その支えとなったのが「健全な中間層の創出と維持」の原則であった。ナチズムを特徴づけるこのイデオロギーは、体制の最終局面にまで作用し続け、戦時経済の必要性と結びついた手工業の合理化政策と対立したのである。

おわりに

総力戦の形態をとった第二次大戦は、厖大な兵力と大量の軍事的手段の投入を必要とし、軍需生産を軸とする戦時経済体制の整備を不可避とした。ドイツの戦時経済は、他の資本主義国と同様、大企業を中心とする資本主義的企業を軸にして展開するのであるが、中小経営を主体とする手工業分野はそれを支える基盤を構成した。それは軍需関連工業に対する労働力の源泉として、また戦時国民生活に不可欠な消費財の生産者として、さらには軍需関連工業を補完し、底辺で支える生産・サービスの担い手として、重要な役割を演じた。ナチス戦時体制にとって手工業はヴィンクラーが述べるような「なくてもよい」存在では決してなかった。

一九四〇年には手工業分野の総生産の四分の一が軍発注と結びつき、一九四二年にはその割合が三分の一以上となったことは、上の事実の具体的な状況を示している。軍需経済との関連は、手工業のほとんどすべての分野で進行した。それは軍需品や関連製品の部品の生産、自動車・トラックの修理はじめ、ありとあらゆる分野に及んだ。とりわけ顕著だったのは、建築業、金属加工業および木工においてであった。総力戦体制の開始期において、それらの全売上げ高の六~五割が軍需関連によって占められていた。戦争末期の一九四四年になると、軍・軍需工業・公的発注の占める割合は、錠前工など金属加工・機械工の業種では七~八割、木工でも七割近い比重を占めるようになっていた。手工業分野は軍需省の軍需企業組織、委員会・リング体制に編入され、増産とそのための合理化が強行された。こうした軍事化は手工業の組織、とくに最上部組織、ドイツ手工業ライヒ身分によって積極的に進められた。手工業経営者たちの軍隊への召集、軍需工業への徴用に対して、「軍需関連」の生産・サービスを担当することにより、それらから「免除」される可能性が存在したことも大きな理由である。

ナチス体制は、戦争準備体制としての四カ年計画、一九三九年から始まる戦時経済体制の中で手工業の合理化政策を実行した。それは三つの局面を有していた。

(1)そのひとつは企業の生産と経営の合理化のための全体的な条件を整備する措置で、早くも四カ年計画の中で開始された。すなわち生産に関しては、製品・部品の規格や型を統一化し、企業にその実行を義務づける措置であり、各種の部品や材料を「工業」に供給する手工業分野の経営もその適用を受けた。また経営の合理化に関しては、原価計算や収益計算の改善のために、簿記・会計制度が国家的に整備され、手工業においては、基準的な帳簿の設置と単式簿記が義務づけられ、中・上層経営に対しては複式簿記の採用が求められた。ナチス・レジームの下で実施されたこれらの合理化措置は、それ以前から個別に、また自発的に行われてきた個々の経営の合理化を国家的に促進するものであり、企業経営の合理化のための基礎的な条件を整備するこれらの措置は、結果的に第二次大戦後の手工業の経営合理化の前提をつくり出した。

だが、ナチスによる中小経営合理化政策は、戦争準備体制、さらに戦時経済体制のための生産力拡大や価格統制と密接に関連していた。手工業は上述したように戦時体制を支える国民の日用品の生産や修理（再生産）、軍需品・施設の部品の生産やサービスに深く関与しており、経営の合理化による製品・サービスの生産力向上と、価格の低廉化が政策的にも不可欠の条件となった。とりわけ軍需品をはじめとする公的な発注に際して、必要とされたのが適正な原価計算とそれに基づく適正な価格（自己原価価格）であった。一九三八年一一月の公用注文品価格形成準則と公用品発注品原価価格算定要綱がそれであり、やがてそれは画一（均一）価格（グループ価格）に移行した。公的な発注に対応するために中小経営も、大企業と同様、基準的な簿記・原価計算の採用が必要であった。

義務的簿記制度は、しかし、手工業分野の経営のすべてで受容されたわけではなかった。数の上で最も多くを占める小・零細経営は、義務化された単式簿記にすら十分に順応することが出来なかった。統一的基準に基づき、各業種ごとに作成された簿記様式を採用し、合理的な経営に結びつけることが出来たのは、中堅以上の比較的大きな経営であった。したがって公的発注に対して対応し、その受け手になることが出来たのは、そのような大・中規模の経営であり、それらはまた生産力的な側面においても優位に立っていた。

ドイツ手工業ライヒ身分の事務局長シュラーが述べるように「公的機関による発注の広がりと、その際の価格形成・価格調整規則（RPÖ, LSÖ, LSBÖ）においては、それにふさわしい整備された会計制度が前提条件」となっており、今や大規模経営だけでなく、「中規模の手工業経営（Handwerksbetrieben mittlerer Größe）にも、簿記の整備に際してコンテンラーメンを基礎とすることが緊急に推奨されている」のであった(63)。

(2)戦時経済と結びついた手工業分野の合理化措置の第二は、労働力動員政策と一体になった中小経営の整理・集中措置である。この政策は、前章で考察したように、四カ年計画の一環として一九三九年に始まるのであるが、それが最も本格的に展開されたのは、軍需相シュペアによる総力戦体制の整備＝合理化政策として実施された一九四三年の「戦時重点配置のための労働力動員令」であった。この措置は「手工業」における不要不急部門の経営を閉鎖することにより、軍需工業のための追加労働力の創出と動員をめざすとともに、電力等生産条件の効率的ないし重点的な配分を目的とするものであった。戦時体制が不可避としたこの措置は、しかしナチズムの基本原理としての「健全な中間層」維持の原則と衝突し、関連業種、手工業の地域的組織、さらにはナチス党有力者の反発に直面して、数カ月後には停止された。

(3)第三の措置は、一九四四年における修理業における個別経営の統合による大型経営、すなわち労働協同体の創出政策であった。労働協同体の構想は大戦勃発直後からドイツ手工業ライヒ身分の指導部の中で構想されていたが、それが国家的な政策として強行されるにいたったのは、シュペアの総力戦体制の下、それも戦争末期の一九四四年においてであり、対象となった業種は、手工業の自動車修理業であった。

手工業合理化政策としてザルダーンやマクキトリクがとりわけ重視したのがこの労働協同体創出政策であった。本章はバーデンとフランクフルト／O.の事例に基づきその内容と経過を考察した。自動車修理業におけるこの措置は、経営規模の大きな上層経営が軸となり、中小の経営を統合してより大きな結合経営を作り出すもので、分散的な生産諸条件を集中し、経営閉鎖した中小経営の労働力を吸収して効率的に配置することにより生産力を向上させ、戦時下の緊急な必要性に対応しようとする本格的な合理化政策であった。しかし、総力戦が要請するこの措置は、上記(2)の場合と同様、手工業者の利害をとり込んだナチスのイデオロギー、「健全な中間層」の理念と対立し、イヌングや地域の手工業組織、さらには地元のナチス機関の批判を受けることになった。

以上のように「手工業」の合理化をめざす(1)～(3)の措置のうち、(2)と(3)は、関連手工業の経営の閉鎖を不可避とし、ヴィンクラーが強調したように手工業の利害と正面から対立する要素を含んでいた。しかしながら、(2)と(3)が具体的な措置として本格化したのは、戦争開始後四年、総力戦後半期の一九四三年と一九四四年になってからであった。しかも両者はともに手工業者層やナチス党員の反発に直面し、(2)の措置は、数カ月後には停止された。労働協同体を創出する一九四四年の合理化措置も、わずかに自動車修理業の一業種に限られ、手工業の全体的な動向とはならなかった。この措置が戦争末期の混乱状況の中で実際にどこまで実施されたか、それさえが問題となるのである。(2)と(3)の経緯が示すことは、「手工業経営の経営閉鎖」（ヴィンクラー）＝「手工業の合理化」（ザルダーン）政策の限界性であり、逆に資本主義的大企業の発展に対して「健全な中間層」の役割を強調するナチズムの原則の一貫した作用である。(2)と(3)の措置に対する手工業者層とナチス党の反発は、ナチスのこの原則が単なるイデオロギーとしてではなく、強力な社会的共鳴盤を有していたことを示している。戦時経済体制が要請する合理化の方向性とこのナチス的原理とは相互に対立した。ヘルプストが指摘したように、それは同時にナチス戦時経済体制の本質的なジレンマを表すものであった。

注

(1) David Schoenbaum, *Hitler's Social Revolution*, London, 1966, p. 136. 大島通義・大島かおり訳、而立書房、一九七八年、一六二頁。

(2) Dietrich Eichholtz, *Geschichte der deutschen Kriegswirtschaft 1939-1945*, Bd. I-III, (Berlin 1969-1996) München 2003 (Nachdruck); Lotte Zumpe, *Wirtschaft und Staat in Deutschland 1933 bis 1945*, Vaduz/Liechtenstein 1980.

(3) Adelheid von Saldern, *Mittelstand im „Dritten Reich"*, Frankfurt a. M./New York, 1979; dies. „Alter Mittelstand" im „Dritten Reich". Anmerkungen zu einer Kontroverse, in: *Geschichte und Gesellschaft*, Jg. 12, 1986, Heft 2. また dies., Leistungsdruck im Handwerk während NS-Zeit, in: Thomas Großbölting und Rüdiger Schmidt (Hrsg.), *Unternehmerwirtschaft zwischen Markt und Lenkung*, München 2002. Bernhard Keller, *Das Handwerk im faschistischen Deutschland. Zum Problem der Massenbasis*, Köln 1980 も参照。

(4) Saldern, „Alter Mittelstand" im „Dritten Reich", S. 237. 同時代にも次のような記事が雑誌に現れている。H. Grimpe, Der unentbehrliche Kleinbetrieb, in: *Die Deutsche Volkswirtschaft*, 1944, Nr. 24.

(5) Saldern, Leistungsdruck im Handwerk während der NS-Zeit, S. 41f.

(6) Frederick L. Mckitrick, An unexpected path to modernisation: the case of German artisans during the Second World War, in: *Contemporary European History*, Vol. 5, Part 3, Nov. 1996, とくに p. 410f.

(7) Michael Prinz/Rainer Zitelmamn (Hrsg.), *Nationalsozialismus und Modernisierung*, Darmstadt 1991; Tilla Siegel/Thomas von Freyberg, *Industrielle Rationalisierung unter dem Nationalsozialismus*, Frankfurt a. M. 1991. 山之内靖/ヴィクター・コシュマン/成田龍一編『総力戦と現代化』柏書房、一九九一年。また山崎敏夫著『ナチス期ドイツ合理化運動の展開』森山書房、二〇〇一年、拙著『ナチス・ドイツと資本主義』日本経済評論社、二〇一三年、第一部第4章、5章も参照。

(8) 鎗田英三著『製パンマイスターとナチス』五弦舎、二〇一一年、は「手工業」の重要分野である製パン業の合理化について興味深い検討を行っている。

(9) Rolf Wagenführ, *Die deutsche Industrie im Kriege 1939-1945*, Berlin 1954; Alan S. Milward, *The German Economy at War*, London, 1965; Berenice A. Carroll, *Design for Total War*, The Hague/Paris, 1968; Dietrich Eichholtz, *a. a. O.* ほか。

(10) Ausschuß zur Untersuchung der Erzeugungs- und Absatzbedingungen der deutschen Wirtschaft. III. Unterausschuß, 8. Arbeitsgruppe (Handwerk), *Das deutsche Handwerk*, Bd. 1 (*Generalbericht*), Berlin 1930（以下、Generalbericht と表示）、S. 12, S. 38. 八林秀一「相対的安定期ドイツ手工業の経済的状況（上）・（中）」『専修経済学論集』第23巻2号（一九八九年二月）、第24巻1号（一九八九年一〇月）、とくに（上）。

(11) Felix Schüler, *Das deutsche Handwerk in der Kriegswirtschaft*, Stuttgart/Berlin 1941, S. 1f.

(12) 本書第1章参照。異なった観点からではあるが、鎗田英三著『ドイツ手工業とナチズム』九州大学出版会、一九九〇年、同、前掲『製パンマイスターとナチス』も参照。

(13) *Generalbericht*, S. 9f. ナチス期に関しては、Wilhelm Debus, *Der Begriff Handwerk, entwickelt an der Erscheinungsform des heutigen deutschen Handwerksbetriebs*, Limberg a. L. 1940, S. 15.

(14) Schüler, *Das deutsche Handwerk*, S. 5f.; Wilhelm Wernet, *Handwerkspolitik*, Göttingen 1952, S. 52ff.

(15) BArch Berlin, R. 97/II, 30; Wagenführ, *Die deutsche Industrie*, S. 47f.

(16) Schüler, *Das deutsche Handwerk*, S. 16.

(17) BArch Berlin, R97/II, 30. Aus der Kriegsstatistik des Handwerks. Das Handwerk in der Rüstung. この統計は、一九四四年の夏（六、七月頃と思われる）に作成されたタイプ用紙一一枚の報告書の内容の一部を構成している。この文書はライヒ手工業親方（シュラム）の指示により作成され、軍需省管轄下の軍需関連企業の中心的機関、委員会・リングの手工業代表、手工業大管区委員、軍需手工業のライヒイヌング連盟、大管区経済会議所、経済会議所手工業部に送付された。

(18) Reichsstand des Deutschen Handwerks, Hinweise für die Betriebs-Stillegungen im Handwerk, in: BArch Berlin, R 3101/13612.

(19) Ibid.

(20) Schüler, *Das deutsche Handwerk*, S. 23f., S. 34f. も参照。

(21) Blick in handwerkliche Rüstungsbetriebe, in: *Deutsches Handwerk*, Nr. 47/48, 1943.

(22) Schüler, *Das deutsche Handwerk*, S. 17f.

(23) *Ibid.*, S. 14f. また Nicolaus Kuttler, Das deutsche Handwerk in vollem Leistungsaufstieg, in: *Der Vierjahresplan*, Jg. 3, Fol-

ge 16, 1939.

(24) Schüler, *Das deutsche Handwerk*, S. 28ff.

(25) *Ibid.*, S. 20ff.

(26) Ferdinand Schramm, Neue Ausrichtung des Handwerks, in: *Der Vierjahresplan*, Jg. 3, Folge 6, März 1939, S. 461ff. 参照。また Schüler, *Das deutsche Handwerk*, S. 14, S. 19f.

(27) Schramm, Die Probe auf die Zukunft des Handwerks, in: *Die Deutsche Volkswirtschaft*, 1943, Nr. 14.

(28) 前掲拙著『ナチス・ドイツと資本主義』第一部第４章、手工業経営の合理化はドイツ手工業研究所（Dentsches Handwerksinstitut, 一九二九年設立）によって支えられた。森本隆男著『レスレ手工業経営経済学』森山書店、一九七九年、第一部第２章、参照。

(29) *Das bayerische Handwerk*, Jg. 8, Folge 4, April 1942. 森本、同上、参照。

(30) たとえば Karl Rößle, *Die Grundzüge der handwerklichen Selbstkostenberechnung*, 2. Aufl., Karlsruhe 1925; ders., *Handwerkliche Betriebslehre*, Belin/Wien（1930). また *Das deutsche Handwerk, Generalbericht*, Bd. 1, S. 238–244. いわゆる「アンケート委員会」の上記報告書は、そのような中で「手工業における簿記の現況は、一般的に受け止められている以上にすでにずっと改善されている」と指摘している。S. 238. 森本、同上、および同著『西ドイツ手工業論』森山書店、一九八〇年（再版）も参照。

(31) 以下の叙述は Felix Schüler, *Preisbildung und Gewinnermittlung im Handwerk*, München 1942, S. 231ff. による。森本『レスレ手工業経営経済学』第２章、製パン業に関しては、鎗田、前掲『製パンマイスターとナチス』二八七頁以下、参照。

(32) Schüler, *a. a. O.*

(33) 前掲拙著、第一部第４章。また *Soziale Praxis*, Jg. 48, H. 1, 1939, HS 149.

(34) Hans Elbern, *Die Entwicklung des Rechnungswesens im Handwerk des Kreises Erkelenz*, Köln 1941.

(35) *Ibid.*, S. 61–65.

(36) *Ibid.*, S. 65–68.

(37) *Ibid.*, S. 51–55.

(38) *Ibid.*, S. 78.
(39) *Ibid.*, S. 81.
(40) *Ibid.*, S. 41–50.
(41) *Ibid.*, S. 55–61.
(42) *Ibid.*, S. 68–70.
(43) *Ibid.*, S. 70–73.
(44) 前掲拙著、第一部第5章。
(45) Landfried, Die totale wirtschaftliche Mobilisierung, in: *Die deutsche Volkswirtschaft*, 1943, Nr. 10, 1. Aprilheft.
(46) BArch Berlin, R/97/II, 62.
(47) 本書第4章参照。
(48) BArch Berlin, NS19/2741, Denkschrift der Reichsgruppe Handwerk über den Kriegseinsatz des deutschen Handwerks, November 1944. ライヒ集団手工業のこの要望書は、ライヒ大臣シュペア、ライヒ経済相フンク、総力戦動員ライヒ全権委任ゲッペルス、SSライヒ指導者ヒムラー、ライヒ指導者ボールマンはじめ、ラムマーズ、ハイラー、オーレンドルフ、ミルヒ、レープ、ザアー、ゼバウアー、ケールル、ザウケル、ライ等々二三カ所に送られた。上記史料には付録としてシュペアのシュラム宛手紙、手工業戦時動員統計、ほかが含まれている。本節では、それらを含めて紹介する。
(49) BArch Berlin, R/11, 1180.
(50) Rationalisierung und Lenkung der Reparaturarbeit, in: *Deutsches Handwerk*, Jg. 12, Nr. 10/11, März 1943.
(51) BArch Berlin, R/97/II. 30. ライヒ手工業長（親方）シュラムの文書（一九四四年六月一〇日付）。軍需相シュペアは、それ以前の一九四三年に少数加工と研究・開発労働における「軍需部門への手工業の編入」について強い関心を語っていた。*Deutsches Handwerk*, Nr. 29/30/31, 1943, S. 165.
(52) BArch Berlin, R/97/II, 8.
(53) BArch Berlin, R/97/II, 8.「合理化」（Rationalisierung）は文字通り同時代の用語であった。
(54) BArch Berlin, R/97/II, 23. Reichsinnungsverband des Kraftfahrzeughandwerks の文書（一九四四年七月二九日付）。

(55) BArch Berlin, R/97/Ⅱ. 23. Sonderausschuß Kraftfahrzeuge, Der Beauftragte im Wehrkreis Ⅲ の文書（同特別委員会フランクフルト／O.事務所宛）、一九四四年八月二四日付、および Abschrift, Beschluss-Fassung/Frankfurt/O., 6. Juli 1944.

(56) BArch Berlin, R/97/Ⅱ, 23. Anschrift. Gauwirtschaftskammer Mark Brandenburg, Abt. Handwerk の Reichsgruppe Handwerk 宛文書（一二・九・一九四四）。

(57) BArch Berlin, R/97/Ⅱ, 23.

(58) BArch Berlin, R/97/Ⅱ, 23. Der Chef der Sicherheitspolizei und des SD の書簡（一九四四年一〇月二〇日付）。

(59) BArch Berlin, R/97/Ⅱ, 23. Reichsinnungsverband des Kraftfahrzeughandwerks, Bezirksstelle Berlin-Brandenburg の Reichsinnungsverband des Kraftfahrzeughandwerks 宛手紙（一九四四年一〇月二五日付）。

(60) BArch Berlin, R/97/Ⅱ, 23.

(61) BArch Berlin, R/97/Ⅱ, 23. Reichsinnungsverband des Kraftfahrzeughandwerks, Bezirksstelle Mitteldeutschland (5. Dez. 44).

(62) BArch Berlin, R/97/Ⅱ, 23. K. Töpfer, Eisenach. Kraftfahrzeug の一九四四年一一月二二日付文書。

(63) Reichsstand des Deutschen Handwerks（Hrsg.）, *Einheitskontenrahmen des Reichsstandes des Deutschen Handwerks*, [München 1941].

第6章　ナチス期ドイツの小売業と中間層の立場

はじめに

ナチス期のドイツにおいて、生産物（商品）を買い入れ、消費者や業者にそれを販売する商品取扱業者、すなわち小売商人や卸商人の圧倒的部分は、中小規模の営業者層から成り立っていた。百貨店やチェーンストアなどの大型小売業や、大規模な卸商業から区別される中小の商業経営の担い手たちは、工業分野の中小経営者層（手工業者・中小資本主義的企業家）とともに、いわゆる営業的中間層（gewerblicher Mittelstand）の基幹的部分を構成していた。[1]この中小商人層が、工業部門の中小営業者と同様、反自由主義・反マルクス主義・反ユダヤ主義を主張する民族主義的・全体主義的なナチス党を支持し、ヒトラーの権力掌握過程における重要な推進力となったことは先行研究が明らかにした通りである。

百貨店・均一価格店・チェーン店など大型商業や労働者の消費組合に反発する小売商やその専門組合に対して、中間層の創出と維持、百貨店の公営化等を党綱領で標榜するナチス党は積極的に働きかけ、世界恐慌期には小売業者の組合組織の中にも影響力を植え付け、そのナチス化を計った。小売業組織の潜在的なナチス化＝グライヒシャルトゥングは手工業以上に進行していた(2)。

ナチス党加入者の職業階層構成のうち、職業人口中六%(一九三三年)を占める商人層の割合は、M・H・カーターによれば、一九二九年に一一・九%、一九三〇年に一三%強を示し、都市部では一九三〇〜三二年に一六%に達した。D・ミュールベルガーは、ナチス党加入者における商人の比率を一九二七年八・三%、一九二九年一一・一%、一九三〇〜三二年一一・九%、一九三三年一二・八%と推定しているが、いずれにしても相対的に高い割合となっていた。ナチス党の地方の活動的メンバーにおいても、商人層の占める割合は高く、一九二八年のバーデンでは二五%、一九三一年大管区ミュンヘン・オーバーバイエルンでは二三%など南ドイツではとくに大きな地位を占めた(3)。

ナチス党が権力を掌握した後も事情は変わらなかった。A・v・ザルダーンは、ナチス体制の下でも商人層とナチス党との関係が結合的であったことに注目する。一九三五年当時、「商人」の党員数は、一八万人に達しており、小売業者約七五万人の約二四%、ほとんど四人に一人がナチス党に加わっていたと指摘する。その割合は手工業者(一三%)より遥かに多かった。全就業人口に占める小売業者の割合は数%――ザルダーンによれば二・三%――であったのに対して、党員数における小売業者の割合は七・六%と高く、ナチス党を支える社会層として小売業者が占める位置は依然として小さくなかったのである(4)。

それでは権力の座に就いたナチスは党の支持者を生み出す母胎となった中小商人層に対してどのような政策を実施したか。D・シェーンバウムやH・A・ヴィンクラーらの歴史家は(5)、権力掌握前にナチスが約束した百貨店・チェーンストアなど大型商業に対する措置や職能身分制的構想が党が約束した通りに実行されたか否かを問題にした。彼らは、ナチス権力が確かに大型商店・消費組合に対して規制的な措置を実施はしたが、それは部分的で中途半端に終わったこと、また小売商たちの急進的運動の指導者レンテルンらが拠点を置くナチス党中間層闘争連盟は解散させられ、ドイツ労働戦線に吸収された事実を重視した。こうしてシェーンバウムは中小経営者を「ナチス経済における小者

(low man)」と見なし、[6] ヴィンクラーもナチス体制下の中間層が「不要な階層」(der entbehrliche Stand) として扱われたと考え、次のように述べている。[7]「1936年以降すでに政治的な守勢に追い込まれていた営業的中間層は、以後社会的に孤立していった。小営業は『身分』としての意義をますます失っていった」。今や小経営は戦時経済上重要な機能を果たすものだけが辛うじて必要とされるに止まった。こうして営業的中間層は自らの幻想に高い代価を払わなければならなかった。営業者の生活の基礎をなす経営に対する閉鎖政策や、彼らの組織的拠点である商工会議所や手工業会議所の解体と大管区経済会議所への編入などの措置は、ナチス体制の営業的中間層に対する否定的な立場を象徴的に示していた。ヴィンクラーは以上のように理解した。

このような見方に対して、ナチス期における営業的中間層の状況と、それに対応したナチス権力の政策の積極的な役割、その多元的な方向性に注目するのはザルダーンである。彼女がとくに重視するのは小売商保護法や、百貨店・均一価格店および消費組合の規制、さらには小売商の組織化などナチス政権初期の諸措置と、その後のナチス的な中間層政策がもつ能力成果主義的な方向性である。小売業は、百貨店や消費組合の残存にもかかわらずそれなりの役割を果たし、その売上高は全体として増加した。[8] ヴィンクラーが指摘した自営業の経営閉鎖措置をザルダーンは、過剰な零細経営を整理して経営能力のある優良経営を向上させる積極的な中間層政策と考えた。しかし彼女の研究は、そのような中小経営の選別と整理の政策の具体的な過程やそれを不可避とした戦時経済・総力戦体制の全体的状況との関係に関しては説明を欠き、また能力成果主義ないし効率主義が中間層の創出と維持というナチズムの大原則と対立し、各地で社会的な不安を作り出したこと、それに危機感を抱く党員を中心にしてナチス党内に、中間層維持派が台頭してくる側面に関心を向けなかった。

ザルダーンが注目する業績主義的政策は、戦争準備・戦時経済体制の中で合理化政策と一体になって展開された。営業的中間層の経営閉鎖はその一環をなしていた。しかし『総力戦と経済秩序』の著者L・ヘルプストが重視したように、そのような措置に対しては、当事者たる営業者たちは抵抗し、また彼らから日用品を購入する地域住民の間から不安の声があげられた。それはナチス体制の社会的基礎そのものを動揺させる方向性を孕んでいた。ナチス体制の内部にあってそのような社会的不安の広がりを問題したのが、ナチス党内の中間層支持派の有力な潮流であった。ナチス党の特別機関、親衛隊ライヒ保安局の組織化に携わり、その長官に就任し、隊長ヒムラーと緊密な関係にあったO・オーレンドルフ（Otto Ohlendorf）やF・ハイラー（Franz Hayler）はそのような流れを代表していた。注目すべきことは、両者が同時に商業分野のナチス的全国組織、ライヒ集団商業のそれぞれ事務局長と指導者であったことである。二人の立場は、厖大な数の中小商人の利害と結びついていた。両者はこの中間層の利害を背景に、軍需相・シュペアによる総力戦体制のための合理化政策に抵抗し、中間層擁護の立場を堅持した。D・アイヒホルツとヘルプストの研究は、一九四三年一一月にはハイラーが、合理化政策を採用して来たランドフリート（Friedrich Landfried）に代わってライヒ経済省の局長に就任し、オーレンドルフが同省第二部部長となり局長代理の地位に就いたことを重視している。彼らは、軍需相シュペア主導による経済体制の総力戦的編成、その合理化・計画化の政策に対立的なナチス党内勢力・親衛隊や中間層的諸利害と結びついていた。(9) こうして中間層の利害と理念は、戦時体制の下で排除されるのではなく、むしろ独自な影響力を発揮してナチス体制を最後まで規定することになるのである。

本章はヴィンクラーやザルダーンらの研究を受け止めながら、アイヒホルツやヘルプストが注目した上の事実にも留意して、ナチス体制と小売業との関係を跡付け、その中で表面化する中小営業者たちの抵抗や反発の独自な意義について考察することにする。

1　ワイマール期の中小小売業

商業経営は、最終消費者への直接的販売を中心とする小売業と、生産者から商品を購入し、小売商・卸商・手工業者・工場主などに販売する卸売業とに区分される。

ナチスが権力の座についた一九三三年における専門的小売業は八四・三万経営、就業者は一九二万人を数えた（うち移動・行商五・二万経営[10]）。これに対して卸売業の経営数は一四・九万経営で、就業者の合計は六七万人強であった。

第1表　卸売業の経営・就業者数（1933年）

就業者規模	経　営		就業者	
	経営数	割合（%）	就業者数	割分（%）
1人	56,386	37.8	56,386	8.4
2～3人	48,544	32.5	114,362	17.0
4～5人	17,171	11.5	75,394	11.2
6～10人	15,258	10.2	114,094	16.9
11～20人	7,559	5.1	108,471	16.1
21～50人	3,259	2.2	98,573	14.6
50人以上	1,053	0.7	106,714	15.8
	149,230	100	673,994	100

典拠：*Deutscher Groß-, Ein- und Ausfuhrhandel.* Geschäftliche Mitteilungen für die Mitglieder der Wirtschaftsgruppe Groß-, Ein- und Ausfuhrhandel, Jg. 20, Heft 9, 15. Mai 1935.

第1表が示すように経営規模も小売業と同様、中小経営が圧倒的な位置を占めていたが、就業者数においては経営数では一八％程度の六人以上経営が六〇％弱を数えた。卸商業はナチス期においても重要な役割を果たすが、本章では、商業経営の大半を占める小売業に焦点を合わせて考察することにする。

さて当時の小売業の最大の業種は、食品・嗜好品取扱業で、経営数は四三・二万、就業者数は七七・八万人を数えた。ついで被服業（繊維製品・皮革製品）がそれぞれ一〇・六万経営、三五・四万人でそれに続いた。家庭・台所用品を扱う小売業の経営は、三・六万、就業者一〇・四万人で、ミシンなどの機械や自転車などの販売業を営む経営は二・二万、就業者は四・四万人、薬品やせっけん・油脂など健康・身体用品の小売業は四・一万経営を数え、一〇・一万人が働いていた。それ以外の業種（燃料、文具店、花屋など）は、九・四万経営、就業者は二一・六万人であった。特定分野を専門的に営むこれらの小売業の一経営当り就業者数は、二・三人（店主・家族含む）で、小・零細経営が圧倒的な位置を占めていた。

以上のような特定品目を扱う専門的小売業と並んで、各種の分野の商品を取引する小売業として百貨店・均一価格店・消費組合、それに雑貨商が存在した。そのうち雑貨商（四万経営、就業者八・四万人）は農村部に広く存在し、零細経営が一般的であった。消費組合（九千経営、三・六万人）と並んで専門小売商の競争者となったのは、百貨店と均一価格商店で、ともに経営規模も大きかった。大型小売商業としての百貨店は、約一五〇〇経営存在し、一一・四万人が就業していた。一経営当りの従業員は七六人であった。均一価格店は約四〇〇経営あり、一・六万人が営業に携わっていた（一経営当り四〇・七人）。

八四万を超える前者の専門的小売商は、大型の小売商業としての百貨店や均一価格店・チェーンストアと競争関係にあり、それらの規制を主張するナチス党の重要な支持者となった。本節では、まずナチス権力掌握以前の時期におけるこれら中小・零細規模の小売業者を取り上げ、中でもとくに大きな位置を占める食品業と被服業に焦点をあてて、二つの業種の小売業がワイマール期にどのような経営的状況にあったかを、当時実施された「アンケート委員会」[11]の調査の事例に基づいて見ることにしよう。

A. 食品業の小売商

専門的な食品小売業は、コーヒー・カカオ・紅茶・砂糖などのいわゆる植民地物産をはじめ、バター・チーズなどの酪農品、マーガリン、卵、ソーセージ類、ワイン、リキュール、チョコレート、また果実や珍味類など、日常生活に欠かせない品目を販売した。アンケート委員会の商業関係作業班は、質問票による調査と並んで、個別経営の営業者本人を呼んで営業状況に関して聴聞を実施した。食品小売業（専門店）では一八の業者が選ばれて聴取された。就業者数別に見ると、就業人員一八人（店主含む）の比較的大きな商店が二経営、就業者九人（店主・妻、さらに一経営は娘二人含む）が二経営、同五人（店主・妻含む）の経営と、同四人（店主＋息子＋徒弟、店主・妻＋娘含む）が二経営、三人以下（店主・家族を含む）の小経営が一〇経営であった。以下では大・中・小それぞれのグループから一経営ずつ取り出し、彼らの経営活動の具体的な状況を紹介しよう。(12)

〈事例１〉食品業の中間的規模の商店(13)

開業一八九九年（但し商業登録せず）。

従業員：一九二六年に販売業務のため三人が就業。息子（成人）も販売を担当。一九二五年／二六年には荷運搬人一人雇用。息子の給与（週）は現金五〇ＲＭ、現物一〇ＲＭ。もうひとりの売り子は徒弟で月額手当五〇ＲＭ、使い走り使用人の週給は二二・五〇ＲＭ。労働力活用度約七〇％。手すきの時間は商品の計量・包装作業（顧客は包装品、とくに箱入り品を好んだ）。

売上げ：一九一三年五・二万Ｍ、一九二五年約六万ＲＭ、一九二六年約六・六万ＲＭ。

取扱品別構成（一九二六年）：砂糖・粉・塩・バター・卵など約三五％。銘柄（ブランド）品（サンライト石鹸、クナイプコーヒー、マギー製品、ヴァンホーテンカカオ、ドクターユティカ製品、リービッヒ肉エキス、マイゼナもろこし）一七％。コーヒー・紅茶・豆類・製粉・缶詰・瓶詰・ワイン・ジャムなど約四八％。

顧客層：公務員・ホワイトカラー、自営商。

競争・価格：仕入価格（原価）は様々で、販売価格は競争関係と、生活できる額とを考えて決める。ブランド品の上乗せ幅は平均二五％。競り合い品の上乗せ分は一〇％（たとえばデンマークバターの仕入れ価格は二・〇八ＲＭで、それを二・二五RMで売る。仕入価格一六ペニヒの品物の販売価格は現在は一七ペニヒ）。せり売りのあるバター以外は農家からの直接の仕入れで、業者は脂肪品小売商組合の定めた価格（二・一〇〜二・二〇RM）を守り、値下げを行う者はいない。バターは銘柄が異なると利幅も異なり、最高級ブランドバターの価格はツェントナー当り五RM、せり売り目標価格より高くなる。下級品は二RMと一RM以上。基本価格は、脂肪品商・デリカテッセン商組合によって決定される。組合にはバター相場委員会があり、その委員会はバターせり売り委員会と協力関係にある。しかし固定されていない価格には幅があり、その枠内で価格競争が行われる。デンマークバターの場合、本経営の売値は二・三〇RMだが、近隣一〇〇m以内にある二人の同業者は二・二八RM、二・一九RMで販売している。しかし価格は一時的で、いつも公にされるとは限らない。コーヒー・紅茶類の場合、組合固定価格はなく、ブランド品の上乗せ分は大体二五％。価格計算の仕方は徒弟の時習得し、どの品物がどの利幅でなければならないかが分かっており、競争はそれ相応の価格でなされ、自然に定まってくる。それ故上乗せ分二五％はきっちりしたものではなく、二〇％の場合も三〇％の場合もありうる。

作業設備：果実洗浄設備・濾過器・分離器《ライニンゲン》・選別器・コーヒー豆焙煎器・香料碾砕・包装器。

収益：純益は五〇〇〇RMでそれが企業者の報酬と考えている。自身の報酬を収益計算における経費には算入していない（聴取りを行っている委員長は、二〇〇〇〜三〇〇〇RMを経営業務への報酬として利益から控除すべきであると指摘している）。

商品仕入：通常は卸商・エデカ組合（バターについては上述参照）から仕入。ブランド品などの支払い条件は一四日が目標（対生産者・卸商）。仕入は現金が三〇％、手形五％、特別の条件を伴わないオープン信用六五％。エデカ組合からの仕入れはオープン信用で、その場合は支払不能になると商品は供給者に戻さなければならない。エデカ組合の請求書の注意書きには、「支払が完了するまでは商品は供給者の所有に属する」とある。

掛売：顧客への信用売り（月払い）を行っている。売上げの約一五％が掛売。

価格協定・カルテル：食品業の小売商側の価格協定はない（但し委員長はバター販売には存在すると指摘）。ブランド品製造業者連盟は定められた販売価格を業者に義務づけている。他の品目にはない。

百貨店・消費組合・大型店支店：百貨店は、低廉な食品価格によって食料品売り場を他の商品の販売のための客寄せの手段として利用している。しかしこの町では日常品のために時間と費用をかけて百貨店まで出かけることはしない。大型店支店は大資本の手に置かれている。労働者消費組合は政党による優遇措置のおかげで有利な立場にあるが、商品価格は通常の小売業より低廉とはいえない。大型企業や消費組合の場合、そこで働く職員、店舗家賃、大型倉庫に費用が嵩むからである。

〈事例2〉比較的大きな食料品商(14)

開業一八九八年。個人商店。

従業員：一九一三年五人（うち販売店員三人）、一九二五年一六人、一九二六年一七人。人員増は支店を二店開業したため（うち一店は一九一三年に既存商店を買収、二店目は一九二五年に開業）。中心的な従業員は販売担当で、そのほかに作業担当は上記各年それぞれ一人、二人、二人、また事務担当は各〇人、一人、二人。会計係（女子）は、販売店員に算入。店主（本人）自身も店舗で仕事に携わっているが上記人数に含めていない。他の家族は営業に従事せず。労働力は一〇〇％活用（包装・倉庫作業・飾りつけ・事務作業で調整）。

営業時間：第一次大戦前は七～二〇時。現在は法律により八～一九時営業。徒弟はかつては食住付き・無支給で三年間修業、現在は三人の徒弟の月額手当、各二一、三一、四一ＲＭ。食事付きでも一〇ＲＭか二〇ＲＭ支給。またクリスマスに心付。雇人の報酬は、賃率に業績で加算。勤務年数により、月額一五〇ＲＭと二〇〇ＲＭの間の金額。ひとりは二五年になり、他は一一年の勤務。

年売上高：一九一三年九・一万M、一九二五年二八・八万RM、一九二六年三五・七万RM。

品目：各種食品・果実（バナナ・リンゴ・レモン）、米、ソーセージ、缶詰類、エビ、リキュール・ワイン類。ブランド品売上げは戦前比五〇％上昇、競争品は変らず。

顧客：購買力ある客層。

競争・価格：腐敗しやすい品物やクリスマス向け商品、高級品（たとえば瓶入りくるみ）は高めに価格設定（三三・三％）。しかし仮に腐りやすい物を二五％幅としても、競争者が二〇％止まりで売ったらそれに同調せざるをえない。上乗せ率は平均して二五％。砂糖は上乗せなしで販売。

収益・経営者報酬：経営者の個人的報酬として約二万RMを計算したいが、しかしこれまで収入が全くなかった年もあった。投機もするがかえって損失となることもあった。経営者報酬を予め計算することはできない。

仕入先：エデカ組合。但し価格が他の供給者と同じか安い場合に限られる。安い方を選ぶ。製造業者や輸入業者からも仕入れるし、輸入もしている（たとえばイチジクの実）。卸商の方が製造業者より安い場合もある。しかし扱い量の増加に伴って製造業者からの仕入れは増えている。仕入の経路は一番長くて輸入業者→卸商→小売商となっているが、個々のケースでは売上げ拡大に伴って輸入商または製造業者→小売商という短縮が生じている。

支払条件：最重要品目では目標として三〇日、純額支払。手形（Skonto：但し期限は八日間まで、チョコレートは二〇日間）。かつては全商品が手形で月末払いだったが今は変わった。ハンブルクの輸入商は商品発送前に支払を求める。卵・バター商は商品引き渡しに際してその日の支払いを要求するが、大卸商とは手形で取引をしている。輸入の場合は文書（請求書）に対する支払（Kasse gegen Dokumente）が一般的であるが、本経営は全体額の二〇％を現金で購入する。

信用売り：掛売は戦前のような慣行ではなくなっている。当商店は出来る限りそれを行わないようにしている。

競争・価格：小売商団体による基準価格はない。あっても誰も守らない。カルテルは供給側にも小売商側にも存在しない。

百貨店・消費組合：両者とも商品の販売価格は小売商より低廉とはいえない。百貨店は食品に関しては問題にはならないが、石鹸そのほかで客寄せをしている。消費組合は当店の商品は九％ほど高いと公言している。それに対して特別に反論はして来なかったが、同組合の品が当店の価格より高い品目を一〇ほど上げることが出来る。消費組合があるから顧客が減ったり増えたりはしていない。

〈事例3〉零細規模の食料品店(15)

開業：一八七九年。

従業員：一九一三年三人、一九二五年／一九二六年二人（経営主含む）。営業は一定時間に集中。稼働率四〇％。

売上げ：一九一三年七万M、一九二五年三・四万RM、一九二六年三・一万RM。第一次大戦前にもっていた厩（農民顧客利用）を失ったことにより、農村民顧客が減少。また資格のないものによる商店開業により小売業が過剰となり、売上高は減少している。当店のある都市の商店数は、かつては三六～四〇であったが、現在は約二〇〇ある（但しこの間都市人口は約八〇〇〇人増加）。退職警官や退役軍人の半ば公的な団体が小売業部門を有し、また大型小売店にメンバーを人員として派遣している。売上減少はまた大企業の支店（チェーン）の進出と投げ売りにも帰因している。大型店支店は大量仕入により卸商の利幅を利益として自分のものにしている。

品目の変化：一九一三年時に比してコーヒーの販売が半分に減少した。顧客は専門店に向かい、また卸商から直接購入したりしている。石鹸・石油・油の販売は行商（移動販売）によって奪われ、村には独米石油会社の車が石油類を運んで販売している。タバコ・アルコール類は購買力の不足と鉄道駅内店舗とによって減退した。野菜は扱っていない（専門店が販売）。ブランド品（代用コーヒー・マーガリン・洗剤）は戦前より約一〇〇％増加。マーガリンは別として「競争品」の販売のほとんど七〇％が移動商に移った。

価格・利幅：付加率は商品ごとに異なり、また販売価格は競争によって決まる。競争品は日ごとに異なり、大型支店の広告品の価格は本経営より低廉となっている。統一的な付加率（利幅）は一五～二〇％で、ごく稀に二五％。しかしこの算定は競争者の安値売りに合わせるために、半分ぐらい抑えられる。砂糖は三～六％、塩は八～一〇％、小麦は一二％までが目標だが、砂糖・燻製品・果実、また現在はチーズや缶詰も売って損することがある。ブランド品は製造元のコンツェルンの介入と力とにより価格が決められ、小売業は価格に影響を及ぼすことは出来ない。それらの拡大によって商人は下働き人に引き下げられ、プロレタリア化がどんどん進んでいることは残念なことである。

作業設備：コーヒー焙煎器・混合器、包装器、など。

企業者報酬：小売業では企業者給与のコスト化は不可能である。年末のその時々の営業収益がそれに該当する。一九一三年には収益は四・四五〇Mあり、うち三・六〇〇Mが自家消費用で、八五〇Mが純益であった。一九二五年には五・六〇〇RMの損失（消費三・五〇〇RM）、一九二六年には二・九〇〇RMの損失（消費同上）。家作の収入があるので、閉業せず営業を改善するための方途を見つけなければならない。

仕入先：生産者・卸商・組合。生産者からの仕入れはエデカ（組合）からより大きい。支払条件は、最重要商品類では二～四週間後の純額分支払。卸商の仕入れ条件はほかより良い。一九二六年の仕入れのうち二〇％は現金、二〇％は手形、無条件信用（offene Kredit）六〇％。

掛売：役人は帳面買いする（目標は一カ月支払）。信用の平均的長さは一カ月（都市）ないし四カ月（農村。時に六～一〇カ月）。現金または小切手。掛売は全売上高の三〇％（時にわずかな損失あり）。割引はしない。業者同士で仕入組合を結成して仕入の支払い条件を改善したり、また地元組合が小規模な信用で組合員を支援して来なかったら多くの営業が破産していただろう。土地を所有しない小売商は銀行から信用を得ることは不可能だったし、今もそうである。

価格協定：小売業には価格の拘束・協定はない。例外はブランド品だが小売業はそれに影響を与えることは出来ない。

消費組合・大型支店経営：消費組合の利点は組合員に対する割引販売や利益分配であって、商品の価格は小売商よりたいていは高く質も落ちる。価格面では競争力を持たない。労働者は消費組合に加入しなければならず、非加入者は排除される。一種の暴力で、それが社会民主主義的な団体や党のやり方である。大型支店はとりわけコンツェルンが経営している。その戦術は景品と値引きであり、租税面でも利益を得ている（支店の収益が生じなかったように、経費を多く計上して税を逃れる仕方を用いている）。当店のある地域では支店のほとんどすべてが営業税を支払っていない。また支店網のための一括仕入により卸商とみなされ、仕入価格を安くして販売することが出来る。そのため小売業者の中には大規模支店業者の傘下に入って「支店」となり、卸商待遇の安値仕入を行う者も出てくる。「支店」は、安値に加えて、景品をおとりにして（一ポンドのマーガリンにチョコレート、ボンボン四分の一ポンドおまけ）、必要以上に買わせようとしている。景品は一種の手品といえる。エデカの場合も確かに安くできるが、事務費（ベルリンの中央での人件費など）が嵩んで利益を縮小させている。

要望：大型支店への課税、値引き規制、食品（マーガリン／チーズなど）露店販売・市場販売の禁止、商業認可制、役所以外での役人の商業の禁止。

B. 被服業の専門的小売業――紳士物・子供用衣料品の場合――

食品取扱商業についで数の多かった専門的小売商は、繊維製品、婦人服、紳士服、シャツ類、編物類、帽子・手袋・靴下類、皮革類および靴などを取引の対象とする被服小売商であった。その中から紳士物・子供用衣料品を取引する小売業を取り上げ、その事例を紹介しよう。[16]

一九三三年の統計では、「紳士衣料小売業」は、四一二八経営、従業員一万八一八三人（平均四・四人）を数えた。[17]その六年前、アンケート委員会は、「紳士物・子供用衣料品」小売業に関して五つの経営（Ⓐ～Ⓔ）を選んで業者の聴聞を行っていた。五経営のそれぞれの一九二七年時の店舗内の従業者数はⒶ四三八人、Ⓑ二一一人、Ⓒ三四人、Ⓓ一〇人、Ⓔ五人で、そのうち前二者（Ⓐ・Ⓑ）は、上記に加えて、店舗外で働く営業員ないし中間親方（Zwischen-meister）を各二五二人、二〇〇人に使用しており、最大規模の衣料品専門店に属した。これに対して最後の二経営（Ⓓ・Ⓔ）は、最も広く見られる中小商店であり、また三四人を雇用する経営Ⓒ（店舗外従業員は六人）は両者の中間に位置する比較的大きな経営であった。[18]

いずれの商店も販売する商品の一部は自身の作業場内で、あるいは外注（一部作業組合に委託）により製造ないし加工させていた。その割合はⒶ九〇％、Ⓑ三三・三％、Ⓒ五〇％、Ⓓ二五％、Ⓔ三三・三％であった。[19]総じて聴聞の対象となった衣料品小売業は食料品分野に比して経営規模は大きかった。

以下では比較的大きな経営であるⒸと、小規模なⒺ経営とを事例として紹介しよう。

〈事例1〉比較的大きな衣料品小売専門店[20]

紳士物・子供用衣料に加えて、紳士用品・帽子・そのほかの繊維品を販売、注文（誂え）加工をも営む。

開業：第一次大戦直前。合名会社、支店なし。

従業員：四〇人（一九二七年）。内訳は、女性売子店員一二人、使用人二人、仕立工二五人（うち作業場一九人、外部［家内工業］六人）、事務業務一人（女性）。販売店員は倉庫での作業（補充・表示・荷ほどき）も行う。仕立工は一〇〇％稼動。賃金は賃率による固定給で、永年勤務者は賃率を上まわる。たとえば一八〇ＲＭの賃率に対して三〇〇ＲＭ。

売上げ・販売方法：一九一五年一九万Ｍ、一九二五年五〇万ＲＭ、一九二六年四八万ＲＭ、一九二七年六二万ＲＭ。販売方法としてアメリカ式の顧客名簿カード使用。販売した衣料品の包装後、顧客の名前を尋ねラベル裏に記入、カードを作成、翌日顧客はカードを受け取り、名前・職業・住所、買上げ品・サイズ・品質・価格を記入。再来店時に参考提示、クリスマス時大売出しなどの郵便での知らせにも使用。上・高級品の顧客層が、大都市に足を運ばずに、地元の当店で購入する。既製品販売に比して誂え品の注文が激増した。伝統的な仕立工のこれまでの顧客が、定型以外の洋服も作る大型商店に流れており、仕立工は苦情をもらしている。

価格・利幅：販売価格五〇ＲＭの上衣の自店製造コストは二二～二三ＲＭ（仕入価格は三六ＲＭと計算）。最高級品の広告価格は一五〇ＲＭ、既製服で一五〇ＲＭの上衣は誂えだと一八〇～一九〇ＲＭのコストがかかる。当店での既製服生産は裁断は機械ではなく手作業で、サイズは三〇種類。職業用衣服（青色の麻製上衣）は低廉な価格で販売、倉庫作業用上っ張りは二〇～二五％上乗せ、大量生産品（販売価格四五～五〇ＲＭ）は同三〇％、中級既製服は同四〇％、上級品は同四〇～五〇％。紳士用品（ネクタイ・帽子など）は五〇％。上乗せ幅はこの業種で一般的に受け入れられている大きさである。大きな分野である誂え加工の場合は、五〇％を超えず、大抵は四〇％止まり。布地・付属品・労賃・裁断工賃に加えて一着当り三ＲＭの型代。作業場費としてそれに一着当り二％計算。そののちに上乗せ率計上。

原料・工賃価格上昇の場合、二〜三%ぐらいの場合は据え置き、一〇%上がったときには新たに計算する。しかし競争があるので低廉にしなければならなくなっている。収益は一九二五・二六年各約二・五万RM(売上高の五%になる)。そこに資本利子・個人的労働対価が含まれている。コストとしての企業家報酬を加えると残りはなくなる。これはこの業界に通常のことである。本経営はそれでもまだまだ良い方である。しかしもし本経営を売却して、貨幣を利子生み資本として投資したとしたら、仕事をせずに同じ位の収入が得られることは分かっている。

仕入の仕方：既製服の六〇%は出来上ったものを仕入れ、四〇%は他業者と一緒に出資した大規模加工経営で製造する。そのための布地をまとめて製造業者から直接仕入れると(工場主は小売商には直接販売しない)、上衣が一二〜一四%安く加工、販売できることになる。既製品の仕入の支払い条件(連盟が決定)は三〇日締めで目標四%割引、六〇日で同二%割引、九〇日は総額支払。当店は三〇日後支払、四%割引で利益をはかる。手形(三カ月・自己引受)をも使用。この場合も四%割引。

掛売：信用売りは稀。原則としてせず。売上げ総額の五%にも達しない。誂え仕事の場合、当初支払三分の一、仕上がり時三分の一、着用・良好ののち残額支払。

カルテル・競争状態：供給業者のカルテルは近年はなし。インフレ期には週毎に業者と協議した。強力だったドイツ毛織物協定は近年軟化し、かつて当方に対しなされた工場主による差別は改善された。当地の繊維品小売業者は大小合わせて二〇店で良い関係にある。競争は可能な限り度を越さないようにしている。不正な広告を出すのは割賦販売店で、割賦にもかかわらず、われわれと同じ価格で販売すると称しながらそうではなく、高い利幅で販売したため、裁判となり二年後にわれわれが勝訴した。もう一つの競争は、農村や日曜日の都会に現われ販売する移動的商人(行商)である。彼らは端切れを言葉巧みに高く売りつけている。また役人供給所と称する企業が二、三の役人組織と契約を結んで大がかりな宣伝によって客を集めているが、役人は本来商業を営むべきではない。

〈事例2〉小規模な衣料専門小売店[21]

開業：一九世紀。父親から受け継ぐ。第一次大戦時には軍隊召集（使用人も同じ。この間父親と使用人一人が営業を続ける）。戦時・戦後の困難により経営は悪化。当地の同業者は四店、紳士物をも扱う婦人用品店は多数。

従業員：使用人二人、徒弟二人。事務業務は当経営主が担当。支店なし。客の来ない暇な時間は仕事なし（但し、倉庫作業あり。四〇～五〇％の実労働）。繁忙期に必要な臨時雇をみつけることは出来ない。そのため仕事がなくても使用人を雇い続けている。賃金は売子店員（五～六年勤務）は月二五〇RM、徒弟一人（修了間近か）は月三五RM、ほかは一年目で一〇RM。高級品（一〇〇RM以上）を売ったときは販売価格の一％の報酬支給。またシーズン後の売残り品の中から現物支給あり。

売上高：一九一三年七万M、一九二五年一五・三万RM、一九二六年一二万RM、一九二七年一四・四万RM。本経営の主要取扱商品は六〇RMの上衣。一九二七年上昇。近くに大都市が二つあるので売上げ拡大には壁がある。土地を所有しており、そこからの収入が本営業を上回るため、当地に止まり、売上げ拡大を目指している。自分の労働力を酷使しなくとも、私の商売は中間層（Mittelstand）の境遇に見合う十分な生活となっている。

取扱商品：既製服。一九〇〇年以前には、父親は一度に二〇人以上の労働者を使用して既製服を作っていたが、仕立部門は戦時中に停止し、戦後は再開しなかった。既製服の質が向上したからである。一年のうち、かき入れ時は復活祭の時期と秋。在庫一掃売りはしない。職業用衣服や作業着、子供服なども扱いたいが売り場が一つのため出来ない。

宣伝・広告：経費は三五〇〇RMで売上げの二・四％。戦前はカタログを作っていたが、戦時期以降は行わず。コーヒー店コンサートプログラムの裏側に宣伝、バス・電車での広告。

収益：企業者報酬を帳簿に計上することは行ってない。その目的が理解できない。年末に決算をすれば営業の収益を知ることができる。営業に投資した資本を利子収入のために投資し、店舗を貸して、自分の労働力を売れば、収入がさらに増加するのではないかと考えることもあるが、現状は「十分に中間層の生活」に値し、「私は自立した主人で、私がしたいと思うことを行うことが出来るし、そうさせることが出来る」。——売上げの純益は、常に一一～一二％になり、一九二七年は一・六万ＲＭ。但し私は土地を有し、一・六万ＲＭの賃料を得ており、いくばくかの株式の収入もあり、それを営業資金として利用している。年末決算・税申告に際してはそれらを区別しているが、その利用によって有利な仕入を行うことが出来て、同業者以上の一一～一二％という利益を得ることが出来ている。

仕入：本経営のような「中間層的経営」を営んでいる同業の小売業者の大部分は「現金払い」（per Kasse）を行うことができない。当経営は現金払いができるので、ほかよりも安価に仕入が出来る。たとえば運動ズボンで、他の業者は八・五〇ＲＭを支払うが、当方は七・九〇～八ＲＭで仕入れている。私の純益はもっぱらこの資金的基礎に基づき、あとは手作業と頭を使うことである。

販売価格・上乗せ率：業界通例の上乗せ率がある。安価品は二五％、労働者服（青色麻もの）二〇％か一五％（これらは当店では扱っていない）。平均的な粗上乗せ率は三五、四〇、五〇％。スポーツ衣服や意匠装飾品は七〇％のものもあるが、目標は四〇％。

業者組合・外注：当経営は自身の加工場を有していない。しかし八業者で結成した仕入組合に入っており、それを通じて共通の既製服（たとえばミュンヘン・ローデン）を大量的に注文し、個別に仕入れるより安く入手することが出来る。この利益協働体には事務仕事のために若い人を一人雇っている。メンバーは各三〇〇ＲＭの出資を行っている。当店の仕入全体に占める組合仕入の割合は三分の一。

支払条件：ライヒ紳士・子供服連盟が定めている。三〇日支払は四％引き、六〇日は二％引き、九〇日は純額。即払いの時はより多い割引率となる。

掛売：個人的に知る人でも掛売はしない。月給の官吏には行うが、売上げの約五％位に止まる。特別割引も原則しない。

競争：通常の競争関係以外に問題になるのは、値下げと在庫一掃を大々的に宣伝する投売り店であるが、固定客でない通りすがりの客を相手にする他の業者ほど当店には影響なし。百貨店は紳士服を売っているが、売上げはあまり大きくなく、競争は問題にはならない。消費組合は既製服を扱っていない。一連の月賦店も一部は繁栄しているが、一部は支払困難に陥っている。当地の顧客は保守的でなじみの商店で買う。役人の購入組合はあるが、我々の店の方がよい品を安く購入できることが分かって来ている。

以上食品と衣料品の二分野における小売業の事例を見て来た。取扱商品の販売に関して見ると、いずれの経営主も同業者間の競争の中で自店の品物の販売価格を調整はするが、そこには業界の慣習的な利幅に基づく一定の枠が存在し、同業者を圧倒するために特別に低廉な販売価格を設定したり、逆に業者間の協定によって競争制限を行ったりすることを回避した。彼らはそれをむしろ自営業者の矜持とみなしていたように思われる。最後の事例にみられるように、営業主は必ずしも十分な利益を生みださない自らの営業をしかし自立的な「中間層」の地位と生活に結びつけ、その存続に積極的な意欲を示していた。この意識は多かれ少なかれ他の小売業者にも共通するものと言えよう。

ヴィンクラーによれば、商工業分野の労働者の年平均所得は、一九一三年の一〇八五Ｍが一九二五年には一八二五ＲＭに、職員（ホワイトカラー）のそれは二〇〇〇Ｍから二六〇〇ＲＭに上昇していた。これに対して自営業者のそれは四七三〇Ｍから四〇七〇ＲＭに低下した。小売業における就業者三人以下の経営は全体の九〇％を超えていたが、年所得は三〇〇〇～四〇〇〇ＲＭで、労働者の賃金のせいぜい二倍程度に止まった。[22] それでも彼らが自らを「中間層」

と意識した理由は、店舗を持ち、自らの意思で営業を続け、一定の収益を作り出すその活動にあった。

もとより「中間層」の観念を抱く小売業者層も、手工業者と同様、大きく分化をとげていた。アンケート委員会は聴聞会を実施する際にそれを考慮して代表的事例を選別して聴聞した。たとえば食品分野では、売上高は一八例のうち従業員一～二人の七事例は年収一・八万RM～四万RM、同じく二～五人の七例が五万～七万RM、従業員九～一八人の四経営例が一四・九万～四九・五万RMとなっていた。比較的大きな経営は、小経営の五～一〇数倍の売上げを計上していた。(23) もちろんアンケート委員会が聴聞した小経営よりも営業状態の劣った零細経営も多数存在した。営業者ひとりだけのいわゆる一人（ワンマン）経営の少なからぬ部分が、労働者の賃金相当の収益しかえられない「半プロ的」な存在であった。(24) しかし家族労働に支えられながらともかく自立した営業を維持するこれらの零細経営主も、自らの生活を「労働者」ではなく、「中間層」に結びつけようとしたのである。

中小の小売業者にとって、大規模な小売業、すなわち百貨店や均一価格店・チェーン型の支店経営あるいは消費組合は一九世紀末以降強力な競争者となった。アンケート委員会による業者の聴取においてもこの問題が取り上げられた。食品業では特にそれが重要な項目となった。(25)

百貨店に関しては、上に紹介した事例の営業者だけでなく、他の食品専門小売業者も、各分野の商品を取り扱う百貨店において食品売り場が客寄せの役割を果たしていると指摘した。しかし日常生活の中で消費者は遠方の百貨店ではなく、地元の小売店を利用することが多く、また百貨店の価格は必ずしも専門小売店より低廉とはいえなかった。その意味で百貨店は少なくとも世界恐慌前には、食品専門小売商の決定的な競争相手としては受け止められていなかった。ただその資本と宣伝・広告の影響力の大きさはだれもが認める所であった。

百貨店が大都市に拠点を置いていたのに対して、大企業が各地に開業したいわゆる「支店」は、地域の顧客に中心を置いており、地元の小売業にとって重大な競争者となった。卸売価格での大量仕入による廉価販売、景品付販売、大がかりな宣伝、租税回避の巧みな営業方式が問題とされた。

消費組合についてもその影響力が問題とされた。消費組合が有利な点として、相対的に低廉な価格での仕入や特定の消費者の確保、出資金への払戻金、などが挙げられるが、同時に政党による政策的支援と圧力が問題とされ批判されもした。しかし多くの業者は消費組合の商品の価格が専門小売店より必ずしも低廉ではなく、また品質も劣っていると指摘し、そこでの八時間労働日の厳守と相対的に高い使用人労賃とは、家族の労働力を利用して一日一二〜一四時間仕事をする専門小売店に比して競争面で不利であると証言していた。

以上のような状況は一九二九年世界恐慌によって大きく転換する。

2　ヒトラー権力掌握と小売業者のナチス的組織化――グライヒシャルトゥングと小売商保護法――

（1）ナチス営業的中間層闘争連盟の活動と小売業全国組織のナチス化

中小商人層は、地域の同業者相互の間での、また百貨店やチェーン・支店経営など大規模小売業や、移動・行商的小・零細経営との競争関係の中で、日常的な営業活動を続けて来た。中小の小売業と百貨店・チェーンストアなど大型資本との競争関係は、ドイツだけでなく、ヨーロッパ各地、そしてアメリカにおいても見られる現象であった。

世界恐慌の中で、小売業も大きな打撃を蒙った。ドイツの小売業の総売上高は、一九二八年に三六三億ＲＭであったのが一九三一年に二八五億ＲＭ、一九三二年には二三一億ＲＭへと減少した。一九三二年の売上高の減少は一九三〇年との間で三二・八％、一九二八／二九年との間で三八・六％に達した。とりわけ小・零細経営によるコストぎりぎりの捨値による販売はじめ業者相互の過当競争は、中・大経営の経営状況をも悪化させた[26]。その中で小売業者の間で大型小売店や消費組合に対する反発が強まり、ナチス党はそのような中小営業者を自身の運動の中に取り込むべく積極的に対応した。

ナチス党は党綱領一六項において、中間層の創出と維持を掲げ、具体的には百貨店の公有化と小営業者への廉価貸与や公的発注における小経営者の配慮を主張していた。ナチス党は、一九三一年にミュンヘンで党員G・シュトゥルム（Sturm）の指導の下で百貨店・消費組合闘争共同体を発足させた。その前年の一九三〇年秋にはベルリンでナチス手工業者・営業者労働共同体が組織されていた。同地では一九三二年初めにナチス工業・手工業・商業職業同盟も発足した。これらの運動を土台にして一九三二年一二月に営業的中間層闘争連盟（Kampfbund des gewerblichen Mittelstands）が結成された。党の経済政策部長を経験し、身分階層制的イデオロギーの中心的な主張者であったO・W・ヴァゲナー（Otto Wilhelm Wagener）がその発足に際して指導的な役割を果たした。連盟の指導者の地位に就いたのは、ヴァゲナーの協力者、有力ナチ党員のT・A・レンテルン（Theodor Adrian Renteln）で、連盟の副会長になったのはP・ヒラント（Paul Hilland）であった。(27)

手工業の分野と同様、商業においても営業者たちは早くから専門や業種ごとに、地域的、さらには全国的な団体組織を作り出していた。それら中間層の既存の組織の中でナチス党員の数は少しずつ増加し、執行部への圧力を強めていった。各地の小売商団体や、食品小売業や靴小売業などの全国的業種団体への進出と並んで、小売業の全体組織であるドイツ小売業中央協同体にも、ナチズムは浸透していった。小売業中央協同体の中には、構成団体の一つである百貨店等大型店の団体を組織から除外することや大型店への課税措置を求める動きが表面化し、それをめぐって内部分裂が深まっていた。一九三二年七月には、バーデン・バイエルン・ヴュルテンベルク・ヘッセン・プファルツなど南・南西ドイツの地域連盟がフランクフルトに集まり、ドイツ百貨店連盟とドイツ食料品支店経営ライヒ連盟を中央協同体から排除することを要求した。大型店への反発が広がる中で協同体の会長H・グリューンフェルト（Grünfeld）

は退任し、代わってナチス党の闘争連盟の指導者のひとりヒラントが事務局長職に就任した(28)。

一九三三年一月ヒトラー政権が発足すると、政治・行政機構のみならず、経済団体においても団体執行部のナチス化、すなわちグライヒシャルトゥングが強行された。旧執行部は退陣を強要され、ナチス党員・支持者が新たな執行部を形成した。グライヒシャルトゥングは商業の組織においても実行された。

小売業者団体の全ドイツ的な最上組織であるドイツ小売業中央協同体の事務局長は、すでにナチス党員ヒラントによって掌握されていた。一九三三年三月、ナチス営業的中間層闘争連盟の圧力の下で、執行部は指導部の交替を決定し、事務局長ヒラントと並んで、闘争連盟のメンバーが会長・副会長、事務局長代理の要職に就任した。四月初めには新執行部は、同協同体の加盟諸団体のグライヒシャルトゥング実行の指針を決定した。すなわち①ユダヤ人執行部員の退任、②ナチス党員の会長就任と、執行部の五一％をナチス党員とすること、③地域の闘争連盟指導部の了解の下で組織・人事面の改造の推進(29)。グライヒシャルトゥングは、小売業の業種別の諸団体や地域組織において実行されたばかりでなく、商工業の地域組織である商工会議所においても強行された。

(2) 地域組織のナチス化

商工会議所や各種の業界組織など、国家と経済活動(企業)との間にあって、両者を媒介する中間的な団体のグライヒシャルトゥングは、ナチス体制を支える経済機構を構築するために決定的に重要な出発点となった。それはドイツ各地で強行された。それを指導した営業的中間層闘争連盟の副議長、ヒラントは一九三五年にその経緯を総括してこう述べる。グライヒシャルトゥングは強力に遂行され、「権力掌握直後、いたる所で信頼できるナチス党員が会議所とその上層組織(専門団体・ラント会議所会議・ドイツ商工会議)の頂点に立った(30)」と。

ナチス化された商工会議所において会頭の地位に就任したのは大抵はナチス党員の工業経営者、とりわけ中小の企業家たちであった。しかしいくつかの商工会議所では商人が会頭職を掌握した。ライン地方の工業都市ヴッパータールはその一つで、化学品を扱う卸商人ヴァックス（Wachs）が会頭に就任した。同市の会議所のグライヒシャルトゥングについて、のちの商工会議所史はその経緯を次のように記している(31)。

ヴッパータールで会議所に対するナチス党地区《クライス》指導部の抑圧が始まったのは一九三三年三月末であった。会議所に現われたナチス党代表六人が要求事項を読み上げた後、報道陣の前でつぎのような声明が公にされた。「ほかの諸都市と同じように、ベルク地方の商工会議所ヴッパータール・レムシャイトにおいても、ナチス党の大管区指導者の指示によりコミサール（監理官）が関与することになった」。そして六人のコミサールの名前が発表された。コミサールの役割は、経営を妨げることなく、会議所の業務を監視することにある。「経済上著しく重要なこの機関をライヒ政府の意図に合致させること（Gleichschaltung）は上記のコミサールによる監督を通じて実現される」と。

コミサールは三月二九日に活動を開始した。会議所執行部は、ラント政府と連絡を取りながら、結局コミサールとの協議に入ることを決定した。四月四日の両者会談の中でコミサールは、執行部会議、事務局長協議、委員会などのすべての会合への出席、会議所の職員・使用人に対して、コミサールに要望を提示できることを周知させること、文書の閲覧の確保などを求めた。執行部は四月四日の会議で全員の退陣を決定し、業務委員会も事務部局をコミサールに引き渡した。四月一八日の総会は、全会議所に向けたプロイセン経済・労働大臣の指示に従い、役員退任によって、会議所のこれまでの仕組みを改造し、新しい選挙を公示することを全会一致で決定した。

会頭チールシェ（Ziersch）の要望により、選挙に先立って次期執行部が編成された後、総会が開かれて、コミサールとの協議により決定された新しい九人の執行部が紹介され、チールシュは退任した。しかし新しい執行部九人のうち会頭を予定された元副会頭ハーガー（Hager）と他の数名はナチス党員でなかったため、退任を強要された。選挙を経て新しい総会が六月一日に開かれ、新執行部を一致して信任したが、ハーガーは退任し、代わってヴァックス(Friedrich Wachs)が会頭に就任した。そして一九三四年三月一三日には指導者原理の導入が決定され、総会は解散し、会頭の権限が大きく強化された。

会頭に就任したヴァックスと、副会頭になったドヴィダート(Dowidat)とはともに先の六人のナチス党コミサールのメンバーであった。会頭ヴァックスは先にも紹介したようにヴッパータールの卸商を営む商人で、次のような経歴の人物であった(32)。

一八九二年エルバーフェルト生まれ。一八九九／一九一一年同地実科ギムナジウム、一九一二／一四年ハンブルクの輸出商で商業習得、一九一四年兵役志願、四年間西部戦線。一九一九／一九二一年ドレスデン技術高等学校学生、一九二一年技術学士、一九二一年以降化学物品卸商 Wachs & Asmann の共同所有者。ナチス党への加入は一九三〇年。一九三七年の時点で彼は商工会議所会頭のほかに、ナチス党大管区経済顧問、ヴッパータール市参事会員、専門集団「化学品・薬品卸商」地区指導者、デュッセルドルフ労働会議所会員、同行政区経済会議所顧問、ラインラント経済地区経済会議所顧問などを兼ねた。

(3) ナチス営業的中間層急進派の転換

経済団体のグライヒシャルトゥングは、営業的中間層闘争連盟とそのメンバーに主導されて実行された。連盟の指導者レンテルンは、一九三三年五月初めには、ドイツの手工業と商業の全国組織、ドイツ手工業ライヒ身分とドイツ商業ライヒ身分(Reichsstand des deutschen Handels)の指導者の地位に立ち、続いてドイツ商工会議所の上部機関ドイツ商工会議の議長に就任した。しかしナチス党主流の中間層政策は、各地でグライヒシャルトゥングが行われているさ中、一九三三年五月から八月の間に大きく転換した。連盟の急進派が求めて来た消費組合の解散や百貨店など大型商店の解体を目的とする活動は禁止された。

同年七月には闘争連盟の実力者ヴァゲナーが、ナチス党内の重要な役職を解かれ、八月七日には闘争連盟そのものが解散させられ、ドイツ労働戦線に組み込まれた。連盟メンバーは、労働戦線の機関であるナチス手工業・商業・営業組織（NS-Hago）に編成された。レンテルンはじめ連盟の指導者は、労働戦線の指導者R・ライの下に置かれることになった。[33]これまでの研究は、しばしばこのことをもって中間層運動の挫折ないし失敗と見なして来た。そしてそれはナチスと中間層との親和的関係の転換ないし解消として理解された。だがこのことは営業的中間層運動の終焉を必ずしも意味するものではなかった。それは闘争連盟の指導者たちの方針転換と体制に対応した新しい運動の始まりを示すものとなった。

闘争連盟の機関誌『ドイツ商業』[34]は、同年六月、連盟が取り組むべき「第二の目標」を掲げ、その中で「手工業」と「商業」の二つのライヒ身分の結成とヴァゲナーのライヒコミサール就任とによって、「闘争組織」としての闘争連盟の使命は達成されたと述べ、「ナチス的経済思想の意味における百貨店・消費組合の改組はナチス国家のなかではもはやその意味がなくなった」と宣言した。

同誌の次の号は「ドイツ中間層の現在の問題」に関するレンテルンの講演（六月一六日）の全文を紹介している。[35]ナチズムが「自由な私的イニシャチヴ」を重視すること、闘争連盟が「自由主義とマルクス主義」に対抗して「中間層の人々の中に一般的・根本的に正しい世界観・経済観念を導入」することを課題にして来たことを強調した後、「消費組合」に関しては従来の運営の仕方は間違っているが、正しい形態への転換は、そこに投資された「労働者の貨幣」と「その財産」の「維持」と「安全」の下でのみ行われること、それ故「一定の時間」を必要とすることを指摘した。

また百貨店の問題については、ナチス党綱領に従った改造を決してサボタージュするのではなく、そこで働く「職員、その供給業者とその労働者の生活」の危険を回避するような仕方で行われることの重要性を訴えた。百貨店の改組に当って「ドイツの小売業がもっとも強く目指すことは、百貨店の労働者と職員の生活と百貨店がもつ経済的価値の維持」とである、と。

反百貨店運動の闘士で営業的中間層闘争連盟副会長として活躍したヒラントは今や全ドイツ経済機構の最上層機関ライヒ経済会議所の商工会議所部の事務局長の要職についていた。彼は次のように述べる(36)。

人的グライヒシャルトゥングは身分階層制的構成をめざす最初の試みという面をもっていた。しかしこの重要課題にあえて近づくことはまだ早いということが直ちに明らかとなった。あまりに多くのものが、そして資格のないものが身分階層制の建設作業に押し寄せ、「手前勝手」な要求を掲げる者たちがいたる所で登場して来た。階層制的構成のための作業は階層制をめぐる闘争に転化し、他方で失業を除去し、ドイツ人の食料・原料事情に役立つ緊急不可欠な措置はそのような利害闘争によってひどく妨げられることになった。総統は直ちに介入し、一九三三年七月七日、身分制的構成は先送りされた、と。

ヒラントは、レンテルンが主導した一九三三年五月三日のドイツ手工業ライヒ身分、同五月四日のドイツ商業ライヒ身分の結成、六月一九日のドイツ工業ライヒ身分の形成を経て、専門別編成方式（G・フェーダー）か機能的編成方式かのライヒ経済省内の見解対立を調整して作られた、一九三四年二月二四日のドイツ経済有機的構成準備法にいたる経緯にそれを対応させた。

以上のように営業的中間層闘争連盟の指導者たちは、ヒトラーら党指導部の方針に対応させて、これまでの反百貨店・反消費組合の立場を転換し、大型店の解体ではなく、その存続を前提にしながら、経済界の組織化を土台にしたより合法的な方法による規制の方向をめざすようになった。そのような動向を背景にして小売商保護法が布告された。

（4）小売商保護法

小売商保護法（Gesetz zum Schutz des Einzelhandels）とその施行令は、一九三三年五月一二日に布告された。ついで同七月一五日に補足令、一九三四年六月二七日と一二月一三日、一九三五年五月九日に修正令が出された。小売商業に対する立法は、このように手工業関係の立法の第一令の一年以上前に逸早く実施された。同法により、商品の販売を目的とする販売店は、同年一一月一日まで六カ月間新設が禁じられた。既存の販売店を閉鎖し、同一地域の他の場所に移転する場合もこの新設に該当した。同様に多数の販売店を経営する企業が別の販売店を引き受け、百貨店等の経営を行う場合、またこれまで日用品・食料品の販売が小さな部分を占めた販売店が、その販売を拡張した場合も、それに該当した。この条項は消費組合や労働組合購買部の配給所の設置についても適用された。

また百貨店・均一価格店・消費組合販売所に手工業経営を併置することは禁止された。百貨店等での飲酒店・食堂の営業も規制された。また日常必需品の商業を営むものが、欺瞞や暴利により、また不正競争禁止法違反により、罰則を繰り返したものには最短一年間、営業停止を命じうるものとした(37)。

以上のようにナチス政府は、グライヒシャルトゥングにほとんど対応させるように、小売業の「中間層的経営」のための保護立法を布告した。一連の措置の特徴は次の点にあった。

(1)まず、小売業の新規の開業が禁止された。一九三四年七月二三日の修正令により新規開業禁止の原則は修正され、開業希望者が「専門的ないし道義的特性」を備えた場合は開業が認められることになった。だがその前提としてその地域の同じ業種において「異常な過剰」が生じないことが必要であった。そのため新規開業は同業者の地域的組織により事実上大きく規制されえたのである。また新規開店に際しては、「不適格者」の開業を排除するため、専門的知識の有無を認定することになり、地域の組織はこの点においても影響力を行使することが出来た。他方もうひとつの条件である「道義的特性」の基準に関連して開業希望者の「政治的信頼性」、すなわちナチス党との関係が問題となり、その扱いをめぐって党との折衝が必要となった。

(2)百貨店・均一価格店・支店（チェーン）企業などの大型商店のうち、百貨店はそこで働く労働者の雇用維持、納入業者の営業の観点から、それに対する破壊行為が禁止されていたが、この立法によって大型店は法律上も存立が認められた。しかし百貨店における自営手工業経営の店内営業は規制された。

(3)消費組合も認められた。しかしその新規開業や食品・日用品販売の拡張が規制された。

(4)小売業者にとって最大の問題は、地域での低価格品店や同業者の捨値的な販売であった。原価ギリギリの投売りや極端な大安売りは、不正な競争とみなされていたが、小売商保護法は不正競争禁止法違反者に対する営業停止の条項を設けて、それに対処しようとした。信用を不正に利用し、社会的な義務に反して、「原価をカバーできず、秩序ある経済の要請に違反するような」価格で商品・サービスを提供するものを罰する競争法（一九三四年一二月二一日）も、過当競争に悩む小売業者にとっては有益であった。一九三五年二月には不正競争禁止法が改正され、閉店在庫一掃売出しののちに営業を継続したり、一年以内に同一場所で同種の商品を売る店を開業することを禁じた。同法はシーズン期末の大売出しや在庫大売出しも規制したが、これらの措置も小売業の同業者間の過度な競争状態の緩和を意図するものであった。

「小売業の要求の多くは少なくとも部分的に実現された」とザルダーンは述べているが[38]、小売業にとって最大の問題であった競争の過剰の状況がナチス政権の下で規制されたことは重要で、ナチス権力は中間層としての小売業者を決して軽視することはなかったということが出来る。

3 ライヒ集団「商業」の組織化とナチス党員指導者

飲食業を含む広義の「商業」は、これまで専門別にいくつかの全ドイツ的な団体に組織されていた。そのような全国的団体としてドイツ卸売業・海外商業ライヒ連盟、ドイツ小売業中央協同体、ドイツ飲食業ライヒ統合連盟、ドイツ移動営業ライヒ連盟、ドイツ商業代理業協会中央連盟がとりわけ重要であった。ナチスが政権を掌握すると、ナチス党営業的中間層闘争連盟の議長レンテルンは、ドイツ手工業ライヒ身分と併行させて、一九三三年五月四日、これらの団体を統合してドイツ商業ライヒ身分を結成した。レンテルンはこうして一時「手工業」と「商業」の二大分野における全ドイツ的団体の指導者の地位を兼任することになった。

翌一九三四年二月、ドイツ経済有機的構成準備法が施行され、ドイツ経済の全機構の分野別・専門別の集団的組織化が試みられた。「商業」に関しては上記のドイツ商業ライヒ身分を土台にしてドイツ経済中央集団Ⅸ「商業」が編成された。その指導者に任命されたのはもはやレンテルンではなく、フランクフルト・アム・マインの商工会議所会頭C・リューア（Carl Lüer）であった。「工業」や「手工業」と同様、これまでの自主的な加入方式に替って、加入義務制が原則となり、それに基づいて統一的な組織体が「商業」分野においても発足することになった。ライヒ経済相シャハトの下で、同年一一月二七日、上記法律の第一次執行令が出され、銀行業をも含めたドイツ経済の全分野が集団として編成されると、上記中央集団「商業」は、ライヒ集団（Reichsgruppe）となり、ライヒ集団「商業」の名称が与えられ、ライヒ集団「工業」やライヒ集団「手工業」そのほかとともに最高組織であるライヒ経済会議所（Reichswirtschaftskammer）を構成した。営業的中間層闘争連盟の指導者のひとりヒラントは上述したようにこの機関の商工会議所部の事務局長の地位に就いた。ライヒ集団は一九三五年二月のライヒ経済相布告により法的団体として認められた[39]。

ライヒ集団商業は専門別に組織され、経済集団・専門別団体（＝専門集団）・専門下部集団によって編成された。経済集団としては、上述した既存の全ドイツ的団体を土台にして「卸商・輸出入商業」、「小売商業」、「飲食店・宿泊業」、「移動営業」および「仲介商業」の五つの団体が結成された。それらは地域的にも組織され、併行して活動する商工会議所とともに、地域の経済会議所に代表を送った。

それらの組織は、ナチズムを特徴づける指導者原理（Führerprinzip）によって運営された。この原理はナチス的思想と不可分の関係にあり、組織の指導者はライヒ経済相によって任命され、ナチス党員あるいはナチズムの支持者でなければならなかった[40]。「工業」分野等その他の経済集団・専門集団の場合と同様[41]、「商業」においてもその原則が貫かれた。

それでは集団「商業」の指導者と事務局長には誰が就任したか。『ドイツ経済構成ハンドブック』の記述に基づき、彼らとナチス党との関連を確かめることにしよう。

[ライヒ集団商業[42]]

a．ライヒ集団商業の指導者

ライヒ集団商業の指導者の地位に就任したのはフランクフルト商工会議所会頭のリューアで、一九三八年にF・ハイラーに交替するまで商業集団を指導した。彼の経歴は次のようであった。一八九七年ボケネム（ハノーファー）生まれ。中学校卒業、商業徒弟、実習（工業）。一九一五～一九一八年兵役・負傷、傷痍軍人記章。第一次大戦後、工業企業・輸入業・銀行・取引所で営業関係の仕事を経験し、傍ら独学で準備して高等学校第三学年入学・アビトゥア資格。一九二四年フランクフルト大学で博士号取得（経済政策・財政問題）。一九二七年にナチス党に加入（黄金党記章所持者)。フランクフルト・フォルクスブラット誌経済部と南西ラント検査官情報部とで名誉部長(二年間)に就任、一九三三年以降フランクフルト商工会議所会頭、一九三三・三四年ヘッセン管区労働管理官。一九三三年九月以降ライン・マイン工業・商業会議議長、同一一月以降ライヒ議会議員、大管区検査官(ナチス党南部ヘッセン・サッサウ大管区事務局ほか)。一九三四年五月中央集団Ⅸ商業指導者。一九三四年七月フランクフルト大学名誉教授、ライヒ経済会議所指導者代理、ドイツ法学アカデミー会員、ライヒ交通委員会委員、そのほか経済名誉職多数。ドイツ金・銀分離株式会社重役会役員、アダム・オペル社監査役。

以上のようにリューアは一九二七年入党のナチス古参党員として活動し、ヒトラーが権力を掌握した後は、グライヒシャルトゥングにより商工会議所会頭に就任し、ついでライヒ集団中央機関の指導者の地位を獲得した(一九六九年死亡)。一九三八年には、リューアに代わって、経済集団小売業の指導者で、親衛隊幹部のF・ハイラーが指導者の地位に就任し、第二代事務局長、親衛隊幹部のオーレンドルフと協力してライヒ商業集団を指導した。ハイラーの履歴は後述参照。

b. ライヒ集団商業の事務局長

初代事務局長はG・フェルトマン(Feldmann)であったが、途中でナチス党実力者・親衛隊指導者O・オーレンドルフ(Otto Ohlendorf)がこの地位に就任した。まずフェルトマンの経歴を見よう。一八八九年ブレーメン生まれ。福音教会派。ブレーメンのコーヒー・植民地物産卸商で商業徒弟、一九一〇~二一年、合衆国と日本で活動、一九二〇年ブレーメン復帰、父親の毛織物卸商勤務。一九二一年ドイツバンク(ブレーメン支店)補償部第一補佐、続いて一九二二年一一月まで穀物・食品輸入商M. & Co.(ブレーメン)業務代理、一九二二年一二月~一九三三年一二月の間、工場消費施設合同会社(エッセン)の営業主任、一九三四年四月より現職。一九二八年四月以来のナチス党員でナチス党黄金記章を保持する。

フェルトマンののち事務局長に就任したオーレンドルフは、親衛隊保安部を構築し、一九三九年国家保安本部の第三（国内保安）局長に就任していた。一九〇七年ヒルデスハイム近郊に生まれた彼は、一九二五年一八歳でナチス党員となり、ついで突撃隊、親衛隊に参加、ヒトラー政権掌握時にはキール世界経済研究所の講師にもなっていた。彼は独ソ戦開始とともに行動部隊を率いて遠征し、組織的殺害を指揮した（オーレンドルフ指揮の行動部隊Ｄによる犠牲者九万二千名）。彼は、リューアに代わってライヒ集団指導者となったハイラーとコンビを組んで活動することになる。一九四二年ライヒ経済省の局長に就任し、同省次官の地位にあったハイラーの代理をも行った。オーレンドルフは、ライヒ集団商業とライヒ経済省の力をバックにして、総力戦的経済体制をめざすシュペアの合理化政策に対抗しようとした（一九五一年六月死刑）(43)。

ライヒ集団商業の下には、卸売・輸出入商業、小売業、飲食店・宿泊業、移動商、仲買業、ほかの経済集団が組織され、それぞれが独自な活動を展開していた。次にこれら経済集団の中で最も大規模な経済集団小売業の指導者・事務局長の経歴を見ることにしよう。

〔経済集団小売業〕

一九三六年までに約五二万三〇〇〇の小売商が加入しており、工業・手工業を含めた経済集団全体の中でも最大級の団体となっていた。その指導者となったのがナチス党古参党員、親衛隊ライヒ指導者ハイラー（Franz Hayler）であった。ハイラーの履歴は次のようであった(44)。

ａ．経済集団小売業の指導者ハイラー

一九〇〇年にバイエルン・フランケン地方シュヴァルツェンフェルト生まれ。ギムナジウム修了。一九一七年戦時志願兵。一九一九年にミュンヘン・レーテ運動弾圧に加担、ルール地方・オーバーシュレージエンの闘争に参加。一九二三年一一月ヒトラー一揆に加わる。ナチス党血の記章保持、プファルツ分離主義者闘争の特別行動に参加。第一次大戦後に大学在学、ミュンヘンの食料品店を取得、一九三三年ドイツ植民地物産・食料品小売業者ライヒ連盟議長、ドイツ小売業中央協同体会長代理（副）。ドイツ小売業労働協同体議長。一九三四年五月以降ドイツ小売業全権委員、ついで現職の経済集団小売業指導者。一九三四年以降小売業職業組合会長、ライヒ経済会議所、バイエルン経済会議所、ミュンヘン商工会議所の各顧問会員、ほか経済名誉職。

ハイラーは一九三八年にはリュアに代わってライヒ集団商業の指導者に就任し、一九四一年ライヒ石炭連盟のメンバーに、翌年ライヒ議会議員にもなった。一九四三年には親衛隊集団指導者、ライヒ経済相フンク代理、ライヒ経済省次官として活動する。ライヒ集団商業の事務局長に就任していたオーレンドルフとハイラーとは、親衛隊・ヒムラーとの近い関係を背景にして、ライヒ経済省の要職を掌握して影響力を行使することになる。(45)

b．経済集団小売業の事務局長F・ヴィーザー（Fritz Wieser）(46)

一八九三年バイエルン・ミッテルフランケン生まれ。ギムナジウム修了、一九一二～一四年大学、一九一四年召集、一九一七年志願兵。戦後大学復帰。一九一九年義勇兵団、ミュンヘナー誌、ついでフェルキッシュ・ベオバハター誌主幹、一九二二年ナチス・フランケン・フォルクスシュティメ（ニュルンベルク）誌主幹、一九二三年闘争連盟機関誌ハイマートラント（ミュンヘン）政治部編集委員、同誌発禁後は日刊紙フェルキッシャ・クリア誌（ミュンヘン）政治部主幹。一九二六年バイエルン・シュタインメッツ製粉業社代理人、一九二八～三一年同関連会社（ベルリン）代理人。この間一九三〇年博士号取得。一九三二年ナチス系プロイシシュ・ツァイトゥング誌（ケーニヒスベルク）政治部主幹、一九三三年以降経営主。一九三四年一一月にハイラーの指名で経済集団小売業現職。

ナチス系雑誌の主幹として活動して来たヴィーゼは、政治的には、一九一九年ドイツ労働党（ＤＡＰ）に属し、ナチス党に組み込まれたドイツ社会主義者党の結党に加わり、一九二五〜二六年はナチス党員、一九三一年に再度加入する。

〔そのほかの経済集団の指導者・事務局長〕

経済集団卸売商・輸出入業の指導者ルンプフ（Rumpf：一八八四年生まれ）はナチス党員の記載がないが、同人の写真の上衣につけた記章は党章のように見える。事務局長ゼラー（Seller：一八九八年ウィーン生まれ）はナチス党員で、一九三一年以降党や経済界の関連機関に関与していた(47)。

ホテル・レストラン・コーヒー店・ビヤホール・駅内食堂・カジノ・社内食堂などの営業者の経済集団・飲食店・宿泊業のメンバーは、二五万経営を数え、商業の経済集団としては小売業に次ぐ大きさであった。指導者は、バード・ゴーデスベルクの老舗ホテル経営者ドレーゼン（Dreesen：一八八四年生まれ）で、ナチス党員であった。ヨーロッパ各地のホテル・レストランで修業を重ね、一九〇七年から父親経営のホテル（Rheinhotel Dreesen）の経営に加わり、一九一二年父親の死後、弟とともにホテルの所有者となった。バード・ゴーデスベルクの市参事会員でもあった(48)。ドレーゼンを補佐した同経済集団の事務局長シェプヴィンケル（Schöpwinkel：一八九二年生まれ）に関しては、『ハンドブック』は党関係の記載を行っていない。同人は一九二一年にデュッセルドルフのホテルを親族とともに取得し、同市の商業会議所や市議会で活動していた。

経済集団移動営業（マルクト・街頭商人、行商、興行業。約一三万経営）の指導者ヘック（Heck：一八九九年ヴッパタール・バルメン生まれ）は、カロセリー車金具関係の卸商で、ナチス政権掌握後ナチス党のライヒ本部、NS-Hagoの指導者に任命されていた。この経済集団の事務局長ギュンター（Günther：一八九四年生まれ）とナチス党との関係について『ハンドブック』は何も記していない。同人は一九二三〜三三年はドイツ移動商人ライヒ連盟の理事で活動していたが、一九三四年にはドイツ商業代理・移動営業者ライヒ連盟の事務局長となっているから、ナチス党との関係は緊密であったと考えられる(49)。

経済集団仲介商業は、商品・不動産・各種サービスの仲介業を営む一〇万以上の営業者が参加する組織であった。指導者はライヒ集団商業の指導者リューアが兼任しており、事務局長はテュメル（Thümmel：一八九五年ロートリンゲン生まれ）で、戦争で負傷、戦後ブレーメンで商業を営んでいた。一九三一年にナチス党に加入し、一九三三年にドイツ卸商・海外商業ライヒ連盟、ドイツ商業ライヒ身分の事務局に加わり、現在に至っている(50)。またこの経済集団に属する専門集団仲介業の指導者ポール（Pohl：一八八〇年ケルン生まれ）もナチス党員で、黄金名誉党記章を持つ古参党員であった。彼はノルトマルク経済会議所・ハンブルク商工会議所の顧問としても活動している。同専門集団事務局長エンゲル（Engel：一九〇一年生まれ）にはナチス党員の記載はない(51)。不動産仲介業の専門集団（九〇〇〇人）の指導者ガウル（Gaul）には記載がないが、事務局長ウア（Uhr）はナチス党員と記載されている(52)。同じく保険代理業・仲介業の専門集団の指導者シュタウベ（Staube：一八七六年ゴータ生まれ）はナチス党に加入していたが、事務局長ヨェール（Joehl：一九〇〇年生まれ）は、党関係について記されていない(53)。

ドイツの商業は以上のように、全国的機関としてのライヒ集団・経済集団に組織され、いずれの集団もナチス党の党員ないし支持者によって運営された。ドイツ各地に下部組織として地区経済集団が、さらにその下に地域的下部組織がつくられた。地域にはこの集団組織とは別に古くから会議所が存在していた。小売商・卸商は、手工業会議所を持つ「手工業」と異なり、自身の独立した会議所を持たず、工業企業とともに商工会議所を構成していた。しかし会議所の一員になることが出来たのは有力な商人に限られ、小規模ないし零細な商業経営者は、会員になることはできなかった。（但しプロイセンでは加入が認められるようになった）。加入義務制により、営業者を網羅的に加入させる経済集団・専門集団は、その意味で中小・零細経営をも含めた商業経営者にとって自身の利害と結びつく重要な公的機関となった。

なお商工会議所は、手工業会議所とともに一九四二年に改組され、経済集団の地域組織と結びつけられて、大管区経済会議所（Gauwirtschaftskammer）に編成された。ナチス党官房・大管区指導者などが求めて来たこの編成替えに関与したのが、経済集団小売業・ライヒ集団商業の指導者のハイラーであり、ライヒ集団商業事務局長のオーレンドルフであった。親衛隊の幹部でもあった両者は、やがてライヒ経済省の要職に就任し、中間層擁護の観点に立って、総力戦が要請する経済体制の改造の方向に対抗することになるのである（後述参照）[54]。

4　四カ年計画期の小売業と「過剰」問題

（1）小売業と地域住民の生活

商業を専業とする商品取扱業者は、ほとんどすべてが全ドイツ的な機構であるライヒ集団「商業」―経済集団に組織された。商業分野で経営数・就業者数で圧倒的な位置を占めたのは小売業経営であって、その営業活動の基盤は地域に置かれていた。住民たちは、生活に必要な消費財、とりわけ日常的に消費する食料品やタバコ、石鹸や洗剤などの日用品を居住地や近隣の小売商や手工業者から購入した。企業で働く労働者やホワイトカラー、役人や教員、そして中小商工業者自身も含めて、地域の住民家族の生活にとって、少量ずつの日用品の購買は不可欠であり、そのような小口の販売を営業活動の中心に据えた小売営業はなくてはならない存在であった。そこで次に小売業経営が地域にどのような程度で広がっていたかを見ることにしよう。

第2表　小売業と手工業・飲食店・農業との営業上の重なり（主要業種）（1938年）

業種・専門	小売業経営数（調査対象）	手工業		飲食店		農業	
		経営数（調査対象）	%	経営数（調査対象）	%	経営数（調査対象）	%
食料品・嗜好品	245,600	25,850	10.5	15,220	6.2	25,060	10.2
衣料品・繊維・皮革	73,700	15,970	21.7	270	0.4	1,290	1.8
鉄製品・電気器具・家庭用品	21,700	7,650	35.3	210	1.0	570	2.6
衛生・化学・光学関係	26,000	4,790	18.4	62	0.2	82	0.3
自動車・燃料・ガレージ	18,900	5,060	26.9	46	0.2	130	0.7
機械	14,200	9,440	66.5	86	0.6	810	5.7
工芸品・文具・玩具	18,800	5,060	26.9	46	0.2	130	0.7
宝石・貴金属・時計	6,800	5,350	78.7	11	0.2	28	0.4

典拠：*Übersicht über die Betriebsverhältnisse und über die soziale Struktur des deutschen Einzelhandels.* Tabellenmaterial einer Erhebung der Wirtschaftsgruppe Einzelhandel vom Jahre 1938, S. 10.

言うまでもなく地域における商品の販売は商業経営者ばかりでなく、生産者（製造業者・農業経営者）によっても営まれていた。とりわけ最終消費財を生産する中小規模のいわゆる手工業経営は、自身の生産物の販売だけでなく、他の生産者（企業）が製造した製品や関連商品（取替部品・付属品）の販売をも同時に行っており、最終消費者への小売販売という点で専業の小売業者と共通する面を有していた。第2表は、手工業などでのそのような小売販売の程度、小売業との営業上の重なりを示している。製パン業や精肉業などの食品関係手工業も売上げの一割は他企業の生産物の販売であった。宝石・時計工は総販売高の七五％以上、鉄加工・電気工などもその割合は三分の一以上、時には半分以上がそのような商品の販売によって占められていた(55)。

これに対してライヒ経済集団商業に組織された営業者は、修繕などを除いて生産は営まず、商品の取引を専門にしていた。彼らの活動は、上述したように同じく地域の消費者を顧客とする手工業経営とともに、地域社会に密接に結びついていた。経済集団小売業が調査して作成した人口二万人の小都市の平均的事例の場合、地域住民の生活に密接に関連する小売業者や手工業者の業種別営業の状況は第3表のようであった(56)。食料品関係の営業が最も多く、繊維品関係、さらに薬品・石鹸などの日用品、自動車関連がそれに続いた。

第3表　小都市の生活品関係の小売業・手工業（平均的事例）

	経営数	就業者数	備　考
食料品	50～70	150～200	約3分の1は製パン店・精肉店（手工業者）。果実・チョコレート・ワイン専門店も含む。
タバコ類	7	12	居酒屋・ビアホールなど副業も多い
衣料品各種	4～6	30～40	比較的大きな経営を含む。
傘・スポーツ品・カーテン等・革製品・その他繊維品	10～12	26～32	
靴・皮革類	6	22～23	
家具・じゅうたん類	4～5	20～25	
楽器	1	2～3	
鉄製品・金属製品・かまど・日用品	4～5	20～25	
ガラス・陶器・台所用品	2	8	
電気・照明具・ラジオ	3～4	10～14	
薬品・染料品・石けん・ブラシ・外科用具・衛生用品	6～8	17～29	
写真関係・光学品	2	4～8	
自動車・同必要品	6～8	30～40	ガソリンタンクも含む。工業地域・交通要所等では多くなる。手工業（修理業）とも重複する。
自転車・ミシン・ベビーカー	4	12	通勤で労働者が利用。密集居住地域では多くなる。手工業とも重複。
石炭・一部運送業兼営	7	35～40	
工芸品・文房具・事務用品	5	10～11	
宝石・装身具・時計・貴金属	2～3	6～9	

典拠：Wirtschaftsgruppe Einzelhandel, *Arbeitsbericht 1937/38*, S. 66から作成。

大・中都市ではどうであったか。たとえばライン・ヴェストファーレン工業地帯・ルール地方の鉱山業都市デュースブルク・ハムボルン（Duisburg-Hamborn：人口一二万三〇〇〇人）の小売業について同時代の調査は次のような状況を報告している[57]。

食品・嗜好品店二九五、タバコ店二九、繊維・衣料・皮革品店九三、室内用品・音楽関係店五一、鉄製品・家庭用品店三六、薬品・化学・光学品店四一、自動車・ガソリン・ガレージ店一八、機械（ミシン）・ラジオ店一二、文具・貴金属・時計店四〇、その他三、計六一八店。

労働者の多いこの都市で最も重要な小売商は食品店で、小売店総数六一八のうち半数近い二九五店がこの業種に属した。同じく食料品に関係する製パン・精肉業など食品関連の「手工業」経営は、一七

第4表　売上高規模別経営構成（1938年）

売上高規模（RM）	小売業全体（石炭業除く）	%	食料品・嗜好品	%	衣料・纖維・皮革	%
経営数	486,000		245,600		73,700	
20,000以下	275,740	57	140,320	57	34,710	47
2万～5万	137,210	28	78,010	32	19,830	27
5万～10万	45,660	9	21,410	9	10,180	14
10万～20万	16,810	3	4,800	2	5,200	7
20万～50万	7,420	2	980	0.4	2,660	4
50万～100万	1,880	0.4	98	0.04	680	0.9
100万以上	1,225	0.3	21	0.01	446	0.6

典拠：*Übersicht über die Betriebsverhältnisse und über die soziale Struktur des deutschen Einzelhandels*, S. 6, S. 15, S. 17, S. 21. から作成。

二経営存在しており、両者合わせると四六七店に達した。食品に続いて数の多い小売店は、衣料品商であったが、同じく衣料品や靴を加工・修理したり、クリーニングする「手工業」の数（但し、理容店含む）は四〇四店を数え、手工業全体の四四％を占めており、食料品と被服という日常生活と密接に関係する営業が中小の商工業経営によって担われていたことが分かる。鉱山業を中心とする工業都市におけるこのような生活関連商工業の展開と先の小都市の平均的事例の状況とを比較すると、その業種別の分布状況は相互に似通っており、都市の規模に関わりなく、食料品や衣料をはじめとするそれらの小売業が地域住民の生活にとって不可欠であったことを推定させる。

（2）四カ年計画期の小売業の全体像

四カ年計画は一九三六年に始まるが、その二年後の一九三八年の小売業の主要業種の経営数は第4表のようであった(58)。小売業の総数は四八万六〇〇〇（但し石炭商を除く）で、そのうち百貨店・均一価格販売店は三〇〇経営で、支店（チェーン）経営企業は七四〇、通信販売店は二〇九七であった。四八万余の小売業総数のうち、「支店」（Filialen）の数は三万四〇〇〇で、そのうち百貨店・均一価格店の支店は四四四、支店経営企業のそれは一万七九一〇、通信販売店は一二九を数えた。後三者の大型小売商の支店数は合計一万八四八三で、支店総数の五四％強を占めた。残りの四六％に当る一万五五〇〇余の支店は、大型店ではない中小の小売商店の支店で、その三分の一の六二〇〇は食料品業に属し、衣料品業の二六七〇支店がそれに続いた。大型店を除く小売業の主要業種をあげると次の通りである。食料品・嗜好品業二四万五六〇〇、衣料・繊維・皮革品業七万三七〇〇、タバコ業三万七二〇〇、衛生・化学・光学関係二万六〇〇〇、鉄製品・電気器具・家庭用品二万一七〇〇、自動車・燃料・ガレージ業一万九四〇〇、工芸品・文房具・玩具関係一万八八〇〇などであった(59)。

経済集団小売業の成員は四六九万で、年総売上高五万RM以下の経営は、全体の八六・一%を占め(売上高では三六%)、五万RM以上の営業は一四%弱に過ぎなかったが売上高では六四%に達した。最大の分野である食料品等小売業では、経営数の約九〇%がそのような小経営であったが、売上高では六五・一%に止まった。小経営の中でも二万RM以下の零細経営は、全体の五七・一%(売上げでは二三・七%)に及んだ。経営者がそれにふさわしい生活をし、能力ある経営を維持するためには食品業では四万から七万RMの売上げが必要であった。この分野ではほとんど三分の二以上の営業者がそれに達しなかった(60)。

(3)小売業の「過剰」・「整理」問題とその反発

以上のように小売業は圧倒的な数の小・零細経営によって占められていた。そのような中で小売業の「過剰」と「整理」が問題となった。世界恐慌の中で失業者の中には零細な小売業を開店したり行商に転じたものも少なくなかった。人口増加の割合(対一九二五年比で一九三三年四・五%増)に比較して小売業経営の増加率(七%)は確かに高かった。経営的に劣悪な零細経営が増大し、競争が深刻化して、優良な経営の収益をも圧迫したことは事実であった。そのような事情を背景にして、過剰な劣悪経営を整理＝閉鎖して、残存経営により良好な営業環境を作り出そうという議論が表面化した。四カ年計画の下で軍需工業の労働力不足が問題となっていた。上の論議は、そのような「整理」によって生み出された労働力を軍需工業に振り向けるという観点と結びついた。

経済集団小売業は業務報告の中でそのような考えに対して徹底的に反論した。経済集団は、まず人口増加率に対して、消費生活の拡大により多く関係する家計数（家族数）の増加率の高さ（一五・五％）の重要性を指摘し、また、経済発展に伴う小売業に対する必要性の増大と新しい需要、新製品の登場などの意義を強調する。経営の「整理」の基準として、年売上高二万ＲＭ以下、あるいは一万ＲＭが表明されているが、それらの排除によって立地的に離れた残余の諸経営の売上げの拡大を結論づけるのは早計であると主張した。

労働力の動員のために劣悪経営の「整理」を求める考えもあるがそれも誤っている。専業的小売業の「過剰」の問題は、手工業者による「副業」的小売業や居酒屋・ビアホールでの小売兼業の問題と密接な関係にあり、まずそれらの制限が考慮される必要がある。また小売業の労働力の高齢化（たとえば食品業では五〇％）や、他業種への移動の困難性も「動員」を難しくしている、と。

小売業界の指導部は、また「動員」のための「整理」論が、経営の「選別」論と一体となり、残存経営の「合理化」への期待と結合していることを問題にした。このような見方に対して経済集団執行部は、小売業では人間の労働能力こそが重要で、住民の購買習慣や買入行動の特性への考慮が不可欠であって、「工業」のような機械的な合理化は困難であると反論した。小売業にとって重要なことは、住民への必要商品の適正な価格での販売と商品の品質であり、業者の選別はこの観点から住民自身が行っている。必要なことは物資の供給が能力重視の機械的配分へと硬直化しないことである、と。(61)

経済集団は、「選別」の仕方として小売業への今後の新規参入に際して一定の条件を設けること、また既存の経営には業績力の向上を要請し、不適者や職業能力のないものは、機械的な経営閉鎖ではなく、「市場秩序」における顧客による選別の途を提案した。

（4）ユダヤ人商店の収奪＝「アーリア化」

ユダヤ人経営の排除はこのような小売業の「過剰」問題を背景にもっていた。小売業分野でのナチスによるユダヤ人商店の営業妨害、破壊的行為は、すでに一九三三年以前から始まっており、ナチス政権掌握後はグライヒシャルトゥングの中で激化したことはよく知られている。[62] ナチス体制の下でユダヤ人の活動は、経済分野では当初は容認された。そもそもどの商店がユダヤ人の経営か特定できない場合が多数存在した。また卸商や工業企業の多くが、ユダヤ人の経営に属し（たとえば繊維品・衣料分野では七〇～九五％）、小売業者・卸商・手工業者の仕入先となっていた。ユダヤ人商店から買うことを拒否することは営業の存続そのものに関わる問題でもあった。[63]

一九三三～三七年における「アーリア化」は、ボイコットや圧迫を背景に、ユダヤ人を追放し、法的根拠なしにその商店を没収したり、あるいは「自発的」な売買の形をとって著しく低廉な価格でユダヤ人から商店を買い取る仕方で進行した。ナチスによるこのような「アーリア化」はとくに農村や小都市で実行された。

一九三七／三八年以降は、四カ年計画を背景にし「アーリア化」は国家的に促進された。一九三八年四月に一定以上（五〇〇〇ＲＭ以上）のユダヤ人財産は届出が義務づけられ、処分権が制限された。ユダヤ人経営の所有を共同所有権者である非ユダヤ人に名目的に委譲することは刑罰の対象となった。

一九三三年にはユダヤ人企業は約一〇万存在したが、そのうち約六万企業が一九三八年までに「アーリア化」された。「アーリア化」が最も顕著に進行したのは小売業で、五万店あった経営のうちほとんどがユダヤ人の手を離れ、一九三八年にはわずかに九〇〇〇店が辛うじてユダヤ人の所有に止まった。一九三八年一一月のユダヤ人迫害措置は、ユダヤ人財産の国家的強制没収を加速し、同年末には残存するユダヤ人経営の「強制的なアーリア化か閉鎖」を翌年一月までに実施することが決定された。[64]

1938年＝100とする数字／前年比増減（%）

1937年	1938年	1939年	1940年	1941年	1942年	1943年
93（+6）	100（+8）	110（+10）	112（+2）	116（+4）	117（+1）	124（+6）
88（+15）	100（+13）	111（+11）	103（−7）	107（+4）	93（−13）	77（−17）
85（+15）	100（+17）	108（+8）	93（−14）	86（−8）	80（−7）	73（−9）
93（+9）	100（+7）	110（+10）	102（−7）	102（±0）	85（−17）	75−80（−5〜−10）

しかし「アーリア化」はしばしば資本力のある企業の進出と結びつき、大規模支店経営の拡大や工業企業の商業進出、外国コンツェルンのドイツ経営把握に結果することが少なくなかった。小売業界にとってそれは望ましい事柄ではなかった。こうして「荒っぽい（wild）」「アーリア化」の事後的な調整が必要とされ、経済集団小売業は、「アーリア化」が専門分野ごとに、商工会議所と専門業種組織を担い手として統一的な規定によって進められることを求めた[65]。経済集団は「アーリア化」に反対したわけではもちろんなく、より整備された「アーリア化」とそれへの自身の関与の拡大を求めたのである。

5　一九三九年の小売業の経営閉鎖——経済集団の抵抗——

(1)　戦時経済と小売業の状況

一九三九年九月開戦と同時に戦時経済令が布告され、ドイツ経済は戦時経済体制へと突入し、さらに一九四一年独ソ戦開始の時期には、軍需相トット、ついでシュペアの下で総力戦体制が構築された。ドイツの小売業の専門店の売上高は一九三九年に全体として上昇し、一九三八年を一三％上回った。その理由は、それまでの在庫の一掃、軍施設・公的機関への納入の増加、企業への販売の拡大などによるものであった。しかし総力戦体制への突入に伴って小売業は大きな影響を受け、売上高は減少傾向に転じた。その影響は、業種によって異なっていた[66]。

第5表　ドイツ小売業の売上高推移（1930〜1943年）

小売業業種	1930年	1931年	1932年	1933年	1934年	1935年	1936年
食料品専門店	95（−7）	87（−8）	74（−15）	71（−4）	75（+6）	81（+8）	88（+9）
繊維品専門店	88（−10）	74（−16）	57（−23）	58（+1）	68（+18）	69（+1）	77（+11）
紳士服・子供服	78（−14）	64（−18）	50（−22）	51（+1）	63（+24）	65（+3）	74（+14）
鉄製品・オーブン他	73（−）	60（−17）	48（−20）	53（+10）	68（+28）	74（+8）	86（+17）

典拠：J. Tiburtius, *Lage und Leistungen des deutschen Handels*, S. 16, Tabelle 1から作成。

第5表に示されているように、小売業で最も数の多い食料品店の販売状況は、開戦後も増加の一途をたどり、総力戦期の前半まではそれが続いた。これに対して繊維製品・衣料品業は、とりわけ総力戦期に入ると大幅に減少し、中でも紳士服・子供服の専門店、婦人服・若手女性用被服やシャツなど下着類を取り扱う商店において顕著であった。戦時経済に伴う売上高の後退は、鉄製品・オーブン類の小売業、家具販売、自動車販売においても同様であった(67)。軍需工業の急速な拡大に対して、消費財や消費材生産のための生産手段の生産が抑制され、代用品の生産は行われたものの、民需品の生産量が大幅に縮小したことが大きな要因であった。その中で原材料・製品の取引を規制する配給システムが導入され、小売商はこの配給体制の中に組み込まれていった。

他方軍関係・公的機関への文具・家具・食品・鉄製品の販売は増大し、中小営業者もその受注に関与した。また戦時下の日常生活において住民は、遠方のデパートや大商店ではなく、近隣にある地元の商店をより多く利用するようになっており、大都市の大型店舗に対して地域の中小経営の顧客が広がった(68)。他方小売商の側では召集や徴用で労働力不足が深刻化する中で、それらを免れた女性や高齢者など家族労働の役割が増加し、地域住民に対する生活用品の販売のための重要な労働力になった。

第6表は一九三八年における主要業種の家族労働の状況を示すものであるが、注目すべき点は、人々の日常生活に不可欠な食料品や衣料品を扱う小売商では、就業者の二分の一以上が女子労働で占められ、食品関係ではその半数以上が家族労働力であったことである。

第６表　主要業種男女別労働力・家族労働力（1938年）

主要業種	小売業就業者（男女別）				内家族補助労働力			
	男　子		女　子		男　子		女　子	
食料品・嗜好品	249,000	45%	299,000	55%	30,000	16%	155,000	84%
衣料品・皮革	130,000	35%	248,000	65%	8,000	19%	34,000	81%
鉄製品・電気製品・家庭用品	62,000	61%	39,000	39%	2,300	17%	11,100	83%
衛生・化学・光学	44,000	59%	31,000	41%	1,900	16%	10,300	84%
自動車・ガソリン・ガレージ	59,000	79%	16,000	21%	1,700	21%	6,300	79%
機械	37,000	76%	12,000	24%	1,500	23%	4,900	77%
タバコ	31,000	52%	29,000	48%	3,500	23%	11,500	97%
室内関係・レコード・楽器	37,400	73%	14,000	27%	1,800	28%	4,700	72%

典拠：*Übersicht über die Betriebsverhältnisse*, S. 72. から作成。

商品取引はさまざまな形で規制された(69)。鉄製品は国家的な機関である工業品ライヒ取引所を通じて配布され、小売店がその役割を分担した。たとえば、たらい（盥）や小型鍋などは、専門商店が買手の必要度に応じて販売した。一九四三年以降は、取引所が発行する配給券（Marken）によって売買が行われ、また靴や大型衣料品も購買券（Bezugsschein：切符）制となり、その他の繊維品や食料品・タバコも、年齢・健康などの基準で配布される配給券で取引された。一九四三年一月には後述するように不要不急の業種・経営の閉鎖令が出されるが、その時期の小売業の状況に関してライヒ経済省の実力者ケールルは次のように報告している(70)。

小売業ではほとんどすべての分野で戦争開始後に売上高の上昇が見られたが、一九四二年以降、いくつかの業種では早くも一九四一年に、次第に下降傾向が目立つようになった。売上高の減少は、総力戦によって必要となった措置によって強まった。その理由は、軍需生産の必要性が増大したため、民需品加工の生産の禁止や規制がなされるに至ったからである。商業にとっては売上げのプラスになる高価な陶器・工芸品の取引が大幅に制限されたこともその理由となった。加えて一九四三年には小売業の倉庫の解体が始まり、すでに実施されていた卸業倉庫の撤去と相まって、売上げへの影響を拡大した。大量低廉衣料品への生産の集中と品質のやむを得ない低下も取引高を引き下げることになった原因である。また空襲被災地域に向けて需要の多い重要商品が送られたことの影響も小さくない。

このような売上げ減退はいくつかの分野だけではなく、多少の程度の違いはあるがほとんどすべての小売業でみられる。たとえば家具商業での減少は一九四二年売上げの約二〇％に達している。一九四二年の売上げは一九三七年の売上げの辛うじて三五％でしかなかったのであるが。繊維品小売業はもっとひどく、減少は一九四二年売上げの四〇％になるだろうと予想されている。生産の量・価値の減退、倉庫縮小、輸入低下がここでも原因となっている。中空ガラス品は小売業の売上げが四〇％を占めていたが、労働力の軍隊召集により生産が減少したため一〇％マイナスとなり、また板ガラスは八〇％が商業で販売されているが、生産制限により約一五～二〇％ほど売上げが下がっている。陶器類の場合は生産の上昇が見られる品目もあるが、売上げは一五％後退した。その原因は軍隊の注文がなくなったことによる。家庭・台所用品の売上げ減少も生じている。このように売上げは一部激しい後退が見られるのである、と。

以上のようにライヒ経済省は小売業の売上高の減退の原因を、軍需工業の拡大と民需品生産の減少、軍による労働力の吸引、戦時による倉庫撤去などと結びつけて適確に認識し、それを地域の経済当局にも周知させていた。このような状況を背景に小売業者の苦情は一九四一／四二年に増加し、品不足、人手不足、売上げ減少、役所向け書類づくりの面倒さ、価格当局の横暴が問題とされた[71]。だが小売業界にとって最大の問題は、戦時経済が必要とする追加労働力のために実施された小売業経営閉鎖措置であった。それはすでに四カ年計画の中で一九三九年一月に打ち出された。以下それに対する経済集団の対応を見ることにしよう。

（2）一九三九年の経営閉鎖令と経済集団の中間層重視の立場

前節で見たように小売業の全国組織である経済集団小売業の指導部は、四カ年計画の下で主張された小売店経営の

「過剰」論に反対し、劣悪経営を閉鎖して優良経営の拡大をはかる営業「整理」の方向に抵抗し、中小経営の温存を目指した。この観点は第二次大戦の開戦期にも堅持された。

ライヒ経済相は、開戦直前の一九三九年三月一六日に、小売業過剰排除令を布告し、続いてその執行令を公にした。経済集団の事業報告はこう記している。「数々の抵抗を押し切って一九三九年三月一六日に小売業の過剰排除令が出された。それは小売業の営業主あるいはその経営を任されたものが、人柄の点であるいは専門的に見てその仕事を営業していく際に必要とされる前提を欠いている場合は、閉鎖を可能にするものであった(72)」。

しかしこのいわゆる整理令(Bereinigung)は、執行令により閉鎖の条件が限定され、閉鎖経営の経営主や従業員が、閉鎖後に他の労働で働くことが可能な場合に限るという前提が付された。

「数カ月の骨の折れる作業を経て、第一次執行令に該当するかなりの数の商店のリストが作成された。そこで明らかになったことは、営業主の九〇%以上が労働配置能力のないものであって、したがって営業を閉鎖できないということであった。戦争が始まったので、経済集団小売業は当分の間この作業を中止するように指示した(73)」。

小売業閉鎖の上からの圧力は、原料配分を担当するライヒ取引所(Reichsstelle)の側からも行われた。同機関は、一部の営業に対して商品の配給を停止し、それによって小売店約八〇〇〇店を閉鎖させようと計画した。しかし経済集団小売業の要請によりライヒ経済省がそれにストップをかけた(74)。こうして経営閉鎖令等による小売業整理の国家的措置は、事実上ほとんど実施されずに終わった。同集団の事業報告が、別の箇所で、「当局による小売店の閉鎖は、ガソリンタンクを除けば、工業の場合とは対照的に実施されることはなかった」と記しているのもその故であろう。

しかし小売業における休廃業は、戦時経済への移行に伴って増加した。第7表が示すように小売業の経営数(石炭小売業・百貨店等大型店を除く)は、一九三七年から一九四〇年にかけて、四六・五万から四五・七万へと八〇〇〇経営が減少した。一九四〇年にはそれとは別に三万一六〇〇店が一時的に経営を停止していた。売上高に基づく経営

第7表　1937・38・40年の小売業売上高規模別経営数・割合（旧ライヒ。石炭商・大型店除く）

売上高規模（RM）	経営							売上高			
	数			割合（%）			1940年／1937年増減	割合（%）			1940年／1937年増減
	1937年	1938年	1940年	1937年	1938年	1940年		1937年	1938年	1940年	
1万未満	136,781	117,144	100,106	29.4	25.2	21.9	−7.5	4.9	3.7	2.8	−2.1
1～2万	130,062	112,710	96,395	27.9	24.2	21.1	−6.8	12.1	8.8	7.2	−4.9
2～3万	67,507	75,404	72,872	14.5	16.2	15.9	+1.4	10.4	9.9	9.1	−0.8
3～4万	40,781	48,104	51,757	8.8	10.3	11.3	+2.5	8.9	8.9	9.1	+0.2
4～5万	27,558	32,274	36,467	5.9	6.9	8.0	+2.1	7.8	7.7	8.2	+0.5
5～10万	40,512	51,788	66,013	8.7	11.2	14.4	+5.7	17.6	19.0	22.9	+3.9
10～25万		20,682	26,478		4.4	5.8			16.5	19.3	
25～50万		4,829	2,985		1.0	1.1			8.8	8.5	
50～100万	22,569	1,716	1,638	4.8	0.4	0.35	+2.6	38.3	6.3	5.6	+2.4
100～500万		871	674		0.19	0.14			8.0	6.0	
500万以上		42	30		0.01	0.01			2.4	1.3	
	465,750	465,564	457,415	100	100	100		100	100	100	
一時閉店	—	—	31,609								
合　計	465,750	465,564	489,024								

典拠：Wirtschaftsgruppe Einzelhandel, *Arbeitsbericht 1939/41*, Berlin, S. 16から作成。

規模の状況を見ると、二万RM以上の経営の数はこの間増加したのに対して、一万RM以下の零細経営は三万六〇〇〇余、一万〜二万RMの小経営が三万三〇〇〇余、それぞれ減少していることが分かる。しかし他方で二万RM以上一〇万RM以下の中堅的商店の数は、この間に五万経営以上も増加した。小・零細だった経営のかなりの部分が売上高を増加させたことによるものと推測される。そしてもし上記の一時的休業経営（三万一六〇〇）が小・零細経営であったと考えると、小・零細経営の経営数の減少のうち、全面的な経営閉鎖＝廃業に属する部分はそのごく一部に止まることになる。経営閉鎖に関して経済集団が次のような認識を示す理由はその点にあるといってよいだろう。「戦時における小売業の外延的に良好な発展は経営閉鎖の相対的に低い数字に示されている[75]」と。

一九四〇年一月のライヒ経済省指令により、軍隊への「召集」あるいは「配給措置」の影響で店を閉じなければならないものは、その旨を経済集団に届け出ることが義務づけられた。経済集団は、一九四一年八月一日までの期間に集団へ届け出たものに関して、「小売業の営業のごくわずかな部分だけが永続的にあるいは暫定的に経営を閉鎖した」と記している。(76)

上に述べたように一九三七年から一九四〇年にかけて約八千の経営が廃業し、三万一千経営が一時的な休業に追い込まれた。しかしそのような全面的ないし一時的な経営閉鎖は、総力戦期以前のこの時期においては、上述したように国家的に行われる強制廃業措置によるものは少なく、戦争による召集や軍需工業への徴用、原材料不足による困難などが主たる要因となった。もともと小・零細経営者の廃業と労働者化は、それ以前からの一般的な現象であった。戦争がはじまるとそれは加速された。経営主と家族を主たる労働力とする小・零細経営にとって、経営主の召集と徴用は経営の存続そのものを脅した。(77) また原料統制や配給制度の強化によって売上げが減少し、すでに収益が労働者の賃金並みないしそれ以下に低下していた営業者が休廃業するケースも少なくなかった。彼らのなかには召集や徴用を機会に経営を全面的に閉鎖し、労働者になる途を選択するものも多かったものと推測される。経済集団はそのような「漸次的でそれ故自然的な閉店」(78)、つまり自発的な休廃業に対しては反対の立場をとらなかった。これに対して集団執行部は中小経営の閉鎖を国家的に強制する措置に対しては強く反発した。

経済集団が事業報告の中で強調した事実は、配給体制の下で消費者である住民に対して生活用品を供給する「中間層的」な小売業者の役割であった。こうして百貨店・均一店等の大型店から区別される「いわゆる中間層的商人の維持」と「保護」が重視された。小売業の「中間層的」な経営の五七％は売上高二万ＲＭ以下、二八％は二万～五万ＲＭの中小経営によって支えられていた。小・零細経営の「整理」と中・大経営の経営拡という政策は、小売業界のリーダーにとっては圧倒的な部分を占めるこの中間層的商人の利害に反するものと見なされた。小・零細経営を含めたこの中間層こそが、戦時体制の下で作り出され物資の配給機構の中で、その下部機構を支え、地域住民に対する生活用品の供給を媒介し、それを担う不可欠の要素と考えられたからである。小・零細経営を特徴づける家族的労働や店主の高齢化は、労働力不足が最大の障害となっていたこの困難な時期の中ではむしろプラスの条件にもなっていた。経済集団小売業はまさにこうして中間層の維持のナチス的原則の最も強力な推進者となった。

6　総力戦体制と経営閉鎖措置（一九四三年一月）

（1）一九四三年一月の経営閉鎖令

四カ年計画の進展とともに始まった労働力の不足状態は、一九三九年第二次大戦開始とともに深刻化し、独ソ戦期とともに軍需大臣トット、ついでシュペアによって総力戦的体制が整備されると、この問題は決定的となった。ドイツ人の徴用労働に加えて、外国人労働力の拡大、戦争捕虜の強制的労働および女性労働力の利用がはかられるとともに、中小商工業経営の経営閉鎖によって、ドイツ人労働力を追加的に動員する強制的な措置が計画され、実施された。この措置は同時に、閉鎖・廃業した経営の経営的条件を優良経営に集中して、より効果的に活用するという一つの合理化政策でもあった。それはまさにザルダーンが強調するナチス的な業績主義・能力主義の原則の貫徹にほかならなかった。

「商業・手工業・飲食店・宿泊業・移動営業・仲介業・その他」の経営の閉鎖を命令するライヒ経済相の布告が出されたのは一九四三年一月三〇日であり、二月二四日に追加的な指示が出された。その目的は「労働力の創出・動員（Freimachung）」・「場所空間の創出・動員」および「エネルギー・物資・労働作業の節約」にあった。この命令は、一九四三年一月一三日の「ライヒ防衛のための男女労働の包括的配置」に関するヒトラーの命令に基づくもので、「商業」に関する指令は次のような内容となっていた[79]。

(1)戦時重要課題の遂行のために、労働力を直接的・間接的に動員することを目的として、戦時経済上人々の生活確保のために無条件に必要とされないような商業経営はすべて閉鎖されなければならない。この目的のためにラント経済当局に対して労働配置局と協力して商業経営の精査を実施することを命ずる。食品業の精査はラント食糧当局が行う。

ラント経済当局は、ライヒ集団商業の地区下部機関に対して、指針に従ってどの経営を閉鎖するか原案を作成するよう要請しなければならない。そこには経営閉鎖によって何人の男女が自由となるかも含まれる。この原案の精査が、党の関連事務局の関与の下に実施されたのちは、ラント関連当局は一定の期日に合わせて経営閉鎖の指令を出すとともに、労働当局に対してそれによって自由になる労働力を通知する。閉業経営選別に際しては動員可能な労働力が出来るだけ多数となるよう考慮することを要望する。その際の原則はより大きな経営の閉鎖は、小経営のそれより成果が大きいという点にある。また工業への動員が困難な労働力も、食品小売業には動員可能な場合もある点に留意してほしい。閉鎖により自由になった空間を食品販売か食品倉庫に転用できる場合も生じるであろう。それは長い行列を減らし、販売を迅速にすることになろう。

(2)措置の実施に当って注意すべきは、戦時緊要にして必要な住民の生活と戦時的経済供給が危険に陥らないようにすることである。そのため以下の観点がとられることになる。

① 食料品商は菓子甘味店を除いてすべて除外される。

同様の扱いとなるのは、石炭・肥料・種・飼料・農機具の商業である。

② 以下の営業の精査は、戦時緊要・住民生活必要性を考慮して行う。

外科用器具、家庭用品、鉄製用品、繊維製品、紙製品、靴、薬、化学品。また商業とともに修理業をも営む、時計・ラジオ・ミシン・事務器・自転車・靴・傘・毛皮などを扱う商店。

③　以下は生活重要経営として一定数の経営が維持される。

室内装飾用材料・カーテン・壁紙・リノリューム、家具、染料・ラッカー、小間物、楽譜類、古書、書籍、皮革品、動物関係品、中古品、タバコ、玩具、花、工芸品、紳士・婦人用帽子、傘、ステッキ、紳士装飾品その他。——存続が認められた経営には閉鎖の対象となった同業他店の現存商品と仕入資格も委譲される。

④　完全に閉鎖される経営

代理業（自動車展示場、高級磁器・陶器類販売場）、工場の支店営業、甘味類商店、香水商、宝石類専門店、切手商、絨毯・スポーツ用品・毛皮品・ピアノ・楽器等の専門店、ラジオ商。

(3)措置は商業の全分野に及ぶ。

卸商・共同仕入れ組合・通信販売・小売商・仲介業・移動営業・商工業各共同組合販売所・百貨店の戦時非重要部門は閉鎖され、場所・照明・暖房の節約がはかられる。百貨店・均一品店の地域集中が他経営の閉業を生むか、いなかも査定する。

(4)本措置により閉店される経営の所有者は、商業の営業資格を維持し、後日の営業再開に際して再認可を必要としない。

(5)閉鎖経営の所有者は申請により家賃の補助を受けることができる。他の労働配置によってこれまでの所得に変化が生じたものは、労働当局よりそれへの補助として徴用義務扶助金を得るものとする。閉鎖経営主が他の労働配置を見出さなかった場合は、ライヒ集団商業から特別支援措置を受ける。これによって支援金の即時支払が保証される。

(6)閉鎖経営の商品倉庫の評価と商品・仕入権の移動は特別令によって規定される。

(7)実施措置は一九四三年三月一五日までに終了する。閉鎖経営の数、動員労働力の人数を含めた報告は一九四三年三月末までに行われる。

第8表　ザクセンの経営閉鎖・経営整理（1943年5月12日）

経営分野	閉鎖経営	整理経営	動員労働力	
	A	B	男	女
小売業	1,840	3,476	A　728 B1,038	3,311 6,101
手工業	233	127	220	706
飲食業・宿泊業	669	457	590	2,037
商業代理店・仲介業・広告代理・移動商業	—	—	1,524	
合　計	2,742	4,060	4,100	12,155
			16,255	

典拠：BArch Berlin,R/11, 1180.

（2）経営閉鎖の実施——ザクセンの場合——

一九四三年一月から始まる経営閉鎖措置により小売業の分野でどの程度まで経営が閉鎖され、どの位の労働力がそこから動員されたか。(80) ドイツ連邦文書館に所蔵されている史料に基づき、ザクセンの状況を紹介しよう。(81)

まず手工業をも含めた全体の数字を掲げよう。閉鎖措置は、経営の全面閉鎖（全面休業・廃業）［Aとする］と、一部労働力のみを動員する「選抜」・「整理」（ausgekämmte）［Bとする］とからなっていた。

第8表からわかるように、経営閉鎖の中心は手工業ではなく、小売業と飲食店・宿泊業であった。審査の対象となった小売業経営は二万四四三店、従業員数は五万一六七七人で、その中からAは一八四〇店、Bは三四七六店、男女合わせて一万一一七八人の労働力が動員予定対象者とされた。女性が八五％以上を占めていた。判定により審査対象経営の従業員数の約二〇％が動員の対象され、しかもその大半が実際に配置可能であったことから、報告書はこの結果を「きわめて良好な成果」と評価している。女性の年齢も若く労働力として役立つだろうと付記している。それらから閉鎖措置の目的は完全に達成されたと結論づけた。

さて商業経営の閉鎖措置は第9表のように計画された。全面的な閉業と店主と使用人の徴用を命ぜられた専門店が最も多かった分野は、繊維品（衣料）小売業で、ついでタバコ販売、菓子類小売店が続いた。営業の部分的な縮小と

第9表 ザクセン小売商業における経営閉鎖・経営整理（主要業種：1943年4月15日）

商品名	経営数						従業員数						
（専門店）	総数（A）	召集による閉店（B）	営業継続中（C）	無条件営業継続店（D）	整理経営（E）	閉鎖予定経営（F）	（C）の従業員総数	（D）の従業員数	（E）整理後の残存従業員	（E）による動員労働力 男	（E）による動員労働力 女	（F）による動員労働力 男	（F）による動員労働力 女
菓子類	1,225	99	1,100	679	137	284	1,511	824	162	36	129	24	336
タバコ	2,905	227	2,731	2,102	273	356	3,812	2,658	374	117	250	110	308
繊維品	5,438	445	4,902	3,006	1,292	603	(6,168)	5,117	6,088	413	3,103	229	1,229
靴	1,360	71	1,162	945	150	62	2,841	1,802	504	15	218	51	256
ガラス・陶器・家庭用品	517	54	459	301	133	25	1,228	542	451	28	156	10	41
鉄製品	1,245	148	1,054	871	152	31	2,891	1,966	667	34	174	14	38
紙・文具・事務用品	1,475	88	1,379	1,068	262	66	3,098	1,896	768	51	282	20	93
貴金属・時計	839	135	710	540	120	43	1,417	842	309	41	161	40	30
薬品類	1,062	180	879	724	131	24	2,663	1,938	486	33	151	17	34
花屋	528	13	615	449	113	53	1,300	799	270	14	131	10	78
百貨店	24		24	1	18	4	2,468	52	1,485	49	556	32	291
全経営	22,540	2,551	20,443	14,714	3,478	1,840	51,677	26,594	13,935	1,038	6,101	728	3311

典拠：BArch, R/11, 1180.

そこで働いていた労働力の供出を求められた小売業の最大の専門的業種も衣料品店で、さらにたばこ店、紙・文具・事務用品小売業（文房具店）、鉄製品販売、靴商、菓子店、ガラス・陶器・家庭用品小売業、薬品・化粧品、貴金属・時計店などの多くの分野に及んだ。

小売業の休・閉業、部分的休業は、一九四三年春のこの措置が実施される以前から相次いでいた。最大の原因は、軍隊への召集であった。上記の表に示されているように、召集による休・閉業はこの時点で二五五一を数え、全経営数の一割に達していた。軍召集に加えて軍需企業への徴用も実施されていた。それは労働力が経営から離脱することを意味し、経営主と家族および数名の使用人で営業を維持する小売業経営にとっては最大の打撃であった。全面的な休・閉業にいたらないまでも、労働力を軍や軍需工業に吸引された中小経営の多くは、店主の妻や娘、高齢の両親などの家族労働力に支えられながら、営業活動を部分的に縮小しつつ、経営を維持していくほかなかった。上記表中の「営業継続中」の小売店の多くはまさにそのような状況での「継続」であった。一九四三年一月の措置は、それらの小売店を対象とし、経営そのものの解体ないし整理縮小を強制する国家的な政策であった。こうして最後に残された労働力の供出、軍・軍需工業での徴用が計画された。全面閉鎖を指定された小売店一八四〇経営から自由になる予定の労働力のうち、男子労働力がわずかに七八人で、女子労働力がその四倍以上の三三一一人であったことが、労働力枯渇の深刻な状況を物語っていた。そのような中から「商業」に残されていた若年・成年女子を根こそぎ動員することが計画されたのである。

7　経営閉鎖への抵抗と措置の中止

（1）経営閉鎖令への抵抗

小売店経営の閉鎖・縮小措置は、戦時不要不急とされた商品を取り扱う商店に限定して実施された。食料品など日常生活に不可欠の品目を販売する小売業は対象外とされた。しかし不要不急とされた業種といえども、菓子・ケーキなどの甘味やタバコ、衣料品はじめいくつもの品目は、人々の生活に欠かすことができない使用価値であり、また奢侈品や高級品を扱う商店も日常品を同時に販売することが多かった。そのような商店が閉鎖されることは、その地域の住民にとっても大きな不便を強いることがらであった。すでに遠方の商店への買出し、長蛇の行列、そして闇取引が人々の日常生活を圧迫していた。

しかしそれ以上に大きな損失を強制されたのは閉鎖や縮小を強制された当の経営者たちであった。彼らは確かに営業のための資格は奪われず、平和になれば事業を再開する途は開かれていた。しかし店舗や在庫品は動員され、使用人は移り、顧客も他店に移動して、将来の営業再開の見通しは暗かった。閉鎖後は経営主自身も使用人として軍需関連企業での不慣れな労働を強いられることになる。中間層の一員として営業を維持して来たこれまでの生活に終止符が打たれることになるのである。経営閉鎖措置は、ヒトラー・ナチス党の最大のスローガンである中間層の創出と維持の原則に抵触し、それに反する措置として受け止められざるを得なかった。

閉鎖を指令された営業主たちは、それに対して異議申し立てを当局に行った。それが却下されるとライヒ専門集団などの上部の組織に対して訴えを送付した。多くの苦情がライヒ経済会議所に寄せられ、それがライヒ経済省に送られた。以下はそのような事例のひとつである。

①バイエルン・コーブルク市の衣料品店主の苦情(82)

閉鎖措置の実施によって私の繊維品小売業経営も閉鎖を命ぜられ、私の異議申し立ては却下された。コーブルクの経済当局は、私の広がりのある店舗と外部にある小さめの経営とを合わせて処理することは私に任せた。だがこの提案は実行不可能である。そのための方途がコーブルクには欠けているからである。私はすでに閉鎖(措置)の前から、私のこの場所で唯一可能な戦時経営協同体[の設立]を要請してきたのであるが、しかし認められなかった。

私の経営はコーブルク地区では最大で、この業種唯一の営業である。年売上高は通常六〇万~七〇万RMを目標として来た。取扱品目は多様で、雑貨、流行品、羊毛製品、婦人用下着、紳士用品、靴下、エプロン、編物、カーテン、絨毯、服地、綿製品、婦人・子供既製服、婦人用帽子、装飾品などである。

人員は、婦人既製服・装飾品売り場の身障者(女性)と主任女性使用人ほか婦人ばかりで、軍需工業には向かない。私自身も五九歳で、軍隊義務の免除のために軍需企業の経営の仕事を手伝っており、したがって私の労働力も戦時重要な形で使用されている。

営業家屋は他の目的には向いてない。石炭・エネルギーはほかの営業よりも消費量は多くない。私の営業場所で戦時経営協同体を再開ないし開業することは、したがって総力戦遂行の重要性をいささかも傷つけることにはならず、それどころか住民の買い物と生活を規則通り容易にするものと考えられる。それ故私の営業家屋の外部におよそ可能ではない経営協同体を開設する理由は理解できないのである。当地の住民は買い物のための私の店をなくして嘆いており、日々その再開を待ち望んでいる。

②ライン地方ゲルデルンの飲食店の苦情(83)

私はそれ故自分が提案する経営協同体が認可されることを願っており、可能な限り迅速な解決を切望している。

一九四三年五月八日の決定によりデュッセルドルフの行政区長官は私の飲食店を閉鎖した。それに対する私の提出した異議申し立ては、エッセン大管区経済会議所によって四三年六月七日付文書をもって却下された。これに対して私は以下の理由で苦情を提出する。

私は閉鎖措置によって労働力が自由になったり場所が解放されたり、照明と暖房が節約されることを十分に理解している。しかしこの利点のすべてが私の場合には当てはまらないため、私の経営の閉鎖を私は意味も目的もない措置だと指摘しなければならない。私の経営は小さく、年売上高は一九四二年は二二七〇ＲＭで、私と家内とでほとんど日曜日・祝日だけに限り副業的に行っている営業である。私の主たる職業は農民であるため、閉鎖によっていかなる労働力も自由にならないのである。営業空間はそれ自体同時に私達家族の居住する場所でもある。そこで居酒屋経営が行われなくとも、冬の間はそこは暖房され、夜には照明がなされねばならない。この空間はしたがって閉鎖によってほかの目的のために自由にはならない。石炭や照明の節約も生じない。つまり閉鎖に一体どんな意味があるのか疑問である。

他方で、しかしこの経営は売上げは小さくとも私にとって生活上重要な意味を持っている。というのはそれは毎年大体八〇〇ＲＭの収益をもたらし、この収益は私の農業所得と併せて、家族八人の生活を維持するためにどうしても必要なのである。私の農業経営はわずかに一九モルゲンでしかないからである。

私はあなた方に対して私の経営の継続を許可して貰えるよう心から願い出るものである。閉鎖は何のプラスにならず、ただ損失だけをもたらすことになるからである。

親衛隊保安局の機密報告（一九四三年三月一一日付）は、小売業の閉鎖措置が人々の「不安といらだち（Unruhe und Nervosität）」を各地で惹起している状況について詳細に記している。(84)「小売業界でさまざまな形で広がっている憂慮は、営業閉鎖が本来の目的に反して分野の整理［選別］に利用されるのではないかという点である。［各地から送られて来た」いくつもの報告がこう記している。営業主の見るところでは、閉鎖行動には職業整理・分野整理を目的とする傾向が間違いなく存在する。閉鎖が予定されている経営を見ると、能力ある労働力の取得が目的とはされず、戦争後営業してほしくない経営をもっぱら閉鎖させる意図が認められる、と」。「多くの経営が、閉鎖される予定になっているが、ほか［の部門］に動員できる労働力の取得という点から見て、そこに多少でも成果があると期待することは出来ない」。

「手工業」をも含めた閉鎖行動の状況に関して、同年五月三〇日付の同じ親衛隊保安局の報告書は次のように記している。閉鎖行動は大管区ごとに「全く異なった形で実施」された。いくつかの地域では自由になる労働力の動員可能性に配慮して実施されたが、他の地域では閉鎖は「自然に委せた形」で、もっぱら「外見」だけの観点からのみ行われた。／閉鎖の決定が出されるといたる所で当局に対して「異議申立書」が次々に提出された。いくつかの地域では「苦情書」や「異議申立書」は、通達された閉鎖決定件数の何倍にも達した。そのような苦情書にもかかわらず閉鎖が実行された場合もあるが、他方、その決定が取り消される場合も多かった（viel）。いくつかの事例：ミュンスターでは、「手工業」のペンキ業だけが三〇店閉鎖対象となったが、「異議申立書」により二八が旧状に戻された。フランクフルト／M.では、四月中頃までに閉鎖予定店六九五のうち一〇六が取り消され、残りの二九〇経営は労働動員のための労働力をひとりも見つけることが出来ないままである。ヴォルムスでは二六七件の対象店のうち七九店がもとに戻された。ニーダーシュレージエン大管区では、一九四三年五月二五日現在で約二五〇〇の閉鎖予定経営のうち、約九〇〇店が取り消された。ベルリンでは、閉鎖決定のうち、四月末までに元に戻された割合は次の通りであった。小売業約二七％、手工業約二七％、飲食店約一五％、食品業約二三％。

苦情書は、すでに閉鎖が実施された店主からも相次ぎ、担当当局はその審査に忙殺された。「商業界・営業界には、不安が引き続き根を張っている。提出した苦情書が却下されるのか、予定の閉鎖決定が取り消されるのか、毎日気を遣わなければならないからである」。／閉鎖行動を担当した当局の表現にもあるように、閉鎖行動は「水をたたく」（無駄骨の）ような措置として広く受け止められている。当初の「大騒ぎ」（Wirbel）に比して、動員可能な労働力の獲得はいたってわずかで、仮に大がかりな「整理」によって成果が大きかった場合にも、「好ましからぬ雰囲気の結果がいまなお残されたまま」である。「この閉鎖行動とそのすべての随伴現象のように、ひとつの措置がこれほどの混乱（Durcheinander）を惹き起したのは見たことがない」。こうして「閉鎖には直接には該当しなかった住民層が閉鎖行動の経過を理解しがたいものとして反対している」。

親衛隊保安局の報告に見られるように、閉鎖措置は、各地に多くの混乱と反発を生み出した。閉鎖を指令された営業者は、当局に対して次々に異議申立を行い、決定の取消しを求めた。その結果閉鎖が取止めにになると、当局の決定のままに経営を閉じた営業者が苦情を申し立て、「混乱」はさらに深刻化した。地域によっては、自発的な閉鎖のみを「措置」として、「外観」を装うものもあった。ヒトラー命令の名のもとに実施された「措置」は、営業者たちの、さらには住民の反発をドイツ各地で強める結果となった。

（2）経営閉鎖措置の中止

経営閉鎖措置は商業分野だけでなく手工業でも実施された。閉鎖の対象となった手工業者も異議を申し立て、それが却下されるとライヒイヌング連盟に対して苦情を提出した。党内からも強力な批判が向けられた。閉鎖措置に反対してナチス党総統官房は、ライヒ経済省の措置推進者ケールルに対して、措置の中止を強く求める文書を送付した(85)。

経営閉鎖や経営整理に一貫して抵抗して来たライヒ集団商業・経済集団小売業の有力な指導者、親衛隊の幹部でもある、中産層重視のオーレンドルフやハイラーの圧力も大きな力となった(86)。オーレンドルフはすでに一九四二年秋から大臣フンクにバックアップされてライヒ経済省の重要な地位に入りこみ、影響力を行使していた。その背後にはヒムラーがいた[87]。

経営閉鎖措置は、ライヒ大臣、ライヒ官房長官（ラムマース）、党官房指導者（ボールマン）の了解の下に、一九四三年七月一二日付のライヒ経済大臣の指令によって停止された。措置は同年七月三一日を期限に終了し、労働力動員、空間の開放、エネルギー・材料・労働の節約にまで至らなかったケースに関しては、その決定を修正することも認められた。

ただしラント経済当局の認可による経営の自発的な閉鎖と戦時経営協同体の結成は、党関連本部、大管区経済会議所、経済集団・専門集団の地区集団の意見を聴取した上で、ラント経済当局が許可できるものとした。戦時経営協同体の結成のために閉鎖が必要な場合の権限もラント経済局に与えられた[88]。

措置の実施状況は地域によってその度合は異なり、一九四三年三月末の時点で動員労働力が、配置に至った割合は、ダンチッヒ・西プロイセンでは八八・四％に達したが、ズデーテン地方は一四・五％に止まり、平均三七・九％であったという。同年四月末までに軍需工業等に動員配置された割合は三九・六％に止まった（手工業は五一・八％）[89]。査定によって閉鎖を指令された経営の半分以上が最終的な段階に至っておらず、多くの経営が措置の中止によって営業再開が認められたものとみることが出来る。

一九四三年一月の経営閉鎖措置は、以上見て来たように大々的に実施された。ヴィンクラーが重視したようにこの措置は、中小・零細経営そのものの解体を意図した国家的な政策であった。ナチス国家の総力戦体制は、中間層の解体をもあえて排除しなかった。だがこの措置は、ヴィンクラーに対する批判者、ザルダーンが指摘したように、同時に大・中経営を軸とする経営協同体の設立をも意図する経営合理化政策でもあった。営業空間・在庫品・エネルギーのより効率的な利用がこの措置のもうひとつの目的とされたのはそのためである。ザルダーンが重視したように、この措置は、業績主義・能率主義の観点に立ったナチス特有の中間層政策でもあった。経営閉鎖措置に関するこの二人の歴史家の認識は、ともに事実の正しい側面を言い当てていた。

しかし彼（彼女）らは、ともに重視した中小経営の閉鎖＝整理政策が、ナチス体制も終末期に近い一九四三年になって初めて本格的な形で実施されたこと、そして総力戦体制にとって緊要とされたこの措置がわずかに六カ月で停止されたことについては、あまり関心を向けなかった。本章が重視するのは、この措置が中途半端なまま停止されなければならなかったまさにその事実であり、それを不可避にした中小営業者たちの抵抗と、それを無視できないナチス体制内部の中間層的立場の影響力である。ヘルプストらが指摘するように、ライヒ集団商業・経済集団小売業を背景にもつ、親衛隊幹部のオーレンドルフやハイラーは、中間層維持の原理を堅持するナチス党内のこの潮流を最もよく代表した。

8　ライヒ集団商業の指導部・オーレンドルフ・ハイラーと中間層の立場

ライヒ集団商業・経済集団小売業の指導者ハイラーと同集団の事務局長の地位にあったオーレンドルフは、経営閉鎖措置が停止された直後の一九四三年一一月にライヒ経済省のそれぞれ次官と、局長兼次官代理に任命された。ハイラーは親衛隊旅団長（のち同集団指導者《グルッペン》）、オーレンドルフは親衛隊保安本部国内情報部長を経験した有力者で、上述したようにともにヒムラーと近かった(90)。ライヒ経済省の次官としてフンクを支えてきたラントフリート（Friedrich Landfried）は解任され、ライヒ経済省の中心部にナチス党親衛隊の影響力が植え付けられた。同省参事官だったハスマンはその頃を回顧して述べる。「次官ラントフリート博士の退任とハイラー博士の登場とによって……「鉄」の時代が始まった」。この一九四三年秋から一九四五年春にいたる期間に「政治的・軍事的な不安は月ごとに高まっていった(91)」。

親衛隊においてハイラー以上に有力な地位にあったオーレンドルフの影響力はとりわけ大きかった。ヘルプストは指摘する。(92)「オーレンドルフは再編された［ライヒ経済］省の中で中心的位置を占めた」。彼は経済政策・配給・食料を総括する部局の長として、ハイラーとともに「将来のナチス中間層政策」の足場となる配給構造を維持しようとした。

軍需相シュペアの主導による総力戦的経済体制が編成される中で、ライヒ経済省の役割は著しく弱まっていた。軍需工業・関連工業を委員会・リング機構に組織し、大企業を担い手とした合理化により戦時経済体制を構築するシュペア＝軍需省の方向に対して、ヒムラーをバックにもつオーレンドルフ・ハイラーの動向が、ヘルプストやアイヒホルツが考えるように、それに匹敵するほどの有力な影響力を有していたかは、簡単には結論づけることは出来ない。(93)しかし、彼らの動向が、大企業を軸とする戦時体制強化をめざすシュペア主導の合理化政策や労働力配置政策とは異なった立場に立っており、その観点がヘルプストらが述べるように、中間層の利害重視にあったことは注目されなければならない。「手工業」と「商業」の経営閉鎖措置は、シュペアのめざす総力戦体制のための労働力動員政策の重要な柱をなしており、それは同時に生産手段・労働力の節約と合理的利用を目的としていた。中小規模の中間層経営そのものの解体を伴うこの措置に対するオーレンドルフ・ハイラーらの反発は、その意味で、シュペア的な大企業中心の合理化政策への批判に結びついていた。そして彼らの中間層的立場がこの措置を中止に追い込む力を示した事実は著しく重要で、戦力戦体制下のナチス国家における中間層的観点の強力な存在を物語っていた。その背後にあったのが経済集団小売業を中心とするライヒ集団商業と、各地で経済活動を営む厖大な数の小売商たち、さらに、ライヒ専門連盟・ライヒ経済集団と大管区経済会議所（手工業会議所・商工会議所）やイヌングを拠点とする手工業経営者や中小企業家達であった。日常品を販売する小売業、各種の製品を加工したり、修理したりする手工業経営・中小工業家は、労働者やホワイトカラーはじめ地域の住民にとっても欠かせない存在であった。経済集団の指導者オーレンドルフ・ハイラーだけでなく、彼らと結びつく親衛隊、さらにナチス党地域組織もそれら営業的中間層の利害を無視できなかった。それは中間層だけの問題ではなく、同時に住民一般の生活に関わる事柄であったからである。

著書『ドイツの国内商業――本質と課題――』（一九四二年）(94)の中で、オーレンドルフは、ドイツの商業の実態を詳細に分析して、小売商の「中間層的性格」を指摘しながら、同時に十分な収益を実現できない零細経営がかなり高い比率（四分の一）で存在することに注目する。しかし「家族と数人の雇用者」しかいないそのような下層の小売経営は「国民経済的に見てまさに特別の価値」を有していると述べる。彼は戦時経済における商業の役割を強調し、商業の排除に結びつく日用品供給の集団的方式、すなわち共同供給方式に反対する。彼は、国家的政策の土台として「経済で活動するものすべての自主的な協働」を欠かすことは出来ないこと、「経済諸分野で国が実施する経済政策上の措置や規制はそれと併存することにより初めて第二義的な形で意味を持つ」ことになると主張した(95)。

このように「自営業の企業家個人の商人的イニシャチヴ」と、「商業の自営者の可能な限り多数の存在」を重視するオーレンドルフは、戦時体制が商業の機構を麻痺させていると批判し、商業を「人的な配給」で代置させることほど無謀なことはないと強調した。「消費者と密着」して、実際の必要度に合わせて欠乏品の配分が出来るのは「分散的な商店」であり、その「自立性の堅持」こそが不可欠となる。労働配置問題に関しても労働当局による労働力の引き抜きが行われる前にライヒ集団商業の関係部門による審査により、「個々の商業経営の特別な労働事情」を配慮すべきである(96)。

オーレンドルフは上述のようにライヒ経済省の最重要部局の責任者の地位に就任した。彼は同じように親衛隊と緊密な関係を保つ次官ハイラーとともに、中小経営維持の観点を堅持し、戦争末期には消費財工業の中小資本家層をも巻き込んで、シュペア・ケールル主導の統制強化政策に対抗しようとした。それは親衛隊の中の動向とも重なった(97)。

以上の事実は、ナチス党の当初からの主張である「中間層の創出と維持」のイデオロギーが、ライヒ経済省の核心部分に、またナチス党の親衛隊の中に、強力な支持者を残存させていたことを示していた。それは軍需相シュペア主導の総力戦体制の合理化政策・労働力動員政策の一環をなす中小経営閉鎖措置を挫折させるほどの力を有していた。

そしてオーレンドルフやハイラーらのナチス党内のこの潮流の背後には、厖大な数の中小営業者とその家族の経済的利害が存在した。ナチス党綱領における中間層の創出と維持の項目は、両者を結びつける中心的なイデオロギーであった。だがそもそも中小経営の維持・存続という観念は、決してナチス特有のものではなく、中世のギルド的な生計原則に根源をもち、一八四八／四九年の三月革命においては、中小商工業者の革命運動における変革理念として決定的な役割を果たしたことはよく知られている。経営閉鎖措置に対する彼らの抵抗の広がりは、三月革命以来のこの基本的理念を背景に有しており、それは同時にその原理を党綱領に掲げながらそれに反する政策を強行するナチス党戦時権力に対する批判に結びつくものでもあった。

オーレンドルフらライヒ経済省内の有力者と親衛隊はじめナチス党内の中間層支持者の動きは、これらの中小営業者、さらには地域住民の利害と重なり合い、両者は部分的ではあれ結合的な関係をつくり出していたといってよいだろう。ナチス的な中間層イデオロギーは単なるデマゴギーに止まらず、それらの社会的潮流の中に一定の共鳴盤を見出していたのである。中間層はその限りで台頭期のナチス運動においてばかりでなく、ナチス体制の下でも重要な社会的基盤を提供していた。

しかし経営閉鎖措置に対する営業者たちの反発や抵抗に見られるように、彼らの最大の関心事は自身の経営の存続にあった。中小営業者たちは、全体主義の抑圧的体制にもかかわらず、自身の経済的存在に関わる問題については、当局に対して苦情を申し立てたり、異議を訴える行動を回避しなかった。経済集団やその下部組織、商工会議所や手工業会議所は、ナチス国家権力を支える機構であると同時に、しばしば、その構成メンバーの利害を代弁する役割を果たした。そして戦時体制、とりわけ総力戦体制の下で、営業的中間層の体制に対する不満は確実に深まっていた。

原材料規制、配給制度・価格政策はじめ経済活動に対する拘束と生産物・原材料の欠乏、中心的な労働力を経営から強制的に動員する軍隊召集や軍需企業徴用、そして空襲と罹災、戦時体制が深刻化する中で、潜在的に高まるこの不満は、戦争準備・戦時体制を一貫して追求して来た全体主義体制そのものへの反発へと転化する可能性を孕んでいた。約一〇〇年前の一八四八年三月革命以来、営業的中間層の意識を構成して来た市民社会志向的な潜在的方向性[98]がそれに結びつく土壌が成熟しつつあった。

注

（1）中間層の観念とその変質については、Heinrich August Winkler, *Mittelstand, Demokratie und Nationalsozialismus*, Köln 1972, S. 22-26（以下 Winkler, *Mittelstand* と略す）；Adelheid von Saldern, *Mittelstand im "Dritten Reich"*, Frankfurt a. M./New York 1979, S. 10f. また Karl Rößle, Mittelständische Privatwirtschaft, in: *Die Betriebswirtschaft*, Jg. 26, Heft 2, 1933; Mittelständische Wirtschaft, in: *Vierteljahrshefte zur Konjunkturforschung*, Jg. 7, Heft 4, Teil A, 1933, S. 203f.

（2）Winkler, *Mittelstand*, S. 170f.; ders., Der entbehrliche Stand, in: *Archiv für Sozialgeschichte*, Bd. XVII, 1977（I. とくに S. 3）, auch in:ders., *Zwischen Marx und Monopolen*, Frankfurt a. M. 1991, 3（以下本書に基づいて引用を行う）。後藤俊明ほか訳『ドイツ中間層の政治社会史１８７１－１９９０年』同文舘、第3章、I（本邦訳書は、上記 *Winkler, Zwischen Marx und Monopolen* の全訳である）。

（3）M. H. Kater, *The Nazi Party*, Oxford, 1983, Part I, 3, また Table 6; Detlef Mühlberger (ed.), *The Social Basis of European Fascist Movements*, London/New York/Sydney, 1987, Germany (Mühlberger), Table 2.5ff.

（4）Saldern, *a. a. O.*, S. 160f.

（5）David Schoenbaum, *Hitler's Social Revolution*, London, 1967, p. 136ff. 大島通義・大島かおり訳『ヒットラーの社会革命』而立書房、一九七八年、とくに一六二頁以下。Winkler, Der entbehrliche Stand, S. 56ff., 訳八三頁以下。

（6）Schoenbaum, *op. cit.*, p. 136ff. 訳一六二頁。

（7）Winkler, a. a. O., S. 97f., 訳一三八頁以下。

（8） Saldern, *a. a. O.*, S. 18f., S. 23.

（9） Ludolf Herbst, *Der totale Krieg und die Ordnung der Wirtschaft*, Stuttgart 1982, S. 186, S. 223ff., S. 273, 275; Dietrich Eichholtz, *Geschichte der deutschen Kriegswirtschaft 1939–1945*, München 2003, Bd. II, Teil 1, S. 99, S. 165f., Bd. III, Teil 1, S. 74, Teil 2, S. 582 ほか。また Heinrich Uhlig, *Die Warenhäuser im Dritten Reich*, Köln/Opladen 1956, S. 204f.; Schoenbaum, *op. cit.*, p. 148f., 訳一七四頁以下。日本のナチス研究において、親衛隊オーレンドルフの中間層擁護の立場に注目するのは、大野英二著『ナチ親衛隊知識人の肖像』未來社、二〇〇一年、とくに第四章［5］、である。軍需省シュペアの計画的な総力戦政策に対する対抗軸としてオーレンドルフとハイラーの役割を重視するヘルプストの見解に対する批判として、Walter Nassner, *Neue Machtzentren in der deutschen Kriegswirtschaft 1942–1945*, Boppard am Rhein 1994, S. 446f.

（10） Joachim Tiburtius, *Lage und Leistungen des deutschen Handels in ihrer Bedeutung für die Gegenwart*, Berlin/München 1949, S. 108ff., Tab. 29. 以下小売業に関する数値は同書に依っている。

（11） Ausschuß zur Untersuchung der Erzeugungs- und Absatzbedingungen der deutschen Wirtschaft, *Die Grundlagen der Handels-Enquete*. Ergebnisse der Fragebogen-Erhebungen im Einzelhandel und Großhandel. III. Unterausschuß, 9. Arbeitsgruppe（Handel）, Bd. 1ff.（以下 Ausschuß, *a. a. O.* と略す）。アンケート調査は、アンケート委員会（正式には「ドイツ経済の生産・販売条件調査委員会」）の第三下部委員会「営業」（工業・商業・手工業）の要請（一九二六年）により、その第九作業班（商業部門）が一九二六年から、一九二七、二八年にかけて実施した。小売業については「ドイツ小売業中央協同体」（Hauptgemeinschaft des Deutschen Einzelhandels）を通じて各種団体に質問票（一万四〇〇〇票）が配布され、一九二七年には業者を招いて聴聞を行った。その具体的な経緯については、*a. a. O.*, Bd. 1, S. 1–27.

（12） Ausschuß, *a. a. O.*, Bd. 5, A. I, II, III.

（13） *Ibid.*, S. 26–34.

（14） *Ibid.*, S. 35–41.

（15） *Ibid.*, S. 97–109.

（16） *Ibid.*, Bd. 9, 1930, I, II, III.

（17） Tiburtius, *a. a. O.*, S. 108, Tabelle 29.

(18)　Ausschuß, *a. a. O.*, Bd. 9, S. 7ff.

(19)　*Ibid.*, S. 7f.

(20)　*Ibid.*, S. 46-58.

(21)　*Ibid.*, S. 69-79.

(22)　Winkler, *Mittelstand*, S. 36.

(23)　Ausschuß, *a. a. O.*, Bd. 5, S. 5ff.

(24)　Winkler, *a. a. O.*, S. 36.

(25)　Ausschuß, *a. a. O.*, S. 23-25.

(26)　Winkler, *a. a. O.*, S. 33; *Vierteljahrshefte zur Konjunkturforschung*, Jg. 7, Heft 4, Teil A, 1933, S. 203ff., Jg. 8, Heft 1, S. 20f., Jg. 8, Heft 2, S. 104ff. ドイツ以外の国々［フランス・オランダ・チェコスロヴァキア・スイス］の状況についても、a. a. O.

(27)　Uhlig, *a. a. O.*, S. 63, S. 66; Winkler, *Mittelstand*, S. 170f.; ders., Der entbehrliche Stand, S. 54, 訳八〇頁以下。*Lexikon zur Parteiengeschichte 1789-1945*, Leipzig 1985, Bd. 3, Kampfbund des gewerblichen Mittelstandes（KgM）1932-1933. 中村幹雄著『ナチ党の思想と運動』名古屋大学出版会、一九九〇年、第五章第二節。

(28)　Uhlig, *a. a. O.*, S. 59f.; Winkler, *Mittelstand*, S. 171. 中村、前掲書。

(29)　Uhlig, *a. a. O.*, S. 73f.

(30)　Paul Hilland, Die Neuordnung der gewerblichen Wirtschaft, in: Otto Mönckmeier（Hrsg.）, *Jahrbuch für nationalsozialistische Wirtschaft*, Stuttgart/Berlin 1935, S. 122.

(31)　*Industrie- und Handelskammer Wuppertal 1831-1956*. Festschrift zum 125 jährigen Jubiläum am 17. Januar 1956, Wuppertal-Elberfeld 1956, S. 110ff.

(32)　Hermann Teschemacher（Hrsg.）, *Handbuch des Aufbaus der gewerblichen Wirtschaft*, Jahrgang 1936, Leipzig 1936, S. 7ff.（以下、*Handbuch* と表示）。同、Bd. 3, S. 411 を参照。

(33)　Winkler, Der entbehrliche Stand, S. 57, 訳八三頁以下。*Lexikon zur Parteiengeschichte*, Bd. 3, S. 166f.

(34)　*Der deutsche Handel. Organ des Kampfbundes des gewerblichen Mittelstandes*, Jg. 1, Nr. 7, Juni 1933.

(35) *A. a. O.*, Jg. 1, Nr. 8, August 1933.

(36) Hilland, a. a. O., S. 119f.

(37) Otto Mönckmeier (Hrsg.), *Jahrbuch der nationalsozialistischen Wirtschaft*, München 1937, Teil 2, E, III, 3, S. 562f.; Wirtschaftsgruppe Einzelhandel, *Arbeitsbericht 1935/36*, Berlin, S. 25ff.; Saldern, *a. a. O.*, S. 59f. 日満財政経済研究会編『ナチス経済法』日本評論社、一九三七年、三四七頁以下。

(38) Saldern, *a. a. O.*, S. 66.

(39) *A. a. O.*, S. 58f. も参照。

(40) Hilland, a. a. O., S. 119f.

(41) 拙著『ナチス・ドイツと資本主義』日本経済評論社、二〇一三年、第一部第1章、参照。

(42) *Handbuch*, Bd. II, S. 9f. Ernst Klee, *Das Personenlexikon zum Dritten Reich. Wer war was vor und nach 1945*, Frankfurt a. M. 2003, S. 383.

(43) Schoenbaum, *op. cit.*, p. 148f., 訳一七四頁以下、Herbst, *a. a. O.*, S. 153ff. ほか。オーレンドルフの経歴については、Klee, *a. a. O.*, S. 443. 大野、前掲書、第四章［1］、芝健介著『武装SS・ナチスもう一つの暴力装置』講談社、一九九五年、一五〇頁、同著『武装親衛隊とジェノサイド——暴力装置のメタモルフォーゼ』有志舎、二〇〇八年、九八頁。ニュルンベルク国際軍事裁判におけるオーレンドルフについては、同著『ニュルンベルク裁判』岩波書店、二〇一五年、一〇九頁以下。なお後述参照。

(44) *Handbuch*, Bd. II, S. 42f.; Klee, *a. a. O.*, S. 234. また、Schoenbaum, *op. cit.*, p. 148, 訳一七四頁。

(45) 親衛隊・ヒムラーに関しては、芝、前掲書。

(46) *Handbuch*, a. a. O., S. 43.

(47) *Ibid.*, S. 20.

(48) *Ibid.*, S. 55. 以下の事務局長 Schöpwinkel も同じ。

(49) *Ibid.*, S. 61.

(50) *Ibid.*, S. 68.

（51）*Ibid.*, S. 70f.

（52）*Ibid.*, S. 75f.

（53）*Ibid.*, S. 77.

（54）Eichholtz, *a. a. O.*, Bd. II, Teil I, S. 98f.

（55）*Übersicht über die Betriebverhältnisse und über die soziale Struktur des deutschen Einzelhandels.* Tabellenmaterial einer Erhebung der Wirtschaftsgruppe Einzelhandel vom Jahre 1938, S. 10. 一〇九頁に及ぶこの史料は経済集団小売業の業務用資料として印刷された（*Übersicht über die Betriebsverhältnisse* と略す）。高木健次郎「ドイツ手工業概説（三）」『経済学季報』第14巻3・4合併号［一九六五年三月］、とくに一〇一頁以下。

（56）Wirtschaftsgruppe Einzelhandel, *Arbeitsbericht 1937/38*, S. 66（以下 *Arbeitsbericht 1937/38*と略す）。

（57）Charlotte Maintok（Bearb.）, *Handwerk und Einzelhandel in Duisburg-Hamborn*, Essen 1941, B-II.

（58）*Übersicht über die Betriebsverhältnisse*, S. 6.

（59）*A. a. O.*, S. 6.

（60）*Arbeitsbericht 1937/38*, S. 9f.

（61）*A. a. O.*, S. 14-20.

（62）Uhlig, *a. a. O.*, S. 77ff. ほか。

（63）*Arbeitsbericht 1939/38*, S. 77f.

（64）Wolfgang Benz u. a.（Hrsg.）, *Enzyklopädie des Nationalsozialismus*, Stuttgart 1997, S. 374f.

（65）*Arbeitsbericht 1937/38*, S. 77ff.

（66）Tiburtius, *a. a. O.*, S. 14.

（67）*Ibid.*, S. 15.

（68）*Ibid.*, S. 23.

（69）*Ibid.*, S. 47f.

（70）Bundesarchiv Berlin（BArch Berlin と略す）, R/11, 1180. ライヒ経済省ケールルのライヒ総督・知事・関係当局宛文書（一九四三年六月九日）。

（71）Saldern, *a. a. O.*, S. 174.

（72）Wirtschaftsgruppe Einzelhandel, *Arbeitsbericht* 1939/41, Berlin, S. 45.

（73）*Ibid.*, S. 45.

（74）*Ibid.*, S. 46.

（75）*Ibid.*, S. 17.

（76）*Ibid.*, S. 17.

（77）*Ibid.*, S. 15も参照。

（78）*Ibid.*, S. 16.

（79）BArch Berlin, R/11, 1244, S. 33-36. Uhlig, *a. a.* O., S. 185ff.

（80）Saldern, *a. a. O.*, S. 145f., S. 174. H. A. Winkler, Ein neuer Mythos vom alten Mittelstand. Antwort auf eine Antikritik, in: *Geschichte und Gesellschaft*, Jg. 12, 1986, Heft 4, とくにS. 552f. も参照。

（81）BArch Berlin, R/11, 1180, Gauwirtschaftskammer Sachsen 作成文書（Reichswirtschaftskammer 宛）（一九四三年五月一二日付）。

（82）BArch Berlin, R/11, 1180, Reichswirtschaftskammer 宛文書。

（83）BArch Berlin, a. a. O.

（84）Heinz Boberach（Hrsg.）, *Meldungen aus dem Reich. Die geheimen Lagebericht des Sicherheitsdienstes der* SS, Bd. 13（SD-Bericht zur Inlandsfragen）, Herrsching 1984, S. 4939f., 5307ff.

（85）Herbst, *a. a. O.*, S. 223ff. 本書第4章参照。

（86）Herbst, *a. a. O.*, S. 225.

（87）Eichholtz, *a. a. O.*, Bd. II, Teil 1, S. 166f.

（88）BArch Berlin, R/11, 1180.

（89）Herbst, *a. a. O.*, S. 222.

(90) Herbst, *a. a. O.*, S. 272ff.; Eichholtz, *a. a. O.*, Bd. II, Teil 1, S. 165; cf. Nassner, *a. a. O.*, S. 446. オーレンドルフとヒムラーの関係については、大野、前掲書、二〇二、二一二頁。

(91) Heinrich Haßmann, *Das Reichswirtschaftsministerium.* Zwei kurze Ansprachen, in: Institut für Zeitgeschichte, Bibliothek, Qqk 292, S. 8.

(92) Herbst, *a. a. O.*, S. 272.

(93) Nassner, *a. a. O.*

(94) Otto Ohlendorf, *Der deutsche Binnenhandel. Wesen und Aufgabe*, Berlin/Wien/Leipzig 1942.

(95) *Ibid.*, S. 44f., S. 47.

(96) *Ibid.*, S. 55f., S. 61.

(97) オーレンドルフは一九四四年七月四日には経済集団「工業」の最高機関、ライヒ工業集団（Reichsgruppe Industrie）の集会において企業家を前に講演し、その中で「シュペアがつくった」機構の問題点を指摘し、大企業集中・中小経営解体による合理化路線を徹底的に批判し、出席者の拍手を受けた。Institut für Zeitgeschichte, Archiv, ED 298. Rede des Herrn Ministerdirektor Ohlendorf am 4. Juli 1944 im Haus der Deutschen Industriebank. オーレンドルフの戦後プラン作成の試みについては Eichholtz, *a. a. O.*, Bd. III, Teil 2, S. 578ff. Hermann Kaienbury, *Die Wirtschaft der* SS, Berlin 2003, S. 1026f. 大野、前掲書、二一三頁以下も参照。

(98) 拙著『ドイツ三月革命の研究』岩波書店、一九七四年、同『ドイツ中小ブルジョアジーの史的分析』同、一九八九年、参照。

あとがき

ファシズムのドイツ的形態としてのナチズム・ナチス体制は、周知のようにドイツ史・ヨーロッパ史はもちろん、日本を含めた現代世界史の最大の研究課題のひとつである。本書の筆者は、かねてよりドイツのこの全体主義的体制と資本主義との関係について関心を抱き、経済史的な観点に立って検討を重ねて来たのであるが（拙著『ナチス・ドイツと資本主義――日本のモデルへ――』［日本経済評論社、二〇一三年］はその成果の一部である）、その作業を進める過程で、資本主義的大企業と併存しドイツ経済の広範な基礎を担う中小の商工業者層（営業的中間層）とナチス体制との関連を解明することがどうしても必要と感じるようになり、上記の作業に重ねるようにして、この問題に取り組むことになった。ナチズムと中間層の関係は、よく知られているようにファシズムの社会的基盤に関わる核心の問題であり、すでに同時代から活発に議論され、論争が繰り返されてきた難問中の難問である。筆者は力量不足の身をも顧みず駄馬に鞭打ってこの困難な課題にチャレンジし、ベルリンのドイツ連邦文書館やミュンヘンの現代史研究所などにも何回か足を運び、悪戦苦闘してまとめ上げたのが本書である。未熟な点や不備な部分が少なくないと思われるが、どうか忌憚のない御批判と御教示を賜わりたく心から願っている。

著者は、これまでの書物の場合と同様、本書に関しても多くの方々の支援と教示に恵まれた。本書の叙述の重心は前著『ナチス・ドイツと資本主義』と同じ、ナチス・ドイツの戦争準備・戦時体制期にあるが、この課題に対する著者の取り組みは、首都大学東京・経営学系の雨宮昭彦・矢後和彦（現在は早稲田大学）・山崎志郎各教授による「戦時経済研究会」とそのメンバー、上記三教授と加藤浩平（専修大学）・故田野慶子（元青山学院大学）・三ツ石郁夫（滋賀大学）各教授に支えられて進められて来た。この間著者は、同大学経営学系と学系長山崎志郎教授との御配慮により、研究活動を円滑かつ集中的に実施できる環境と条件を享受することが出来た。上記の諸教授および首都大学東京の関係者の皆さんのご支援に対して厚く御礼申し上げる。

本書におけるワイマール・ナチス期の営業的中間層の分析にとって、とりわけH・A・ヴィンクラーの研究は重要な位置を占めている。著者はかつてそのヴィンクラーの主著『ワイマール期の中間層・民主主義・ナチズム』を東京大学大学院の若い友人たちと輪読したことがあった。三〇年以上も前のことではあるが、その時交わされた議論は今でも著者の学問上の財産となっている。当時のメンバー、金子邦子（現在は千葉経済大学教授［以下同じ］）・河合康夫（武蔵大学教授）・佐藤芳行（新潟大学教授・現名誉教授）・故田野慶子・馬場哲（東京大学教授）・山井敏章（立命館大学教授）各氏からは、そのあとも折に触れて御教示を頂戴して今日に至っている。またヴィンクラーと並んで本書が重視したA・v・ザルダーンの著書に関しては、ナチス研究の第一人者・永岑三千輝氏（現横浜市立大学名誉教授）から御教示いただき、さらに氏所蔵の原本を見せていただく機会まで頂いた。それぞれの方に改めて心から感謝申し上げたい。

本書作成の土台となった既発表論文（「はしがき」参照）に関して、著者はそのほか何人もの方々から御教示を頂戴した。赤津正彦（明治大学准教授）、石坂昭雄（北海道大学名誉教授）、今久保幸生（京都大学名誉教授、現在京都橘大学教授）、奥山誠（明治大学専任講師）、加来祥男（九州大学名誉教授）、加藤房雄（広島大学名誉教授）、金子光男（明治大学名誉教授）、蔵本忍（同大学准教授）、佐々木聡（同大学教授）、沢井実（大阪大学名誉教授・現南山大学教授）、芝健介（東京女子大学教授）、須藤功（明治大学教授）、田村信一（北星学園大学教授）、水戸部由枝（明治大学准教授）、山田徹雄（跡見学園女子大学教授）、鎗田英三（駿河台大学名誉教授）各氏、またミカエル・ラオック博士（ミュンヘン）ほか、多くの方々に深く感謝申し上げたい。また本書が問題にしたドイツの「手工業」に関しては、同学の友人だった故八林秀一専修大学教授からたくさんのことを学んだ。教授の早逝は何とも残念に思われてならない。

上記の雑誌論文の発表に関しては、社会経済史学会と明治大学政経学会にお世話になった。また明治大学図書館と東京大学経済学図書館をはじめ日本の諸図書館、さらにドイツ連邦文書館（Bundesarchiv Berlin, ベルリン）・バイエルン州立図書館（Bayerische Staatsbibliothek, ミュンヘン）・現代史研究所（Institut für Zeitgeschichte, ミュンヘン）にもひとかたならず御厄介になった。

本書の出版に関しては、前著『ナチス・ドイツと資本主義』に続いて、日本経済評論社にお世話になった。同社前社長の栗原哲也氏と現社長の柿﨑均氏、出版部谷口京延氏の御配慮に厚く御礼申し上げたい。

以上のように多くの方々のご支援をいただきながら、何とか研究成果をまとめ上げ、このような形で書物として出版することが出来たことはまことに幸せなことと感謝いたしている。本書のテーマである「中間層」に関していえば、著者はこの社会層を最初の書物『ドイツ三月革命の研究』（岩波書店、一九七四年）で分析し、続く拙著、『ドイツ中小ブルジョアジーの史的分析』（同、一九八九年）において、さらに『資本主義史の連続と断絶』（日本経済評論社、二〇〇六年）でも対象とし、三月革命期から第二帝政、そしてワイマール期にいたるドイツ史の中で「中間層」がいかに行動し、どのような方向性を示したかを検討してきた。そして残された最大の課題が「ナチス・ドイツ」と「中間層」の問題であった。しかし御存知の通りナチズムやヒトラー・ナチス体制に関する先行研究の成果は厖大で、しかも次々に新しい研究が生み出されているのが現状である。本書のテーマに関しても同様のことがいえる。著者が見落とした研究文献も一、二に止まらないと思う。御指摘いただければ幸いである。

このように研究成果の数があまりにも多いせいであろうか、ナチス研究は全体的な観点が後退する一方で、研究者の関心が極端に専門化しつつあるかのような印象を受ける。著者は日本のナチス研究を支えてきた日独比較史研究という観点を重視する一人であるが、残念ながら本書においてそれに立ち入る余裕がなかった。今日の日本の国家主義的軍国主義的な動向の中に、知識人は戦前・戦時日本の全体主義への回帰の傾向を看取しており、第三帝国と天皇制ファシズムとの比較は現在、緊急の課題となっている。全体主義の「社会的基盤」の問題はその中でも最重要テーマになるといってよいだろう。コンツェルン的大企業だけではなく、中小商工業者・農民、さらには広範な労働者層が全体主義・民族主義、また軍国主義・対外拡張主義の支持者となったその事実、しかし同時にこれらの社会層がその中に潜ませている多様な方向性を解明することは日本の今日的な状況を理解するためにも意味のあることと思う。ヨーロッパ史の研究者ばかりでなく、日本を専門とする歴史家の皆さんからも御教示やご批判を頂戴できれば幸いである。

［付録別表］ 手工業親方・職人の「不適切」徴用（1941年6～9月報告）

手工業会議所	手工業職種	親方／職人	徴用企業（年次）	「不適切」就業状況
ドルトムント手工業会議所	家具工	職人	体操器具工場（1940） 蓄電池工場（1941）	鉛接合
	同	同	鉄道作業工場	機関車洗滌
	同	同	同 （1940）	車輛洗滌
	同	同	同	同
	同	同	Schmiedag 社	補助工
	同	同	蓄電池工場	蓄電池充電作業
	同	―	ライヒ鉄道	工事用トロッコ車部・補助労働者
	靴工	自営業者	協働工場	補助工の仕事
	塗装工	補助工	Ruhrstahl 社	クレーン操作
	家具工	職人	G. R. 社	補助工
	同	同	H. & K. 社	同
デュッセルドルフ手工業会議所	家具工	職人	絹工場 P. L. C. 社	包装作業（不熟練工／女工可能）
	馬具工	―	M. & A. 社	補助工代替可能作業
リューネブルク手工業会議所	農村手工業者（多数）		軍需企業	概して不熟練労働
	パン工（40人）		ラインメタル社	製パンとは無関係な作業
	同（5-6人）		製油工場	不熟練工的作業
カッセル手工業会議所	塗装工	補助工（Gehilfe）	ボロ収集業（1939）	選別作業
	同	同	代用木釘倉庫	倉庫作業
	同	同	ヘンシェル（航空機用モーター）	補助作業（軍用仕事への転換希望）
	―	―（1892年生）	軍需企業（1939）	容器・器具運搬
	―	―（1884年生）	同 （1939） （製紙機械）	―
	塗装工	補助工（1891年生）	徴用（1939）	倉庫作業・運搬作業
	同	補助工（1879年生）	陸軍兵站部	品物積下ろし
	―	―（1879年生）	同	運搬作業
	塗装工	補助工（1887生）	ヘンシェル社	モーター洗滌
	同	―（1878生）	代用品補充倉庫	運搬作業
	同	補助工（1875生）	軍需関係	文字写筆
	同	職人（1884年生）	同	運搬作業
ハレ手工業会議所	ブリキ工	親方（機械設置・ブリキ加工経営者）	機械組立工場	事務所勤務・夜間、銅鍛冶手工業（軍受注）で作業（ブリキ工として）
	自動車手工業（鍛冶工）	親方	ユンカー・モーター社・軍需工場	不熟練工的作業・病気の為免除申請
	機械工	親方	K. 社（1939）	機械部品の錆・油取り作業、組立作業は別労働者
	塗装工イヌング	手工業労働者・親方（2人）	Zeitz・Brabag 社	錆取り作業
	製本工	職人（1923生）	同（1941）	ペンキ塗り
	同	同（1923生）	同（同）	同

ヴァイマール手工業会議所	靴工（2人）	—（1905年生）（1899年生）	Hesche社徴用（1939／1941）	磁器作業（同社情報）
	同	—（1903年生）	Zeiß社	仕事内容については同社情報提供拒否
ドレスデン手工業会議所	機械工・自動車手工業経営勤務（モーター錠前工）	—（1920年生）		仕上げ工（不熟練工代用可）（製パン・精肉工・婦人も同じく担当）。もとの手工業経営にもどることを望む。
エアフルト手工業会議所	紳士服仕立工イヌング所属手工業者	親方	ランプ工場S.社	職業とは無関係な仕事
	ガラス工	職人（1904年生）	機械組立工場K.S.社	異議申立効果なし
	同	同	A.社→木工工場F&S.社	不適当労働で転職徴用
ライプチヒ手工業会議所	時間がたつにつれて徴用者の数は大変の数に膨らんでいる。徴用手工業者が、その作業能力に見合わない形で配置されているという指摘が相次いでいる。それによるとしばしば専門労働者があまり重要でない単純労働を行っており、その仕事は半熟練工や婦人でもできるものである。また大経営の作業テンポについても苦情が寄せられている。自分の労働能力を最大限活用するために自分はいるのだと考える手工業者が、全く異なった度合で仕事をさせられるからである。…会議所は口頭でのそのような苦情に対して、軍需経営の当地の司令部や労働当局と交渉する機会をもち、変更が緊急に必要なことを示した。また大経営での統制をくり返し求めたが、状況の解決には至らなかった。当会議所の考えでは、さらに別の方法を採用することが無条件に必要であり、それによって大経営の所有者が、自ら当地域での補助力を作り出すようにさせなければならない。…もし労働力がどうしても必要というのでなければ、自営の営業者やその他の手工業的専門労働力を一時的にでももとの経営に戻すことを検討する機会となるだろう。			
コーブルグ手工業会議所（1941.8.22）	大工	40-50代熟練工	1940-1941年コーブルグ企業徴用の後、機械工場A.W.社、つづいて金属品加工工場M.B.へ	鋲鉄工への再教育・不適格（手工業の労働力不足考慮されず）
	大工	—（46歳）	1940年7月まで徴用、つづいて合成樹脂プレス工場	原料注入単純作業
	塗装工	補助工（職人合格）	ワイヤーロープ工場	補助工時間賃金-.35RM. cf塗装工-.45RM.
アウクスブルク手工業会議所	ブリキ工	親方（1907生）	機械組立工場	運送係（不熟練工代替可）、錠前手工業協働組合への転勤を申請中
ロイトリンゲン手工業会議所	家具工（若手）、1年前から次々に当地の戦闘機企業が徴用、クランク軸（シャフト）研磨（再教育）、当会議所はラント手工業親方、ラント労働局、ラント経済局と協議。当企業は、若手家具工は順応していると説明。			
	ブリキ工	親方（ブリキ板リベット継ぎ）	F.社	補助工的労働（2-3週間の研修後）
	家具工	職人（複数）	セメント工場（新設）	セメント袋運搬、コンクリート混合
	錠前工	職人	錠前親方	—
	大工	—	鉄道操作場	—
ベルリン手工業会議所	家具工	親方	飛行場	時間給　0.8RM.ベンチ10台製作の指示
	塗装工	同	同	同（4,000カ所の窓塗装）
	手工業者（複数）	—	造船所／航空機修理所	手工業者が受注分担可能
	同（多数）	—	兵舎改築／軍用建築	同上
	手工業者4人		W.S.社	前庭整備作業

	同５人		Kodack Köpenick 社	駐車場建設
フランクフルト（オーデル）手工業会議所	大工（３人）	—	Gustav Schumann 社	森林部配属、重要性のない仕事（路整備、雑草除去)、今後は、ポーランド労働者、捕虜使用計画。本来の木材伐採作業はすでに終了。
オペルン手工業会議所	ブリキ工	—	炭鉱　H. - W. - G.	大工として
	鍛冶工	—	同　K.- L. - G.	トロッコ押し

典拠：BAch Berlin, R11/1230.

【ラ行】

【マ行】

【ヤ行】

【タ行】

【ナ行】

【ハ行】

【サ行】

人名索引

【ア行】

【カ行】

【著者略歴】

柳澤　治（やなぎさわ・おさむ）

1938年　東京都に生まれる。

1966年　東京大学大学院経済学研究科博士課程退学。東京大学社会科学研究所助手、明治学院大学経済学部講師、助教授、東京都立大学経済学部助教授、教授、明治大学政治経済学部教授を経て

現在、首都大学東京名誉教授、経済学博士。

（主要著書）

『ドイツ三月革命の研究』（岩波書店、1974年）、『ドイツ中小ブルジョアジーの史的分析――三月革命からナチズムへ――』（岩波書店、1989年）、『資本主義史の連続と断絶――西欧的発展とドイツ――』（日本経済評論社、2006年）、『戦前・戦時日本の経済思想とナチズム』（岩波書店、2008年、European Reformism, Nazism and Traditionalism. Economic thought in Imperial Japan, 1930-1945, Frankfurt a. M., 2015 としても刊行。）、『ナチス・ドイツと資本主義――日本のモデルへ――』（日本経済評論社、2013年）ほか。

ナチス・ドイツと中間層――全体主義の社会的基盤――

2017年1月19日　第1刷発行　　定価（本体8200円＋税）

著　者　柳　澤　治
発行者　柿　﨑　均

発行所　株式会社　日本経済評論社

〒101-0051　東京都千代田区神田神保町3-2
電話　03-3230-1661　FAX　03-3265-2993
info8188@nikkeihyo.co.jp
URL：http://www.nikkeihyo.co.jp

装幀＊渡辺美知子　　印刷＊文昇堂・製本＊誠製本

乱丁・落丁本はお取替えいたします。　Printed in Japan

ISBN978-4-8188-2445-4